高等院校经济学管理学系列教材

Advanced Financial Accounting
(Second Edition)

高级财务会计

（第二版）

崔君平　焦争昌　徐振华　主　编
郭本默　赵　杰　武桂芳　副主编

北京大学出版社
PEKING UNIVERSITY PRESS

图书在版编目（CIP）数据

高级财务会计 / 崔君平，焦争昌，徐振华主编．—2 版．— 北京：北京大学出版社，2021.1
高等院校经济学管理学系列教材
ISBN 978-7-301-31880-5

Ⅰ．①高… Ⅱ．①崔… ②焦… ③徐… Ⅲ．①财务会计 – 高等学校 – 教材 Ⅳ．① F234.4

中国版本图书馆 CIP 数据核字（2020）第 234653 号

书　　名	高级财务会计（第二版） GAOJI CAIWU KUAIJI（DI-ER BAN）
著作责任者	崔君平　焦争昌　徐振华　主编
责任编辑	朱　彦
标准书号	ISBN 978-7-301-31880-5
出版发行	北京大学出版社
地　　址	北京市海淀区成府路 205 号　100871
网　　址	http://www.pup.cn　新浪微博：@北京大学出版社
电子信箱	sdyy_2005@126.com
电　　话	邮购部 010-62752015　发行部 010-62750672　编辑部 021-62071998
印刷者	北京市科星印刷有限责任公司
经销者	新华书店 787×1092 毫米　16 开本　22.25 印张　446 千字 2015 年 11 月第 1 版 2021 年 1 月第 2 版　2021 年 1 月第 1 次印刷
定　　价	68.00 元

未经许可，不得以任何方式复制或抄袭本书之部分或全部内容。
版权所有，侵权必究
举报电话：010-62752024　电子信箱：fd@pup.pku.edu.cn
图书如有印装质量问题，请与出版部联系，电话：010-62756370

前 言

本书是编者结合我国高级财务会计发展的理论与实践，按照新会计准则的要求，编写完成的一部高级财务会计教材。

高级财务会计是对中级财务会计的延伸与补充。本书坚持既有前沿理论又有会计实务的编写思路，本着"应用为本，学以致用"的原则，使会计专业学生掌握系统的高级会计基本理论、基础知识和专业技能。

编者将最新修订的会计处理内容编入本书，涉及的相关会计准则包括《企业会计准则第7号——非货币性资产交换》《企业会计准则第12号——债务重组》《企业会计准则第21号——租赁》等。

本书的具体内容包括非货币性资产交换会计、债务重组会计、租赁会计、所得税会计、企业合并会计、合并财务报表、外币业务会计、企业重组与清算会计、合伙企业会计、分支机构会计、中期财务报告与分部报告等。

本书在知识方面，注重高级财务会计基本理论；在学习方法方面，注重理论联系实际；在权威性方面，强化会计理论与企业会计准则的运用；在体例安排方面，各章设有本章小结、复习思考题、实务练习题等。全书充分体现"实用、更新"的精神，努力做到深入浅出、通俗易懂。

本书可以作为高等院校会计、审计、税收等经济管理类相关专业的教学用书，也可以作为注册会计师和企业会计及财务管理人员的学习参考书以及继续教育培训教材。

本书由天津财经大学珠江学院崔君平、沈阳科技学院焦争昌、沈阳理工大学徐振华担任主编；沈阳科技学院郭本默、赵杰，天津财经大学珠江学院武桂芳担任副主编。

本书共分11章，具体撰写分工如下：

第1、6、7章，崔君平；

第2章，郭本默；

第3章，武桂芳；

第4章，赵杰；

第8、9章，焦争昌；

第 5、10、11 章，徐振华。

崔君平负责全书的统稿工作。

本书在编写过程中参考了已出版的一些同类教材，借鉴了国内外一些学者的相关研究成果，在此向他们表示深深的谢意。

由于时间仓促，编者水平有限，书中难免存在疏漏和不当之处，敬请读者批评指正。

编　者
2020 年 5 月

目 录

第1章 非货币性资产交换会计 1
   1.1 非货币性资产交换会计概述 1
   1.2 非货币性资产交换的确认和计量 4
   1.3 非货币性资产交换的会计核算 7
   1.4 非货币性资产交换的披露 17
   本章小结 17
   复习思考题 18
   实务练习题 18
   案例分析题 19

第2章 债务重组会计 20
   2.1 债务重组会计概述 20
   2.2 债务重组的会计处理 24
   2.3 债务重组的披露 35
   本章小结 36
   复习思考题 36
   实务练习题 37

第3章 租赁会计 38
   3.1 租赁会计概述 38
   3.2 承租人的主要会计处理 43
   3.3 出租人的主要会计处理 55
   3.4 特殊租赁业务的会计处理 59
   3.5 列报与披露 67
   本章小结 69
   复习思考题 69
   实务练习题 70

第4章 所得税会计 ... 71
4.1 所得税会计概述 ... 71
4.2 暂时性差异与资产和负债的计税基础 ... 73
4.3 递延所得税资产与递延所得税负债的会计处理 ... 87
4.4 所得税费用的会计处理 ... 95
4.5 其他所得税会计处理 ... 97
4.6 所得税的披露 ... 99
本章小结 ... 100
复习思考题 ... 100
实务练习题 ... 100

第5章 企业合并会计 ... 102
5.1 企业合并概述 ... 102
5.2 同一控制下的企业合并的会计处理 ... 104
5.3 非同一控制下的企业合并的会计处理 ... 113
本章小结 ... 127
复习思考题 ... 128
实务练习题 ... 128

第6章 合并财务报表 ... 131
6.1 合并财务报表概述 ... 131
6.2 合并范围的确定 ... 132
6.3 合并财务报表编制的前期准备事项及其程序 ... 142
6.4 内部会计事项与抵销分录 ... 146
6.5 投资性内部会计事项的抵销 ... 150
6.6 往来性内部会计事项的抵销 ... 160
6.7 交易性内部会计事项的抵销 ... 169
6.8 与所得税会计相关的抵销处理 ... 194
6.9 合并现金流量表的编制 ... 202
6.10 本期增加子公司和减少子公司的合并处理 ... 204
本章小结 ... 205
复习思考题 ... 205
实务练习题 ... 206

第7章 外币业务会计 ... 209
7.1 外币业务会计概述 ... 209

7.2　外币交易会计处理　…………………………………………………………　216
　　7.3　外币财务报表折算　…………………………………………………………　228
　　本章小结　…………………………………………………………………………　237
　　复习思考题　………………………………………………………………………　237

第8章　企业重组与清算会计　………………………………………………………　238
　　8.1　企业重组与清算会计概述　…………………………………………………　238
　　8.2　企业重组会计处理　…………………………………………………………　243
　　8.3　企业清算会计处理　…………………………………………………………　248
　　本章小结　…………………………………………………………………………　270
　　复习思考题　………………………………………………………………………　270

第9章　合伙企业会计　………………………………………………………………　271
　　9.1　合伙企业会计概述　…………………………………………………………　271
　　9.2　合伙企业权益变动的会计处理　……………………………………………　274
　　9.3　合伙企业损益分配的会计处理　……………………………………………　281
　　9.4　合伙企业解散与清算的会计处理　…………………………………………　286
　　本章小结　…………………………………………………………………………　294
　　复习思考题　………………………………………………………………………　294
　　实务练习题　………………………………………………………………………　294

第10章　分支机构会计　………………………………………………………………　296
　　10.1　分支机构会计概述　…………………………………………………………　296
　　10.2　分支机构存货的会计处理　…………………………………………………　299
　　10.3　其他事项的会计处理　………………………………………………………　310
　　本章小结　…………………………………………………………………………　317
　　复习思考题　………………………………………………………………………　317
　　实务练习题　………………………………………………………………………　317

第11章　中期财务报告与分部报告　…………………………………………………　320
　　11.1　中期财务报告　………………………………………………………………　320
　　11.2　分部报告　……………………………………………………………………　333
　　本章小结　…………………………………………………………………………　349
　　复习思考题　………………………………………………………………………　349

主要参考文献　……………………………………………………………………………　**350**

第1章
非货币性资产交换会计

本章将按照2019年修订的《企业会计准则第7号——非货币性资产交换》的规定，介绍货币性资产和非货币性资产，非货币性资产交换的概念、补价，非货币性资产交换核算的一般原则，在此基础上，重点学习非货币性资产交换的会计处理，使读者能够掌握非货币性资产交换的相关会计核算。

1.1 非货币性资产交换会计概述

1.1.1 非货币性资产交换的相关概念

1. 非货币性资产的概念

按未来经济利益流入（表现形式是货币金额）是否固定或可确定，企业资产可分为货币性资产和非货币性资产。货币性资产，是指企业持有的货币资金和收取固定或可确定金额的货币资金的权利，包括现金、银行存款、应收账款和应收票据等。非货币性资产，是指货币性资产以外的资产，如存货（原材料、包装物、低值易耗品、库存商品等）、固定资产、在建工程、生产性生物资产、无形资产、投资性房地产、长期股权投资等。非货币性资产有别于货币性资产的最基本特征是，它将来为企业带来的经济利益（即货币金额）是不固定的或不确定的。如果资产在将来为企业带来的经济利益（即货币金额）是固定的或确定的，则该资产是货币性资产；反之，如果资产在将来为企业带来的经济利益（即货币金额）是不固定的或不确定的，则该资产是非货币性资产。例如，企业持有固定资产的主要目的是用于生产经营，通过折旧方式将其磨损价值转移到产品成本或服务中，然后通过产品销售或提供服务获利。该固定资产在将来为企业带来的经济利益（即货币金额）是不固定的或不确定的，因此是非货币性资产。

2. 非货币性资产交换的概念

非货币性资产交换，是指企业主要以固定资产、无形资产、投资性房地产和长期股权投资等非货币性资产进行的交换。该交换不涉及或只涉及少量的货币性资产（即补价）。从非货币性资产交换的定义可以看出，非货币性资产交换具有如下特征：

（1）非货币性资产交换的交易对象主要是非货币性资产。企业用货币性资产（如现金、银行存款）来交换非货币性资产（如存货、固定资产等）的交易最为普遍。但是，在有些情况下，企业为了满足生产经营的需要，同时减少货币性资产的流入和流出，进行非货币性资产交换。比如，A企业需要B企业闲置的生产设备，B企业需要A企业闲置的办公楼，双方在货币性资产短缺的情况下，可能出现非货币性资产交换的交易行为。

（2）非货币性资产交换是以非货币性资产进行交换的行为。交换，通常是指一个企业和另一个企业之间的互惠转让，通过转让，企业以让渡其他资产或劳务或者承担其他义务而取得资产或劳务（或偿还负债）。非互惠的非货币性资产转让不属于本章所述的非货币性资产交换，如企业捐赠非货币性资产等。

（3）非货币性资产交换一般不涉及货币性资产，有时也可能涉及少量的货币性资产。

通常，交易双方对于某项交易是否为非货币性资产交换的判断是一致的。需要注意的是，企业应从自身的角度，根据交易的实质判断相关交易是否属于本章定义的非货币性资产交换，而不应基于交易双方的情况进行判断。例如，投资方以一项固定资产出资取得对被投资方的权益性投资，对投资方来说，换出资产为固定资产，换入资产为长期股权投资，属于非货币性资产交换；而对被投资方来说，接受换入的实物资产，属于接受权益性投资，不属于非货币性资产交换。

3. 非货币性资产交换的认定

非货币性资产交换一般不涉及货币性资产，或者只涉及少量货币性资产即补价。认定涉及少量货币性资产的交换为非货币性资产交换，通常以补价占整个资产交换金额的比例是否低于25%作为参考比例。具体而言，从收到补价的企业来看，收到的补价的公允价值占换出资产公允价值（或占换入资产公允价值和收到的货币性资产之和）的比例低于25%的，视为非货币性资产交换；从支付补价的企业来看，支付的货币性资产占换出资产公允价值与支付的补价的公允价值之和（或占换入资产公允价值）的比例低于25%的，视为非货币性资产交换；如果上述比例高于25%（含25%），则视为货币性资产交换，适用《企业会计准则第14号——收入》等相关准则的规定。

1.1.2 非货币性资产交换不涉及的交易和事项

本章所指的非货币性资产交换不涉及以下交易和事项：

1. 换出资产为存货的非货币性资产交换

企业以存货换取客户的非货币性资产（如固定资产、无形资产等）的，换出存货的企业的相关会计处理适用《企业会计准则第14号——收入》。

2. 在企业合并中取得的非货币性资产

非货币性资产交换中涉及企业合并的，适用《企业会计准则第20号——企业合并》《企业会计准则第2号——长期股权投资》和《企业会计准则第33号——合并财务报表》。

3. 交换的资产包括属于非货币性资产的金融资产

非货币性资产交换中涉及由《企业会计准则第22号——金融工具确认和计量》规范的金融资产的，金融资产的确认、终止确认和计量适用《企业会计准则第22号——金融工具确认和计量》和《企业会计准则第23号——金融资产转移》。

4. 非货币性资产交换中涉及使用权资产或应收融资租赁款

非货币性资产交换中涉及由《企业会计准则第21号——租赁》规范的使用权资产或应收融资租赁款等的，相关资产的确认、终止确认和计量适用《企业会计准则第21号——租赁》。

5. 非货币性资产交换构成权益性交易

非货币性资产交换的一方直接或间接对另一方持股且以股东身份进行交易的，或者非货币性资产交换的双方均受同一方或相同的多方最终控制，且该非货币性资产交换的交易实质是交换的一方向另一方进行了权益性分配或交换的一方接受了另一方权益性投入的，适用权益性交易的有关会计处理规定。例如，集团重组中发生的非货币性资产划拨、划转行为，在股东或最终控制方的安排下，企业无代价或以明显不公平的代价将非货币性资产转让给其他企业或接受其他企业的非货币性资产。这类转让的实质是企业进行了权益性分配或接受了权益性投入，不适用本章所述的非货币性资产交换会计处理规定，而应当适用权益性交易的有关会计处理规定。企业应当遵循实质重于形式的原则，判断非货币性资产交换是否构成权益性交易。

6. 其他不适用非货币性资产交换准则的交易和事项

（1）企业从政府无偿取得非货币性资产（如政府无偿提供非货币性资产给企业建造固定资产等）的，适用《企业会计准则第16号——政府补助》。

（2）企业将非流动资产或处置组分配给所有者的，适用《企业会计准则第42号——持有待售的非流动资产、处置组和终止经营》。

（3）企业以非货币性资产向职工发放非货币性福利的，适用《企业会计准则第9号——职工薪酬》。

（4）企业以发行股票形式取得的非货币性资产，相当于以权益工具换入非货币性资产，其成本确定适用《企业会计准则第37号——金融工具列报》。

（5）企业用于非货币性资产交换的非货币性资产应当符合资产的定义并满足资产的确认条件，且作为资产列报于企业的资产负债表上。因此，企业用于交换的资产目前尚未列报于资产负债表上，或不存在或尚不属于本企业的，适用其他相关会计准则。

1.2 非货币性资产交换的确认和计量

1.2.1 非货币性资产交换的确认原则

企业应当分别按照下列原则对非货币性资产交换中的换入资产进行确认，对换出资产终止确认：

（1）对于换入资产，企业应当在换入资产符合资产定义并满足资产确认条件时予以确认；

（2）对于换出资产，企业应当在换出资产满足资产终止确认条件时终止确认。

例如，某企业在非货币性资产交换中的换入资产或换出资产均为固定资产，按照《企业会计准则第4号——固定资产》和《企业会计准则第14号——收入》的规定，换入的固定资产应当在与该固定资产有关的经济利益很可能流入企业且成本能够可靠地计量时确认；换出的固定资产应当以换入企业取得该固定资产控制权的时点作为处置时点终止确认。

非货币性资产交换中的资产应当符合资产的定义并满足资产的确认条件，且作为资产列报于企业的资产负债表上。通常，换入资产的确认时点与换出资产的终止确认时点应当相同或相近。在换入资产的确认时点与换出资产的终止确认时点存在不一致的情形下，在资产负债表日，企业应当区分不同情况进行会计处理：

（1）换入资产满足资产确认条件，换出资产尚未满足终止确认条件的，在确认换入资产的同时将交付换出资产的义务确认为一项负债；

（2）换入资产尚未满足资产确认条件，换出资产满足终止确认条件的，在终止确认换出资产的同时将取得换入资产的权利确认为一项资产。

1.2.2 非货币性资产交换的计量原则

1. 以公允价值为基础计量

非货币性资产交换同时满足下列两个条件的，应当以公允价值和应支付的相关税费作为换入资产的成本，公允价值与换出资产账面价值的差额计入当期损益：

（1）该项交换具有商业实质；

（2）换入资产或换出资产的公允价值能够可靠地计量。

换入资产和换出资产的公允价值均能够可靠地计量的，应当以换出资产的公允价值作为确定换入资产成本的基础。在非货币性资产交换中，如果换出资产的公允价值能够可靠地计量，则应当优先考虑以换出资产的公允价值为基础确定换入资产的成本；如果有确凿证据表明换入资产的公允价值更加可靠，则应当以换入资产的公允价值为基础确定换入资产的成本。

对于非货币性资产交换中换入资产和换出资产的公允价值均能够可靠地计量的情形，企业在判断是否有确凿证据表明换入资产的公允价值更加可靠时，应当考虑确定公允价值所使用的输入值层次。具体而言，企业可以参考以下情况：第一层次的输入值为公允价值提供了最可靠的证据；第二层次直接或间接可观察的输入值比第三层次不可观察的输入值为公允价值提供了更确凿的证据。

在考虑了补价因素的调整之后，在正常交易中，换入资产与换出资产的公允价值通常是一致的。

2. 以账面价值为基础计量

不具有商业实质或者交换所涉及资产的公允价值不能可靠地计量的非货币性资产交换，应当以账面价值为基础计量。对于换入资产，企业应当以换出资产的账面价值和应支付的相关税费作为换入资产的初始计量金额；对于换出资产，终止确认时不确认损益。

1.2.3 商业实质的判断

1. 判断条件

企业发生的非货币性资产交换，满足下列条件之一的，视为具有商业实质：

（1）换入资产的未来现金流量在风险、时间分布或金额方面与换出资产显著不同

通常，在非货币性交换中，只要换入资产和换出资产的未来现金流量在风险、时间分布或金额某一方面存在显著不同，即表明满足商业实质的判断条件。

例如，如果某企业以对联营企业的投资换入一项设备，对联营企业的投资与设备产生现金流量的时间相差较大，则可以判断该企业对联营企业的投资与固定资产的未来现金流量显著不同。因此，这两项资产的交换具有商业实质。

（2）使用换入资产所产生的预计未来现金流量现值与继续使用换出资产不同，且其差额与换入资产和换出资产的公允价值相比是重大的

对资产预计未来现金流量现值，应当按照资产在持续使用过程中和最终处置时预计产生的税后未来现金流量，根据企业自身而不是市场参与者对资产特定风险的评价，选择恰当的折现率对预计未来现金流量折现后的金额加以确定，即国际财务报告准则所称的"主体特定价值"。

从市场参与者的角度分析，换入资产和换出资产预计未来现金流量在风险、时间分布或金额方面可能相同或相似。但是，鉴于换入资产的性质和换入企业经营活动的特征

等因素，换入资产与换入企业其他现有资产相结合，能够比换出资产产生更大的作用，使换入企业受该换入资产影响的经营活动部分产生的现金流量与换出资产明显不同，即换入资产对换入企业的使用价值与换出资产对该企业的使用价值明显不同，使换入资产预计未来现金流量现值与换出资产发生明显差异，从而表明这两项资产的交换具有商业实质。

例如，某企业以一项专利权换入另一企业拥有的长期股权投资。假定从市场参与者来看，该项专利权与该项长期股权投资的公允价值相同，两项资产预计未来现金流量的风险、时间分布或金额亦相同。但是，换入该项长期股权投资使换入企业对被投资方由重大影响变为控制关系，从而使换入企业产生的预计未来现金流量现值与换出的专利权存在较大差异；另一企业换入的专利权能够解决生产中的技术难题，从而使换入企业产生的预计未来现金流量现值与换出的长期股权投资存在明显差异。因此，这两项资产的交换具有商业实质。

2. 交换涉及的资产类别与商业实质的关系

企业在判断非货币性资产交换是否具有商业实质时，还可以从资产是否属于同一类别角度进行分析。不同类非货币性资产因其产生经济利益的方式不同，所产生的未来现金流量通常在风险、时间分布或金额方面也不相同。因此，对于不同类非货币性资产之间的交换是否具有商业实质，通常较易判断。具体而言，不同类非货币性资产是指在资产负债表中列示的不同大类的非货币性资产，如固定资产、投资性房地产、生物资产、长期股权投资、无形资产等。例如，企业以一项用于出租的投资性房地产交换一项固定资产自用，属于不同类非货币性资产交换。在这种情况下，企业就将未来现金流量由每期产生的租金流，转化为该项资产独立产生，或包括该项资产的资产组协同产生的现金流。通常，由定期租金带来的现金流量与用于生产经营的固定资产产生的现金流量在风险、时间分布或金额方面有所差异。因此，这两项资产的交换应当具有商业实质。

对于同类非货币性资产交换是否具有商业实质，通常较难判断，需要根据上述两个条件综合判断。企业应当重点关注的是换入资产和换出资产为同类资产的情况。同类资产产生的未来现金流量既可能相同，也可能显著不同，因而它们之间的交换可能具有商业实质，也可能不具有商业实质。例如，甲企业将自己拥有的一幢建筑物与乙企业拥有的在同一地点的另一幢建筑物相交换，虽然两幢建筑物的建造时间、建造成本等均相同，但是两者预计产生的未来现金流量的风险、时间分布或金额可能不同。

1.3 非货币性资产交换的会计核算

1.3.1 以公允价值为基础计量的会计处理

非货币性资产交换具有商业实质且公允价值能够可靠计量的，应当以换出资产的公允价值和应支付的相关税费作为换入资产的成本，除非有确凿证据表明换入资产的公允价值比换出资产的公允价值更加可靠。其中，计入换入资产的应支付的相关税费应当符合相关会计准则对资产初始计量成本的规定。例如，换入资产为存货的，包括相关税费、使该资产达到目前场所和状态所发生的运输费、装卸费、保险费以及可归属于该资产的其他成本；换入资产为固定资产的，包括相关税费、使该资产达到预定可使用状态前所发生的可归属于该资产的运输费、装卸费、安装费和专业人员服务费等。

在以公允价值为基础计量的情况下，不论是否涉及补价，只要换出资产的公允价值与其账面价值不相同，就一定会涉及损益的确认。因为非货币性资产交换损益通常是换出资产的公允价值与其账面价值之间的差额，通过非货币性资产交换予以实现。

企业应当在换出资产终止确认时，将换出资产的公允价值与其账面价值之间的差额计入当期损益。换出资产的公允价值不能够可靠计量，或换入资产和换出资产的公允价值均能够可靠计量，但有确凿证据表明换入资产的公允价值更加可靠的，应当在终止确认时将换入资产的公允价值与换出资产账面价值之间的差额计入当期损益。

非货币性资产交换的会计处理视换出资产的类别不同而有所区别：

（1）换出资产为固定资产、在建工程、生产性生物资产、无形资产的，换出资产的公允价值与换出资产的账面价值之间的差额计入资产处置损益。

（2）换出资产为长期股权投资的，换出资产的公允价值与换出资产的账面价值之间的差额计入投资收益。

（3）换出资产为投资性房地产的，按换出资产或换入资产的公允价值确认其他业务收入，按换出资产的账面价值结转其他业务成本，两者之间的差额计入当期损益。

换入资产与换出资产涉及相关税费的，按照相关税收规定计算确定。

1. 不涉及补价的情况

例1.1

2×08年9月，A公司以生产经营过程中使用的一台设备交换B公司生产的一批打印机，换入的打印机作为固定资产管理。A、B公司均为增值税一般纳税人，适用的增值税税率为13%。设备的账面原价为1500000元，在交换日的累计折旧为450000元，公允价值为900000元。打印机的账面价值为1100000元，在交换日的市场价格为900000元,计税价格等于市场价格。B公司从A公司换入的设备是生产打印机过程中需要使用的设备。

假设A公司此前没有为该台设备计提资产减值准备,在整个交易过程中,除支付该台设备的运杂费15000元外,没有发生其他相关税费。假设B公司此前也没有为库存打印机计提存货跌价准备,在整个交易过程中,没有发生除增值税以外的其他税费。

【分析】

在整个资产交换过程中,没有涉及收付货币性资产,因此该项交换属于非货币性资产交换。换入的打印机是A公司经营过程中必需的资产,换入的设备是B公司生产打印机过程中需要使用的设备,两项资产对换入企业的特定价值显著不同,其交换具有商业实质。同时,两项资产的公允价值都能够可靠地计量,符合以公允价值计量的两个条件。因此,A公司和B公司均应当以换出资产的公允价值为基础,确定换入资产的成本,并确认由此产生的损益。

A公司的账务处理如下（单位:元）:

换入打印机的增值税进项税额=900000×13%=117000

换出设备的增值税销项税额=900000×13%=117000

借: 固定资产清理　　　　　　　　　　　　　　　　1050000
　　累计折旧　　　　　　　　　　　　　　　　　　　450000
　　贷: 固定资产——设备　　　　　　　　　　　　　　1500000

借: 固定资产清理　　　　　　　　　　　　　　　　　15000
　　贷: 银行存款　　　　　　　　　　　　　　　　　　15000

借: 固定资产——打印机　　　　　　　　　　　　　　900000
　　应交税费——应交增值税（进项税额）　　　　　　117000
　　资产处置损益　　　　　　　　　　　　　　　　　165000
　　贷: 固定资产清理　　　　　　　　　　　　　　　1065000
　　　　应交税费——应交增值税（销项税额）　　　　117000

根据增值税的有关规定,企业以库存商品换入其他资产,视同销售行为发生,应计算增值税销项税额,缴纳增值税。

B公司的账务处理如下（单位:元）:

换出打印机的增值税销项税额=900000×13%=117000

换入设备的增值税进项税额=900000×13%=117000

假定B公司换出存货的交易符合《企业会计准则第14号——收入》规定的收

入确认条件。

  借：固定资产——设备   900000
    应交税费——应交增值税（进项税额）   117000
   贷：主营业务收入   900000
     应交税费——应交增值税（销项税额）   117000
  借：主营业务成本   1100000
   贷：库存商品——打印机   1100000

2. 涉及补价的情况

在以公允价值为基础确定换入资产成本的情况下，发生补价的，支付补价方和收到补价方应当区分情况进行处理：

（1）支付补价方

以换出资产的公允价值为基础计量的，应当以换出资产的公允价值，加上支付补价的公允价值和应支付的相关税费，作为换入资产的成本，换出资产的公允价值与其账面价值之间的差额计入当期损益。

有确凿证据表明换入资产的公允价值更加可靠的，以换入资产的公允价值和应支付的相关税费作为换入资产的初始计量金额，换入资产的公允价值减去支付补价的公允价值，与换出资产账面价值之间的差额计入当期损益。

（2）收到补价方

以换出资产的公允价值为基础计量的，应当以换出资产的公允价值，减去收到补价的公允价值，加上应支付的相关税费，作为换入资产的成本，换出资产的公允价值与其账面价值之间的差额计入当期损益。

有确凿证据表明换入资产的公允价值更加可靠的，以换入资产的公允价值和应支付的相关税费作为换入资产的初始计量金额，换入资产的公允价值加上收到补价的公允价值，与换出资产账面价值之间的差额计入当期损益。

在涉及补价的情况下，对于支付补价方而言，作为补价的货币性资产构成换入资产所放弃对价的一部分；对于收到补价方而言，作为补价的货币性资产构成换入资产的一部分。

1.3.2 以账面价值为基础计量的会计处理

1. 不涉及补价的情况

在以账面价值为基础计量的情况下，对于换入资产，企业应当以换出资产的账面价值和应支付的相关税费作为换入资产的初始计量金额；对于换出资产，终止确认时不确认损益。

2. 涉及补价的情况

对于以账面价值为基础计量的非货币性资产交换，涉及补价的，应当将补价作为确定换入资产的初始计量金额的调整因素，区分情况进行处理：

（1）支付补价方

支付补价的，应当以换出资产的账面价值，加上支付补价的账面价值和应支付的相关税费，作为换入资产的初始计量金额，不确认损益。

（2）收到补价方

收到补价的，应当以换出资产的账面价值，减去收到补价的公允价值，加上应支付的相关税费，作为换入资产的初始计量金额，不确认损益。

例1.2

丙公司拥有一台专有设备，账面原价为4500000元，已计提折旧3300000元。丁公司拥有一项长期股权投资，账面价值为900000元。两项资产均未计提减值准备。丙公司决定以其专有设备交换丁公司的长期股权投资，该专有设备是生产某种产品必需的设备。丙公司拥有的专有设备系当时专门制造，性质特殊，其公允价值不能可靠地计量。丁公司拥有的长期股权投资的公允价值也不能可靠地计量。经双方商定，丁公司支付了200000元补价。假定交易不考虑相关税费。

【分析】

该项资产交换涉及收付货币性资产，即补价200000元。对丙公司而言，以收到的补价200000元，除以换出资产的账面价值1200000元（4500000-3300000），约为16.7%，小于25%。因此，该项交换属于非货币性资产交换。丁公司的情况也类似。由于两项资产的公允价值不能可靠地计量，因此丙、丁公司换入资产的成本均应当按照换出资产的账面价值确定。

丙公司的账务处理如下（单位：元）：

借：固定资产清理　　　　　　　　　　　　　　　1200000
　　累计折旧　　　　　　　　　　　　　　　　　3300000
　　贷：固定资产——专有设备　　　　　　　　　4500000
借：长期股权投资　　　　　　　　　　　　　　　1000000
　　银行存款　　　　　　　　　　　　　　　　　200000
　　贷：固定资产清理　　　　　　　　　　　　　1200000

丁公司的账务处理如下（单位：元）：

借：固定资产——专有设备	1100000
贷：长期股权投资	900000
银行存款	200000

尽管丁公司支付了200000元补价，但是由于整个非货币性资产交换是以账面价值为基础计量的，支付补价方和收到补价方均不确认损益。对丙公司而言，换入资产是长期股权投资和银行存款200000元，换出资产即专有设备的账面价值为1200000元。因此，长期股权投资的成本就是换出资产的账面价值减去货币性资产补价的差额，即1000000元（1200000-200000）。对丁公司而言，换出资产是长期股权投资和银行存款200000元，换入资产即专有设备的成本等于换出资产的账面价值，为1100000元（900000+200000）。由此可见，在以账面价值为基础计量的情况下，补价用于调整换入资产的成本，不涉及确认损益问题。

1.3.3 涉及多项非货币性资产交换的会计处理

1. 以公允价值为基础计量的情况

（1）以换出资产的公允价值为基础计量的

对于同时换入的多项资产，由于通常无法将换出资产与换入的某项特定资产相对应，因此应当按照各项换入资产公允价值的相对比例（换入资产的公允价值不能可靠地计量的，可以按照换入的金融资产以外的各项资产的原账面价值的相对比例或其他合理的比例），将换出资产公允价值总额（涉及补价的，加上支付补价的公允价值或减去收到补价的公允价值）扣除换入的金融资产公允价值后的净额进行分摊，以分摊至各项换入资产的金额，加上应支付的相关税费，作为各项换入资产的成本进行初始计量。需要说明的是，如果同时换入的多项非货币性资产中包含由《企业会计准则第22号——金融工具确认和计量》规范的金融资产，则应当按照《企业会计准则第22号——金融工具确认和计量》的规定进行会计处理；在确定换入的其他多项资产的初始计量金额时，应当将金融资产公允价值从换出资产公允价值总额中扣除。

对于同时换出的多项资产，应当将各项换出资产的公允价值与其账面价值之间的差额，在各项换出资产终止确认时计入当期损益。

（2）以换入资产的公允价值为基础计量的

对于同时换入的多项资产，应当以各项换入资产的公允价值和应支付的相关税费作为各项换入资产的初始计量金额。

对于同时换出的多项资产，由于通常无法将换出资产与换入的某项特定资产相对应，因此应当按照各项换出资产的公允价值的相对比例（换出资产的公允价值不能可靠地计量的，可以按照各项换出资产的账面价值的相对比例），将换入资产的公允价值总额（涉及补价的，减去支付补价的公允价值或加上收到补价的公允价值）分摊至各项换出资产，分摊至各项换出资产的金额与各项换出资产账面价值之间的差额，在各项换出资产终止确认时计入当期损益。需要说明的是，如果同时换出的多项非货币性资产中包含由《企业会计准则第22号——金融工具确认和计量》规范的金融资产，则应当按照《企业会计准则第22号——金融工具确认和计量》和《企业会计准则第23号——金融资产转移》的规定判断换出的该金融资产是否满足终止确认条件，并进行终止确认的会计处理。在确定其他各项换出资产终止确认的相关损益时，终止确认的金融资产的公允价值应当从换入资产的公允价值总额中扣除。

例1.3

甲公司和乙公司均为增值税一般纳税人，适用的增值税税率均为13%。2×09年8月，为适应业务发展的需要，经协商，甲公司决定以生产经营过程中使用的设备和货车换入乙公司生产经营过程中使用的小汽车和客运汽车。甲公司设备的账面原价为18000000元，在交换日的累计折旧为3000000元，公允价值为13500000元；专用货车的账面原价为6000000元，在交换日的累计折旧为4800000元，公允价值为1000000元。乙公司小汽车的账面原价为13000000元，在交换日的累计折旧为6900000元，公允价值为7095000元；客运汽车的账面原价为13000000元，在交换日的累计折旧为6800000元，公允价值为7000000元。乙公司另外向甲公司支付银行存款457650元，其中包括由于换出资产和换入资产的公允价值不同而支付的补价405000元，以及换出资产销项税额与换入资产进项税额的差额52650元。

假定甲公司和乙公司都没有为换出资产计提减值准备；甲公司换入乙公司的小汽车和客运汽车作为固定资产使用和管理，乙公司换入甲公司的设备和货车作为固定资产使用和管理；甲公司和乙公司的上述交易涉及的增值税进项税额按照税法规定，可抵扣且已得到认证；不考虑其他相关税费。

【分析】

本例涉及收付货币性资产，应当计算甲公司收到的货币性资产占其换出资产的公允价值总额的比例（等于乙公司支付的货币性资产占其换入资产的公允价值的比例）：

405000÷（13500000+1000000）=2.79%<25%

据此，可以认定这一涉及多项资产的交换行为属于非货币性资产交换。为了拓展运输业务，甲公司需要小汽车和客运汽车。为了扩大产品生产规模，乙公司需要设备和货车。可见，换入资产对换入企业均能发挥更大的作用。因此，该项涉及多项资产的非货币性资产交换具有商业实质；同时，各单项换入资产和换出资产的公允价值均能可靠计量。因此，甲公司和乙公司均应当以公允价值为基础确定换入资产的总成本，确认产生的相关损益；同时，按照各单项换入资产的公允价值占换入资产的公允价值总额的比例，确定各单项换入资产的成本。

甲公司的账务处理如下（单位：元）：

（1）根据税法的有关规定

换出设备的增值税销项税额=13500000×13%=1755000

换出货车的增值税销项税额=1000000×13%=130000

换入小汽车和客运汽车的增值税进项税额=（7095000+7000000）×13%=1832350

（2）计算换入资产、换出资产的公允价值总额

换出资产的公允价值总额=13500000+1000000=14500000

换入资产的公允价值总额=7095000+7000000=14095000

（3）计算换入资产总成本

换入资产总成本=换出资产的公允价值−收到的补价+应支付的相关税费
=14500000−405000+0=14095000

（4）确定各项换入资产的公允价值占换入资产的公允价值总额的比例

小汽车的公允价值占换入资产的公允价值总额的比例=7095000÷14095000=50.34%

客运汽车的公允价值占换入资产的公允价值总额的比例=7000000÷14095000=49.66%

（5）确定各项换入资产的成本

小汽车的成本=14095000×50.34%=7095000[此成本为尾数取整后的金额，下文不另作说明。[1]

客运汽车的成本=14095000×49.66%=7000000

（6）会计分录

借：固定资产清理	16200000
累计折旧	7800000
贷：固定资产——设备	18000000
——货车	6000000

---

① 此成本为尾数取整后的金额，下文不另作说明。

| 借：固定资产——小汽车 | 7095000 |
| | |

借：固定资产——小汽车　　　　　　　　　　　　　7095000
　　　　　　——客运汽车　　　　　　　　　　　　7000000
　　应交税费——应交增值税（进项税额）　　　　　1832350
　　银行存款　　　　　　　　　　　　　　　　　　457650
　　资产处置损益　　　　　　　　　　　　　　　 1700000
　贷：固定资产清理　　　　　　　　　　　　　　 16200000
　　　应交税费——应交增值税（销项税额）　　　　1885000

乙公司的账务处理如下（单位：元）：

（1）根据税法的有关规定

换入设备的增值税进项税额=13500000×13%=1755000

换入货车的增值税进项税额=1000000×13%=130000

换出小汽车和客运汽车的增值税销项税额=（7095000+7000000）×13%=1832350

（2）计算换入资产、换出资产的公允价值总额

换入资产的公允价值总额=13500000+1000000=14500000

换出资产的公允价值总额=7095000+7000000=14095000

（3）确定换入资产总成本

换入资产总成本=换出资产的公允价值+支付的补价=14095000+405000=14500000

（4）确定各项换入资产的公允价值占换入资产的公允价值总额的比例

设备的公允价值占换入资产的公允价值总额的比例=13500000÷14500000=93.10%

货车的公允价值占换入资产的公允价值总额的比例=1000000÷14500000=6.90%

（5）确定各项换入资产的成本

设备的成本=14500000×93.10%=13500000

货车的成本=14500000×6.90%=1000000

（6）会计分录

借：固定资产清理　　　　　　　　　　　　　　　12300000
　　累计折旧　　　　　　　　　　　　　　　　　13700000
　贷：固定资产——小汽车　　　　　　　　　　　13000000
　　　　　　——客运汽车　　　　　　　　　　　13000000

借:固定资产——设备	13500000
——货车	1000000
应交税费——应交增值税(进项税额)	1885000
贷:固定资产清理	12300000
应交税费——应交增值税(销项税额)	1832350
银行存款	457650
资产处置损益	1795000

2. 以账面价值为基础计量的情况

对于以账面价值为基础计量的非货币性资产交换,涉及换入多项资产或换出多项资产,或者同时换入和换出多项资产的,应当分别对换入的多项资产、换出的多项资产进行会计处理。

对于换入的多项资产,由于通常无法将换出资产与换入的某项特定资产相对应,因此应当按照各项换入资产的公允价值的相对比例(换入资产的公允价值不能可靠地计量的,也可以按照各项换入资产的原账面价值的相对比例或其他合理的比例),将换出资产的账面价值总额(涉及补价的,加上支付补价的账面价值或减去收到补价的公允价值)分摊至各项换入资产,加上应支付的相关税费,作为各项换入资产的初始计量金额。

对于同时换出的多项资产,各项换出资产终止确认时均不确认损益。

例1.4

2×09年5月,甲公司因经营战略发生较大转变,产品结构发生较大调整,原生产产品的专有设备、专利技术等已不符合生产新产品的需要,经与乙公司协商,将其专有设备连同专利技术与乙公司正在建造的一幢建筑物以及对丙公司的长期股权投资进行交换。甲公司换出专有设备的账面原价为12000000元,已提折旧7500000元;专利技术账面原价为4500000元,已摊销金额为2700000元。乙公司在建工程截止到交换日的成本为5250000元,对丙公司的长期股权投资账面余额为1500000元。由于甲公司持有的专有设备和专利技术在市场上已不多见,因此公允价值不能可靠地计量。乙公司的在建工程因完工程度难以合理确定,其公允价值不能可靠地计量。乙公司对丙公司的长期股权投资的公允价值也不能可靠地计量。假定甲、乙公司均未对上述资产计提减值准备,不考虑相关税费等因素。

【分析】

本例不涉及收付货币性资产，属于非货币性资产交换。由于换入资产、换出资产的公允价值均不能可靠地计量，因此甲、乙公司均应当以换出资产的账面价值总额作为换入资产的成本，各项换入资产的成本应当按其账面价值占换入资产的账面价值总额的比例分配后确定。

甲公司的账务处理如下（单位：元）：

（1）计算换入资产、换出资产的账面价值总额

换入资产的账面价值总额=5250000+1500000=6750000

换出资产的账面价值总额=（12000000-7500000）+（4500000-2700000）=6300000

（2）确定换入资产总成本

换入资产总成本=6300000

（3）计算确定各项换入资产的账面价值占换入资产的账面价值总额的比例

在建工程占换入资产的账面价值总额的比例=5250000÷6750000=77.8%

长期股权投资占换入资产的账面价值总额的比例=1500000÷6750000=22.2%

（4）确定各项换入资产的成本

在建工程的成本=6300000×77.8%=4901400

长期股权投资的成本=6300000×22.2%=1398600

（5）会计分录

借：固定资产清理	4500000
累计折旧	7500000
贷：固定资产——专有设备	12000000
借：在建工程	4901400
长期股权投资	1398600
累计摊销	2700000
贷：固定资产清理	4500000
无形资产——专利技术	4500000

乙公司的账务处理如下（单位：元）：

（1）计算换入资产、换出资产的账面价值总额

换入资产的账面价值总额=（12000000-7500000）+（4500000-2700000）=6300000

换出资产的账面价值总额=5250000+1500000=6750000

（2）确定换入资产总成本

换入资产总成本=6750000

（3）计算确定各项换入资产的账面价值占换入资产的账面价值总额的比例

专有设备占换入资产的账面价值总额的比例=4500000÷6300000=71.4%

专利技术占换入资产的账面价值总额的比例=1800000÷6300000=28.6%

（4）确定各项换入资产的成本

专有设备的成本=6750000×71.4%=4819500

专利技术的成本=6750000×28.6%=1930500

（5）会计分录

借：固定资产——专有设备　　　　　　　　　　　　4819500
　　无形资产——专利技术　　　　　　　　　　　　1930500
　贷：在建工程　　　　　　　　　　　　　　　　　5250000
　　　长期股权投资　　　　　　　　　　　　　　　1500000

1.4　非货币性资产交换的披露

在企业财务报告附注中，对于非货币性资产交换，应当披露下列信息：

（1）非货币性资产交换是否具有商业实质及其原因；

（2）换入资产、换出资产的类别；

（3）换入资产初始计量金额的确定方式；

（4）换入资产、换出资产的公允价值以及换出资产的账面价值；

（5）非货币性资产交换确认的损益。

本章小结

本章主要介绍了货币性资产和非货币性资产，非货币性资产交换的概念、补价，非货币性资产交换核算的一般原则，在此基础上，重点讲解非货币性资产交换的会计处理；主要阐述了非货币性资产交换的认定，商业实质的判断，公允价值计量下取得的非货币性资产入账价值的确定、损益的确认，账面价值计量下取得的非货币性资产入账价值的确定。

复习思考题

1. 举例说明哪些交易属于非货币性资产交换。
2. 什么是商业实质？判断是否具有商业实质的主要依据有哪些？
3. 在具有商业实质且公允价值能够可靠地计量的非货币性资产交换中，应当如何计量换入资产的价值？
4. 在具有商业实质但公允价值不能可靠地计量的非货币性资产交换中，应当如何计量换入资产的价值？
5. 换入多项非货币性资产时，应当如何计量各项换入资产的价值？
6. 如何区别非货币性资产交换和货币性资产交换？
7. 货币性资产交换和非货币性资产交换在账务处理上有什么区别？
8. 货币性资产和非货币性资产有什么区别？试举例说明。

 实务练习题

1. 甲公司以一辆起重机换取乙公司一辆冲床。甲公司起重机的账面价值为2800000元，乙公司冲床的账面价值为5000000元，不考虑相关税费。假定：经分析，该交换具有商业实质，且甲公司起重机的公允价值为3200000元，乙公司冲床的公允价值为4000000元，甲公司支付了800000元现金。起重机和冲床的公允价值均不能可靠地计量，甲公司按照两者账面价值的差额支付了1200000元现金。

要求：对上述两种情况，分别作出交易双方的账务处理。

2. A公司决定以账面价值为90000元、公允价值为100000元的甲材料，换入B公司账面价值为110000元、公允价值为100000元的乙材料，A公司支付运费3000元，B公司支付运费2000元。A公司和B公司均未对存货计提减值准备，增值税税率均为13%。假定A公司和B公司换入的材料均为其生产经营所用，且未来现金流入量的现值相等。

要求：作出交易双方的账务处理。

3. 甲企业和乙企业均为房地产开发企业，甲企业因变更主营业务，与乙企业进行资产置换。有关资料如下：

（1）2×07年3月1日，甲、乙企业签订资产置换协议。协议规定：甲企业将其建造的经济适用房与乙企业持有的长期股权投资进行交换。甲企业换出的经济适用房的账面价值为56000000元，公允价值为70000000元。乙企业换出的长期股权投资的账面价值50000000元，公允价值为60000000元。乙企业另行以现金向甲企业支付10000000元作为补价。两企业资产交换具有商业实质。假定甲、乙企业换出的资产均未计提减值准备，且不考虑甲、乙企业置换资产发生的相关税费。

（2）2×07年5月10日，乙企业通过银行转账向甲企业支付补价款10000000元。

（3）甲、乙企业换出资产的相关所有权划转手续于2×07年6月30日全部办理完毕。

假定甲企业换入的长期股权投资按照成本法核算，乙企业换入的经济适用房作为存货核算。

要求：

（1）指出甲企业在会计上确认该资产置换的日期。

（2）编制甲企业与该资产置换相关的会计分录。

（3）编制乙企业与该资产置换相关的会计分录。

案例分析题

A公司拟将所拥有的油漆生产线及相关资产与公司控股股东B集团有限公司的全资控股企业C农药厂的杀虫剂农药生产线及相关资产进行置换。A公司拟置出的油漆生产线及相关资产的账面价值为41400800元，评估价值为50762700元，交易价格为50762700元。A公司拟从C农药厂置入的杀虫剂农药生产线及相关经营性资产的账面价值为237026800元，评估价值为238823800元，交易价格为238823800元。交易差额由A公司用自有资金以现金方式支付。

要求：

（1）判断交易性质。

（2）作出A公司的财务处理。

第 2 章 债务重组会计

本章按照最新修订的会计准则,系统介绍债务重组的概念;在讲解企业债务重组方式的基础上,阐述各种重组业务债权人、债务人的会计处理。

2.1 债务重组会计概述

在市场竞争日益激烈的情况下,有一些企业可能因经营管理不善或受外部各种因素的不利影响,致使盈利能力下降,甚至发生经营亏损,导致资金周转不灵,难以按期偿还债务。在这种情况下,债权人可以选择按照我国法律的规定,在债务人到期不能偿还债务时向法院申请债务人破产,以债务人的破产财产偿还其负债。但是,一旦进入法律程序,将是一个漫长的过程,结果不一定能够保证债权人的利益完全得到保障。由于上述原因,也由于企业之间的相互关系,很多债权人往往采取另外一种比较温和的方式,即通过与债权人协商,签订新的还款协议,或者执行法院的裁决,债权人作出让步,同意债务人现在或者将来以低于债务账面价值的金额偿还债务。债权人作出让步,可能是以非现金资产偿还债务、延期偿还债务、减免部分债务等。新的经济事项需要新的规范,我国专门为此于2019年修订了《企业会计准则第12号——债务重组》,以规范债务重组的会计处理,提高会计信息质量。

2.1.1 债务重组的概念

1. 债务重组的定义

债务重组涉及债权人和债务人,对债权人而言为"债权重组",对债务人而言为"债务重组"。为便于表述,我们将之统称为"债务重组"。债务重组,是指在不改变交易对手方的情况下,经债权人和债务人协定或法院裁定,就清偿债务的时间、金额或方式等重新达成协议的交易。

2. 交易对手方

实务中,经常出现第三方参与相关交易的情形。例如,某公司以不同于原合同条款的方式代债务人向债权人偿债。又如，新组建的公司承接原债务人的债务，与债权人进行债务重组。再如，资产管理公司从债权人处购得债权，再与债务人进行债务重组。在上述情形下，企业应当首先考虑债权和债务是否发生终止确认，适用《企业会计准则第22号——金融工具确认和计量》和《企业会计准则第23号——金融资产转移》等准则，再就债务重组交易适用《企业会计准则第12号——债务重组》。

债务重组既不强调在债务人遇到财务困难的情况下进行，也不论债权人是否作出让步。也就是说，无论何种原因导致债务人未按原定条件偿还债务，也无论双方是否同意债务人以低于债务的金额偿还债务，只要债权人和债务人就债务条款重新达成协议，就符合债务重组的定义。例如，债权人在减免债务人部分债务本金的同时，提高剩余债务的利息，或者债权人同意债务人以等值库存商品抵偿到期债务等，均属于债务重组。

3. 债权和债务的范围

债务重组涉及的债权和债务，是指《企业会计准则第22号——金融工具确认和计量》规范的债权和债务，不包括合同资产、合同负债、预计负债，但包括租赁应收款和租赁应付款。债务重组中涉及的债权、重组债权、债务、重组债务以及其他金融工具的确认、计量和列报，适用《企业会计准则第22号——金融工具确认和计量》和《企业会计准则第37号——金融工具列报》等金融工具相关准则。

4. 债务重组的范围

通过债务重组形成企业合并的，适用《企业会计准则第20号——企业合并》。债务人以股权投资清偿债务或者将债务转为权益工具，可能对应导致债权人取得被投资单位或债务人控制权。在合并财务报表层面，债权人取得资产和负债的确认和计量适用《企业会计准则第20号——企业合并》的有关规定。

债务重组构成权益性交易的，应当适用权益性交易的有关会计处理规定。债权人和债务人不确认构成权益性交易之债务重组的相关损益。债务重组构成权益性交易的情形包括：

（1）债权人直接或间接对债务人持股，或者债务人直接或间接对债权人持股，且持股方以股东身份进行债务重组；

（2）债权人与债务人在债务重组前后均受同一方或相同的多方最终控制，且该债务重组的交易实质是债权人或债务人进行了权益性分配或接受了权益性投入。

例如，甲公司是乙公司股东。为了应对乙公司的临时性经营现金流短缺，甲公司向乙公司提供了10000000元无息借款，并约定于6个月后收回。借款期满时，尽管乙公司有充足的现金流，甲公司仍然决定免除乙公司部分本金还款义务，仅收回2000000元借款。在此项交易中，如果甲公司不以股东身份而是以市场交易者身份参与交易，在乙公司具有足够的偿债能力的情况下，不会免除其部分本金。因此，甲公司和乙公司应当将该交易作为权益性交易，不确认相关债务重组损益。

债务重组中不属于权益性交易的部分，仍然应当确认相关债务重组损益。例如，假设前例中债务人乙公司确实出现财务困难，其他债权人对其债务普遍进行了减半的豁免。那么，甲公司作为股东，比其他债务人多豁免3000000元债务的交易应当作为权益性交易，正常豁免5000000元债务的交易应当确认相关债务重组损益。

企业在判断债务重组是否构成权益性交易时，应当遵循实质重于形式原则。例如，假设债权人对债务人的权益性投资通过其他人代持，债权人虽不具有股东身份，但实质上以股东身份进行债务重组。此时，债权人和债务人应当认为该债务重组构成权益性交易。

2.1.2 债务重组日

债务重组可能发生在债务到期前、到期日或到期后。企业应当正确确定债务重组日，以便确定债务重组的核算时间，作出相应的账务处理。所谓债务重组日，即债务重组完成日，是指债务人履行协议或法院裁定，将相关资产转让给债权人，将债务转为资本，或修改后的偿债条件开始执行的日期。

例如，乙公司欠甲公司货款5000000元，到期日为2×09年5月1日。乙公司无法按时偿还。双方经协商，同意进行债务重组。债权人和债务人就债务条款重新达成了协议。

（1）如果甲公司同意乙公司以价值4000000元的产成品抵债，乙公司于2×09年5月30日将产成品运抵甲公司并办理有关债务解除手续，那么2×09年5月30日即为债务重组日。

（2）如果甲公司同意乙公司以价值4000000元的产成品抵债，乙公司分批将产成品运往甲公司，最后一批产成品运抵的日期为2×09年6月10日，且在这一天办理有关债务解除手续，那么债务重组日应为2×09年6月10日。

（3）如果甲公司同意乙公司以一项工程总造价为4500000元的在建工程偿债，但是要求乙公司继续按计划完成在建工程，那么债务重组日应为该项工程完成并交付使用，且办理有关债务清偿手续的当日。

（4）如果甲公司同意乙公司将所欠债务转为资本，乙公司于2×09年6月20日办妥增资批准手续并向甲公司出具出资证明，那么2×09年6月20日即为债务重组日。

2.1.3 债务重组方式

《企业会计准则第12号——债务重组》第3条规定："债务重组一般包括下列方式，或下列一种以上方式的组合：（一）债务人以资产清偿债务；（二）债务人将债务转为权益工具；（三）除本条第一项和第二项以外，采用调整债务本金、改变债务利息、变更还款期限等方式修改债权和债务的其他条款，形成重组债权和重组债务。"这些债务重组方式都是通过债权人和债务人协定或法院裁定达成的，与原来约定的偿债方式不同。

1. 债务人以资产清偿债务

债务人以资产清偿债务，是指债务人转让其资产给债权人以清偿债务的债务重组方式。债务人用于偿债的资产通常是已经在资产负债表中确认的资产，如现金、应收账款、长期股权投资、投资性房地产、固定资产、在建工程、生物资产、无形资产等。债务人以日常活动产出的商品或服务清偿债务的，用于偿债的资产可能体现为存货等资产。

按照相关会计准则以及本企业会计核算要求，债权人核算相关受让资产的类别可能与债务人不同。例如，债务人以作为固定资产核算的房产清偿债务，债权人可能将受让的房产作为投资性房地产核算；债务人以部分长期股权投资清偿债务，债权人可能将受让的长期股权投资作为金融资产核算；债务人以存货清偿债务，债权人可能将受让的存货作为固定资产核算等。

除上述已经在资产负债表中确认的资产外，债务人也可能以不符合确认条件而未予确认的资产清偿债务。例如，债务人以未确认的内部产生品牌清偿债务，债权人在获得的商标权符合无形资产确认条件的前提下作为无形资产核算。在少数情况下，债务人还可能以处置组（即一组资产以及与这些资产直接相关的负债）清偿债务。

2. 债务人将债务转为权益工具

这里的"权益工具"，是指在《企业会计准则第37号——金融工具列报》中被分类为"权益工具"的金融工具，在会计处理上体现为股本、实收资本、资本公积等科目。

实务中，有些债务重组名义上虽采用"债转股"的方式，但同时附加相关条款，如约定债务人在未来某个时点有义务以某一金额回购股权，或债权人持有的股份享有强制分红权等。这些"股权"可能并不是隶属于"权益工具"的金融工具，因而不属于债务人将债务转为权益工具的债务重组方式。债权人和债务人还可能达成协议，以一项同时包含金融负债成分和权益工具成分的复合金融工具替换原先的债权债务。这类交易也不属于债务人将债务转为权益工具的债务重组方式。

3. 修改其他条款

修改债权和债务的其他条款，是指债务人不以资产清偿债务，也不将债务转为权益工具，而是修改债权和债务的其他条款的债务重组方式，如调整债务本金、改变债务利息、变更还款期限等。经修改，其他条款的债权和债务分别形成重组债权和重组债务。

4. 组合方式

组合方式，是指采用债务人以资产清偿债务、债务人将债务转为权益工具、修改其他条款三种方式中一种以上方式的组合清偿债务的债务重组方式。例如，债权人和债务人约定，由债务人以机器设备清偿部分债务，将另一部分债务转为权益工具，调减剩余债务的本金，利率和还款期限不变。又如，债务人以现金清偿部分债务，同时将剩余债务进行展期等。

2.2 债务重组的会计处理

2.2.1 债权和债务的终止确认

债务重组涉及的债权和债务的终止确认，应当遵循《企业会计准则第22号——金融工具确认和计量》和《企业会计准则第23号——金融资产转移》有关金融资产和金融负债终止确认的规定。具体而言，债权人在收取债权现金流量的合同权利终止时终止确认债权，债务人在债务的现时义务解除时终止确认债务。

债权人与债务人之间进行的债务重组涉及债权和债务的认定以及清偿方式和期限等的协商，通常需要经历较长时间，如破产重整中进行的债务重组。只有在符合上述终止确认的条件时，才能终止确认相关债权和债务，并确认相关债务重组损益。在报告期间已经开始协商，在资产负债表日后进行的债务重组，不属于资产负债表日后调整事项。

对于终止确认的债权，债权人应当结转已计提的减值准备中应该进行债权终止确认部分的金额。对于以公允价值计量且其变动计入其他综合收益的债权，之前计入其他综合收益的累计利得或损失应当从其他综合收益中转出，记入"投资收益"科目。

1. 以资产清偿债务或将债务转为权益工具

在这两种债务重组方式之下，由于债权人在拥有或控制相关资产时，其收取债权现金流量的合同权利通常也同时终止，因此债权人一般可以终止确认该债权。同样，由于债务人通过交付资产或权益工具解除了其清偿债务的现时义务，因此债务人一般可以终止确认该债务。

2. 修改其他条款

对于债权人而言，债务重组通过调整债务本金、改变债务利息、变更还款期限等方式修改债权和债务条款进行的，条款修改前后的交易对手方没有发生改变，合同涉及的本金、利息等现金流量很难在本息之间以及债务重组前后作出明确分割，即很难单独识别合同的特定可辨认现金流量。因此，通常情况下，应当整体考虑是否对全部债权的合同条款作出了实质性修改。如果作出了实质性修改，或者债权人与债务人签订了协议，以获取实质上不同的新金融资产方式替换债权,则应当终止确认原债权,并按照修改后的条款或新协议确认新金融资产。

对于债务人而言,如果对债务或部分债务的合同条款作出实质性修改,形成重组债务,或者债权人与债务人签订协议,以承担实质上不同的重组债务方式替换债务,则债务人应当终止确认原债务,同时按照修改后的条款确认一项新金融负债。如果重组债务未来的现金流量(包括支付和收取的某些费用)现值与原债务在剩余期间内的现金流量现值之间的差异超过10%,则意味着新的合同条款进行了"实质性修改",或者重组债务是"实质上不同"的,有关现值的计算均采用原债务的实际利率。

3. 组合方式

对于债权人,与上述"修改其他条款"部分的分析类似,通常应当整体考虑是否终止确认全部债权。由于组合方式涉及多种债务重组方式,因此一般可以认为对全部债权的合同条款作了实质性修改,从而终止确认全部债权,并按照修改后的条款确认新金融资产。对于组合中以资产清偿债务或者将债务转为权益工具方式进行的债务重组,如果债务人清偿该部分债务的现时义务已经解除,则应当终止确认该部分债务。对于组合中以修改其他条款方式进行的债务重组,需要根据具体情况,判断对应的部分债务是否满足终止确认的条件。

2.2.2 债权人的会计处理

1. 以资产清偿债务或者将债务转为权益工具

债务重组采用以资产清偿债务或者将债务转为权益工具方式进行的,债权人应在受让的相关资产符合其定义和确认条件时予以确认。

(1) 债权人受让金融资产

债权人受让包括现金在内的单项或多项金融资产的,应当按照《企业会计准则第22号——金融工具确认和计量》的规定进行确认和计量。金融资产初始确认时,应当以其公允价值计量。金融资产确认金额与债权终止确认日账面价值之间的差额,记入"投资收益"科目。但是,收取的金融资产的公允价值与交易价格(即放弃债权的公允价值)存在差异的,应当按照《企业会计准则第22号——金融工具确认和计量》第34条的规定处理。

(2) 债权人受让非金融资产

债权人初始确认受让的金融资产以外的资产时,应当按照下列原则以成本计量:

①存货的成本,包括放弃债权的公允价值,以及使该资产达到当前位置和状态所发生的可直接归属于该资产的税金、运输费、装卸费、保险费等其他成本。

②对联营企业或合营企业投资的成本,包括放弃债权的公允价值,以及可直接归属

于该资产的税金等其他成本。

③投资性房地产的成本，包括放弃债权的公允价值，以及可直接归属于该资产的税金等其他成本。

④固定资产的成本，包括放弃债权的公允价值，以及使该资产达到预定可使用状态前所发生的可直接归属于该资产的税金、运输费、装卸费、安装费、专业人员服务费等其他成本。确定固定资产的成本时，应当考虑预计弃置费用因素。

⑤生物资产的成本，包括放弃债权的公允价值，以及可直接归属于该资产的税金、运输费、保险费等其他成本。

⑥无形资产的成本，包括放弃债权的公允价值，以及可直接归属于使该资产达到预定用途所发生的税金等其他成本。放弃债权的公允价值与账面价值之间的差额，记入"投资收益"科目。

（3）债权人受让多项资产

债权人受让多项非金融资产，或者包括金融资产、非金融资产在内的多项资产的，应当按照《企业会计准则第22号——金融工具确认和计量》的规定确认和计量受让的金融资产，然后按照受让的金融资产以外的各项资产在债务重组合同生效日的公允价值比例，对放弃债权在合同生效日的公允价值扣除受让金融资产当日公允价值后的净额进行分配，并以此为基础分别确定各项资产的成本。放弃债权的公允价值与账面价值之间的差额，记入"投资收益"科目。

（4）债权人受让处置组

债务人以处置组清偿债务的，债权人应当分别按照《企业会计准则第22号——金融工具确认和计量》和其他相关准则的规定，对处置组中的金融资产和负债进行初始计量，然后按照金融资产以外的各项资产在债务重组合同生效日的公允价值比例，对放弃债权在合同生效日的公允价值以及承担的处置组中负债的确认金额之和，扣除受让金融资产当日公允价值后的净额进行分配，并以此为基础分别确定各项资产的成本。放弃债权的公允价值与账面价值之间的差额，记入"投资收益"科目。

（5）债权人将受让的资产或处置组划分为持有待售类别

债务人以资产或处置组清偿债务，且债权人在取得日未将受让的相关资产或处置组作为非流动资产和非流动负债核算，而是将其划分为持有待售类别的，债权人应当在初始计量时，比较假定其不划分为持有待售类别情况下的初始计量金额和公允价值减去出售费用后的净额，以两者孰低计量。

2. 修改其他条款

债务重组采用以修改其他条款方式进行的，如果修改其他条款导致全部债权终止确认，债权人应当按照修改后的条款以公允价值初始计量重组债权，重组债权的确认金额与债权终止确认日账面价值之间的差额,记入"投资收益"科目。

如果修改其他条款未导致债权终止确认,债权人应当根据其分类,继续以摊余成本、以公允价值计量且其变动计入其他综合收益,或者以公允价值计量且其变动计入当期损益进行后续计量。对于以摊余成本计量的债权,债权人应当根据重新议定合同的现金流量变化情况,重新计算该重组债权的账面余额,并将相关利得或损失记入"投资收益"科目。重新计算的该重组债权的账面余额,应当根据将重新议定或修改的合同现金流量按债权原实际利率折现的现值确定,购买或源生的已发生信用减值的重组债权,应按经信用调整的实际利率折现。对于修改或重新议定合同所产生的成本或费用,债权人应当调整修改后的重组债权的账面价值,并在修改后重组债权的剩余期限内摊销。

3. 组合方式

债务重组采用组合方式进行的,一般可以认为对全部债权的合同条款作出了实质性修改,债权人应当按照修改后的条款,以公允价值初始计量重组债权和受让的新金融资产,按照受让的金融资产以外的各项资产在债务重组合同生效日的公允价值比例,对放弃债权在合同生效日的公允价值扣除重组债权和受让金融资产当日公允价值后的净额进行分配,并以此为基础分别确定各项资产的成本。放弃债权的公允价值与账面价值之间的差额,记入"投资收益"科目。

2.2.3 债务人的会计处理

1. 债务人以资产清偿债务

债务重组以资产清偿债务方式进行的,债务人应当将所清偿债务账面价值与转让资产账面价值之间的差额计入当期损益。

(1) 债务人以金融资产清偿债务

债务人以单项或多项金融资产清偿债务的,债务的账面价值与偿债金融资产账面价值的差额,记入"投资收益"科目。偿债金融资产已计提减值准备的,应结转已计提的减值准备。对于以分类为以公允价值计量且其变动计入其他综合收益的债务工具投资清偿债务的,之前计入其他综合收益的累计利得或损失应当从其他综合收益中转出,记入"投资收益"科目。对于以指定为以公允价值计量且其变动计入其他综合收益的非交易性权益工具投资清偿债务的,之前计入其他综合收益的累计利得或损失应当从其他综合收益中转出,记入"盈余公积""利润分配——未分配利润"等科目。

(2) 债务人以非金融资产清偿债务

债务人以单项或多项非金融资产清偿债务,或者以包括金融资产和非金融资产在内的多项资产清偿债务的,不需要区分资产处置损益和债务重组损益,也不需要区分不同资产的处置损益,而应将所清偿债务账面价值与转让资产账面价值之间的差额,记入

"其他收益——债务重组收益"科目。偿债资产已计提减值准备的，应结转已计提的减值准备。

债务人以包含非金融资产的处置组清偿债务的，应当将所清偿债务和处置组中负债的账面价值之和，与处置组中资产的账面价值之间的差额，记入"其他收益——债务重组收益"科目。处置组所属的资产组或资产组组合按照《企业会计准则第8号——资产减值》分摊了企业合并中取得的商誉的，该处置组应当包含分摊至处置组的商誉。处置组中的资产已计提减值准备的，应结转已计提的减值准备。

债务人以日常活动产出的商品或服务清偿债务的，应当将所清偿债务账面价值与存货等相关资产账面价值之间的差额，记入"其他收益——债务重组收益"科目。

2. 债务人将债务转为权益工具

债务重组采用将债务转为权益工具方式进行的，债务人初始确认权益工具时，应当按照权益工具的公允价值计量，权益工具的公允价值不能可靠计量的，应当按照所清偿债务的公允价值计量。所清偿债务账面价值与权益工具确认金额之间的差额，记入"投资收益"科目。债务人因发行权益工具而支出的相关税费等，应当依次冲减资本溢价、盈余公积、未分配利润等。

3. 修改其他条款

债务重组采用修改其他条款方式进行的，如果修改其他条款导致债务终止确认，债务人应当按照公允价值计量重组债务，终止确认的债务账面价值与重组债务确认金额之间的差额，记入"投资收益"科目。

如果修改其他条款未导致债务终止确认，或者仅导致部分债务终止确认，对于未终止确认的部分债务，债务人应当根据其分类，继续以摊余成本、以公允价值计量且其变动计入当期损益或其他适当方法进行后续计量。对于以摊余成本计量的债务，债务人应当根据重新议定合同的现金流量变化情况，重新计算该重组债务的账面价值，并将相关利得或损失记入"投资收益"科目。重新计算的该重组债务的账面价值应当根据将重新议定或修改的合同现金流量按债务的原实际利率或按《企业会计准则第24号——套期会计》第23条规定的重新计算的实际利率（如适用）折现的现值确定。对于修改或更新议定合同所产生的成本或费用，债务人应当调整修改后的重组债务的账面价值，并在修改后重组债务的剩余期限内摊销。

4. 组合方式

债务重组采用以资产清偿债务、将债务转为权益工具、修改其他条款等方式的组合进行的，对于权益工具，债务人应当在初始确认时按照权益工具的公允价值计量，权益工具的公允价值不能可靠计量的，应当按照所清偿债务的公允价值计量。对于修改其他条款形成的重组债务，债务人应当按照上文"修改其他条款"部分的内容，确认和计量重组债务。所清偿债务的账面价值与转让资产的账面价值以及权益工具和重组债务的确认金额之和的差额,记入"其他收益——债务重组收益"或"投资收益"(仅涉及金融工具时)科目。

例2.1

2×20年6月18日,甲公司向乙公司销售商品一批,应收乙公司款项的入账金额为950000元。甲公司将该应收款项分类为以摊余成本计量的金融资产。乙公司将这应付账款分类为以摊余成本计量的金融负债。2×20年10月18日,双方签订债务重组合同,乙公司以一项作为无形资产核算的非专利技术偿还该欠款。该无形资产的账面余额为1000000元,累计摊销额为100000元,已计提减值准备20000元。10月22日,双方办理完成该无形资产转让手续,甲公司支付评估费用40000元。当日,甲公司应收款项的公允价值为870000元,已计提坏账准备70000元,乙公司应付款项的账面价值仍为950000元。假设不考虑相关税费。

(1)债权人的会计处理

2×20年10月22日,债权人甲公司取得该无形资产的成本为债权公允价值870000元评估费用40000元的合计910000元。甲公司的账务处理如下(单位:元):

借:无形资产　　　　　　　　　　　　　　　　910000
　　坏账准备　　　　　　　　　　　　　　　　 70000
　　投资收益　　　　　　　　　　　　　　　　 10000
　　贷:应收账款　　　　　　　　　　　　　　 950000
　　　　银行存款　　　　　　　　　　　　　　 40000

(2)债务人的会计处理

乙公司10月22日的账务处理如下(单位:元):

借:应付账款　　　　　　　　　　　　　　　　950000
　　累计摊销　　　　　　　　　　　　　　　　100000
　　无形资产减值准备　　　　　　　　　　　　 20000
　　贷:无形资产　　　　　　　　　　　　　　1000000
　　　　其他收益——债务重组收益　　　　　　 70000

假设甲公司管理层决议,受让该非专利技术后将在半年内将其出售,当日无形资产的公允价值为870000元,预计未来出售该非专利技术时将发生10000元的出售费用,该非专利技术满足持有待售资产确认条件。

分析:10月22日,甲公司对该非专利技术进行初始确认时,按照无形资产入账（910000元）与公允价值减出售费用（860000元）孰低计量。债权人甲公司的账务处理如下（单位：元）：

借：持有待售资产——无形资产　　　　　　　　　　　　　860000
　　坏账准备　　　　　　　　　　　　　　　　　　　　　70000
　　资产减值损失　　　　　　　　　　　　　　　　　　　60000
　　贷：应收账款　　　　　　　　　　　　　　　　　　　950000
　　　　银行存款　　　　　　　　　　　　　　　　　　　40000

例2.2

2×19年2月10日，甲公司从乙公司购买一批材料，约定6个月后甲公司应结清款项1000000元（假定无重大融资成分）。乙公司将该应收款项分类为以公允价值计量且其变动计入当期损益的金融资产，甲公司将该应付款项分类为以摊余成本计量的金融负债。2×19年8月12日，甲公司因无法支付货款而与乙公司协商进行债务重组，双方商定乙公司将该债权转为对甲公司的股权投资。10月20日，乙公司办结了对甲公司的增资手续，甲公司和乙公司分别支付手续费等相关费用15000元和12000元。债转股后，甲公司总股本为1000000元，乙公司持有的抵债股权占甲公司总股本的25%，对甲公司具有重大影响，甲公司股权公允价值不能可靠计量。甲公司应付款项的账面价值仍为1000000元。

2×19年6月30日，应收款项和应付款项的公允价值均为850000元。

2×19年8月12日，应收款项和应付款项的公允价值均为760000元。

2×19年10月20日，应收款项和应付款项的公允价值仍为760000元。假定不考虑其他相关税费。

（1）债权人的会计处理

乙公司的账务处理如下（单位：元）：

①6月30日

借：公允价值变动损益　　　　　　　　　　　　　　　　150000
　　贷：交易性金融资产——公允价值变动　　　　　　　150000

②8月12日

借：公允价值变动损益　　　　　　　　　　　　　　　　90000
　　贷：交易性金融资产——公允价值变动　　　　　　　90000

③10月20日

乙公司对甲公司长期股权投资的成本为应收款项公允价值（760000元）与相关税费（12000元）的合计772000元。

借:长期股权投资——甲公司 772000
　　交易性金融资产——公允价值变动 240000
　贷:交易性金融资产——成本 1000000
　　　银行存款 12000

(2)债务人的会计处理

10月20日,由于甲公司股权的公允价值不能可靠计量,初始确认权益工具公允价值时应当按照所清偿债务的公允价值760000元计量,并扣除因发行权益工具支出的相关税费15000元。甲公司的账务处理如下(单位:元):

借:应付账款 1000000
　贷:实收资本 250000
　　　资本公积——资本溢价 495000
　　　银行存款 15000
　　　投资收益 240000

例2.3

2×19年11月5日,甲公司向乙公司赊购一批材料,含税价为2340000元。

2×20年9月10日,甲公司因发生财务困难,无法按合同约定偿还债务,双方协商进行债务重组。乙公司同意甲公司用其生产的商品、作为固定资产管理的机器设备和一项债券投资抵偿欠款。当日,该债权的公允价值为2100000元,甲公司用于抵债的商品市价(不含增值税)为900000元,抵债设备的公允价值为750000元,用于抵债的债券投资市价为235500元。

抵债资产于2×20年9月20日转让完毕,甲公司发生设备运输费用6500元,乙公司发生设备安装费用15000元。

乙公司以摊余成本计量该项债权。2×20年9月20日,乙公司对该债权已计提坏账准备190000元,债券投资市价为210000元。乙公司将受让的商品、设备和债券投资分别作为低值易耗品、固定资产和以公允价值计量且其变动计入当期损益的金融资产核算。

甲公司以摊余成本计量该项债务。2×20年9月20日,甲公司用于抵债的商品成本为700000元;抵债设备的账面原价为1500000元,累计折旧为400000元,已计提减值准备180000元;甲公司以摊余成本计量用于抵债的债券投资,债券票面价值总额为150000元,票面利率与实际利率一致,按年付息,假定甲公司尚未对债券确认利息收入。当日,该项债务的账面价值仍为2340000元。

甲、乙公司均为增值税一般纳税人,适用增值税率为13%。经税务机关核定,该项交易中商品和设备的计税价格分别为900000元和750000元。不考虑其他相关税费。

(1) 债权人的会计处理

低值易耗品可抵扣增值税=900000×13%=117000(元)

设备可抵扣增值税=750000×13%=97500(元)

低值易耗品和固定资产的成本应当以其公允价值比例(90:75)对放弃债权公允价值扣除受让金融资产公允价值后的净额进行分配后的金额为基础确定。

低值易耗品的成本=900000÷(900000+750000)×(2100000-235500-117000-97500)=900000(元)

固定资产的成本=750000÷(900000+750000)×(2100000-235500-117000-97500)=750000(元)

2×20年9月20日,乙公司的账务处理如下(单位:元):

①结转债务重组相关损益

借:低值易耗品	900000
在建工程——在安装设备	750000
应交税费——应交增值税	214500
交易性金融资产	210000
坏账准备	190000
投资收益	75500
贷:应收账款——甲公司	2340000

②支付安装成本

借:在建工程——在安装设备	15000
贷:银行存款	15000

③安装完毕达到可使用状态

借:固定资产——××设备	765000
贷:在建工程——在安装设备	765000

(2) 债务人的会计处理

甲公司9月20日的账务处理如下(单位:元):

借:固定资产清理	920000
累计折旧	400000
固定资产减值准备	180000

	贷：固定资产	1500000
借：固定资产清理		6500
	贷：银行存款	6500
借：应付账款		2340000
	贷：固定资产清理	926500
	库存商品	700000
	应交税费——应交增值税	214500
	债权投资——成本	150000
	其他收益——债务重组收益	349000

例2.4

A公司为上市公司。2×16年1月1日，A公司取得B银行贷款50000000元，约定贷款期限为4年（即2×19年12月31日到期），年利率6%，按年付息。A公司已按时支付所有利息。

2×19年12月31日，A公司出现严重资金周转问题，多项债务违约，信用风险增加，无法偿还贷款本金。

2×20年1月10日，B银行同意与A公司就该项贷款重新达成协议，新协议约定：（1）A公司将一项作为固定资产核算的房产转让给B银行，用于抵偿债务本金10000000元，该房产账面原值12000000元，累计折旧4000000元，未计提减值准备。（2）A公司向B银行增发股票5000000股，面值1元/股，占A公司股份总额的1%，用于抵偿债务本金20000000元，A公司股票于2×20年1月10日的收盘价为4元/股。（3）在A公司履行上述偿债义务后，B银行免除A公司5000000元债务本金，并将尚未偿还的债务本金15000000元展期至2×20年12月31日，年利率8%；如果A公司未能履行（1）（2）所述偿债义务，B银行有权终止债务重组协议，尚未履行的债权调整承诺随之失效。

B银行以摊余成本计量该贷款，已计提贷款损失准备3000000元。该贷款于2×20年1月10日的公允价值为46000000元，予以展期的贷款的公允价值为15000000元。

2×20年3月2日，双方办理完成房产转让手续，B银行将该房产作为投资性房地产核算。

2×20年3月31日，B银行为该笔贷款补提了1000000元的损失准备。

2×20年5月9日，双方办理完成股权转让手续，B银行将该股权投资分类为以公允价值计量且其变动计入当期损益的金融资产，A公司股票当日收盘价为4.02元/股。

A公司以摊余成本计量该贷款，截至2×20年1月10日，该贷款的账面价值为50000000元。不考虑相关税费。

（1）债权人的会计处理

A公司与B银行以组合方式进行债务重组，同时涉及以资产清偿债务、将债务转为权益工具，包括债务豁免的修改其他条款等方式，可以认为对全部债权的合同条款作出了实质性修改。债权人在收取债权现金流量的合同权利终止时，应当终止确认全部债权，即在2×20年5月9日该债务重组协议的执行过程和结果不确定性消除时，可以确认债务重组相关损益，并按照修改后的条款确认新金融资产。

债权人B银行的账务处理如下（单位：元）：

① 3月2日

投资性房地产成本=46000000-20000000-15000000=11000000

借：投资性房地产　　　　　　　　　　　　　　　　11000000
　　贷：贷款——本金　　　　　　　　　　　　　　　　11000000

② 3月31日

借：信用减值损失　　　　　　　　　　　　　　　　1000000
　　贷：贷款损失准备　　　　　　　　　　　　　　　　1000000

③ 5月9日

受让股权的公允价值=4.02×5000000=20100000

借：交易性金融资产　　　　　　　　　　　　　　　　20100000
　　贷款——本金　　　　　　　　　　　　　　　　　15000000
　　贷款损失准备　　　　　　　　　　　　　　　　　4000000
　　贷：贷款——本金　　　　　　　　　　　　　　　　39000000
　　　　投资收益　　　　　　　　　　　　　　　　　　100000

（2）债务人的会计处理

该债务重组协议的执行过程和结果不确定性于2×20年5月9日消除时，债务人清偿该部分债务的现时义务已经解除，可以确认债务重组相关损益，并按照修改后的条款确认新金融负债。

债务人A公司的账务处理如下（单位：元）：

① 3月2日

借：固定资产清理　　　　　　　　　　　　　　　　8000000
　　累计折旧　　　　　　　　　　　　　　　　　　　4000000

　　　　贷：固定资产　　　　　　　　　　　　　　　　　　12000000
　　　借：长期借款——本金　　　　　　　　　　　　　　　8000000
　　　　贷：固定资产清理　　　　　　　　　　　　　　　　8000000
②5月9日

借款的新现金流量现值=15000000×（1+8%）÷（1+6%）=15283000

现金流变化=（15283000-15000000）÷15000000=1.9%<10%

因此，针对15000000元本金部分的合同条款的修改不构成实质性修改，不终止确认该部分负债。

　　　借：长期借款——本金　　　　　　　　　　　　　　42000000
　　　　贷：股本　　　　　　　　　　　　　　　　　　　　5000000
　　　　　　资本公积　　　　　　　　　　　　　　　　　15100000
　　　　　　长期借款——本金　　　　　　　　　　　　　15283000
　　　　　　其他收益——债务重组收益　　　　　　　　　　6615000

本例中，即使没有"A公司未能履行（1）（2）所述偿债义务，B银行有权终止债务重组协议，尚未履行的债权调整承诺随之失效"的条款，债务人仍然应当谨慎处理，考虑在债务的现时义务解除时终止确认原债务。

2.3 债务重组的披露

债务重组中涉及的债权、重组债权、债务、重组债务和其他金融工具的披露，应当按照《企业会计准则第37号——金融工具列报》的规定处理。此外，债权人和债务人还应当在附注中披露与债务重组有关的额外信息。

债权人应当在附注中披露与债务重组有关的下列信息：

（1）根据债务重组方式，分组披露债权账面价值和债务重组相关损益。分组时，债权人可以按照以资产清偿债务方式、将债务转为权益工具方式、修改其他条款方式、组合方式为标准分组，也可以根据重要性原则以更细化的标准分组。

（2）债务重组导致的对联营企业或合营企业的权益性投资增加额，以及该投资占联营企业或合营企业股份总额的比例。

债务人应当在附注中披露与债务重组有关的下列信息：

（1）根据债务重组方式，分组披露债务账面价值和债务重组相关损益。分组的标准与对债权人的要求类似。

（2）债务重组导致的股本等所有者权益的增加额。

报表使用者可能关心与债务重组相关的其他信息：

（1）债权人和债务人是否具有关联方关系。

（2）如何确定债务转为权益工具方式中的权益工具，以及修改其他条款方式中的新重组债权或重组债务等的公允价值。

（3）是否存在与债务重组相关的或有事项等。企业应当根据《企业会计准则第13号——或有事项》《企业会计准则第22号——金融工具确认和计量》《企业会计准则第36号——关联方披露》《企业会计准则第37号——金融工具列报》和《企业会计准则第39号——公允价值计量》等准则规定，披露相关信息。

本章小结

本章主要介绍了债务重组的概念和重组方式，以及债务重组的会计处理。债务重组，是指在不改变交易对手方的情况下，经债权人和债务人协定或法院裁定，就清偿债务的时间、金额或方式等重新达成协议的交易。

债务重组的方式主要包括：债务人以资产清偿债务、将债务转为权益工具、修改其他条款，以及前述一种以上方式的组合。这些债务重组方式都是通过债权人和债务人重新协定或法院裁定达成的，与原来约定的偿债方式不同。

债务重组中涉及的债权、重组债权、债务、重组债务和其他金融工具的披露，应当按照《企业会计准则第37号——金融工具列报》的规定处理。此外，债权人和债务人还应当在附注中披露与债务重组有关的额外信息。

复习思考题

1. 企业为什么要进行债务重组？
2. 举例说明债务重组的含义和方式。
3. 债务重组会对重组双方带来什么影响？
4. 债权和债务的终止确认原则有哪些？

第 2 章 债务重组会计

实务练习题

1. A公司原持有B公司应收账款账面价值5000000元。其中，原值为6000000元，已计提坏账准备1000000元。2×00年5月，经评估，该应收账款当月公允价值为5500000元。A公司与B公司当月达成协议，B公司以其持有的一套房产抵偿对A公司的债务。B公司原将该房产作为固定资产核算，当月账面价值为3500000元。其中，原值为5000000元，已计提累计折旧1500000元。经评估，该房产当月公允价值为5000000元。双方于当月完成该房产产权转移手续。A公司发生转入房产相关税费100000元，B公司发生转出房产相关税费150000元。请分别对A公司和B公司进行会计处理。

2. 甲公司于2×00年2月10日从乙公司购入商品一批，同时向乙公司签发并承兑一张面值200000元、年利率7%、6个月期、到期还本付息的票据。2×00年8月10日，甲公司发生财务困难，无法兑现票据。经双方协议，乙公司同意甲公司用一台设备抵偿该应收票据。这台设备的历史成本为240000元，累计折旧为60000元，评估确认的原价和净值分别为240000元、190000元，乙公司发生评估费2000元，对此固定资产提取减值准备18000元。乙公司未对债权计提坏账准备。假定不考虑其他税费。请分别对甲公司和乙公司进行会计处理。

第 3 章 租赁会计

本章将介绍企业租赁的含义、租赁的识别、租赁的分拆与合并,以使学生掌握承租人有关一般租赁、短期租赁和低价值租赁的会计处理方法,出租人有关融资租赁和经营租赁的会计处理方法,以及转租赁、生产商或经销商出租人融资租赁、售后租回交易的会计处理方法及其在财务报表中披露的内容。

3.1 租赁会计概述

20世纪80年代初,我国兴起了以融资租赁为主要目的的现代租赁业务。经过多年的发展,目前全国的金融租赁公司、信托投资公司、财务公司、资产管理公司等已有数万家。这些公司都不同程度地开展了融资租赁业务,包括传统融资租赁(直接租赁)、转租赁、售后租回交易、杠杆融资租赁、委托融资租赁、厂商融资租赁、项目融资租赁等,兼营经营租赁业务。

2006年《企业会计准则第21号——租赁》的发布、实施和修订,规范了承租人和出租人对融资租赁和经营租赁的会计核算和相关信息的披露,提高了会计信息的相关性和可靠性,对推动我国租赁业乃至整个社会主义市场经济的发展起到了积极的作用。2016年1月,国际会计准则委员会(IASB)发布了修订后的《国际财务报告准则第16号——租赁》,自2019年1月1日起正式实施。在租赁行业不断发展壮大的背景下,我国财政部于2018年12月印发修订后的《企业会计准则第21号——租赁》。

3.1.1 租赁的含义及租赁的识别

1. 租赁的含义

租赁,是指在一定期间内,出租人将资产的使用权让与承租人以获取对价的合同。

《企业会计准则第21号——租赁》适用于所有租赁,但是以下各项除外:一是承租人通过许可使用协议取得的电影、录像、剧本、文稿等版权、专利等项目的权利,以及以出让、划拨或转让方式取得的土地使用权,适用无形资产准则;二是出租人授予的知识产权许可，适用收入准则；三是勘探或使用矿产、石油、天然气及类似不可再生资源的租赁，适用其他相关准则；四是承租人承租生物资产，适用其他相关准则；五是采用建设经营移交等方式参与公共基础设施建设、运营的特许经营权合同，适用其他相关准则和规定。

在合同开始日，企业应当评估合同是否为租赁或者包含租赁。如果合同中一方让渡了在一定期间内控制一项或多项已识别资产使用的权利以换取对价，则该合同为租赁或者包含租赁。所以，评估合同是否为租赁或者包含租赁尤为重要。

2. 租赁的识别

一项合同要被分类为租赁，必须满足三要素：

（1）存在一定期间

在合同中，"一定期间"也可以表述为已识别资产的使用量，如某项设备的产出量。如果客户有权在部分合同期内控制已识别资产的使用，则合同包含一项在该部分合同期间的租赁。

（2）存在已识别资产

①已识别资产通常由合同明确指定，也可以在资产可供客户使用时隐性指定。例如，甲公司与乙公司签订了使用乙公司一辆卡车的5年期合同。该卡车专门用于运输甲公司的货物，未经过重大改造不适合其他客户使用。该合同中并没有明确指定卡车的具体编号，但是乙公司有义务提供一辆卡车进行货物运输。同时，该合同中并没有明确指定具体的卡车，但是有一辆卡车被隐性指定。所以，卡车是一项已识别资产。

②若资产的部分产能在物理上可分，则该部分产能属于已识别资产。

（3）资产供应方向客户转移对已识别资产使用权的控制

①客户是否有权获得因使用资产所产生的几乎全部经济利益。在评估客户是否有权获得因使用已识别资产所产生的几乎全部经济利益时，企业应当在约定的客户权利范围内考虑其所产生的经济利益。

②客户是否有权主导资产的使用。存在下列情形之一的，可视为客户有权主导对已识别资产在整个使用期间的使用：第一，客户有权在整个使用期间主导已识别资产的使用目的和使用方式；第二，已识别资产的使用目的和使用方式在使用期间已经预先确定，并且客户有权在整个使用期间自行或主导他人按照其确定的方式运营该项资产，或者客户设计了已识别资产（或资产的特定方面）并在设计时已预先确定了该资产在整个使用期间的使用目的和使用方式。

3. 租赁的分拆与合并

（1）租赁的分拆

合同中同时包含多项单独租赁的，承租人和出租人应当将合同予以分拆，并分别各项单独租赁进行会计处理。合同中同时包含租赁和非租赁部分的,承租人和出租人应当将租赁和非租赁部分进行分拆,除非企业适用《企业会计准则第21号——租赁》第12条的规定进行会计处理。分拆时,各租赁部分应当分别按照《企业会计准则第21号——租赁》进行会计处理,非租赁部分应当按照其他适用的企业会计准则进行会计处理。

同时符合下列条件的,使用已识别资产的权利构成合同中的一项单独租赁:

第一,承租人可从单独使用该资产或将其与易于获得的其他资源一起使用中获利。易于获得的资源,是指出租人或其他供应方单独销售或出租的商品或服务,或者承租人已从出租人或其他交易中获得的资源。

第二,该资产与合同中的其他资产不存在高度依赖或高度关联关系。例如,若承租人租入资产的决定不会对承租人使用合同中的其他资产的权利产生重大影响,则表明该项资产与合同中的其他资产不存在高度依赖或高度关联关系。

出租人可能要求承租人承担某些款项,却并未向承租人转移商品或服务。例如,出租人可能将管理费或与租赁相关的其他成本计入应付金额,而并未向承租人转移商品或服务。此类应付金额不构成合同中单独的组成部分,而应视为总对价的一部分分摊至单独识别的合同组成部分。

①承租人的处理

在分拆合同包含的租赁和非租赁部分时,承租人应当按照各项租赁部分的单独价格及非租赁部分的单独价格之和的相对比例分摊合同对价。租赁和非租赁部分的相对单独价格,应当根据出租人或类似资产供应方就该部分或类似部分向企业单独收取的价格确定。如果可观察的单独价格不易于获得,承租人应当最大限度地利用可观察的信息估计单独价格。

《企业会计准则第21号——租赁》第12条规定:"为简化处理,承租人可以按照租赁资产的类别选择是否分拆合同包含的租赁和非租赁部分。承租人选择不分拆的,应当将各租赁部分及与其相关的非租赁部分分别合并为租赁,按照本准则进行会计处理。但是,对于按照《企业会计准则第22号——金融工具确认和计量》应分拆的嵌入衍生工具,承租人不应将其与租赁部分合并进行会计处理。"

例3.1

甲公司从乙公司租赁一台推土机、一辆卡车和一台长臂挖掘机用于采矿业务,租赁期为4年。乙公司同意在整个租赁期内维护各项设备。合同固定对价为3 000 000元,按年分期支付,每年支付750 000元。合同对价包含各项设备的维护费用。

甲公司未采用简化处理,而是将非租赁部分(维护服务)与租入的各项设备分别进行会计处理。甲公司认为租入的推土机、卡车和长臂挖掘机分别属于单独租赁,原因如下:第一,甲公司可从单独使用这三项设备中的每一项或将其与易于获得的其他资源一起使用中获利(例如,甲公司易于租入或购买其他卡车或挖掘机用于其采矿业务);第二,尽管甲公司租入这三项设备只有一个目的(即从事采矿业务),但是这些设备不存在高度依赖或高度关联关系。因此,甲公司得出结论:合同中存在三个租赁部分和对应的三个非租赁部分(维护服务)。甲公司将合同对价分摊至三个租赁部分和非租赁部分。

市场上有多家供应方提供类似推土机和卡车的维护服务,因此这两项租入设备的维护服务存在可观察的单独价格。假设其他供应方的支付条款与甲、乙公司签订的合同条款相似,甲公司能够确定推土机和卡车维护服务的可观察单独价格分别为160000元和80000元。长臂挖掘机是高度专业化机械,其他供应方不出租类似挖掘机或为其提供维护服务。乙公司对从本公司购买相似长臂挖掘机的客户提供4年的维护服务,可观察对价为固定金额280000元,分4年支付。因此,甲公司估计长臂挖掘机维护服务的单独价格为280000元。甲公司观察到乙公司在市场上单独出租租赁期为4年的推土机、卡车和长臂挖掘机的价格分别为900000元、580000元和1200000元。

甲公司将合同固定对价300000元分摊至租赁和非租赁部分的情况如表3-1所示。

表3-1 合同固定对价分摊表

单位:元

项目	租赁资产名称	推土机	卡车	长臂挖掘机	合计
可观察的单独价格	租赁价格	900000	580000	1200000	2680000
	非租赁				520000*
	合计				3200000
	固定对价总额				3000000
分摊率	分摊率(%)**				93.75

注:*160000+80000+280000=520000(元)

**承租人按照推土机、卡车、长臂挖掘机这三个租赁部分单独价格900000元、580000元、1200000元和非租赁部分的单独价格之和520000元的相对比例,分摊合同对价。分拆后,推土机、卡车和长臂挖掘机的租赁付款额(折现前)分别为843750元、543750元和1125000元。

②出租人的处理

出租人应当分拆租赁部分和非租赁部分，根据《企业会计准则第14号——收入》的相关规定分摊合同对价。

（2）租赁的合并

企业与同一交易方或其关联方在同一时间或相近时间订立的两份或多份包含租赁的合同，在符合下列条件之一时，应当合并为一份合同进行会计处理：

①该两份或多份合同基于总体商业目的而订立并构成一揽子交易，若不作为整体考虑则无法理解其总体商业目的。

②该两份或多份合同中的某份合同的对价金额取决于其他合同的定价或履行情况。

③该两份或多份合同让渡的资产使用权合起来构成一项单独租赁。

两份或多份合同合并为一份合同进行会计处理的，仍然需要区分该一份合同中的租赁部分和非租赁部分。

3.1.2 租赁的分类

1. 承租人对租赁的分类

在修订后的《企业会计准则第21号——租赁》之下，承租人不再将租赁区分为经营租赁、融资租赁，而是对短期租赁和低价值资产租赁以外的其他所有租赁均确认使用权资产和租赁负债，并分别计提折旧和利息费用。

短期租赁，是指在租赁期开始日，租赁期不超过12个月的租赁。

低价值资产租赁，是指单项租赁资产为全新资产时价值较低的租赁。低价值资产租赁的判定仅与资产的绝对价值有关。

使用权资产，是指承租人可在租赁期内使用租赁资产的权利。

租赁负债，按照规定，根据租赁付款额的现值计量。

修订后的《企业会计准则第21号——租赁》保留了融资租赁与经营租赁的"双重模型"，并强调要依据交易的实质而非合同的形式区分融资租赁与经营租赁；增加了可能导致租赁被分类为融资租赁的其他情形；增加了对生产商或经销商作为出租人的融资租赁的会计处理规定。

2. 出租人融资租赁与经营租赁的划分

一项租赁属于融资租赁还是经营租赁取决于交易的实质，而不是合同的形式。如果一项租赁实质上转移了与租赁资产所有权有关的几乎全部风险和报酬，出租人应当将该项租赁分类为融资租赁。出租人应当将除融资租赁以外的其他租赁分类为经营租赁。

一项租赁存在下列一种或多种情形的，通常分类为融资租赁：

（1）在租赁期届满时，租赁资产的所有权转移给承租人。也就是说，如果在租赁协议中已经约定,或者根据其他条件,在租赁开始日就可以合理地判断,租赁期届满时出租人会将资产的所有权转移给承租人,那么该项租赁通常分类为融资租赁。

(2)承租人有购买租赁资产的选择权,所订立的购买价款与预计行使选择权时租赁资产的公允价值相比足够低,因而在租赁开始日就可以合理确定承租人将行使该选择权。

(3)资产的所有权虽然不转移,但是租赁期占租赁资产使用寿命的大部分。实务中,这里的"大部分"一般指租赁期占租赁开始日租赁资产使用寿命的75%以上(含75%)。

(4)在租赁开始日,租赁收款额的现值几乎相当于租赁资产的公允价值。实务中,这里的"几乎相当于",通常掌握在90%及以上。

(5)租赁资产性质特殊,如果不作较大改造,只有承租人才能使用。租赁资产由出租人根据承租人对资产型号、规格等方面的特殊要求专门购买或建造的,具有专购、专用性质。这些租赁资产如果不作较大的重新改制,其他企业通常难以使用。

3.2 承租人的主要会计处理

3.2.1 初始确认与计量

1. 使用权资产和租赁负债的确认与初始计量

在租赁期开始日,承租人应当按照成本对使用权资产进行初始计量。租赁负债应当按照租赁期开始日尚未支付的租赁付款额的现值进行初始计量。

2. 相关概念

(1)租赁期

租赁期,是指承租人有权使用租赁资产且不可撤销的期间。承租人有续租选择权,即有权选择续租该资产,且合理确定将行使该选择权的,租赁期还应当包含续租选择权涵盖的期间。承租人有终止租赁选择权,即有权选择终止租赁该资产,但合理确定将不会行使该选择权的,租赁期应当包含终止租赁选择权涵盖的期间。

(2)租赁开始日

租赁开始日,是指租赁合同签署日与租赁各方就主要租赁条款作出承诺日中的较早者。该日期也是出租人将租赁进行分类的日期。

(3)租赁期开始日

租赁期自租赁期开始日起计算。租赁期开始日,是指出租人提供租赁资产使其可供承租人使用的起始日期。如果承租人在租赁协议约定的起租日或租金起付日之前,已获得对租赁资产使用权的控制,则表明租赁期已经开始。租赁协议中对起租日或租金支付时间的约定,并不影响租赁期开始日的判断。

3. 使用权资产

使用权资产,是指承租人可在租赁期内使用租赁资产的权利。

使用权资产的初始成本包括以下四项:

(1)租赁负债的初始计量金额;

(2)在租赁期开始日或之前支付的租赁付款额,存在租赁激励的,扣除已享受的租赁激励相关金额;

(3)承租人发生的初始直接费用;

(4)承租人为拆卸及移除租赁资产、复原租赁资产所在场地或将租赁资产恢复至租赁条款约定状态预计将发生的成本。前述成本属于为生产存货而发生的,适用《企业会计准则第1号——存货》。

4. 租赁激励

租赁激励,是指出租人为达成租赁向承租人提供的优惠,包括出租人向承租人支付的与租赁有关的款项、出租人为承租人偿付或承担的成本等。存在租赁激励的,承租人在确定租赁付款额时,应扣除租赁激励相关金额。

5. 初始直接费用

初始直接费用,是指为达成租赁所发生的增量成本。增量成本,是指若企业不取得该租赁,则不会发生的成本,如佣金、印花税等。无论是否实际取得租赁都会发生的支出,不属于初始直接费用。例如,为评估是否签订租赁合同而发生的差旅费、法律费用等,应当在发生时计入当期损益。

6. 租赁付款额

租赁付款额,是指承租人向出租人支付的与在租赁期内使用租赁资产的权利相关的款项。

租赁付款额包括以下五项内容:

(1)固定付款额及实质固定付款额,存在租赁激励的,扣除租赁激励相关金额

实质固定付款额,是指在形式上可能包含变量但实质上无法避免的付款额,例如:

①付款额设定为可变租赁付款额,但该可变条款几乎不可能发生,没有真正的经济实质。例如,付款额仅需在租赁资产经证实能够在租赁期间正常运行时支付,或者仅需在不可能不发生的事件发生时支付。又如,付款额初始设定为与租赁资产使用情况相关的可变付款额,但其潜在可变性将于租赁期开始日之后的某个时点消除,在可变性消除时,该类付款额成为实质固定付款额。

②承租人有多套付款额方案,但其中仅有一套是可行的。在此情况下,承租人应采

用该可行的付款额方案作为租赁付款额。

③承租人有多套可行的付款额方案，但必须选择其中一套。在此情况下，承租人应采用总折现金额最低的一套作为租赁付款额。

计算租赁付款额时，应扣除租赁激励相关金额。

（2）取决于指数或比率的可变租赁付款额

可变租赁付款额，是指承租人为取得在租赁期内使用租赁资产的权利，向出租人支付的因租赁期开始日后的事实或情况发生变化（而非时间推移）而变动的款项。可变租赁付款额可能与下列各项指标或情况挂钩：

①由于市场比率或指数数值变动导致的价格变动。例如，基准利率或消费者价格指数变动可能导致租赁付款额调整。

②承租人源自租赁资产的绩效。例如，零售业不动产租赁可能要求基于使用该不动产取得的销售收入的一定比例确定租赁付款额。

③租赁资产的使用。例如，车辆租赁可能要求承租人在超过特定里程数时支付额外的租赁付款额。

需要注意的是，可变租赁付款额中，仅取决于指数或比率的可变租赁付款额纳入租赁负债的初始计量中，包括与消费者价格指数挂钩的款项、与基准利率挂钩的款项和为反映市场租金费率变化而变动的款项等。此类可变租赁付款额应当根据租赁期开始日的指数或比率确定。除了取决于指数或比率的可变租赁付款额之外，其他可变租赁付款额均不纳入租赁负债的初始计量中。

（3）购买选择权的行权价格，前提是承租人合理确定将行使该选择权

在租赁期开始日，承租人应评估是否合理确定将行使购买标的资产的选择权。在评估时，承租人应考虑对其行使或不行使购买选择权产生经济激励的所有相关事实和情况。如果承租人合理确定将行使购买标的资产的选择权，则租赁付款额中应包含购买选择权的行权价格。

（4）行使终止租赁选择权需支付的款项，前提是租赁期反映出承租人将行使终止租赁选择权

在租赁期开始日，承租人应评估是否合理确定将行使终止租赁的选择权。在评估时，承租人应考虑对其行使或不行使终止租赁选择权产生经济激励的所有相关事实和情况。如果承租人合理确定将行使终止租赁选择权，则租赁付款额中应包含行使终止租赁选择权需支付的款项，并且租赁期不应包含终止租赁选择权涵盖的期间。

（5）根据承租人提供的担保余值预计应支付的款项

担保余值，是指与出租人无关的一方向出租人提供担保，保证在租赁结束时租赁资产的价值至少为某指定的金额。如果承租人提供了对余值的担保，则租赁付款额应包含

该担保下预计应支付的款项，它反映了承租人预计将支付的金额，而不是承租人担保余值下的最大敞口。

7.使用权资产和租赁负债的初始确认与计量的账务处理

借：使用权资产（尚未支付的租赁付款额的现值）

　　租赁负债——未确认融资费用（尚未支付的租赁付款额与其现值的差额）

　贷：租赁负债——租赁付款额（尚未支付的租赁付款额）

　　　银行存款等（租赁期开始日或之前支付的租赁付款额，扣除租赁激励）

　　　银行存款等（初始直接费用）

　　　预计负债（预计的拆除、复原、恢复等成本）

8.折现率

租赁负债应当按照租赁期开始日尚未支付的租赁付款额的现值进行初始计量。在计算租赁付款额的现值时，承租人应当采用租赁内含利率作为折现率；无法确定租赁内含利率的，应当采用承租人增量借款利率作为折现率。

租赁内含利率，是指使出租人的租赁收款额的现值与未担保余值的现值之和等于租赁资产公允价值与出租人的初始直接费用之和的利率。其中，未担保余值，是指租赁资产余值中，出租人无法保证能够实现或仅由与出租人有关的一方予以担保的部分。

例3.2

承租人就某栋建筑物的某一楼层与出租人签订了为期10年的租赁合同，并拥有5年的续租选择权。初始租赁期内，租赁付款额为每年50000元，选择权期间为每年55000元，年初支付当年所有款项。为获得该项租赁，承租人发生初始直接费用20000元，其中15000元为向该楼层前任租户支付的款项，5000元为向促成此租赁交易的房地产中介支付的佣金。作为对承租人的激励，出租人同意为承租人报销5000元的佣金以及7000元的装修费。

在租赁期开始日，承租人评估后认为不能合理确定将行使续租选择权，因此将租赁期确定为10年。

承租人无法确定租赁内含利率，其增量借款利率为每年5%。该利率反映的是承租人以类似抵押条件借入期限为10年、与使用权资产等值的相同币种的借款而必须支付的固定利率。

承租人的会计处理如下（单位：元）：

（1）支付本年租金，确认租赁负债

借：使用权资产　　　　　　　　　　　　　　　　　　　　　　　　405391

　　租赁负债——未确认融资费用　　　　　　　　　　　　　　　　94609

　　　　贷：租赁负债——租赁付款额　　　　　　　　　　　450000
　　　　　　　银行存款　　　　　　　　　　　　　　　　　50000
　　（2）初始直接费用
　　借：使用权资产　　　　　　　　　　　　　　　　　　20000
　　　　贷：银行存款　　　　　　　　　　　　　　　　　　20000
　　（3）扣除激励
　　借：银行存款　　　　　　　　　　　　　　　　　　　　5000
　　　　贷：使用权资产　　　　　　　　　　　　　　　　　5000
　　　　　租赁负债=50000×（P/A,5%,9）=355391

3.2.2 后续计量

在租赁期开始日后，承租人应当按以下原则对租赁负债进行后续计量：

（1）确认租赁负债的利息时，增加租赁负债的账面金额；

（2）支付租赁付款额时，减少租赁负债的账面金额；

（3）因重估或租赁变更等原因导致租赁付款额发生变动时，重新计量租赁负债的账面价值。

承租人应当按照固定的周期性利率计算租赁负债在租赁期内各期间的利息费用，并计入当期损益，但按照《企业会计准则第17号——借款费用》等准则规定应当计入相关资产成本的，从其规定。

在租赁期开始日后，承租人应当采用成本模式对使用权资产进行后续计量，即以成本减累计折旧及累计减值损失计量使用权资产。

承租人按照《企业会计准则第21号——租赁》有关规定重新计量租赁负债的，应当相应调整使用权资产的账面价值。

承租人应当按照《企业会计准则第4号——固定资产》有关折旧的规定，自租赁期开始日起对使用权资产计提折旧。使用权资产通常应自租赁期开始的当月计提折旧。当月计提确有困难的，为便于实务操作，企业也可以选择自租赁期开始的下月计提折旧，但应对同类使用权资产采取相同的折旧政策。计提的折旧金额应根据使用权资产的用途，计入相关资产的成本或者当期损益。

承租人在确定使用权资产的折旧方法时，应当根据与使用权资产有关的经济利益的预期实现方式作出决定。通常，承租人按直线法对使用权资产计提折旧，其他折旧方法更能反映使用权资产有关经济利益预期实现方式的，应采用其他折旧方法。

承租人在确定使用权资产的折旧年限时，应遵循以下原则：承租人能够合理确定租赁期届满时取得租赁资产所有权的，应当在租赁资产剩余使用寿命内计提折旧；承租人无法合理确定租赁期届满时能够取得租赁资产所有权的，应当在租赁期与租赁资产剩余使用寿命两者孰短的期间内计提折旧。如果使用权资产的剩余使用寿命短于前两者，则应在使用权资产的剩余使用寿命内计提折旧。

在租赁期开始日后，承租人应当按照《企业会计准则第8号——资产减值》的规定，确定使用权资产是否发生减值，并对已识别的减值损失进行会计处理。使用权资产发生减值的，按应减记的金额，借记"资产减值损失"科目，贷记"使用权资产减值准备"科目。使用权资产减值准备一旦计提，不得转回。承租人应当按照扣除减值损失之后的使用权资产的账面价值，进行后续折旧。

1. 偿还租赁负债

借：租赁负债——租赁付款额
　　贷：银行存款

2. 确认利息费用

借：财务费用
　　贷：租赁负债——未确认融资费用

3. 未纳入租赁负债计量的可变租赁付款额应当在实际发生时计入当期损益

借：销售费用等
　　贷：银行存款

例3.3

续上例。

表3-2　未确认融资费用分摊表及使用权资产摊销表

单位：元

年数	租赁负债（5%）				使用权资产		
	期初余额（1）	租赁付款额（2）	利息费用（3）=[（1）-（2）]×5%	期末余额（4）=（1）-（2）+（3）	期初余额（5）	折旧费用（6）	期末余额（7）=（5）-（6）
第1年	355391		17770	373161	420391	42039	378352
第2年	373161	50000	16158	339319	378352	42039	336313
第3年	339319	50000	14466	303785	336313	42039	294274
第4年	303785	50000	12689	266474	294274	42039	252235
第5年	266474	50000	10823	227297	252235	42039	210196
第6年	227297	50000	8865	186162	210196	42039	168157
第7年	186162	50000	6808	142970	168157	42039	126118
第8年	142970	50000	4649	97619	126118	42039	84079
第9年	97619	50000	2381	50000	84079	42039	42040
第10年	50000	50000	0	0	42040	42040	0
合计		450000	94609			420391	

第1年年末账务处理：

（1）确认当年利息费用

借：财务费用 17770
　　贷：租赁负债——未确认融资费用 17770

（2）计提当年折旧费用

借：制造费用等 42039
　　贷：使用权资产累计折旧 42039

第2年账务处理：

（1）年初支付租金：

借：租赁负债——租赁付款额 50000
　　贷：银行存款 50000

（2）确认当年利息费用

借：财务费用 16158
　　贷：租赁负债——未确认融资费用 16158

（3）计提当年折旧费用

借：制造费用等 42039
　　贷：使用权资产累计折旧 42039

第3年到第9年的账务处理略。

第10年账务处理：

（1）年初支付租金

借：租赁负债——租赁付款额 50000
　　贷：银行存款 50000

（2）计提当年折旧费用

借：制造费用等 42040
　　贷：使用权资产累计折旧 42040

3.2.3 租赁负债的重新计量

在租赁期开始日后，当发生下列四种情形时，承租人应当按照变动后的租赁付款额的现值重新计量租赁负债，并相应调整使用权资产的账面价值。使用权资产的账面价值已调减至零，但租赁负债仍需进一步调减的，承租人应当将剩余金额计入当期损益。

1. 实质固定付款额发生变动

如果租赁付款额最初是可变的，但在租赁期开始日后的某一时点转为固定，那么在潜在可变性消除时，该付款额成为实质固定付款额，应纳入租赁负债的计量中。承租人应当按照变动后租赁付款额的现值重新计量租赁负债。在该情形下，承租人采用的折现率不变，即采用租赁期开始日确定的折现率。

2. 担保余值预计的应付金额发生变动

在租赁期开始日后，承租人应对其在担保余值下预计支付的金额进行估计。该金额发生变动的，承租人应当按照变动后租赁付款额的现值重新计量租赁负债。在该情形下，承租人采用的折现率不变。

3. 用于确定租赁付款额的指数或比率发生变动

在租赁期开始日后，因浮动利率的变动而导致未来租赁付款额发生变动的，承租人应当按照变动后租赁付款额的现值重新计量租赁负债。在该情形下，承租人应采用反映利率变动的修订后的折现率进行折现。

在租赁期开始日后，因用于确定租赁付款额的指数或比率（浮动利率除外）的变动而导致未来租赁付款额发生变动的，承租人应当按照变动后租赁付款额的现值重新计量租赁负债。在该情形下，承租人采用的折现率不变。

需要得注意的是，仅当现金流量发生变动时，即租赁付款额的变动生效时，承租人才应重新计量租赁负债，以反映变动后的租赁付款额。承租人应基于变动后的合同付款额，确定剩余租赁期内的租赁付款额。

4. 购买选择权、续租选择权或终止租赁选择权的评估结果或实际行使情况发生变化

租赁期开始日后，发生下列情形的，承租人应采用修订后的折现率对变动后的租赁付款额进行折现，以重新计量租赁负债：

（1）发生承租人可控范围内的重大事件或变化，且影响承租人是否合理确定将行使续租选择权或终止租赁选择权的，承租人应当对其是否合理确定将行使相应选择权进行重新评估。上述选择权的评估结果发生变化的，承租人应当根据新的评估结果重新确定租赁期和租赁付款额。前述选择权的实际行使情况与原评估结果不一致等导致租赁期变化的，也应当根据新的租赁期重新确定租赁付款额。

（2）发生承租人可控范围内的重大事件或变化，且影响承租人是否合理确定将行使购买选择权的，承租人应当对其是否合理确定将行使购买选择权进行重新评估。评估结果发生变化的，承租人应根据新的评估结果重新确定租赁付款额。

上述两种情形下，承租人在计算变动后租赁付款额的现值时，应当采用剩余租赁期间的租赁内含利率作为折现率；无法确定剩余租赁期间的租赁内含利率的，应当采用重估日的承租人增量借款利率作为折现率。

例3.4

续上例，另假定：

在租赁的第6年，承租人收购丙公司，丙公司在另一建筑中租了一层楼。丙公司签订的租赁合同包含可由丙公司行使的终止租赁选择权。

收购丙公司后，承租人由于员工人数增加而需要在合适的建筑物中租赁两个楼层。为使成本最小化，承租人在其租赁的建筑物中单独就另一楼层签订了为期8年的租赁合同，该楼层在第8年年末时可供使用，同时自第八年年初提前终止了丙公司签订的租赁合同。

第6年年末时，承租人的增量借款利率为6%，该利率反映的是承租人以类似抵押条件借入期限为9年、与使用权资产等值得相同币种的借款而必须支付的固定利率。

在第6年年末，承租人评估后认为，由于收购了丙公司并决定让丙公司的员工搬迁进入其现租赁建筑物中的另一楼层，因此可合理确定将对现已租赁的楼层行使续租选择权。（根据前述资料，可续租5年，续租期间每年租金为55000元。）

续租选择权的评估结果发生变化，需要重新计量租赁负债，如表3-3所示。

表3-3 未确认融资费用分摊表及使用权资产摊销表

单位：元

年数	租赁负债（6%）				使用权资产		
	期初余额	租赁付款额	利息费用	期末余额	期初余额	折旧费用	期末余额
第1年	355391	—	17770	373161	420391	42039	378352
第2年	373161	50000	16158	339319	378352	42039	336313
第3年	339319	50000	14466	303785	336313	42039	294274
第4年	303785	50000	12689	266474	294274	42039	252235
第5年	266474	50000	10823	227297	252235	42039	210196
第6年	227297	50000	8865	186162	210196	42039	168157
第7年	378174	50000	19690	347864	360169	40019	320150
第8年	347864	50000	17872	315736	320150	40019	280131
第9年	315736	50000	15944	281680	280131	40019	240112
第10年	281680	50000	13901	245581	240112	40019	200093
第11年	245581	55000	11435	202016	200093	40019	160074
第12年	202016	55000	8821	155837	160074	40019	120055
第13年	155837	55000	6050	106887	120055	40019	80036
第14年	106887	55000	3113	55000	80036	40018	40018
第15年	55000	55000	0	0	40018	40018	0

第6年年末重新计算租赁负债：

剩余4年每年50000元的付款额和续租5年每年55000元的付款额,两者按6%的折现率计算的现值之和为378174元,与此前账面余额之间的差额为192012元。

在第6年年末调整分录(单位:元):

借:使用权资产　　　　　　　　　　　　　　　　　　192012
　　贷:租赁负债　　　　　　　　　　　　　　　　　　192012

第7年年初调整后:

租赁负债年初余额为378174元(186162+192012);

使用权资产年初余额为360169元(168157+192012)。

第7年至第15年各年折旧费也有变化。

第7年至第15年各年利息费用的计算基数也与重新计量租赁负债之前有所不同。

3.2.4 租赁变更

租赁变更,是指原合同条款之外的租赁范围、租赁对价、租赁期限的变更,包括增加或终止一项或多项租赁资产的使用权,延长或缩短合同规定的租赁期等。租赁变更生效日,是指双方就租赁变更达成一致的日期。

1. 租赁变更作为一项单独租赁处理

租赁发生变更且同时符合下列条件的,承租人应当将该租赁变更作为一项单独租赁进行会计处理:

(1)该租赁变更通过增加一项或多项租赁资产的使用权而扩大了租赁范围或延长了租赁期限;

(2)增加的对价与租赁范围扩大部分或租赁期限延长部分的单独价格按该合同情况调整后的金额相当。

例3.5

甲公司(承租人)与乙公司(出租人)就2000平方米的办公场所签订了一项为期10年的租赁合同。在第6年年初,承租人和出租人同意对原租赁剩余的5年租赁进行修改,以扩租同一建筑物内3000平方米的办公场所。扩租的场所于第6年第2季度末时可供承租人使用。租赁总对价的增加额与新增3000平方米办公场所的当前市价并根据承租人所获折扣进行调整后的金额相当。该折扣反映了出租人节约的成本,即若将相同场所租给新租户,则出租人会发生的额外成本(如营成本)。

(1) 承租人的判断

承租人应当将该修改作为一项单独的租赁,与原来的10年期租赁分别进行会计处理。

(2) 承租人的处理

在新租赁的租赁期开始日(第6年第2季度末),承租人确认与新增3000平方米办公场所租赁相关的使用权资产和租赁负债。

承租人对原来的2000平方米办公场所租赁的会计处理不因该修改而进行任何调整。

2. 租赁变更未作为一项单独租赁处理

租赁变更未作为一项单独租赁进行会计处理的,在租赁变更生效日,承租人应当按照本准则有关租赁分拆的规定对变更后合同的对价进行分摊;按照本准则有关租赁期的规定确定变更后的租赁期并采用变更后的折现率对变更后的租赁付款额进行折现,以重新计量租赁负债。在计算变更后租赁付款额的现值时,承租人应当采用剩余租赁期间的租赁内含利率作为折现率;无法确定剩余租赁期间的租赁内含利率的,应当采用租赁变更生效日的承租人增量借款利率作为折现率。

就上述租赁负债调整的影响,承租人应区分以下情形进行会计处理:

(1) 租质变更导致租赁范围减小或租赁期缩短的,承租人应当调减使用权资产的账面价值,以反映租赁的部分终止或完全终止。承租人应将部分终止或完全终止租赁的相关利得或损失计入当期损益。

(2) 其他租赁变更,承租人应当相应调整使用权资产的账面价值。

例3.6

甲公司(承租人)就5000平方米的办公场所签订了一项为期10年的租赁合同。在第六年年初,承租人和出租人同意对原租赁剩余的5年租赁进行修改,将租赁付款额从每年100000元降至每年95000元。租赁内含利率无法直接确定承租人在租赁期开始日的增量借款利率为6%,在第6年年初的增量借款利率7%,每年的租赁付款额在年初支付。

(1) 承租人的判断

承租人不将该变更作为一项单独的租赁。

在变更生效日(第6年年初),承租人基于下列情况对租赁负债进行重新计量:剩余租期为5年;年付款额为95000元;承租人的增量借款利率为7%。

（2）承租人的处理

变更后，负债的账面余额应为389519元；变更前，负债的账面余额为421236元。将两者之差31717元调减使用权资产，调整分录（单位：元）：

借：租赁负债　　　　　　　　　　　　　　　　　　　　　31717
　　贷：使用权资产　　　　　　　　　　　　　　　　　　　31717

3.2.5 短期租赁和低价值资产租赁的会计处理

对于短期租赁和低价值资产租赁，承租人可以选择不确认使用权资产和租赁负债。作出该选择的，承租人应当将短期租赁和低价值资产租赁的租赁付款额，在租赁期内各个期间按照直线法或其他系统合理的方法计入相关资产成本或当期损益。其他系统合理的方法能够更好地反映承租人的受益模式的，承租人应当采用该方法。

1. 短期租赁

短期租赁，是指在租赁期开始日，租赁期不超过12个月的租赁。包含购买选择权的租赁不属于短期租赁。对于短期租赁，承租人可以按照租赁资产的类别作出采用简化会计处理的选择。如果承租人对某类租赁资产作出了简化会计处理的选择，未来该类资产下所有的短期租赁都应采用简化会计处理。某类租赁资产是指企业运营中具有类似性质和用途的一组租赁资产。

按照简化会计处理的短期租赁发生租赁变更或者其他原因导致租赁期发生变化的，承租人应当将其视为一项新租赁，重新按照上述原则判断该项新租赁是否可以选择简化会计处理。

2. 低价值资产租赁

低价值资产租赁，是指单项租赁资产为全新资产时价值较低的租赁。承租人在判断是否为低价值资产租赁时，应基于租赁资产的全新状态下的价值进行评估，不应考虑资产已被使用的年限。

对于低价值资产租赁，承租人可根据每项租赁的具体情况作出简化会计处理选择。低价值资产同时还应满足《企业会计准则第21号——租赁》第10条的规定，即只有承租人可从单独使用该低价值资产或将其与易于获得的其他资源一起使用中获利，且该项资产与其他租赁资产没有高度依赖或高度关联关系时，才能对该资产租赁选择进行简化会计处理。

低价值资产租赁的标准应该是一个绝对金额，即仅与资产全新状态下的绝对价值有关，不受承租人规模、性质等影响，也不考虑该资产对于承租人或相关租赁交易的重要性。常见的低价值资产的例子包括平板电脑、普通办公家具、电话等小型资产。

但是，如果承租人已经或者预期要把相关资产进行转租赁，则不能将原租赁按照低价值资产租赁进行简化会计处理。

值得注意的是，符合低价值资产租赁的，也并不代表承租人若采取购入方式取得该资产时该资产不符合固定资产确认条件。

3.3 出租人的主要会计处理

3.3.1 融资租赁的确认与计量

1. 初始计量

在租赁期开始日，出租人应当对融资租赁确认应收融资租赁款，并终止确认融资租赁资产。出租人对应收融资租赁款进行初始计量时，应当以租赁投资净额作为应收融资租赁款的入账价值。

租赁投资净额为未担保余值和租赁期开始日尚未收到的租赁收款额按照租赁内含利率折现的现值之和。租赁内含利率，是指使出租人的租赁收款额的现值与未担保余值的现值之和（即租赁投资净额）等于租赁资产公允价值与出租人的初始直接费用之和的利率。因此，出租人发生的初始直接费用包括在租赁投资净额中，也即包括在应收融资租赁款的初始入账价值中。

租赁收款额，是指出租人因让渡在租赁期内使用租赁资产的权利而应向承租人收取的款项，包括：

（1）承租人需支付的固定付款额及实质固定付款额，存在租赁激励的，扣除租赁激励相关金额；

（2）取决于指数或比率的可变租赁付款额，该款项在初始计量时根据租赁期开始日的指数或比率确定；

（3）购买选择权的行权价格，前提是合理确定承租人将行使该选择权；

（4）承租人行使终止租赁选择权需支付的款项，前提是租赁期反映出承租人将行使终止租赁选择权；

（5）由承租人、与承租人有关的一方以及有经济能力履行担保义务的独立第三方向出租人提供的担保余值。

租出资产的终止确认、应收债权的初始确认的账务处理如下：

借：应收融资租赁款——租赁收款额（尚未收到的租赁收款额）

　　　　　　　　　　——未担保余值（预计租赁期结束时的未担保余值）

贷：融资租赁资产（租出资产的账面价值）
　　　　资产处置损益（租出资产的转让利得）
　　　　银行存款等（支付的初始直接费用）
　　　　应收融资租赁款——未实现融资收益

2. 后续计量

出租人应当按照固定的周期性利率计算并确认租赁期内各个期间的利息收入。该周期性利率，是按照《企业会计准则第21号——租赁》第38条规定所采用的折现率，或者按照该准则第44条规定所采用的修订后的折现率。

（1）收到租赁收款额

借：银行存款
　　贷：应收融资租赁款——租赁收款额

（2）确认租赁期各个期间的利息收入

借：应收融资租赁款——未实现融资收益
　　贷：租赁收入/其他业务收入

3. 终止确认

（1）出租人将应收融资租赁款按《企业会计准则第22号——金融工具确认和计量》和《企业会计准则第23号——金融资产转移》进行终止确认和减值的处理

①终止确认时

借：银行存款等
　　贷：长期应收款——应收融资租赁款（取得的租赁收款额）
　　　　租赁收入

②确认减值损失时

借：信用减值损失（按预期信用损失模型进行计量）
　　贷：坏账准备

（2）出租人将应收融资租赁款或其所在的处置组划分为持有待售资产的，按《企业会计准则第42号——持有待售的非流动资产、处置组和终止经营》进行会计处理

例3.7

乙公司作为出租人就一套大型采矿设备与甲公司签订了为期10年的租赁合同，该设备的账面价值为360000元，公允价值为350000元。合同有关条款和其他资料如下：

（1）该租赁为期10年；

（2）租赁期内租赁付款额为每年50000元，年初支付当年所有款项；

（3）为获得该项租赁，出租人发生初始直接费用5391元，为向房地产中介支付的佣金；

（4）作为对承租人的激励，出租人同意为承租人报销5000元的佣金并承担7000元的装修费；

（5）租赁内含利率为5%；

（6）在租赁期开始日，承租人评估后认为不能合理确定将行使续租选择权，因此将租赁期确定为10年。

出租人乙公司租赁期开始日的账务处理如下（单位：元）：

（1）收取本期租赁应收款

借：银行存款　　　　　　　　　　　　　　　　50000
　　贷：租赁收入　　　　　　　　　　　　　　　50000

（2）确认应收融资租赁款并终止确认租赁资产

借：应收融资租赁款——租赁收款额　　　　　　450000
　　资产处置损益　　　　　　　　　　　　　　10000
　　贷：融资租赁资产　　　　　　　　　　　　360000
　　　　应收融资租赁款——未实现融资收益　　94609
　　　　银行存款　　　　　　　　　　　　　　5391

（3）为承租人报销佣金并承担装修费

借：管理费用等　　　　　　　　　　　　　　　12000
　　贷：银行存款　　　　　　　　　　　　　　12000

表3-4　出租人乙公司租赁期开始日后的租赁投资净额计算表

单位：元

年数	期初余额（1）	本期收款（2）	本期利息收入（3）=[（1）-（2）]×利率	期末余额（4）=（1）-（2）+（3）
第1年	355391		17770	373161
第3年	339319	50000	14466	303785
第4年	303785	50000	12689	266474
第5年	266474	50000	10823	227297
第6年	227297	50000	8865	186162
第7年	186162	50000	6808	142970
第8年	142970	50000	4649	97619
第9年	97619	50000	2381	50000
第10年	50000	50000	0	0
合计		450000	94609	

出租人乙公司租赁期开始日后的账务处理如下（单位：元）：

（1）第1年年末

借：应收融资租赁款——未实现融资收益　　　　　　　　　17770
　　贷：租赁收入　　　　　　　　　　　　　　　　　　　 17770

（2）第2年年末

借：银行存款　　　　　　　　　　　　　　　　　　　　　50000
　　贷：长期应收款——租赁收款额　　　　　　　　　　　 50000
借：应收融资租赁款——未实现融资收益　　　　　　　　　14466
　　贷：租赁收入　　　　　　　　　　　　　　　　　　　 14466

（3）第3年至第9年的账务处理以此类推

（4）第10年

借：银行存款　　　　　　　　　　　　　　　　　　　　　50000
　　贷：应收融资租赁款——租赁收款额　　　　　　　　　 50000

3.3.2 经营租赁的确认与计量

1. 租金的处理

在租赁期内各个期间，出租人应当采用直线法或其他系统合理的方法，将经营租赁的租赁收款额确认为租金收入。其他系统合理的方法能够更好地反映因使用租赁资产所产生经济利益的消耗模式的，出租人应当采用该方法。

2. 出租人对经营租赁提供激励措施

出租人提供免租期的，整个租赁期内，按直线法或其他合理的方法进行分配，免租期内应当确认租金收入。出租人承担了承租人某些费用的，出租人应将该费用自租金收入总额中扣除，按扣除后的租金收入余额在租赁期内进行分配。

3. 初始直接费用

出租人发生的与经营租赁有关的初始直接费用应当资本化，在租赁期内按照与租金收入确认相同的基础进行分摊，分期计入当期损益。

4. 折旧和减值

对于经营租赁资产中的固定资产，出租人应当采用类似资产的折旧政策计提折旧；对于其他经营租赁资产，应当根据该资产适用的企业会计准则，采用系统合理的方法进行摊销。出租人应当按照《企业会计准则第8号——资产减值》的规定，确定经营租赁资产是否发生减值，并对已识别的减值损失进行会计处理。

5. 可变租赁付款额

出租人取得的与经营租赁有关的可变租赁付款额，如果是与指数或比率挂钩的，应当在租赁期开始日计入租赁收款额；除此之外的，应当在实际发生时计入当期损益。

6. 经营租赁的变更

经营租赁发生变更的，出租人应当自变更生效日起将其作为一项新租赁进行会计处理，与变更前租赁有关的预收或应收租赁收款额应当视为新租赁的收款额。

3.4 特殊租赁业务的会计处理

3.4.1 生产商或经销商出租人的融资租赁会计处理

生产商或经销商通常为客户提供购买或租赁其产品或商品的选择。如果生产商或经销商出租其产品或商品构成融资租赁，则该交易产生的损益应相当于按照考虑适用的交易量或商业折扣后的正常售价直接销售标的资产所产生的损益。构成融资租赁的，生产商或经销商出租人在租赁期开始日应当按照租赁资产公允价值与租赁收款额按市场利率折现的现值两者孰低确认收入，并按照租赁资产账面价值扣除未担保余值的现值后的余额结转销售成本，收入和销售成本的差额作为销售损益。

由于取得融资租赁所发生的成本主要与生产商或经销商赚取的销售利得相关，生产商或经销商出租人应当在租赁期开始日将其计入损益。即与其他融资租赁出租人不同，生产商或经销商出租人取得融资租赁所发生的成本不属于初始直接费用，不计入租赁投资净额。

1. 租赁期开始日

借：应收融资租赁款——租赁收款额

　　贷：主营业务收入

　　　　应收融资租赁款——未实现融资收益

借：主营业务成本（账面价值-未担保余值的现值）

　　应收融资租赁款——未担保余值

　　贷：库存商品等（账面价值）

　　　　应收融资租赁款——未实现融资收益

2. 为取得融资租赁发生的成本，计入当期损益

借：管理费用/销售费用

　　贷：银行存款等（初始直接费用）

例3.8

甲公司是一家设备生产商，与乙公司（生产型企业）签了一份租赁合同，向乙公司出租所生产的设备。合同主要条款如下：

(1) 租赁资产：设备A。

(2) 租赁期：2×19年1月1日—2×25年12月31日，共7年。

(3) 租金支付：自2×19年起，每年年末支付年租金47500元。

(4) 租赁合同规定的利率：6%（年利率），与市场利率相同。

(5) 该设备2×19年1月1日的公允价值为2700000元，账面价值为2000000元，甲公司认为租赁到期时该设备余值为72800元，乙公司及其关联方未对余值提供担保。

(6) 甲公司取得该租赁发生的相关成本为5000元。

(7) 该设备于2×19年1月1日交付乙公司，预计使用寿命为7年；租赁期内该设备的保险、维修等费用均由乙公司自行承担。假设不考虑其他因素和各项税费的影响。

第一步，判断租赁类型。

本例中，租赁期与租赁资产预计使用寿命一致。租赁收款额的现值为2651600元（计算过程见后），约为租赁资产公允价值的98%。综合考虑其他因素，甲公司认为与该项资产所有权有关的几乎所有风险和报酬已实质转移给乙公司，所以将该租赁认定为融资租赁。

第二步，计算租赁期开始日租赁收款额按市场利率折现的现值，确定收入金额。

租赁收款额＝租金×期数＝475000×7＝3325000（元）

租赁收款按市场利率折现的现值＝475000×（P/A，6%，7）＝2651640（元）

为便于计算，作尾数调整，取2651600元。

按照租赁资产公允价值与租赁收款额按市场利率折现的现值两者孰低的原则，确认收入为2651600元。

第三步，计算租赁资产账面价值扣除未担保余值的现值后的余额，确定销售成本金额。

未担保余值的现值＝72800×（P/F，6%，7）＝48412（元）

为便于计算，作尾数调整，取48400元。

销售成本＝账面价值-未担保余值的现值＝2000000-48400=1951600（元）

第四步，账务处理（单位：元）。

2×19年1月1日（租赁期开始日）会计分录：

借：应收融资租赁款——租赁收款额　　　　　　　　　　　　　　　3325000

		贷：主营业务收入	2651600
		应收融资租赁款——未实现融资收益	673400

借：主营业务成本　　　　　　　　　　　　　　　　　　　1951600
　　应收融资租赁款——未担保余值　　　　　　　　　　　　72800
　　贷：库存商品　　　　　　　　　　　　　　　　　　　2000000
　　　　应收融资租赁款——未实现融资收益　　　　　　　　　24400
借：销售费用　　　　　　　　　　　　　　　　　　　　　　　5000
　　贷：银行存款　　　　　　　　　　　　　　　　　　　　　5000

由于甲公司在确定主营业收入和租赁投资净额（即应收融资租赁款）时，是基于租赁收款额，按市场利率折现的现值，因此甲公司无须重新计算租赁内含利率。甲公司按上述折现率6%计算租赁期内各期分摊的融资收益，如表3-5所示。

表3-5　未实现融资收益分摊表

单位：元

日期	收取租赁款项	确认的融资收入*	应收租赁款减少额	应收租赁款净额
	①	②=期初④×6%	③=①-②	期末④=期初④-③
2×19年1月1日				2700000
2×19年12月31日	475000	162000	313000	2387000
2×20年12月31日	475000	143220	331780	2055220
2×21年12月31日	475000	123313	351687	1703533
2×22年12月31日	475000	102212	372788	1330745
2×23年12月31日	475000	79845	395155	935590
2×24年12月31日	475000	56135	418865	516725
2×25年12月31日	475000	31075**	443925**	72800
2×25年12月31日			72800	
合计	3325000	697800	2700000	

注：*包括未实现融资收益的摊销和未担保余值产生的利息两部分。

**作尾数调整：31075=475000-443925；443925=516725-72800（假定租赁资产余值估计一直未变）。

2×19年12月31日会计分录：

借：应收融资租赁款——未实现融资收益　　　　　　　　　159096
　　应收融资租赁款——未担保余值　　　　　　　　　　　　2904
　　贷：租赁收入　　　　　　　　　　　　　　　　　　　162000
借：银行存款　　　　　　　　　　　　　　　　　　　　　475000
　　贷：应收融资租赁款——租赁收款额　　　　　　　　　475000

2×20—2×24年度会计分录略。

假设2×25年12月31日，乙公司到期归还租赁资产，甲公司将对资产进行处置，取得处置款72800元，会计分录如下：

借：应收融资租赁款——未实现融资收益　　　　　　　26931
　　应收融资租赁款——未担保余值　　　　　　　　　 4144
　　贷：租赁收入　　　　　　　　　　　　　　　　　31075
借：银行存款　　　　　　　　　　　　　　　　　　　475000
　　贷：应收融资租赁款——租赁收款额　　　　　　　475000
借：融资租赁资产　　　　　　　　　　　　　　　　　72800
　　贷：应收融资租赁款——未担保余值　　　　　　　72800
借：银行存款　　　　　　　　　　　　　　　　　　　72800
　　贷：融资租赁资产　　　　　　　　　　　　　　　72800

为吸引客户，生产商或经销商出租人有时以较低利率报价。使用该利率会导致出租人在租赁期开始日确认的收入偏高。在这种情况下，生产商或经销商出租人应当将销售利得限制为采用市场利率所能取得的销售利得。

3.4.2 转租赁

转租情况下，原租赁合同和转租赁合同通常都是单独协商的，交易对手也是不同的企业，转租出租人对原租赁合同和转租赁合同分别根据承租人和出租人会计处理要求，进行会计处理。

承租人在对转租赁进行分类时，转租出租人应基于原租赁中产生的使用权资产，而不是租赁资产（如作为租赁对象的不动产或设备）进行分类。原租赁资产不归转租出租人所有，原租赁资产也未计入其资产负债表。因此，转租出租人应基于其控制的资产（即使用权资产）进行会计处理。

原租赁为短期租赁，且转租出租人作为承租人已采用简化会计处理方法的，应将转租赁分类为经营租赁。

例3.9

甲企业（原租赁承租人）与乙企业（原租赁出租人）就5000平方米办公场所达成了一项为期5年的租赁（原租赁）。在第3年年初，甲企业将该5000平方米办公场所转租给丙企业，期限为原租赁的剩余3年时间（转租赁）。假设不考虑初始直接费用。

甲企业应基于原租赁形成的使用权资产对转租赁进行分类。本例中，转租赁的期限覆盖了原租赁的所有剩余期限。综合考虑其他因素，甲企业判断其实质上转移了与该项使用权资产有关的几乎全部风险和报酬。甲企业将该项转租赁分类为融资租赁。

甲企业的会计处理为：

（1）终止确认与原租赁相关且转给丙企业（转租承租人）的使用权资产，并确认转租赁投资净额。

（2）将使用权资产与转租赁投资净额之间的差额确认为损益。

（3）在资产负债表中保留原租赁的租赁负债，该负债代表应付原租赁出租人的租赁付款额。在转租期间，中间出租人既要确认转租赁的融资收益，也要确认原租赁的利息费用。

3.4.3 售后回租

若企业（卖方兼承租人）将资产转让给其他企业（买方兼出租人），并从买方兼出租人处租回该项资产，则卖方兼承租人和买方兼出租人均应按照售后租回交易的规定进行会计处理；企业应当按照《企业会计准则第14号——收入》的规定，评估确定售后租回交易中的资产转让是否属于销售，并区别进行会计处理。

在标的资产的法定所有权转移给出租人并将资产租赁给承租人之前，承租人可能先获得标的资产的法定所有权。但是，是否具有标的资产的法定所有权本身并非会计处理的决定性因素。如果承租人在资产转移给出租人之前已经取得对标的资产的控制，则该交易属于售后租回交易。然而，如果承租人未能在资产转移给出租人之前取得对标的资产的控制，那么即便承租人在资产转移给出租人之前先获得标的资产的法定所有权，该交易也不属于售后租回交易。

1. 售后租回交易中的资产转让属于销售

卖方兼承租人应当按原资产账面价值中与租回获得的使用权有关的部分，计量售后租回所形成的使用权资产，并仅就转让至买方兼出租人的权利确认相关利得或损失。买方兼出租人根据其他适用的《企业会计准则》对资产购买进行会计处理，并根据《企业会计准则第21号——租赁》对资产出租进行会计处理。

如果销售对价的公允价值与资产的公允价值不同，或者出租人未按市场价格收取租金，企业应当进行以下调整：

（1）销售对价低于市场价格的款项作为预付租金进行会计处理；

（2）销售对价高于市场价格的款项作为买方兼出租人向卖方兼承租人提供的额外融资进行会计处理。

同时，承租人按照公允价值调整相关销售利得或损失，出租人按市场价格调整租金收入。

在进行上述调整时，企业应当按以下二者中较易确定者进行：

（1）销售对价的公允价值与资产的公允价值的差异；

（2）合同付款额的现值与按市场租金计算的付款额的现值的差异。

2. 售后租回交易中的资产转让不属于销售

卖方兼承租人不终止确认所转让的资产，而应当将收到的现金作为金融负债，并按照《企业会计准则第22号——金融工具确认和计量》进行会计处理。买方兼出租人不确认被转让资产，而应当将支付的现金作为金融资产，并按照《企业会计准则第22号——金融工具确认和计量》进行会计处理。

例3.10

甲公司（卖方兼承租人）以货币资金24000000元的价格向乙公司（买方兼出租人）出售一栋建筑物。交易前，该建筑物的账面原值是24000000元，累计折旧是4000000元。与此同时，甲公司与乙公司签订了合同，取得了该建筑物18年的使用权（全部剩余使用年限为40年），年租金为2000000元，于每年年末支付。租赁期满时，甲公司将以100元购买该建筑物。根据交易的条款和条件，甲公司转让建筑物不满足《企业会计准则第14号——收入》中关于销售成立的条件。假设不考虑初始直接费用和各项税费的影响。该建筑物在销售当日的公允价值为36000000元。

在租赁期开始日，甲公司对该交易的会计处理如下（单位：元）：

借：货币资金 24000000
　　贷：长期应付款 24000000

在租赁期开始日，乙公司对该交易的会计处理如下：

借：长期应收款 24000000
　　贷：货币资金 24000000

例3.11

甲公司（卖方兼承租人）以货币资金40000000元的价格向乙公司（买方兼出租人）出售一栋建筑物。交易前，该建筑物的账面原值是24000000元，累计折旧是4000000元。与此同时，甲公司与乙公司签订了合同，取得了该建筑物18年的使用权（全部剩余使用年限为40年），年租金为2400000元，于每年年末支付。根据交易的条款和条件，甲公司转让建筑物符合《企业会计准则第14号——收入》中关于销售成立的条件。假设不考虑初始直接费用和各项税费的影响。该建筑物在销售当日的公允价值为36000000元。

由于该建筑物的销售对价并非公允价值，甲公司和乙公司分别进行了调整，以按照公允价值计量销售收益和租赁应收款。超额售价4000000元（40000000-36000000）作为乙公司向甲公司提供的额外融资进行确认。

甲、乙公司均确定租赁内含年利率为4.5%。年付款额现值为29183980元（年付款额2400000元，共18期，按每年4.5%进行折现），其中4000000元与额外融资相关，25183980元与租赁相关（分别对应年付款额328948元和2071052元），具体计算过程如下：

年付款额现值＝2400000×（P/A，4.5%，18）＝29183980（元）

额外融资年付款额＝4000000÷29183980×2400000＝328948（元）

租赁相关年付款额＝2400000-328948＝2071052（元）

在租赁期开始日，甲公司对该交易的会计处理如下：

第一步，按与租回获得的使用权有关的部分占该建筑物的原账面金额的比例计算售后租回所形成的使用权资产。

使用权资产
＝该建筑物的账面价值×（18年使用权资产的租赁付款额现值÷该建筑物的公允价值）
＝（24000000-4000000）×（25183980÷36000000）＝13991100（元）

第二步，计算与转让至乙公司的权利相关的利得。

出售该建筑物的全部利得＝36000000-20000000＝16000000（元）

其中：

与该建筑物使用权相关的利得＝16000000×（25183980÷36000000）＝11192880（元）

与转让至乙公司的权利相关的利得＝16000000-11192880＝4807120（元）

第三步，会计分录（单位：元）：

（1）与额外融资相关

借：货币资金　　　　　　　　　　　　　　　　　　　　　　　4000000
　　贷：长期应付款　　　　　　　　　　　　　　　　　　　　　4000000

（2）与租赁相关

借：货币资金	36000000
使用权资产	13991100
固定资产——建筑物——累计折旧	4000000
租赁负债——未确认融资费用	12094956
贷：固定资产——建筑物——原值	24000000
租赁负债——租赁付款额	37278936
资产处置损益	4807120

后续甲公司支付的年付款额2400000元中的2071052元作为租赁付款额处理；328948元作为以下两项进行会计处理：结算金额负债4000000元而支付的款项和利息费用。

以第1年年末为例：

借：租赁负债——租赁付款额	2071052
长期应付款	148948
利息费用	1313279
贷：租赁负债——未确认融资费用	1133279
银行存款	2400000

综合考虑租期占该建筑物剩余使用年限的比例等因素，乙公司将该建筑物的租赁分类为经营租赁。

在租赁期开始日，乙公司对该交易的会计处理如下：

借：固定资产——建筑物	36000000
长期应收款	4000000
贷：货币资金	40000000

租赁期开始日之后，乙公司将从甲公司处收到的年收款额2400000元中的2071052元作为租赁收款额进行会计处理，其余328948元作为以下两项进行会计处理：结算金融资产4000000元而收到的款项和利息收入。

以第1年年末为例（单位：元）：

借：银行存款	2400000
贷：租赁收入	2071052
利息收入	180000
长期应收款	148948

3.5 列报与披露

3.5.1 承租人的列报与披露

1. 资产负债表

承租人应当在资产负债表中单独列示使用权资产和租赁复制。其中,租赁负债通常分别非流动负债和一年内到期的非流动负债(即资产负债表日后12个月内租赁负债预期减少的金额)列示。

2. 利润表

承租人应当在利润表中分别列示租赁负债的利息费用与使用权资产的折旧费用。其中,租赁负债的利息费用在财务费用项目列示。

3. 现金流量表

承租人应当在现金流量表中按照如下方式列示:

(1)偿还租赁负债本金和利息所支付的现金,应当计入筹资活动现金流出;

(2)按照《企业会计准则第21号——租赁》有关规定对短期租赁和低价值资产租赁进行简化处理的,支付的相关付款额,应当计入经营活动现金流出;

(3)支付的未纳入租赁负债计量的可变租赁付款额,应当计入经营活动现金流出。

4. 承租人的披露

承租人应当在财务报表的单独附注或单独章节中披露其作为承租人的信息,但无须重复已在财务报表其他部分列报或披露的信息,只需要在租赁的相关附注中通过交叉索引的方式体现该信息。

承租人应当在财务报表附注中披露与租赁有关的下列信息:

(1)各类使用权资产的期初余额、本期增加额、期末余额以及累计折旧额和减值金额。

(2)租赁负债的利息费用;

(3)有关简化处理方法的披露;

(4)计入当期损益的未纳入租赁负债计量的可变租赁付款额;

(5)转租使用权资产取得的收入;

(6)与租赁相关的总现金流出;

(7)售后租回交易产生的相关损益;

(8)按照《企业会计准则第37号——金融工具列报》应当披露的有关租赁负债的信息,包括单独披露租赁负债的到期期限分析、对相关流动性风险的管理等。

3.5.2 出租人的列报与披露

1. 出租人的列报

出租人应当根据资产的性质,在资产负债表中列示经营租赁资产。

2. 出租人的披露

出租人应当在财务报表附注中披露有关租赁活动的定性和定量信息,以便财务报表使用者评估租赁活动对出租人的财务状况、经营成果和现金流量的影响。

(1)与融资租赁有关的信息

出租人应当在附注中披露与融资租赁有关的下列信息:

①销售损益(生产商或经销商出租人)、租赁投资净额的融资收益以及与未纳入租赁投资净额的可变租赁付款额相关的收入;出租人应当以列表形式披露上述信息,其他形式更为适当的除外。

②资产负债表日后连续五个会计年度每年将收到的未折现租赁收款额,以及剩余年度将收到的未折现租赁收款额总额;不足五个会计年度的,披露资产负债表日后连续每年将收到的未折现租赁收款额。出租人应进行上述到期分析,并对融资租赁投资净额账面金额的重大变动提供定性和定量说明,以使财务报表使用者能够更准确地预测未来的租赁现金流量流动性风险。

③未折现租赁收款额与租赁投资净额的调节表。调节表应说明与租赁应收款相关的未实现融资收益、未担保余值的现值。

(2)与经营租赁有关的信息

出租人应当在附注中披露与经营租赁有关的下列信息:

①租赁收入,并单独披露与未纳入租赁收款额计量的可变租赁付款额相关的收入。与融资租赁出租人披露信息类似,出租人应当以列表形式披露上述信息,其他形式更为适当的除外。

②将经营租赁固定资产与出租人持有自用的固定资产分开,并按经营租赁固定资产的类别提供《企业会计准则第4号——固定资产》要求披露的信息。出租人对经营租赁下租赁的资产采用与其在其他经营活动中持有和使用的自有资产相似的方式进行会计处理。然而,租赁资产与自有资产通常被用于不同的目的,即租赁资产产生租赁收入,而不是对出租人的其他经营活动做出贡献。因此,将出租人持有和使用的自有资产与产生租赁收入的租赁资产分开披露,有利于财务报表使用者了解更多信息。

③资产负债表日后连续五个会计年度每年将收到的未折现租赁收款额,以及剩余年度将收到的未折现租赁收款总额。不足五个会计年度的,披露资产负债表日后连续每年将收到的未折现租赁收款额。与融资租赁披露类似,上述到期分析将使财务报表使用者

能够更准确地预测未来的租赁现金流量流动性风险。

（3）其他信息

此外，出租人应当根据理解财务报表的需要，披露有关租赁活动的其他定性和定量信息。此类信息包括：

①租赁活动的性质。例如，租出资产的类别及数量、租赁期、是否存在续租选择权等租赁基本情况信息。

②对其在租赁资产中保留的权利进行风险管理的情况。出租人应当披露其如何对其在租赁资产中保留的权利进行风险管理的策略，包括出租人降低风险的方式。该等方式可包括回购协议、担保余值条款或因超出规定限制使用资产而支付的可变租赁付款额等。如租赁设备和车辆的市场价值的下降幅度超过出租人在为租赁定价时的预计幅度，则将对该项租赁的收益能力产生不利影响。租赁期结束时租赁资产余值的不确定性往往是出租人面临的重要风险。披露有关出资人如何对租赁资产中保留的权利进行管理，有利于财务报表使用者了解更多出租人相关风险管理信息。

③其他相关信息。

（4）转租赁的列报

原租赁以及转租同一标的资产形成的资产和负债所产生的风险敞口不同于由于单一租赁应收款净额或租赁负债所产生的风险敞口。因此，企业不得以净额为基础对转租赁进行列报。除非满足《企业会计准则第37号——金融工具列报》第28条关于金融资产负债抵销的规定，转租出租人不得抵销由于原租赁以及转租同一租赁资产而形成的资产和负债，以及与原租赁及转租同一租赁资产相关的租赁收益和租赁费用。

本章小结

本章介绍了租赁的含义、识别和分类，承租人主要的会计处理，出租人主要的会计处理，特殊租赁业务的会计处理，以及承租人与出租人在财务报表中列报和披露的内容。

复习思考题

1. 为什么要对租赁合同进行识别？
2. 承租人如何对租赁进行分类？
3. 如何理解使用权资产？

4. 出租人如何判断一项租赁属于融资租赁还是属于经营租赁？

5. 如何区分租赁开始日与租赁期开始日？这对会计处理有何影响？

6. 如何把握初始直接费用的会计处理规范？

7. 资产余值、担保余值、未担保余值的关系如何？

8. 如何区分租赁付款额与租赁收款额？

9. 租赁付款额、可变租赁付款额与租赁负债是什么关系？

10. 如何理解租赁投资总额、租赁投资净额、租赁内含利率与应收融资租赁款初始计量的关系？

11. 如何把握转租赁的主要会计处理？

12. 如何把握生产商或者经销商作为出租人的主要会计处理？

13. 如何把握售后租回的主要会计处理？

实务练习题

2×03年12月31日，A公司与B公司签订了一份租赁合同。合同主要条款如下：

（1）租赁标的物：大型机器设备。

（2）租赁期开始日：2×03年12月31日。

（3）租赁期：2×03年12月31日—2×06年12月31日，共36个月。

（4）租金支付：自租赁期开始日每6个月于月末支付租金150000元。

（5）该设备在租赁期开始日的公允价值与账面价值均为700000元。

（6）年利率：7%。

（7）该设备预计使用年限为5年，期满无残值，采用年限平均法计提折旧。

（8）租赁期届满时，A公司享有优惠购买该设备的选择权，购买价格为150元，估计该日租赁资产的公允价值为80000元。

要求：

（1）根据上述资料判断租赁类型。

（2）作出有关承租方的会计处理。

（3）作出有关出租方的会计处理。

第4章

所得税会计

本章将介绍所得税会计的特点，所得税会计核算的一般程序，资产、负债的计税基础及暂时性差异，递延所得税资产、负债的确认，所得税费用的确认和计量等，以使读者掌握所得税会计的相关核算。

4.1 所得税会计概述

依照《企业会计准则——基本准则》的相关规定，会计反映企业的财务状况、经营成果和现金流量变动等；税法依据的是税收法律、法规和部门规章等，其目的是课税以调节经济。会计和税法遵循不同的依据，由此产生了会计和税收的差异，从而出现了所得税会计核算的问题。

所得税会计是从资产负债表出发，通过比较资产负债表上列示的资产、负债按照《企业会计准则第18号——所得税》规定确定的账面价值与按照税法规定确定的计税基础，将两者之间的差异分为应纳税暂时性差异与可抵扣暂时性差异，确认相关的递延所得税负债与递延所得税资产，并在此基础上确定每一期间利润表中的所得税费用。根据《企业会计准则第18号——所得税》的规定，企业应采用资产负债表债务法核算所得税。

4.1.1 所得税会计的特点

递延所得税资产和递延所得税负债的确认体现了交易或事项发生以后，对未来期间计税的影响，即会增加或减少未来期间应交所得税的情况，在所得税会计核算方面贯彻了对资产、负债等基本会计要素的界定。例如，从资产负债表角度考虑，一项资产的账面价值小于其计税基础的，两者之间的差额会对未来期间计税产生影响，即减少未来期间应交所得税。假定一项资产的账面价值为2000000元，计税基础为2600000元。根据资产、负债的账面价值与计税基础的经济含义分析，表明该项资产于未来期间产生的经济利益流入为2000000元，低于税法规定的允许税前扣除的金额，产生可抵减未来期间应纳税所得额的因素，减少未来期间以应交所得税的方式流出企业的经济利益，应确认为资产。反之，一项资产的账面价值大于其计税基础的，会增加未来期间应交所得税。假设一项资产的账面价值为2000000元，计税基础为1500000元，两者之间的差额将会于未来期间产生应税金额500000元，增加未来期间应纳税所得额和应交所得税，对企业形成经济利益流出的义务，应确认为负债。

4.1.2 所得税会计核算的一般程序

在采用资产负债表债务法核算所得税的情况下，企业一般应于每一资产负债表日进行所得税的核算。在发生特殊交易或事项时，如企业合并，在确认因交易或事项产生的资产、负债时即应确认相关的所得税影响。企业进行所得税核算一般应遵循以下程序：

1. 确定资产和负债的账面价值与计税基础

（1）按照相关会计准则的规定，确定资产负债表中除递延所得税资产和递延所得税负债以外的其他资产和负债项目的账面价值。其中，资产和负债的账面价值，是指企业按照相关会计准则的规定进行核算后，在资产负债表中列示的金额。例如，企业持有的应收账款账面余额为20000000元，企业对该应收账款计提了1000000元的坏账准备，其账面价值为19000000元，即为该应收账款在资产负债表中列示的金额。

（2）按照相关会计准则的规定，以适用的税收法规为基础，确定资产负债表中有关资产和负债项目的计税基础。

2. 确定应纳税暂时性差异与可抵扣暂时性差异

比较资产和负债的账面价值与计税基础，对于两者之间存在差异的，分析其性质，除相关会计准则中规定的特殊情况外，分别确定应纳税暂时性差异与可抵扣暂时性差异。

3. 确定递延所得税资产和递延所得税负债

根据应纳税暂时性差异与可抵扣暂时性差异以及适用的所得税税率，确定资产负债表日递延所得税资产和递延所得税负债的应有金额，并与期初递延所得税资产和递延所得税负债的余额相比，确定当期应予进一步确认的递延所得税资产和递延所得税负债金额（即递延所得税）或应予转销的金额，作为构成利润表中所得税费用的一个部分即递延所得税。

4. 确定当期应纳税所得额，计算应交所得税

对企业当期发生的交易或事项，按照适用的税法规定计算确定当期应纳税所得额，将应纳税所得额与适用的所得税税率计算的结果确认为当期应交所得税，作为利润表中应予确认的所得税费用的另外一个组成部分即当期所得税。

5. 确定利润表中的所得税费用

利润表中的所得税费用包括当期所得税和递延所得税两个组成部分。企业在计算确定当期所得税和递延所得税后，两者之和（或之差）是利润表中的所得税费用。所得税费用可以用公式表示为：

$$所得税费用 = 应交所得税 + 递延所得税$$

4.2 暂时性差异与资产和负债的计税基础

4.2.1 暂时性差异

暂时性差异，是指资产或负债的账面价值与其计税基础之间的差额。由于资产或负债的账面价值与其计税基础不同，在未来收回资产或清偿负债的期间内，应纳税所得额会增加或减少并导致产生未来期间递延所得税资产或递延所得税负债。根据对未来期间应税金额影响的不同，暂时性差异分为应纳税暂时性差异和可抵扣暂时性差异。

某些不符合资产或负债的确认条件，未作为财务会计报告中资产或负债列示的项目，如果按照税法规定可以确定其计税基础，那么该计税基础与其账面价值之间的差额也属于暂时性差异。

1. 应纳税暂时性差异

应纳税暂时性差异，是指在确定未来收回资产或清偿负债期间的应纳税所得额时，将导致产生应税金额的暂时性差异。该差异在未来期间转回时，会增加转回期间的应纳税所得额。也就是说，在未来期间不考虑该事项影响的应纳税所得额的基础上，该暂时性差异的转回会进一步增加转回期间的应纳税所得额和应交所得税金额。在该暂时性差异产生当期，应当确认相关的递延所得税负债。

应纳税暂时性差异通常产生于以下两种情况：

（1）资产的账面价值大于其计税基础

一项资产的账面价值代表的是企业在持续使用以及最终出售该项资产时会取得的经济利益的金额，而计税基础代表的是一项资产在未来期间可予税前扣除总金额。如果一项资产的账面价值大于其计税基础，那么该项资产未来期间产生的经济利益不能全部税前抵扣，两者之间的差额需要交税，由此产生应纳税暂时性差异。

（2）负债的账面价值小于其计税基础

一项负债的账面价值为企业预计在未来期间清偿该项负债时的经济利益流出，而其计税基础代表的是账面价值在扣除税法规定的未来期间允许税前扣除的金额之后的差额。因负债的账面价值与其计税基础不同而产生的暂时性差异，实质上是税法规定的该

项负债在未来期间可予税前扣除的金额,可以用公式表示为:

$$\begin{aligned}负债产生的暂时性差异 &= 账面价值 - 计税基础\\ &= 账面价值 - (账面价值 - 在未来期间计税时按照税法规定可予\\ &\quad\quad 税前扣除的金额)\\ &= 在未来期间计税时按照税法规定可予税前抵扣的金额(负数)\end{aligned}$$

若负债的账面价值小于其计税基础,则意味着就该项负债在未来期间可予税前抵扣的金额为负数,即应在未来期间应纳税所得额的基础上调增,增加应纳税所得额和应交所得税金额,产生应纳税暂时性差异。

2. 可抵扣暂时性差异

可抵扣暂时性差异,是指在确定未来收回资产或清偿负债期间的应纳税所得额时,将导致产生可抵扣金额的暂时性差异。该差异在未来期间转回时会减少转回期间的应纳税所得额,减少未来期间的应交所得税金额。在该暂时性差异产生当期,应当确认相关的递延所得税资产。

可抵扣暂时性差异一般产生于以下两种情况:

(1) 资产的账面价值小于其计税基础

从经济含义来看,若资产在未来期间产生的经济利益少,按照税法规定允许税前扣除的金额多,则企业在未来期间可以减少应纳税所得额和应交所得税金额,产生可抵扣暂时性差异。

(2) 负债的账面价值大于其计税基础

负债产生的暂时性差异,实质上是税法规定的该项负债在未来期间可予税前扣除的金额。一项负债的账面价值大于其计税基础,意味着未来期间按照税法规定构成负债的全部或部分金额可以从未来应税经济利益中扣除,减少未来期间的应纳税所得额和应交所得税金额,产生可抵扣暂时性差异。

按照税法规定可以结转以后年度的未弥补亏损和税款抵减,虽不是因资产、负债的账面价值与计税基础不同而产生的,但本质上与可抵扣暂时性差异具有同样的作用,均能够减少未来期间的应纳税所得额,进而减少未来期间的应交所得税金额。在会计处理上,可抵扣亏损和税款抵减视同可抵扣暂时性差异,在符合一定条件的情况下,应确认与其相关的递延所得税资产。

4.2.2 资产的计税基础

资产的计税基础,是指企业收回资产账面价值的过程中,在计算应纳税所得额时,按照税法规定可以从应税经济利益中抵扣的金额,即某一项资产在未来期间计税时可予税前扣除的金额。从税收的角度考虑,资产的计税基础是假定企业按照税法规

定进行核算所提供的资产负债表中资产的应有金额。因此,资产的计税基础可以用公式表示为:

$$资产的计税基础＝资产在未来期间计税时可予税前扣除的金额$$

资产在初始确认时,其计税基础一般为取得成本。从所得税的角度考虑,某一单项资产产生的所得是指该项资产产生的未来经济利益流入扣除其取得成本之后的金额。一般而言,税法认定的资产取得成本为购入时实际支付的金额。资产取得时的计税基础可以用公式表示为:

$$资产取得时的计税基础＝资产在初始确认时的账面价值(成本)$$

在资产持续持有的过程中,可在未来期间税前扣除的金额是指资产的取得成本减去以前期间按照税法规定已在税前扣除的金额后的余额。如固定资产、无形资产等长期资产,在某一资产负债表日的计税基础是指该资产成本扣除按照税法规定已在以前期间税前扣除的累计折旧额或累计摊销额后的金额。具体而言,某一资产负债表日资产的计税基础是指该资产的成本扣除以前期间按照税法规定已在税前列支的金额,可以用公式表示为:

$$某一资产负债表日资产的计税基础＝资产在初始确认时的成本-资产以前期间已在税前列支的金额$$

企业应当按照适用的税收法规,计算确定资产的计税基础。以下就有关资产项目计税基础的确定予以说明:

1. 固定资产

以各种方式取得的固定资产在初始确认时,入账价值基本上是被税法认可的,即取得时的账面价值一般等于计税基础。

企业在持有固定资产期间进行后续计量时,会计上的基本计量模式是"成本-累计折旧-固定资产减值准备",税收上的基本计量模式是"成本-按照税法规定计算确定的累计折旧"。会计与税收处理的差异主要来自折旧方法、折旧年限的不同以及计提固定资产减值准备。

(1)因折旧方法、折旧年限的不同产生的差异

相关会计准则规定,企业可以根据固定资产经济利益的预期实现方式合理选择折旧方法,如可以按照年限平均法(又称"直线法")计提折旧,也可以按照双倍余额递减法、年数总和法等计提折旧,前提是有关方法能够反映固定资产为企业带来经济利益的实现情况。税法一般会规定固定资产的折旧方法,除某些按照规定可以加速折旧的情况

外，基本上可以税前扣除的是按照直线法计提的折旧。

另外，税法一般规定每一类固定资产的折旧年限；而会计处理按照相关会计准则的规定，是由企业按照固定资产能够为企业带来经济利益的期限估计确定的。因为折旧年限不同，所以也会产生固定资产账面价值与其计税基础之间的差异。

（2）因计提固定资产减值准备产生的差异

企业在持有固定资产期间，在对固定资产计提减值准备以后，因所计提的减值准备在计提当期不允许税前扣除，也会造成固定资产的账面价值与其计税基础的差异。

例4.1

东方公司于2×07年12月20日取得某项环保用固定资产，原价为3000000元，使用年限为10年，会计上采用直线法计提折旧，净残值为零。假定税法规定类似环保用固定资产采用加速折旧法计提的折旧可予税前扣除，该企业在计税时采用双倍余额递减法计提折旧，净残值为零。2×09年12月31日，企业估计该项固定资产的可收回金额为2200000元。

要求：计算2×09年12月31日该固定资产的账面价值和计税基础。

【解答】

该项固定资产的账面价值 = 3000000 − 300000×2 − 200000 = 2200000（元）

该项固定资产的计税基础 = 3000000 − 3000000×20% − 2400000×20%
= 1920000（元）

该项固定资产的账面价值2200000元与其计税基础1920000元之间产生的差额为280000元，意味着企业将于未来期间增加应纳税所得额和应交所得税金额，属于应纳税暂时性差异，应确认相应的递延所得税负债。

例4.2

东方公司于2×07年年末以3000000元购入一项生产用固定资产。按照该项固定资产的预计使用情况，东方公司在会计核算时，估计其使用寿命为10年；在计税时，按照所适用税法规定其折旧年限为20年。假定会计与税法均按直线法计提折旧，净残值均为零。2×08年，该项固定资产按照12个月计提折旧。本例中，假定固定资产未发生减值。

要求：计算2×08年12月31日该固定资产的账面价值和计税基础。

【解答】

该项固定资产的账面价值 = 3000000 − 3000000÷10 = 2700000（元）

该项固定资产的计税基础 = 3000000 − 3000000÷20 = 2850000（元）

> 该项固定资产的账面价值2700000元与其计税基础2850000元之间产生的差额150000元，由于其在未来期间会减少企业的应纳税所得额和应交所得税金额，为可抵扣暂时性差异，因此在符合确认条件的情况下，应确认与其相关的递延所得税资产。

2. 无形资产

除内部研究开发形成的无形资产以外，以其他方式取得的无形资产在初始确认时，其入账价值与税法规定的成本之间一般不存在差异。

第一，对于内部研究开发形成的无形资产，相关会计准则规定，有关研究开发支出分两个阶段，其中研究阶段的支出应当费用化计入当期损益，而开发阶段符合资本化条件的支出应当计入所形成的无形资产的成本；税法规定，自行开发的无形资产以开发过程中该资产符合资本化条件后至达到预定用途前发生的支出为计税基础。对于研究开发费用的加计扣除，税法规定，企业为开发新技术、新产品、新工艺发生的研究开发费用，未形成无形资产计入当期损益的，在按照规定据实扣除的基础上，按照研究开发费用的50%加计扣除；形成无形资产的，按照无形资产成本的150%摊销。未形成无形资产的，在按规定据实扣除的基础上，在2018年1月1日至2020年12月31日期间，再按照实际发生额的75%在税前加计扣除；形成无形资产的，在上述期间按照无形资产成本的175%在税前摊销。

对于内部研究开发形成的无形资产，一般情况下，初始确认时按照会计准则的规定确定的成本与其计税基础应当是相同的。对于享受税收优惠的研究开发支出，在形成无形资产时，按照会计准则的规定确定的成本为研究开发过程中符合资本化条件后至达到预定用途前发生的支出，而因税法规定按照无形资产成本的175%摊销，则其计税基础应在会计上入账价值的基础上加计75%，从而产生账面价值与计税基础在初始确认时的差异。但是，如果该无形资产的确认不是产生于企业合并交易，同时在确认时既不影响会计利润也不影响应纳税所得额，则按照相关会计准则的规定，不确认该暂时性差异的所得税影响。

第二，无形资产在后续计量时，会计与税收的差异主要产生于对无形资产是否需要摊销以及对无形资产减值准备的提取。

根据《企业会计准则第6号——无形资产》的规定，对于无形资产应根据其使用寿命情况，区分为使用寿命有限的无形资产与使用寿命不确定的无形资产。对于使用寿命不确定的无形资产，不要求摊销，在会计期末应进行减值测试。税法规定，企业取得的无形资产成本，应在一定期限内摊销；合同和法律未明确规定摊销期限的，应按不少于10年的期限摊销。对于使用寿命不确定的无形资产，在持有期间，因摊销规定的不同，会造成其账面价值与计税基础的差异。

在对无形资产计提减值准备的情况下，因为所计提的减值准备不允许税前扣除，所以也会造成其账面价值与计税基础的差异。

■■ 例4.3

东方公司当期发生研究开发支出计10000000元，其中研究阶段支出2000000元，开发阶段符合资本化条件前发生的支出为2000000元，符合资本化条件后发生的支出为6000000元。假定税法规定公司的研究开发支出可按175%加计扣除，东方公司开发形成的无形资产在当期期末已达到预定用途。

要求：计算该项无形资产的账面价值和计税基础。

【解答】

东方公司当期发生的研究开发支出中，按照会计准则的规定应予费用化的金额为4000000元，形成无形资产的成本为6000000元，即当期期末所形成无形资产的账面价值为6000000元。

东方公司当期发生的10000000元研究开发支出中，可在税前扣除的金额为6000000元。对于按照会计准则的规定形成无形资产的部分，税法规定按照无形资产成本的175%作为计算未来期间摊销额的基础，即该项无形资产在初始确认时的计税基础为10500000元（6000000×175%）。

该项无形资产的账面价值6000000元与其计税基础10500000元之间的差额4500000元将于未来期间税前扣除，属于可抵扣暂时性差异，应确认相关的递延所得税资产。

■■ 例4.4

东方公司于2×07年1月1日取得某项无形资产，取得成本为6000000元。东方公司根据各方面情况判断，无法合理预计该项无形资产为企业带来未来经济利益的期限，将其视为使用寿命不确定的无形资产。2×07年12月31日，东方公司对该项无形资产进行减值测试，表明未发生减值。东方公司在计税时，对该项无形资产按照10年的期间摊销，有关金额允许税前扣除。

要求：计算该项资产的账面价值和计税基础。

【解答】

在会计上，该项无形资产被作为使用寿命不确定的无形资产，在未发生减值的情况下，其于2×07年12月31日的账面价值为取得成本6000000元，计税基础为5400000元（6000000-600000）。

该项无形资产的账面价值6000000元与其计税基础5400000元之间的差额600000元将计入未来期间的应纳税所得额，产生未来期间企业以应交所得税方式流出经济利益的增加，属于应纳税暂时性差异，其所得税影响应确认为递延所得税负债。

3. 以公允价值计量且其变动计入当期损益的金融资产

按照《企业会计准则第22号——金融工具确认和计量》的规定，以公允价值计量且其变动计入当期损益的金融资产在某一会计期末的账面价值为公允价值。如果税法规定，按照相关企业会计准则确认的公允价值变动损益在计税时不予考虑，即有关金融资产在某一会计期末的计税基础为其取得成本，则会造成该类金融资产账面价值与其计税基础之间的差异。

例4.5

2×07年10月20日，东方公司自公开市场取得一项权益性投资，支付价款8000000元，作为交易性金融资产核算。2×07年12月31日，该项权益性投资的市价为8800000元。

假定税法规定，对于交易性金融资产，在持有期间，公允价值的变动不计入应纳税所得额；出售时，一并计算，应计入应纳税所得额。

要求：计算该项资产的账面价值和计税基础。

【解答】

相关企业会计准则规定，对于交易性金融资产，在持有期间在每个会计期末应以公允价值计量，公允价值相对于账面价值的变动计入利润表。该项交易性金融资产的期末市价为8800000元，按照相关企业会计准则的规定进行核算，在2×07年12月31日的账面价值应为8800000元。

假定按照税法规定，交易性金融资产在持有期间的公允价值变动不计入应纳税所得额，其计税基础在2×07年12月31日应维持原取得成本不变，即8000000元。该交易性金融资产的账面价值8800000元与其计税基础8000000元之间产生了800000元的暂时性差异。该暂时性差异在未来期间转回时会增加应纳税所得额，导致企业应交所得税的增加，为应纳税暂时性差异，应确认相关的递延所得税负债。

例4.6

2×07年11月8日，东方公司自公开市场取得一项基金投资，按照管理层的持有意图，将其作为交易性金融资产核算。该项基金投资的成本为6000000元，在2×07年12月31日的市价为6300000元。假定税法规定，资产在持有期间公允价值的变动不计入应纳税所得额。

要求：计算该项资产的账面价值和计税基础。

【解答】

东方公司将该项投资作为可供出售金融资产。按照相关企业会计准则的规定，该项金融资产在会计期末应以公允价值计量，其账面价值应为期末市价6300000元。假定税法规定，资产在持有期间公允价值的变动不计入应纳税所得额，则该项可供出售金融资产的期末计税基础应维持其原取得成本不变，即应为6000000元。

该项可供出售金融资产的账面价值6300000元与其计税基础6000000元之间产生的300000元暂时性差异，将会增加未来该项资产处置期间的应纳税所得额和应交所得税，为应纳税暂时性差异，企业应确认与其相关的递延所得税负债。

4. 其他资产

由于企业会计准则与税法的规定不同，因此企业持有的其他资产可能造成其账面价值与计税基础之间存在差异。

（1）投资性房地产

采用公允价值模式进行后续计量的投资性房地产，其期末账面价值为公允价值，而如果税法规定不认可该类资产在持有期间因公允价值变动产生的利得或损失，则其计税基础应以取得时支付的历史成本为基础计算确定，从而会造成账面价值与计税基础之间的差异。

例4.7

东方公司于2×07年1月1日签订租赁合同，将其某一自用房屋建筑物转为对外出租，该房屋建筑物的成本为3000000元，预计使用年限为20年。该房屋建筑物在转为投资性房地产之前，已使用4年，东方公司按照直线法计提折旧，预计净残值为零。在转为投资性房地产核算以后，由于该投资性房地产的公允价值能够持续可靠地取得，因此东方公司选择采用公允价值对其进行后续计量。假定对该房屋建筑物，税法规定的折旧方法、折旧年限及净残值与企业会计准则的规定相同。同时，假定税法规定，资产在持有期间公允价值的变动不计入应纳税所得额，待处置时一并计算确定应计入应纳税所得额的金额。该项投资性房地产在2×07年12月31日的公允价值为3600000元。

要求：计算该项资产的账面价值和计税基础。

【解答】

东方公司选择对该项投资性房地产采用公允价值进行后续计量。该项投资性房地产在2×07年12月31日的账面价值为其公允价值3600000元。假定税法规定，资产在持有期间公允价值的变动不计入应纳税所得额，则其计税基础应为取得成本扣除税法规定的允许税前扣除的折旧额后的金额，可以用公式表示为：

该项投资性房地产在2×07年12月31日的计税基础＝3000000－（3000000÷20×5）＝2250000（元）。

该项投资性房地产的账面价值3600000元与其计税基础2250000元之间产生了1350000元的暂时性差异，会增加企业在未来期间的应纳税所得额和应交所得税，为应纳税暂时性差异，应确认与其相关的递延所得税负债。

（2）其他计提资产减值准备的各项资产

有关资产计提减值准备以后，其账面价值会随之下降。按照税法的规定，资产的减值在转化为实质性损失之前，不允许税前扣除，即其计税基础不会因减值准备的提取而发生变化，从而造成资产的账面价值与其计税基础之间的差异。

例4.8

东方公司2×07年购入原材料成本为20000000元，因部分生产线停工，当年未领用任何原材料。考虑到该原材料的市价以及用其生产产成品的市价情况，估计该原材料在2×07年资产负债表日的可变现净值为16000000元。假定该原材料的期初余额为零。

要求：计算该项资产的账面价值和计税基础。

【解答】

该原材料的期末可变现净值低于其成本，应计提存货跌价准备，其金额为4000000元（20000000-16000000）。计提存货跌价准备后，该原材料的账面价值为16000000元。

在计算缴纳所得税时，按照企业会计准则规定计提的资产减值准备不允许税前扣除，该原材料的计税基础不会因存货跌价准备的提取而发生变化，即其计税基础应维持原取得成本20000000元不变。

存货的账面价值16000000元与其计税基础20000000元之间产生了4000000元的暂时性差异。如果存货价值量的下跌会减少企业在未来期间的应纳税所得额和应交所得税，则属于可抵扣暂时性差异，符合确认条件时，应确认相关的递延所得税资产。

例4.9

东方公司2×07年12月31日应收账款余额为30000000元，其期末对应收账款计提了3000000元的坏账准备。根据所适用税法的规定，按照应收账款期末余额的5‰计提的坏账准备允许税前扣除。假定东方公司的期初应收账款及坏账准备的余额均为零。

要求：计算该项资产的账面价值和计税基础。

【解答】

东方公司的应收账款在2×07年资产负债表日的账面价值为27000000元（30000000-3000000），其计税基础为账面价值30000000元减去按照税法规定可予税前扣除的坏账准备150000元，即为29850000元。该计税基础与其账面价值27000000元之间产生的2850000元暂时性差异，会减少未来期间的应纳税所得额和应交所得税，为可抵扣暂时性差异，符合确认条件时，应确认相关的递延所得税资产。

4.2.3 负债的计税基础

负债的计税基础，是指负债的账面价值减去未来期间计算应纳税所得额时按照税法规定可予税前抵扣的金额。负债的计税基础可以用公式表示为：

负债的计税基础＝负债的账面价值-未来期间按照税法规定可予税前抵扣的金额

负债的账面价值大于其计税基础时，产生可抵扣暂时性差异。负债产生的暂时性差异实质上是税法规定的该项负债在未来期间可予税前扣除的金额。一项负债的账面价值大于其计税基础，意味着未来期间按照税法规定构成负债的全部或部分金额可以从未来应税经济利益中扣除，减少未来期间的应纳税所得额和应交所得税。例如，企业因预计将发生的产品保修费用，确认预计负债2000000元。但是，如果税法规定有关费用在实际发生前不允许扣除，其计税基础为零，则企业确认预计负债的当期相关费用不允许税前扣除。在以后期间费用实际发生时，允许税前扣除，使得未来期间的应纳税所得额和应交所得税降低，产生可抵扣暂时性差异，符合确认条件的，应确认相关的递延所得税资产。

负债的账面价值小于其计税基础时，产生应纳税暂时性差异。一项负债的账面价值为企业预计在未来期间清偿该项负债时的经济利益流出，而其计税基础代表的是账面价值在扣除税法规定未来期间允许税前扣除的金额之后的差额。因负债的账面价值与其计税基础不同而产生的暂时性差异，实质上是税法规定就该项负债在未来期间可予税前扣除的金额。负债的账面价值小于其计税基础，意味着就该项负债在未来期间可予税前扣除的金额为负数，即应在未来期间应纳税所得额的基础上调增，增加应纳税所得额和应交所得税，产生应纳税暂时性差异，进而确认相关的递延所得税负债。

一般情况下，负债的确认与偿还不会影响企业的损益，也不会影响其应纳税所得额，未来期间计算应纳税所得额时按照税法规定可予扣除的金额为零，计税基础即为账面价值，如企业的短期借款、应付账款等。但是，在某些情况下，负债的确认可能会影响企业的损益，进而影响不同期间的应纳税所得额，使得其计税基础与账面价值之间产生差额，如按照相关会计准则规定确认的某些预计负债。

现就有关负债的计税基础的确定举例说明如下：

1. 企业因销售商品提供售后服务等原因确认的预计负债

按照《企业会计准则第13号——或有事项》的规定，企业应将预计提供售后服务发生的支出在销售当期确认为费用，同时确认预计负债。如果税法规定有关的支出在发生时应予税前扣除，由于该类事项产生的预计负债在期末的计税基础为其账面价值与未来期间可税前扣除的金额之间的差额，因此，有关的支出在实际发生时全部可予税前扣除，则其计税基础为零。因其他事项确认的预计负债，应按照税法规定的计税原则确定其计税基础。在某些情况下，对因有些事项确认的预计负债，如果税法规定其支出无论是否实际发生均不允许税前扣除，即未来期间按照税法规定可予抵扣的金额为零，则其账面价值与计税基础相同。

例4.10

东方公司2×07年因销售产品，承诺提供3年的保修服务，在当年年度利润表中确认了2 000 000元的销售费用，同时确认为预计负债，当年未发生任何保修支出。按照税法规定，与产品售后服务相关的费用在实际发生时允许税前扣除。

要求：计算该项负债的账面价值和计税基础。

【解答】

该项预计负债在东方公司2×07年12月31日资产负债表中的账面价值为2 000 000元。假定税法规定，与产品保修相关的费用在未来期间实际发生时才允许税前扣除，则该项负债的计税基础为账面价值扣除未来期间计算应纳税所得额时按照税法规定可予抵扣的金额，与该项负债相关的保修支出在未来期间实际发生时可予税前扣除，即未来期间计算应纳税所得额时按照税法规定可予抵扣的金额为2 000 000元，该项负债的计税基础为零。

该预计负债的账面价值2 000 000元与其计税基础零之间形成暂时性差异2 000 000元，该暂时性差异在未来期间转回时，会减少企业的应纳税所得额，使企业在未来期间以应交所得税的方式流出的经济利益减少，为可抵扣暂时性差异，在其产生期间，符合有关确认条件时，应确认相关的递延所得税资产。

2.预收账款

企业在收到客户预付的款项时，因不符合收入确认条件，在会计上将其确认为负债。税法对于收入的确认原则一般与会计规定相同，即在会计上未确认收入时，计税时一般亦不计入应纳税所得额，该部分经济利益在未来期间计税时可予税前扣除的金额为零，计税基础等于账面价值。

不符合相关企业会计准则规定的收入确认条件，而按照税法规定应计入当期应纳税所得额的，因其产生时已经计算应交所得税，未来期间可全额税前扣除，计税基础为账面价值减去在未来期间可全额税前扣除的金额，即预收账款的计税基础为零。

■ 例4.11

东方公司于2×07年12月20日自客户处收到一笔合同预付款，金额为10000000元，因不符合收入确认条件，将其作为预收账款核算。假定按照所适用税法的规定，该预收账款应计入当期应纳税所得额计算缴纳所得税。

要求：计算该项负债的账面价值和计税基础。

【解答】

该预收账款在东方公司2×07年12月31日资产负债表中的账面价值为10000000元。

假定按照税法规定，该预收账款应计入当期应纳税所得额计算缴纳所得税，与该项负债相关的经济利益已在当期计算缴纳所得税，未来期间按照相关企业会计准则规定应确认收入时，不再计入应纳税所得额。也就是说，该预收账款在未来期间计算应纳税所得额时应予税前扣除的金额为10000000元，计税基础为账面价值10000000元减去在未来期间计算应纳税所得额时按照税法规定可予抵扣的金额10000000元，即为零。

该项负债的账面价值10000000元与其计税基础零之间产生的10000000元暂时性差异，会减少企业在未来期间的应纳税所得额，使企业在未来期间以应交所得税的方式流出的经济利益减少，为可抵扣暂时性差异，在符合确认条件的情况下，应确认相关的递延所得税资产。

3.应付职工薪酬

相关企业会计准则规定，企业为获得职工提供的服务所给予的各种形式的报酬以及其他相关支出均应作为企业的成本费用，在未支付之前确认为负债。税法规定，企业支付给职工的工资性质的支出可税前列支（外资企业），或者按照一定的标准计算的金额准予税前扣除（内资企业）。在一般情况下，对于应付职工薪酬，其计税基础为账面价值减去在未来期间可予税前扣除的金额零之间的差额，即账面价值等于计税基础。

例4.12

东方公司2×07年12月计入成本费用的职工工资总额为16000000元,至2×07年12月31日尚未支付,作为资产负债表中的应付职工薪酬进行核算。假定按照所适用税法的规定,当期计入成本费用的16000000元工资支出中,按照计税工资标准的规定,可予税前扣除的金额为12000000元。

要求:计算该项负债的账面价值和计税基础。

【解答】

该项应付职工薪酬的账面价值为16000000元,与按照税法规定允许税前扣除的金额12000000元之间所产生的4000000元差额在当期发生时即应进行纳税调整,并且在以后期间不能再予税前扣除。该项应付职工薪酬的计税基础等于账面价值16000000元减去在未来期间计算应纳税所得额时按照税法规定可予抵扣的金额零,即16000000元。

该项负债的账面价值16000000元与其计税基础16000000元相同,不形成暂时性差异。

4.其他负债

其他负债如企业应交的罚款和滞纳金等,在尚未支付之前按照相关会计准则的规定确认为费用,同时作为负债予以反映。税法规定,罚款和滞纳金不能予以税前扣除,其计税基础为账面价值减去在未来期间计税时可予税前扣除的金额零之间的差额,即计税基础等于账面价值,不产生暂时性差异。

例4.13

东方公司2×07年12月因违反当地有关环保法规的规定,接到环保部门的处罚通知,被要求支付罚款2000000元。税法规定,企业因违反国家有关法律法规支付的罚款和滞纳金,在计算应纳税所得额时不允许税前扣除。至2×07年12月31日,该项罚款尚未支付。

对于该项罚款,东方公司应计入2×07年利润表,同时确认为资产负债表中的负债。

要求:计算该项负债的账面价值和计税基础。

【解答】

该项负债在未来期间计税时按照税法规定准予税前扣除的金额为零,其计税基础等于账面价值2000000元减去在未来期间计算应纳税所得额时按照税法规定可予抵扣的金额零,即2000000元。

该项负债的账面价值2000000元与其计税基础2000000元相同,不形成暂时性差异。

4.2.4 特殊项目产生的暂时性差异

1. 未作为资产、负债确认的项目产生的暂时性差异

某些交易或事项发生以后,虽因不符合资产、负债的确认条件而未体现为资产负债表中的资产或负债,但按照税法规定能够确定其计税基础的,其账面价值零与计税基础之间的差异也构成暂时性差异。

例4.14

东方公司在开始正常生产经营活动之前发生了5000000元的筹建费用,该项费用在发生时已计入当期损益。按照税法规定,对企业在筹建期间发生的费用,允许在开始正常生产经营活动之后5年内分期计入应纳税所得额。

要求:计算该项资产的账面价值和计税基础。

【解答】

该项费用支出按照相关企业会计准则规定在发生时已计入当期损益,不体现为资产负债表中的资产,即如果将其视为资产,则其账面价值为零。

假定企业在2×07年开始正常生产经营活动,当期税前扣除了1000000元,则与该项费用相关,在未来期间可予税前扣除的金额为4000000元,即其在2×07年12月31日的计税基础为4000000元。

该项资产的账面价值零与其计税基础4000000元之间产生了4000000元的暂时性差异,该暂时性差异在未来期间可减少企业的应纳税所得额,为可抵扣暂时性差异,符合确认条件时,应确认相关的递延所得税资产。

2. 可抵扣亏损及税款抵减产生的暂时性差异

按照税法规定可以结转以后年度的未弥补亏损及税款抵减,虽不是因资产、负债的账面价值与计税基础不同而产生的,但本质上与可抵扣暂时性差异具有同样的作用,均能够减少未来期间的应纳税所得额,进而减少未来期间的应交所得税,在会计处理上与可抵扣暂时性差异的处理相同,符合确认条件时,应确认相关的递延所得税资产。

例4.15

东方公司于2×07年因政策性原因发生经营亏损20 000 000元。按照税法规定,该亏损可用于抵减以后5个年度的应纳税所得额。利用该经营亏损,东方公司预计在未来5年内能够产生足够的应纳税所得额。

该经营亏损虽不是因比较资产、负债的账面价值与其计税基础而产生的,但从其性质来看,可以减少未来期间的应纳税所得额和应交所得税,属于可抵扣暂时性差异。在企业预计未来期间能够产生足够的应纳税所得额而利用该可抵扣亏损时,应确认相关的递延所得税资产。

3. 企业合并中取得有关资产、负债产生的暂时性差异

相关企业会计准则与税法的规定不同,可能使得企业合并中取得资产、负债的入账价值与按照税法规定确定的计税基础不同。如非同一控制下的企业合并中,购买方对于合并中取得的可辨认资产、负债,按照相关企业会计准则的规定应当以其在购买日的公允价值确认;而如果该合并按照税法规定属于免税改组,即购买方在合并中取得的可辨认资产、负债维持其原计税基础不变,则会因企业合并中取得的可辨认资产、负债的公允价值与其计税基础不同而形成暂时性差异。

4.3 递延所得税资产与递延所得税负债的会计处理

企业在计算确定应纳税暂时性差异与可抵扣暂时性差异后,应当按照《企业会计准则第18号——所得税》的规定,采用资产负债表债务法进行所得税会计核算,确认相关的递延所得税资产与递延所得税负债。

4.3.1 科目设置

企业在核算所得税费用时,一般应设置如下科目:

(1)企业应在损益类科目中设置"所得税费用"科目,核算企业按规定从当期损益中扣除的所得税费用。借方反映当期所得税费用,贷方反映当期结转的所得税费用。本科目结转后,期末无余额。

(2)企业应在负债类科目中设置"应交税费——应交所得税"科目,核算企业按税法规定应交所得税。贷方反映实际应交所得税,借方反映实际已交所得税,余额反映未交所得税。

(3)企业应在资产类科目中设置"递延所得税资产"科目,核算企业由于可抵扣暂时性差异确认的递延所得税资产以及按能够结转后期的尚可抵扣的亏损和税款抵减的

未来应税利润确认的递延所得税资产。借方反映确认的各类递延所得税资产，贷方反映当期已确认的递延所得税资产的可抵扣暂时性差异发生回转时转回的所得税影响额以及税率变动或开征新税调整的递延所得税资产，余额反映尚未转回的递延所得税资产。

（4）企业应在负债类科目中设置"递延所得税负债"科目，核算企业由于应纳税暂时性差异确认的递延所得税负债。贷方反映确认的各类递延所得税负债，借方反映当期已确认的递延所得税负债的应纳税暂时性差异发生回转时转回的所得税影响额以及税率变动或开征新税调整的递延所得税负债，余额反映尚未转回的递延所得税负债。

（5）企业应设置"递延税款备查登记簿"，详细记录发生暂时性差异的原因、金额、预计转销期限、已转销数额等。

（6）企业应在损益类科目中增设"营业外支出——递延所得税资产减值"科目。企业应在每一个资产负债表日，对递延所得税资产的账面价值进行复核。如果企业在未来期间不能获得足够的应税利润可供抵扣，应当减记递延所得税资产的账面价值，会计处理为：借记"营业外支出——递延所得税资产减值"科目，贷记"递延所得税资产"科目。

4.3.2 递延所得税资产的确认和计量

1. 确认递延所得税资产的一般原则

资产、负债的账面价值与其计税基础不同而产生可抵扣暂时性差异的，在估计未来期间能够取得足够的应纳税所得额用以利用该可抵扣暂时性差异时，应以可能取得的用来抵扣可抵扣暂时性差异的应纳税所得额为限，确认相关的递延所得税资产。

（1）递延所得税资产的确认，应以未来期间可能取得的应纳税所得额为限。在可抵扣暂时性差异转回的未来期间，企业无法产生足够的应纳税所得额用以抵减可抵扣暂时性差异的影响，使得与递延所得税资产相关的经济利益无法实现的，不应确认这部分递延所得税资产；企业有明确的证据表明其在可抵扣暂时性差异转回的未来期间能够产生足够的应纳税所得额，进而利用可抵扣暂时性差异的，则应以可能取得的应纳税所得额为限，确认相关的递延所得税资产。

考虑到在可抵扣暂时性差异转回的未来期间可能取得应纳税所得额的限制，因无法取得足够的应纳税所得额而未确认相关的递延所得税资产的，应在会计报表附注中进行披露。

（2）对于与子公司、联营企业、合营企业等的投资相关的可抵扣暂时性差异，如果有关的暂时性差异在可预见的未来很可能转回，并且企业很可能获得用来抵扣该可抵扣暂时性差异的应纳税所得额，则应确认相关的递延所得税资产。

（3）按照税法规定可以结转以后年度的未弥补亏损和税款抵减，应视同可抵扣暂时性差异处理。在预计能够利用可弥补亏损或税款抵减的未来期间能够取得足够的应纳税所得额时,应当以可能取得的应纳税所得额为限,确认相应的递延所得税资产,同时减少确认当期的所得税费用。

与可抵扣亏损和税款抵减相关的递延所得税资产,其确认条件与可抵扣暂时性差异产生的递延所得税资产相同。

(4)在按照会计准则规定确定的合并中取得的各项可辨认资产、负债的入账价值与其计税基础之间形成可抵扣暂时性差异的,应确认相应的递延所得税资产,并调整合并中应予确认的商誉等。

(5)与直接计入所有者权益的交易或事项相关的可抵扣暂时性差异,相应的递延所得税资产应计入所有者权益。例如,因可供出售金融资产的公允价值下降而应确认的递延所得税资产。

例4.16

东方公司于2×06年12月31日购入价值为5000元的设备,预计可使用5年,净残值为零。东方公司采用双倍余额递减法提取折旧。税法允许公司采用直线法计提折旧。设备未折旧前的利润总额为11000元。假定东方公司适用的所得税税率为15%。

要求:运用资产负债表债务法进行会计处理。

【解答】

在资产负债表债务法下,分三个步骤进行会计处理:

步骤一,确定产生暂时性差异的项目,即设备折旧。

步骤二,确定各年的暂时性差异及其对纳税的影响(见表4-1)。

表4-1 暂时性差异及其对纳税的影响

单位:元

项目	2×06年	2×07年	2×08年	2×09年	2×10年	2×11年
账面价值	5000	3000	1800	1080	540	0
计税基础	5000	4000	3000	2000	1000	0
差额	0	1000	1200	920	460	0
税率	—	15%	15%	15%	15%	15%
差异时点值	0	150	180	138	69	0

步骤三,确定所得税费用,应交所得税加减纳税影响等于当期所得税和递延所得税的总额。

各年的会计分录如下(单位:元):

2×07年：
借：所得税费用　　　　　　　　　　　　　　　　　　　1350
　　递延所得税资产　　　　　　　　　　　　　　　　　　150
　　　贷：应交税费　　　　　　　　　　　　　　　　　　　1500

2×08年：
借：所得税费用　　　　　　　　　　　　　　　　　　　1470
　　递延所得税资产　　　　　　　　　　　　　　　　　　30
　　　贷：应交税费　　　　　　　　　　　　　　　　　　　1500

2×09年：
借：所得税费用　　　　　　　　　　　　　　　　　　　1542
　　贷：递延所得税资产　　　　　　　　　　　　　　　　　42
　　　　应交税费　　　　　　　　　　　　　　　　　　　1500

2×10年：
借：所得税费用　　　　　　　　　　　　　　　　　　　1569
　　贷：递延所得税资产　　　　　　　　　　　　　　　　　69
　　　　应交税费　　　　　　　　　　　　　　　　　　　1500

2×11年：
借：所得税费用　　　　　　　　　　　　　　　　　　　1569
　　贷：递延所得税资产　　　　　　　　　　　　　　　　　69
　　　　应交税费　　　　　　　　　　　　　　　　　　　1500

2. 不确认递延所得税资产的特殊情况

企业发生的某项交易或事项不是企业合并，交易发生时既不影响会计利润也不影响应纳税所得额，并且该项交易中产生的资产、负债的初始确认金额与其计税基础不同，产生可抵扣暂时性差异的，根据相关企业会计准则的规定，在交易或事项发生时，不确认相应的递延所得税资产。

原因是：在这种情况下，如果确认递延所得税资产，则需调整资产、负债的入账价值，而对实际成本进行调整将有违会计核算中的历史成本原则，影响会计信息的可靠性，因此相关企业会计准则规定不确认相应的递延所得税资产。

3. 递延所得税资产的计量

（1）适用税率的确定

在确认递延所得税资产时，应估计相关可抵扣暂时性差异的转回期间，以转回期间适用的所得税税率为基础计算确定。无论相关可抵扣暂时性差异的转回期间如何，递延所得税资产均不予折现。

（2）递延所得税资产账面价值的复核

在资产负债表日，企业应对递延所得税资产的账面价值进行复核。如果在未来期间可能无法取得足够的应纳税所得额用以利用递延所得税资产的利益，应减记递延所得税资产的账面价值。在减记递延所得税资产的账面价值以后，在继后期间根据新的环境和情况判断能够产生足够的应纳税所得额用于利用可抵扣暂时性差异，使递延所得税资产包含的经济利益能够实现的，应相应恢复递延所得税资产的账面价值。

4.3.3 递延所得税负债的确认和计量

应纳税暂时性差异在转回期间将增加未来期间企业的应纳税所得额和应交所得税，导致企业经济利益的流出，从其发生当期来看，构成企业应支付税金的义务，应作为递延所得税负债确认。

1. 确认递延所得税负债的一般原则

企业在确认因应纳税暂时性差异而产生的递延所得税负债时，应遵循以下原则：

（1）除相关企业会计准则中明确规定可不确认递延所得税负债的情况以外，企业对于所有的应纳税暂时性差异均应确认相关的递延所得税负债；

（2）除直接计入所有者权益的交易或事项以及企业合并外，在确认递延所得税负债的同时，应增加利润表中的所得税费用；

（3）确认应纳税暂时性差异产生的递延所得税负债时，交易或事项发生时影响到会计利润或应纳税所得额的，相关的所得税影响应作为利润表中所得税费用的组成部分，即递延所得税负债的确认应导致利润表中所得税费用的增加；

（4）与直接计入所有者权益的交易或事项相关的，其所得税影响应增加或减少所有者权益；

（5）企业合并产生相关的递延所得税影响的，应调整购买日确认的商誉或是计入当期损益的金额。

例4.17

东方公司于2×07年1月1日购入某项环保设备，取得成本为2 000 000元，会计上采用直线法计提折旧，使用年限为10年，净残值为零；计税时按双倍余额递减法计提折旧，使用年限及净残值与会计处理相同。东方公司适用的所得税税率为25%。假定东方公司不存在其他会计与税收处理的差异，该项固定资产在期末未发生减值。

要求：编制会计分录。

【解答】

在2×07年资产负债表日，该项固定资产按照会计准则规定计提的折旧额为200000元，计税时允许扣除的折旧额为400000元，账面价值1800000元与其计税基础1600000元之间的差额构成应纳税暂时性差异，东方公司应确认相关的递延所得税负债。

借：所得税费用　　　　　　　　　　　　　　　　50000（元）
　　贷：递延所得税负债　　　　　　　　　　　　　50000（元）

2. 不确认递延所得税负债的情况

在有些情况下，虽然资产、负债的账面价值与其计税基础不同，产生了应纳税暂时性差异，但是出于各方面的考虑，相关企业会计准则规定不确认相应的递延所得税负债。

（1）商誉的初始确认。在非同一控制下的企业合并中，如果企业合并成本大于合并中取得的被购买方可辨认净资产公允价值份额，则其差额确认为商誉。因会计与税收的划分标准不同，在按照税法规定免税合并的情况下，税法不认可商誉的价值，即从税法角度而言，商誉的计税基础为零，两者之间的差额形成应纳税暂时性差异。但是，确认这部分暂时性差异产生的递延所得税负债，意味着将进一步增加商誉的价值。商誉本身是企业合并成本在取得的被购买方可辨认资产、负债之间进行分配后的剩余价值，确认递延所得税负债将进一步增加其账面价值，会影响到会计信息的可靠性，而且增加商誉的账面价值以后，可能很快就要计提减值准备，还会进一步产生应纳税暂时性差异，使得递延所得税负债和商誉价值量的变化不断循环。因此，对于企业合并中产生的商誉，其账面价值与计税基础不同而形成的应纳税暂时性差异，相关企业会计准则规定不确认相关的递延所得税负债。

（2）与子公司、联营企业、合营企业投资等相关的应纳税暂时性差异一般应确认相应的递延所得税负债，但是同时满足以下两个条件的除外：第一，投资企业能够控制暂时性差异转回的时间；第二，该暂时性差异在可预见的未来很可能不会转回。同时满足这两个条件时，投资企业可以运用自身的影响力决定暂时性差异的转回；如果不希望转回，则该暂时性差异在可预见的未来即不会转回，从而无须确认相应的递延所得税负债。

（3）在除企业合并以外的其他交易或事项中，如果交易或事项发生时既不影响会计利润也不影响应纳税所得额，则所产生的资产、负债的初始确认金额与其计税基础不同，形成应纳税暂时性差异的，交易或事项发生时不确认相应的递延所得税负债。该规定主要是考虑到交易或事项发生时既不影响会计利润也不影响应纳税所得额，确认递延所得税负债的直接结果是增加有关资产的账面价值，使得资产、负债在初始确认时违背历史成本原则，影响会计信息的可靠性。这类交易或事项在我国企业实务中并不多见，有关资产、负债的初始确认金额一般均会为税法所认可，不会产生两者之间的差异。

3. 递延所得税负债的计量

递延所得税负债应以相关应纳税暂时性差异转回期间适用的所得税税率计量。在我国，除享受优惠政策的情况以外，企业适用的所得税税率在不同年度之间一般不会发生变化。企业在确认递延所得税负债时，可以现行税率为基础计算确定，递延所得税负债的确认不要求折现。

因适用税收法规的变化，导致企业在某一会计期间适用的所得税税率发生变化的，企业应对已确认的递延所得税资产和递延所得税负债按照新的税率重新计量。除直接计入所有者权益的交易或事项产生的递延所得税资产和递延所得税负债，相关的调整金额应计入所有者权益以外，在其他情况下，因税率变化产生的递延所得税资产和递延所得税负债的调整金额应确认为变化当期的所得税费用（或收益）。

例4.18

东方公司于2×06年12月31日购入一台机器设备，成本为5000元，预计可使用5年，预计净残值为零。会计上，按直线法计提折旧。因为该设备符合税法规定的税收优惠条件，所以计税时可采用双倍余额递减法计提折旧。未折旧前，利润总额为11000元。东方公司适用的所得税税率头两年为15%，从第3年起改为20%。

要求：运用资产负债表债务法进行会计处理。

【解答】

在资产负债表债务法下，分三个步骤进行会计处理：

步骤一，确定产生暂时性差异的项目，即设备折旧。

步骤二，确定各年的暂时性差异及对纳税的影响（见表4-2）。

表4-2 暂时性差异及对纳税的影响

单位：元

项目	2×06年	2×07年	2×08年	2×09年	2×10年	2×11年
账面价值	5000	4000	3000	2000	1000	0
计税基础	5000	3000	1800	1080	540	0
差额	0	1000	1200	920	460	0

续表

项目	2×06年	2×07年	2×08年	2×09年	2×10年	2×11年
税率		15%	15%	20%	20%	20%
差异时点值	0	150	180	184	92	0

步骤三,确定所得税费用,应交所得税加减纳税影响等于当期所得税和递延所得税的总额。

各年的会计分录如下(单位:元):

2×07年:

借:所得税费用　　　　　　　　　　　　　　　　　　　　　　1500
　　贷:应交税费　　　　　　　　　　　　　　　　　　　　　　1350
　　　　递延所得税负债　　　　　　　　　　　　　　　　　　　150

2×08年:

借:所得税费用　　　　　　　　　　　　　　　　　　　　　　1500
　　贷:应交税费　　　　　　　　　　　　　　　　　　　　　　1470
　　　　递延所得税负债　　　　　　　　　　　　　　　　　　　30

从2×09年开始,所得税税率改为20%,需调整年初"递延所得税负债"余额。

调整后,年初"递延所得税负债"余额:180÷15%×20%=240(元)

应调整增加年初"递延所得税负债"余额:240-180=60(元)

2×09年年初:

借:所得税费用　　　　　　　　　　　　　　　　　　　　　　　60
　　贷:递延所得税负债　　　　　　　　　　　　　　　　　　　　60

2×09年年末:

借:所得税费用　　　　　　　　　　　　　　　　　　　　　　2000
　　递延所得税负债　　　　　　　　　　　　　　　　　　　　　56
　　贷:应交税费　　　　　　　　　　　　　　　　　　　　　　2056

2×10年:

借:所得税费用　　　　　　　　　　　　　　　　　　　　　　2000
　　递延所得税负债　　　　　　　　　　　　　　　　　　　　　92
　　贷:应交税费　　　　　　　　　　　　　　　　　　　　　　2092

2×11年:

借:所得税费用　　　　　　　　　　　　　　　　　　　　　　2000
　　递延所得税负债　　　　　　　　　　　　　　　　　　　　　92
　　贷:应交税费　　　　　　　　　　　　　　　　　　　　　　2092

4.4 所得税费用的会计处理

企业利润表中的所得税费用由当期所得税和递延所得税组成。

4.4.1 当期所得税

当期所得税,是指企业按照税法规定计算确定的针对当期发生的交易或事项,应缴纳给税务部门的所得税金额,即应交所得税。当期所得税应以适用的税收法规为基础计算确定,可以用公式表示为:

$$当期所得税 = 当期应交所得税$$

对于当期发生的交易或事项,会计处理与税收处理不同的,企业应当在会计利润的基础上,按照所适用税收法规的要求进行调整(纳税调整),计算出当期应纳税所得额,再按照应纳税所得额与适用所得税税率计算确定当期应交所得税。

4.4.2 递延所得税

递延所得税,是指按照相关企业会计准则规定应予确认的递延所得税资产和递延所得税负债在期末应有的金额与原已确认金额之间的差额,即递延所得税资产和递延所得税负债的当期发生额,但是不包括直接计入所有者权益的交易或事项以及企业合并的所得税影响。递延所得税可以用公式表示为:

$$\begin{aligned}递延所得税 &= 当期递延所得税负债的增加 + 当期递延所得税资产的减少 - 当期递延\\&\quad 所得税负债的减少 - 当期递延所得税资产的增加\\&= (递延所得税负债的期末余额 - 递延所得税负债的期初余额) - (递延\\&\quad 所得税资产的期末余额 - 递延所得税资产的期初余额)\end{aligned}$$

值得注意的是,如果某一交易或事项按照相关企业会计准则规定应计入所有者权益,则由该交易或事项产生的递延所得税资产或递延所得税负债及其变化亦应计入所有者权益,不构成利润表中的递延所得税费用(或收益)。

4.4.3 所得税费用

利润表中的所得税费用由两个部分组成:当期所得税和递延所得税,可以用公式表示为:

$$所得税费用 = 当期所得税 + 递延所得税$$

计入当期损益的所得税费用或收益不包括企业合并和直接在所有者权益中确认的交易或事项产生的所得税影响。与直接计入所有者权益的交易或事项相关的当期所得税和递延所得税应计入所有者权益。

所得税费用应当在企业利润表中单独列示。

例4.19

东方公司2×07年度利润表中的利润总额为12000000元，适用的所得税税率为25%。

2×07年发生的有关交易或事项中会计处理与税收处理存在的差别有以下几项：

（1）2×07年1月2日开始计提折旧的一项固定资产，成本为6000000元，使用年限为10年，净残值为零，会计处理按双倍余额递减法计提折旧，税收处理按直线法计提折旧。假定税法规定的使用年限和净残值与会计规定相同。

（2）向关联企业提供现金捐赠2000000元。

（3）当年度发生研究开发支出5000000元，较上年度增长20%。其中，3000000元资本化计入无形资产成本。税法规定，企业费用化的研究开发支出按75%税前加计扣除，资本化的研究开发支出按资本化金额的175%确定应予摊销的金额。假定所开发无形资产于期末达到预定可使用状态。

（4）应付违反环保规定罚款1000000元。

（5）期末对持有的存货计提300000元的存货跌价准备。

要求：

（1）计算2×07年度应交所得税；

（2）计算2×07年度所得税费用（收益）；

（3）计算2×07年度所得税费用并编制会计分录。

【解答】

（1）2×07年度应交所得税

应纳税所得额＝12000000＋600000＋2000000－[（5000000－3000000）×75%]＋1000000＋300000＝14400000（元）

应交所得税＝14400000×25%＝3600000（元）

（2）2×07年度所得税费用（收益）

东方公司2×07年资产负债表相关项目金额及其计税基础如表4-3所示：

表4-3 2×07年资产负债表相关项目金额及其计税基础

单位：元

项目	账面价值	计税基础	差异	
			应纳税暂时性差异	可抵扣暂时性差异
存货	8000000	8300000		300000
固定资产				
固定资产原价	6000000	6000000		
减：累计折旧	1200000	600000		
减：固定资产减值准备	0	0		
固定资产账面价值	4800000	5400000		600000
无形资产	3000000	5250000		2250000
其他应付款	1000000	1000000		
总计				3150000

由于存货、固定资产的账面价值与其计税基础不同，产生可抵扣暂时性差异900000元，确认了递延所得税收益225000元（900000×25%）。资本化的开发支出3000000元，其计税基础为5250000元（3000000×175%），该开发支出及其所形成无形资产在初始确认时的账面价值与计税基础即存在差异。该差异并非产生于企业合并，同时在产生时既不影响会计利润也不影响应纳税所得额，因此按照《企业会计准则第18号——所得税》的规定，不确认与该暂时性差异相关的所得税影响。

递延所得税收益＝900000×25%＝225000（元）

（3）2×07年度所得税费用及会计分录

所得税费用＝3600000-225000＝3375000（元）

借：所得税费用　　　　　　　　　　　　　　　　3375000（元）
　　递延所得税资产　　　　　　　　　　　　　　　225000（元）
　贷：应交税费——应交所得税　　　　　　　　　3600000（元）

4.5　其他所得税会计处理

4.5.1　亏损弥补的所得税会计处理

我国现行税法允许企业在亏损时向后递延弥补5年。相关所得税准则要求企业对能够结转后期尚可抵扣的亏损，应当以可能获得用于抵扣尚可抵扣的亏损的未来应税利润为限，确认递延所得税资产。这一般被称为"当期确认法"，即后转递延所得税的利益在亏损当年确认。使用该方法，企业应当对5年内可抵扣暂时性差异是否能够由以后经营期内的应税利润充分转回作出判断；如果不能，企业不应该确认。

企业当年发生亏损的，可以用未来5年内实现的税前会计利润弥补，所以当期的亏损额会在以后年度减少应纳税所得额，从而使企业在未来期间少纳税。在符合确认条件的情况下，应将当年新增亏损额乘以在未来期间企业适用的所得税税率，从而确认递延所得税资产。

例4.20

东方公司2×06—2×09年的应税收益分别为：-2000000元、800000元、700000元、800000元，适用税率为20%，假设无其他暂时性差异。

要求：编制各年的会计分录。

【解答】

表4-4　2×06—2×09年应确认的递延所得税资产以及所得税费用

单位：元

年份	2×06	2×07	2×08	2×09
应税收益	-2000000	800000	700000	800000
可抵扣暂时性差异（期末）	2000000	1200000	500000	0
递延所得税资产（期末）	400000	160000	140000	0
应确认的递延所得税资产	400000	-160000	-140000	-100000
应交税费	0	0	0	60000
所得税费用	-400000	160000	140000	160000

2×06—2×09年的会计处理如下（单位：元）：

（1）2×06年

借：递延所得税资产　　　　　　　　　　　　　　　　　　　400000
　　贷：所得税费用　　　　　　　　　　　　　　　　　　　　400000

（2）2×07年

借：所得税费用　　　　　　　　　　　　　　　　　　　　　160000
　　贷：递延所得税资产　　　　　　　　　　　　　　　　　　160000

（3）2×08年

借：所得税费用　　　　　　　　　　　　　　　　　　　　　140000
　　贷：递延所得税资产　　　　　　　　　　　　　　　　　　140000

（4）2×09年

借：所得税费用	160000
贷：递延所得税资产	100000
应交税费——应交所得税	60000

4.5.2 递延所得税资产减值

《企业会计准则第18号——所得税》要求企业在每个资产负债表日对递延所得税资产的账面价值进行复核。如果未来期间很可能无法获得足够的应纳税所得额用以抵扣递延所得税资产的利益，应当减记递延所得税资产的账面价值，其具体的会计处理为：借记"营业外支出——递延所得税资产减值"，贷记"递延所得税资产"。在很可能获得足够的应纳税所得额时，减记的金额应当转回，其具体的会计处理为：借记"递延所得税资产"，贷记"营业外支出——递延所得税资产减值"。

例4.21

2×07年12月31日，东方公司递延所得税资产的账面价值为300000元。经复核，它在未来可能获得的用以抵扣递延所得税资产的利益只有180000元。

要求：编制会计分录。

【解答】

借：营业外支出——递延所得税资产减值	120000（元）
贷：递延所得税资产	120000（元）

假设2×08年12月31日，东方公司经复核，发现在未来可能获得的用以抵扣递延所得税资产的利益可能有400000元。它应在原减值的范围内转回其减值，其会计处理如下：

借：递延所得税资产	120000（元）
贷：营业外支出——递延所得税资产减值	120000（元）

4.6　所得税的披露

4.6.1　表内列报

所得税费用应当在利润表中单独列示。

递延所得税资产和递延所得税负债一般应当分别作为非流动资产和非流动负债在资产负债表中列示。

一般情况下，在个别财务报表中，当期所得税资产与当期所得税负债以及递延所得税资产与递延所得税负债可以抵销后以净额列示。在合并财务报表中，被纳入合并范围的企业中，一方的当期所得税资产或递延所得税资产与另一方的当期所得税负债或递延所得税负债一般不能予以抵销，除非所涉及的企业具有以净额结算的法定权利并意图以净额结算。

4.6.2 附注中的披露

企业应在财务报表附注中披露与所得税有关的下列信息：

（1）所得税费用（收益）的主要组成部分；

（2）所得税费用（收益）与会计利润关系的说明；

（3）未确认递延所得税资产的可抵扣暂时性差异、可抵扣亏损的金额（如果存在到期日，还应该披露到期日）；

（4）对每一类暂时性差异和可抵扣亏损，在列报期间确认的递延所得税资产或递延所得税负债的金额，以及确认递延所得税资产的依据；

（5）未确认递延所得税负债的，与子公司、联营企业、合营企业投资相关的暂时性差异金额。

本章小结

本章主要阐述了所得税会计的相关理论，重点介绍了资产与负债的暂时性差异与计税基础、递延所得税资产与递延所得税负债的会计处理、所得税费用的会计处理以及所得税其他会计处理。

复习思考题

1. 资产的计税基础应当如何确定？
2. 负债的计税基础应当如何确定？
3. 应纳税暂时性差异和可抵扣暂时性差异应当如何确定？
4. 递延所得税资产和递延所得税负债应当如何确认？
5. 所得税费用应当如何确认和计量？

实务练习题

甲公司2×07年的有关所得税资料如下：

（1）所得税采用资产负债表债务法核算，所得税税率一直为33%；年初递延所得税资产余额为4950000元，其中存货项目余额为2970000元，未弥补亏损项目余额为1980000元；年初递延所得税负债余额为零。

（2）本年度实现利润总额为5000000元，其中取得国债利息收入200000元，因发生违法经营被罚款100000元，因违反合同支付违约金300000元（可在税前抵扣），工资及相关附加超过计税标准600000元。

（3）年末计提产品保修费用400000元，计入销售费用，预计负债余额为400000元。税法规定，产品保修费用在实际发生时可予税前抵扣。

（4）至2×06年年末，尚有600000元亏损没有弥补，其递延所得税资产余额为1980000元。

（5）年末计提固定资产减值准备500000元（年初减值准备为零），使固定资产账面价值比其计税基础少500000元。转回存货跌价准备700000元，使存货可抵扣暂时性差异由年初的900000元减少到年末的200000元。税法规定，计提的减值准备不得在税前抵扣。

假设除上述事项外，没有发生其他纳税调整事项。

要求：计算甲公司2×07年应交所得税、递延所得税资产余额、递延所得税负债余额和所得税费用，并进行账务处理。

第 5 章 企业合并会计

本章将介绍企业合并的概念、方式以及类型的划分，同一控制下企业合并的会计处理，非同一控制下企业合并的会计处理，以使读者掌握企业合并的会计核算。

5.1 企业合并概述

5.1.1 企业合并的界定

企业合并，是指将两个或两个以上单独的企业合并成一个报告主体的交易或事项。

企业合并的结果通常是一个企业取得对一项或多项业务的控制权。如果一个企业取得对一项或多项业务的控制权，而被购买方（或被合并方）并不构成业务，则该交易或事项不形成企业合并。企业取得不形成业务的一组资产或是净资产时，应将购买成本在购买日所取得各项可辨认资产、负债的相对公允价值的基础上进行分配，而不按照企业合并准则进行处理。

业务，是指企业内部某些生产经营活动或资产负债的组合。该组合具有投入、加工处理过程和产出能力，能够独立计算其成本费用或所产生的收入，但是一般不构成一个企业，不具有独立法人资格，如企业的分公司、独立的生产车间、不具有独立法人资格的分部等。

从企业合并的定义来看，判断是否形成企业合并，关键要看有关交易或事项发生前后是否引起报告主体的变化。报告主体的变化产生于控制权的变化。在交易或事项发生以后，一方能够对另一方的生产经营决策实施控制，形成母子公司关系，涉及控制权的转移，子公司需要被纳入母公司合并财务报表的范围中，从合并财务报告的角度形成报告主体的变化；一方能够控制另一方的全部净资产，被合并的企业在合并后失去其法人资格，也涉及控制权及报告主体的变化，形成企业合并。

假定在企业合并前，A、B 两个企业为各自独立的法律主体。企业合并准则中所界定的企业合并包括但不限于以下情形：

（1）A企业通过增发自身的普通股，自B企业原股东处取得B企业的全部股权。此后，B企业仍继续经营。

（2）A企业通过支付对价，取得B企业的全部净资产。此后，撤销B企业的法人资格。

（3）A企业以自身持有的资产作为出资投入B企业，取得对B企业的控制权。此后，B企业仍维持其独立法人资格继续经营。

5.1.2 企业合并的方式

按合并方式划分，企业合并包括控股合并、吸收合并和新设合并。

1. 控股合并

合并方（或购买方，下同）通过企业合并交易或事项取得对被合并方（或被购买方，下同）的控制权，企业合并后能够通过所取得的股权等主导被合并方的生产经营决策并自被合并方的生产经营活动中获益，被合并方在企业合并后仍维持其独立法人资格继续经营的，为控股合并。

在控股合并中，合并方通过企业合并交易或事项取得对被合并方的控制权，被合并方成为其子公司。在企业合并发生后，被合并方应当被纳入合并方合并财务报表的编制范围，从合并财务报表的角度形成报告主体的变化。

比如，在控股合并的情况下，A公司对B公司进行投资，占B公司表决权的50%以上，B公司的法人资格还存在。

2. 吸收合并

合并方在企业合并中取得被合并方的全部净资产，并将有关资产、负债并入合并方自身的账簿和报表进行核算。在企业合并后，被合并方的法人资格被注销，由合并方持有合并中取得的被合并方的资产、负债，在新的基础上继续经营。这类合并为吸收合并。

在吸收合并中，因被合并方（或被购买方）在合并发生以后被注销，合并方（或购买方）需要解决的问题是，确定其在合并日（或购买日）取得的被合并方有关资产、负债的入账价值，以及处理为了进行企业合并所支付的对价与所取得被合并方资产、负债的入账价值之间存在的差额。

3. 新设合并

参与合并的各方的法人资格在企业合并后均被注销，重新注册成立一家新企业，由新企业持有参与合并企业的资产、负债，在新的基础上经营，为新设合并。比如，在新设合并的情况下，A公司与B公司均注销法人资格，重新成立C公司。在这种情况下，一般无特殊的合并处理，所以企业合并准则中只讲前两种合并方式。

5.1.3 企业合并类型的划分

我国的企业合并准则将企业合并按照一定的标准，即以是否在同一控制下进行企业合并为基础，划分为两大基本类型——同一控制下的企业合并与非同一控制下的企业合并。企业合并的类型不同，所遵循的会计处理原则也不同。

1. 同一控制下的企业合并

同一控制下的企业合并，是指参与合并的企业在合并前后均受同一方或相同的多方最终控制，而且该控制并非暂时性的。对于同一控制下的企业合并，在合并日取得对其他参与合并企业控制权的一方为合并方，参与合并的其他企业为被合并方。合并日，是指合并方实际取得对被合并方控制权的日期。

（1）同一控制下的企业合并一般发生于企业集团内部，如集团内母子公司之间、子公司与子公司之间等。这类合并从本质上说是集团内部企业之间的资产或权益的转移，不涉及自集团外购入子公司或是向集团外其他企业出售子公司的情况，能够对参与合并企业在合并前后均实施最终控制的一方为集团的母公司。

（2）能够对参与合并的企业在合并前后均实施最终控制的相同多方，主要是指根据投资者之间的协议约定，为了扩大其中某一投资者对被投资单位的表决权比例，或者巩固某一投资者对被投资单位的控制地位，在对被投资单位的生产经营决策行使表决权时采用相同意思表示的两个或两个以上的法人或其他组织。

（3）实施控制的时间性要求，是指参与合并各方在合并前后较长时间内为最终控制方所控制。具体而言，在企业合并之前（即合并日之前），参与合并各方受最终控制方控制的时间一般在1年以上（含1年）；企业合并后所形成的报告主体受最终控制方控制的时间也应达到1年以上（含1年）。

企业之间的合并是否属于同一控制下的企业合并，应综合构成企业合并交易的各方面情况，按照实质重于形式的原则进行判断。

2. 非同一控制下的企业合并

非同一控制下的企业合并，是指参与合并各方在合并前后不受同一方或相同的多方最终控制的合并交易，即除判断属于同一控制下的企业合并的情况以外其他的企业合并。在非同一控制下的企业合并中，在购买日取得对其他参与合并企业控制权的一方为购买方，参与合并的其他企业为被购买方。购买日，是指购买方实际取得对被购买方控制权的日期。

5.2 同一控制下的企业合并的会计处理

同一控制下的企业合并是从合并方出发，确定合并方在合并日对于企业合并事项应进行的会计处理。

5.2.1 同一控制下的企业合并的处理原则

同一控制下的企业合并中，在不涉及自少数股东手中购买股权的情况下，合并方应遵循以下原则进行相关的处理：

（1）合并方在合并中确认取得的被合并方的资产、负债仅限于被合并方账面上原已确认的资产、负债，合并中不产生新的资产、负债。最终控制方在企业合并前后能够控制的净资产价值量并没有发生变化，因此合并中不产生新的资产。但是，被合并方在企业合并前账面上原已确认的商誉应作为合并中取得的资产确认。

（2）合并方在合并中取得的被合并方各项资产、负债应维持其原账面价值不变。合并方在同一控制下的企业合并中取得的有关资产、负债不应因该项合并而改记其账面价值。从最终控制方的角度看，该项交易或事项仅是其原已控制的资产、负债空间位置的转移，原则上不应影响所涉及资产、负债的计价基础。在确定合并中取得的各项资产、负债的入账价值时需要注意，被合并方在企业合并前采用的会计政策与合并方不一致的，应基于重要性原则，首先统一会计政策，即合并方应按照本企业会计政策对被合并方资产、负债的账面价值进行调整，并以调整后的账面价值作为有关资产、负债的入账价值。

（3）合并方在合并中取得的净资产的入账价值与为进行企业合并支付的对价账面价值之间的差额，不作为资产的处置损益，不影响合并当期利润表，针对有关差额应调整所有者权益的相关项目。合并方在企业合并中取得的价值量与放弃的价值量之间存在差额的，应调整所有者权益。在根据合并差额调整合并方的所有者权益时，应首先调整资本公积（资本溢价或股本溢价）；资本公积（资本溢价或股本溢价）的余额不足冲减的，应冲减留存收益。

（4）对于同一控制下的控股合并，合并方在编制合并财务报表时，应视同合并后形成的报告主体自最终控制方开始实施控制时一直是一体化存续下来的，参与合并各方在合并前实现的留存收益应体现为合并财务报表中的留存收益。在合并财务报表中，应以合并方的资本公积（或经调整后的资本公积中的资本溢价部分）为限，在所有者权益内部进行调整，将被合并方在合并日以前实现的留存收益中按照持股比例计算归属于合并方的部分自资本公积转入留存收益。

5.2.2 同一控制下的控股合并

同一控制下的企业合并中，合并方在合并后取得对被合并方生产经营决策的控制权，并且被合并方在企业合并后仍然继续经营的，合并方面临两个方面的问题：第一，对于因该项企业合并形成的被合并方的长期股权投资的确认和计量问题;第二,合并日合并财务报表的编制问题。

1. 长期股权投资的确认和计量

按照《企业会计准则第2号——长期股权投资》的规定,同一控制下的企业合并,合并方以支付现金、转让非现金资产或承担债务方式作为合并对价的,应当在合并日按照被合并方所有者权益在最终控制方合并财务报表中的账面价值的份额作为长期股权投资的初始投资成本。长期股权投资初始投资成本与支付的现金、转让的非现金资产以及所承担债务账面价值之间的差额,应当调整资本公积;资本公积不足冲减的,调整留存收益。

合并方以发行权益性证券作为合并对价的,应当在合并日按照被合并方所有者权益在最终控制方合并财务报表中的账面价值的份额作为长期股权投资的初始投资成本。按照发行股份的面值总额作为股本,长期股权投资初始投资成本与所发行股份面值总额之间的差额,应当调整资本公积;资本公积不足冲减的,调整留存收益。

例5.1

2×15年6月30日,P公司向同一集团内S公司发行10000000股普通股(每股面值为1元,市价为4.34元),取得S公司100%的股权,并自当日起能够对S公司实施控制。合并后,S公司仍维持其独立法人地位继续经营。参与合并企业在2×15年6月30日未考虑该项企业合并时,S公司净资产的账面价值为22020000元。两公司在企业合并前采用的会计政策相同。在合并日,P公司和S公司的所有者权益构成如表5-1所示:

表5-1 P公司和S公司在合并日的所有者权益构成

单位:元

	P公司	S公司
股本	30000000	10000000
资本公积	20000000	6000000
盈余公积	20000000	2000000
未分配利润	23550000	4020000
合计	93550000	22020000

S公司在合并后维持其法人资格继续经营。在合并日,P公司在其账簿及个别财务报表中应确认对S公司的长期股权投资,其成本为当日享有S公司账面所有者权益的份额。P公司在合并日应进行的会计处理为(单位:元):

```
借：长期股权投资              22020000
    贷：股本                    10000000
        资本公积                12020000
```

2. 合并日合并财务报表的编制

同一控制下的企业合并形成母子公司关系的，合并方一般应在合并日编制合并财务报表，反映在合并日形成的报告主体的财务状况、视同该主体一直存在产生的经营成果等。考虑到有关因素的影响，编制合并日合并财务报表存在困难的，下文所述相关原则同样适用于合并当期期末合并财务报表的编制。

编制合并日合并财务报表时，一般包括合并资产负债表、合并利润表以及合并现金流量表。

（1）合并资产负债表

被合并方的有关资产、负债应以其账面价值并入合并财务报表。合并方与被合并方采用的会计政策不同的，账面价值应为按照合并方的会计政策对被合并方有关资产、负债进行调整后的账面价值。合并方与被合并方在合并日及以前期间发生的交易，应作为内部交易进行抵销。

同一控制下企业合并的基本处理原则是，视同合并后形成的报告主体在合并日及以前期间一直存在，在合并资产负债表中，对于被合并方在企业合并前实现的留存收益（盈余公积和未分配利润之和）中归属于合并方的部分，应按以下规定，自合并方的资本公积转入留存收益：

① 确认企业合并形成的长期股权投资后，合并方账面资本公积（资本溢价或股本溢价）的贷方余额大于被合并方在合并前实现的留存收益中归属于合并方的部分的，在合并资产负债表中，应将被合并方在合并前实现的留存收益中归属于合并方的部分自"资本公积"转入"盈余公积"和"未分配利润"。在合并工作底稿中，借记"资本公积"项目，贷记"盈余公积"和"未分配利润"项目。

② 确认企业合并形成的长期股权投资后，合并方账面资本公积（资本溢价或股本溢价）的贷方余额小于被合并方在合并前实现的留存收益中归属于合并方的部分的，在合并资产负债表中，应以合并方资本公积（资本溢价或股本溢价）的贷方余额为限，将被合并方在企业合并前实现的留存收益中归属于合并方的部分自"资本公积"转入"盈余公积"和"未分配利润"。在合并工作底稿中，借记"资本公积"项目，贷记"盈余公积"和"未分配利润"项目。

因合并方资本公积（资本溢价或股本溢价）的余额不足，被合并方在合并前实现的留存收益在合并资产负债表中未予全额恢复的，合并方应在财务报表附注中对这一情况进行说明。

例5.2

A、B公司是P公司控制下的两家子公司。A公司于2×15年3月10日自P公司处取得B公司100%的股权，合并后B公司仍维持其独立法人资格继续经营。为进行该项企业合并，A公司发行了1500万股本公司普通股（每股面值1元）作为对价。假定A、B公司采用的会计政策相同。在合并日，A公司和B公司的所有者权益构成如表5-2所示：

表5-2　A公司和B公司在合并日的所有者权益构成

单位：元

A公司		B公司	
项目	金额	项目	金额
股本	90000000	股本	15000000
资本公积	25000000	资本公积	5000000
盈余公积	20000000	盈余公积	10000000
未分配利润	50000000	未分配利润	20000000
合计	185000000	合计	50000000

A公司在合并日应进行的会计处理为（单位：元）：

借：长期股权投资　　　　　　　　　　　　　　　　　50000000
　　贷：股本　　　　　　　　　　　　　　　　　　　15000000
　　　　资本公积　　　　　　　　　　　　　　　　　35000000

A公司合并日应编制抵销分录（单位：元）：

借：股本　　　　　　　　　　　　　　　　　　　　　15000000
　　资本公积　　　　　　　　　　　　　　　　　　　5000000
　　盈余公积　　　　　　　　　　　　　　　　　　　10000000
　　未分配利润　　　　　　　　　　　　　　　　　　20000000
　　贷：长期股权投资　　　　　　　　　　　　　　　50000000

进行上述处理后，A公司在合并日编制合并资产负债表时，对于企业合并前B公司实现的留存收益中归属于合并方的部分（30000000元）应自资本公积（资本溢价或股本溢价）转入留存收益。本例中，A公司在确认对B公司的长期股权投资以后，其资本公积的账面余额为60000000元（25000000+35000000），假定其中资本溢价或股本溢价的金额为45000000元。在合并工作底稿中，应编制以下调整分录（单位：元）：

借：资本公积　　　　　　　　　　　　　　　　　　　　　30000000
　　　贷：盈余公积　　　　　　　　　　　　　　　　　　　10000000
　　　　　未分配利润　　　　　　　　　　　　　　　　　　20000000

（2）合并利润表

合并方在编制合并日合并利润表时，应包含合并方和被合并方自合并当期期初至合并日实现的净利润，双方在当期发生的交易应按照合并财务报表的有关原则进行抵销。例如，同一控制下的企业合并发生于2×15年3月31日，合并方当日编制合并利润表时，应包括合并方和被合并方自2×15年1月1日至2×15年3月31日实现的净利润。

为了帮助企业的会计信息使用者了解合并利润表中净利润的构成，在发生同一控制下的企业合并当期，合并方在合并利润表中的"净利润"项下应单列"其中：被合并方在合并前实现的净利润"项目。

（3）合并现金流量表

合并日合并现金流量表的编制与合并利润表的编制原则相同。

5.2.3　同一控制下的吸收合并

同一控制下的吸收合并中，合并方主要面临的问题是，合并中取得被合并方资产、负债入账价值的确定，以及合并中取得有关净资产的入账价值与支付的合并对价账面价值之间差额的处理。

1. 合并中取得资产、负债入账价值的确定

合并方对同一控制下吸收合并中取得的资产、负债，应当按照相关资产、负债在被合并方的原账面价值入账。其中，合并方与被合并方在企业合并前采用的会计政策不同的，在将被合并方的相关资产、负债并入合并方的账簿和报表进行核算之前，首先应基于重要性原则，统一被合并方的会计政策，即应当在按照合并方的会计政策对被合并方的有关资产、负债的账面价值进行调整后，以调整后的账面价值确认。

2. 合并差额的处理

合并方在确认了合并中取得的被合并方的资产、负债的入账价值后，以发行权益性证券方式进行的该类合并，所确认的净资产入账价值与发行股份面值总额的差额，应记入资本公积（资本溢价或股本溢价），资本公积（资本溢价或股本溢价）的余额不足冲减的，相应冲减盈余公积和未分配利润；以支付现金、转让非现金资产方式进行的该类

合并,所确认的净资产入账价值与支付的现金、转让的非现金资产账面价值的差额,相应调整资本公积(资本溢价或股本溢价),资本公积(资本溢价或股本溢价)的余额不足冲减的,应冲减盈余公积和未分配利润。

会计处理如下:

借:资产(被合并方账面价值)
　　资本公积(资本溢价或股本溢价)(不足冲减部分,冲减盈余公积和未分配利润)
　　贷:负债(被合并方账面价值)
　　　　资产(合并方非现金资产账面价值)
　　　　银行存款
　　　　股本
　　　　资本公积(资本溢价或股本溢价)

例5.3

2×15年6月30日,P公司向S公司的股东定向增发10000000股普通股(每股面值为1元,市价为10.85元),对S公司进行吸收合并,并于当日取得S公司净资产。当日,P公司、S公司的资产、负债情况如表5-3所示。

表5-3 资产负债表(简表)

2×15年6月30日　单位:元

项目	P公司		S公司	
	账面价值		账面价值	公允价值
资产:				
货币资金	4312500000		4500000	4500000
存货	62000000		2550000	4500000
应收账款	30000000		20000000	20000000
长期股权投资	50000000		21500000	38000000
固定资产:				
固定资产原价	100000000		40000000	55000000
减:累计折旧	30000000		10000000	0
固定资产净值	70000000		30000000	
无形资产	45000000		5000000	15000000
商誉	0		0	0
资产总计	30012500000		83550000	137000000

续表

项目	P公司		S公司	
	账面价值		账面价值	公允价值
负债和所有者权益：				
短期借款	25000000		22500000	22500000
应付账款	37500000		3000000	3000000
其他负债	3750000		3000000	3000000
负债合计	66250000		28500000	28500000
实收资本（股本）	75000000		25000000	
资本公积	50000000		15000000	
盈余公积	50000000		5000000	
未分配利润	5887500000		10050000	
所有者权益合计	23387500000		55050000	108500000
负债和所有者权益总计	30012500000		83550000	

本例中，假定P公司和S公司为同一集团内两家全资子公司，合并前，其共同的母公司为A公司。该项合并中，参与合并的企业在合并前和合并后均由A公司最终控制，为同一控制下的企业合并。自2×15年6月30日开始，P公司能够对S公司的净资产实施控制，该日即为合并日。

合并后，S公司失去其法人资格，P公司应确认合并中取得的S公司的各项资产、负债。假定P公司与S公司在合并前采用的会计政策相同。P公司对该项合并应进行的会计处理如下（单位：元）：

借：货币资金　　　　　　　　　　　　　　　　　　　4500000
　　库存商品（存货）　　　　　　　　　　　　　　　2550000
　　应收账款　　　　　　　　　　　　　　　　　　　20000000
　　长期股权投资　　　　　　　　　　　　　　　　　21500000
　　固定资产　　　　　　　　　　　　　　　　　　　30000000
　　无形资产　　　　　　　　　　　　　　　　　　　5000000
　　贷：短期借款　　　　　　　　　　　　　　　　　22500000
　　　　应付账款　　　　　　　　　　　　　　　　　3000000
　　　　其他应付款（其他负债）　　　　　　　　　　3000000
　　　　股本　　　　　　　　　　　　　　　　　　　10000000
　　　　资本公积　　　　　　　　　　　　　　　　　45050000

5.2.4 企业合并发生有关费用的处理

合并方为进行企业合并发生的有关费用，是指合并方为进行企业合并发生的各项直接相关的费用，如为进行企业合并支付的审计费用、进行资产评估的费用以及有关法律咨询费用等增量费用。

在同一控制下的企业合并进行过程中发生的各项直接相关的费用，应于发生时费用化计入当期损益，借记"管理费用"等科目，贷记"银行存款"等科目。但是，以下两种情况除外：

（1）以发行债券方式进行的企业合并，与发行债券相关的佣金、手续费等应按照《企业会计准则第22号——金融工具确认和计量》的规定进行核算。该部分费用虽然与筹集用于企业合并的对价直接相关，但是其核算应遵照相关金融工具准则，计入负债的初始计量金额中。其中，债券为折价发行的，该部分费用应增加折价的金额；债券为溢价发行的，该部分费用应减少溢价的金额。

（2）发行权益性证券作为合并对价的，与发行权益性证券相关的佣金、手续费等应按照《企业会计准则第37号——金融工具列报》的规定进行核算。与发行权益性证券相关的费用，不管其是否与企业合并直接相关，均应自所发行权益性证券的发行收入中扣减。其中，在权益性工具发行有溢价的情况下，自溢价收入中扣除；在权益性证券发行无溢价或溢价金额不足以扣减的情况下，应当冲减盈余公积和未分配利润。

■■ 例5.4

A公司于2×15年1月1日按面值发行50000000元的债券取得B公司60%的股份，2×15年1月1日B公司所有者权益的账面价值为100000000元，A公司另支付手续费150000元。

A公司会计处理如下（单位：元）：

借：长期股权投资——B公司　　　　　　　　　　　　60000000
　　贷：应付债券——面值　　　　　　　　　　　　　　50000000
　　　　应付债券——利息调整　　　　　　　　　　　　10000000
借：应付债券——利息调整　　　　　　　　　　　　　　150000
　　贷：银行存款　　　　　　　　　　　　　　　　　　150000

■■ 例5.5

2×15年3月31日，A公司通过增发60000000股本公司普通股（每股面值1元）取得B公司60%的股权。按照增发前后的平均股价计算，该60000000股股份的公允价值为130000000元。为增发该部分股份，A公司向证券承销机构等支付了4000000元的佣金和手续费。假定A公司取得该部分股权后能够对B公司的生产经营决策实施控制。2×15年3月31日，B公司所有者权益的账面价值为200000000元。A公司和B公司为同一集团的两家子公司。

本例中，A公司应当以B公司所有者权益账面价值的份额作为取得长期股权投资的成本，会计处理如下（单位：元）：

借：长期股权投资　　　　　　　　　　　　　　　　　　　120000000
　　贷：股本　　　　　　　　　　　　　　　　　　　　　　60000000
　　　　资本公积——股本溢价　　　　　　　　　　　　　　60000000

在发行权益性证券过程中支付的佣金和手续费，应冲减权益性证券的溢价发行收入，会计处理如下（单位：元）：

借：资本公积——股本溢价　　　　　　　　　　　　　　　4000000
　　贷：银行存款　　　　　　　　　　　　　　　　　　　　4000000

5.3　非同一控制下的企业合并的会计处理

非同一控制下的企业合并主要涉及购买方和购买日的确定、企业合并成本的确定、合并中取得各项可辨认资产和负债的确认和计量以及合并差额的处理等。

5.3.1　非同一控制下的企业合并的处理原则

非同一控制下的企业合并是参与合并的一方购买另一方或多方的交易，基本处理方法是购买法。

1. 确定购买方

采用购买法核算企业合并的首要前提是确定购买方。购买方，是指在企业合并中取得对另一方或多方控制权的一方。合并中，一方取得了另一方半数以上有表决权股份的，除非有明确的证据表明该股份不能形成控制，一般认为取得控股权的一方为购买方。在某些情况下，即使一方没有取得另一方半数以上有表决权股份，若存在以下情况，一般也可认为其获得了对另一方的控制权：

（1）通过与其他投资者签订协议，实质上拥有被购买企业半数以上表决权。例如，A公司拥有B公司40%的表决权资本，C公司拥有B公司30%的表决权资本。A公司与C公司达成协议，C公司在B公司的权益由A公司代表。在这种情况下，A公司实质上拥有B公司70%的表决权资本的控制权，在B公司的章程等文件没有特别规定的情况下，表明A公司实质上控制B公司。

（2）按照协议规定，具有主导被购买企业财务和经营决策的权力。例如，A公司拥有B公司45%的表决权资本。同时，根据协议，B公司的董事长和总经理由A公司派出，总经理有权负责B公司的经营管理。A公司可以通过其派出的董事长和总经理对B公司进行经营管理，掌握对B公司的财务和经营政策实施控制的权力。

（3）有权任免被购买企业董事会或类似权力机构绝大多数成员。即虽然投资企业拥有被投资单位50%或以下表决权资本，但是根据章程、协议等有权任免被投资单位董事会或类似权力机构绝大多数成员，以达到实质上实施控制的目的。

（4）在被购买企业董事会或类似权力机构具有绝大多数投票权。即虽然投资企业拥有被投资单位50%或以下表决权资本，但是能够控制被投资单位董事会或类似权力机构的会议，从而能够通过控制其财务和经营政策，实施对被投资单位的控制。

2. 确定购买日

购买日是购买方获得对被购买方控制权的日期，即在企业合并交易进行过程中，发生控制权转移的日期。同时满足以下条件时，一般可认为实现了控制权的转移，形成购买日：

（1）企业合并合同或协议已获股东大会等内部权力机构通过。例如，对于股份有限公司而言，其内部权力机构一般指股东大会。

（2）按照规定，合并事项需要经过国家有关主管部门审批的，已获得相关部门批准。

（3）参与合并各方已办理必要的财产权交接手续。购买方通过企业合并，无论是取得被购买方的股权还是被购买方的全部净资产，都能够形成与取得股权或净资产相关的风险和报酬的转移，一般需办理相关的财产权交接手续，从而在法律上保障有关风险和报酬的转移。

（4）购买方已支付购买价款的大部分（一般应超过50%），并有能力支付剩余款项。

（5）购买方实际上已控制被购买方的财务和经营政策，并享有相应的收益，承担相应的风险。

企业合并涉及一次以上交换交易的，如通过逐次取得股份分阶段实现企业合并，企业应于每一交易日确认对被投资企业的各单项投资。交易日，是指合并方或购买方在自身的账簿和报表中确认对被投资单位投资的日期。在分阶段实现的企业合并中，购买日是指按照有关标准判断购买方最终取得对被购买方控制权的日期。例如，A公司于2×14年10月20日取得B公司30%的股权（假定能够对被投资单位施加重大影响）。在与取得股权相关的风险和报酬发生转移的情况下，A公司应确认对B公司的长期股权投资。在已经拥有B公司30%股权的基础上，A公司又于2×15年12月8日取得B公司30%的股权。在A公司的持股比例达到60%的情况下，假定于当日开始能够对B公司实施控制，则2×15年12月8日为第二次购买股权的交易日；同时，因在当日能够对B公司实施控制而形成企业合并的购买日。

3. 确定企业合并成本

企业合并成本包括购买方为进行企业合并支付的现金或转让的非现金资产、发行或承担的债务、发行的权益性证券等在购买日的公允价值以及企业合并中发生的各项直接相关费用。

在某些情况下，当企业合并合同或协议中规定视未来或有事项的发生而对合并成本进行调整时，符合《企业会计准则第13号——或有事项》规定的确认条件的，应确认的支出也应作为企业合并成本的一部分。例如，参与合并各方可能在企业合并合同或协议中规定，如果被购买方的净利润连续两年超过一定水平，则购买方需支付额外的对价，在购买日预计被购买方的盈利水平很可能会达到合同或协议规定的标准的情况下，应将按照合同或协议规定需支付的金额并入企业合并成本一并考虑。

非同一控制下的企业合并中发生的与企业合并直接相关的费用，包括为进行企业合并而发生的会计和审计费用、法律服务费用、咨询费用等，应当计入企业合并成本。与同一控制下的企业合并进行过程中发生的有关费用相一致，非同一控制下的企业合并中发生的各项直接相关费用不包括与为进行企业合并发行的权益性证券或债务相关的手续费、佣金等，对大部分费用应比照同一控制下的企业合并中类似费用的处理原则，即应抵减权益性证券的溢价发行收入或是将其计入所发行债务的初始确认金额。

对于通过多次交换交易分步实现的企业合并而言，其企业合并成本为每一单项交换交易的成本之和。

4. 企业合并成本在取得的可辨认资产和负债之间的分配

非同一控制下的企业合并中，通过企业合并交易，购买方无论是取得对被购买方生产经营决策的控制权还是取得被购买方的全部净资产，从本质上看，取得的均是对被购买方净资产的控制权。视企业合并方式的不同，在控股合并的情况下，购买方在其个别财务报表中应确认所形成的对被购买方的长期股权投资，该长期股权投资所代表的是购买方在合并中取得的对被购买方各项资产、负债享有的份额，具体体现为在合并财务报表中应列示的有关资产、负债的价值；在吸收合并的情况下，合并中取得的被购买方各项可辨认资产、负债等直接体现为购买方账簿以及个别财务报表中的资产、负债项目。

购买方在企业合并中取得的被购买方各项可辨认资产、负债，要作为本企业的资产、负债（或合并财务报表中的资产、负债）进行确认，在购买日，应当满足资产、负债的确认条件。有关确认条件包括：

（1）企业合并中取得的被购买方的各项资产（无形资产除外），其所带来的未来经济利益预期能够流入企业且公允价值能够可靠计量的，应单独作为资产确认。

（2）企业合并中取得的被购买方的各项负债（或有负债除外），履行有关的义务预期会导致经济利益流出企业且公允价值能够可靠计量的，应单独作为负债确认。

企业合并中取得的无形资产在其公允价值能够可靠计量的情况下，应单独予以确认。企业合并中取得的无形资产需要区别于商誉单独确认，一般是按照合同或法律产生的权利。某些并非产生于合同或法律规定的无形资产需要区别于商誉单独确认的条件是能够对其进行区分，即能够区别于被购买企业的其他资产并能够单独出售、转让、出租等。

在公允价值能够可靠计量的情况下，应区别于商誉单独确认的无形资产一般包括：商标、版权及与其相关的许可协议、特许权、分销权等类似权利、专利技术、专有技术、商业秘密等。

对于购买方在企业合并时可能需要代被购买方承担的或有负债，在其公允价值能够可靠计量的情况下，应作为合并中取得的负债单独确认。企业合并中对于或有负债的确认条件，与企业在正常经营过程中因或有事项需要确认负债的条件不同。在购买日，可能相关的或有事项导致经济利益流出企业的可能性还比较小，但是在其公允价值能够合理确定的情况下，就需要作为合并中取得的负债确认。

企业合并中取得的资产、负债在满足确认条件后，应以其公允价值计量。对于被购买方在企业合并之前已经确认的商誉和递延所得税项目，购买方在对企业合并成本进行分配、确认合并中取得的可辨认资产、负债时不应予以考虑。

在按照规定确定合并中应予确认的各项可辨认资产、负债的公允价值后，对其计税基础与账面价值不同，形成暂时性差异的，应当按照所得税会计准则的规定，确认相应的递延所得税资产或递延所得税负债。

5. 企业合并成本与合并中取得的被购买方可辨认净资产公允价值份额之间差额的处理

购买方对于企业合并成本与确认的可辨认净资产公允价值份额之间的差额，应视情况分别处理：

（1）企业合并成本大于合并中取得的被购买方可辨认净资产公允价值份额之间的差额，应确认为商誉

视企业合并方式的不同，在控股合并的情况下，该差额是指在合并财务报表中应予列示的商誉，即长期股权投资的成本与购买日按照持股比例计算确定应享有被购买方可辨认净资产公允价值份额之间的差额；在吸收合并的情况下，该差额是购买方在其账簿以及个别财务报表中应确认的商誉。

商誉代表的是企业合并中取得的由于不符合确认条件未予确认的资产以及被购买方

有关资产产生的协同效应或合并盈利能力。

商誉经确认以后，在持有期间不要求摊销，企业应当按照《企业会计准则第8号——资产减值》的规定对其价值进行测试，按照账面价值与可收回金额孰低的原则计量，对于可收回金额低于账面价值的部分，计提减值准备。有关减值准备在提取以后，不能转回。

（2）企业合并成本小于合并中取得的被购买方可辨认净资产公允价值份额的部分，应计入合并当期损益

在这种情况下，购买方首先要对企业合并中取得的资产、负债的公允价值以及作为合并对价的非现金资产或发行的权益性证券等的公允价值进行复核，如果复核结果表明所确定的各项资产、负债的公允价值确定是恰当的，则应将企业合并成本小于合并中取得的被购买方可辨认净资产公允价值份额之间的差额计入合并当期的营业外收入，并在会计报表附注中予以说明。

与商誉的确认相同，在吸收合并的情况下，上述企业合并成本小于合并中取得的被购买方可辨认净资产公允价值份额之间的差额应计入购买方在合并当期的个别利润表；在控股合并的情况下，上述差额应体现在合并当期的合并利润表中，不影响购买方的个别利润表。

6. 企业合并成本或有关可辨认资产、负债公允价值暂时确定的情况

非同一控制下的企业合并如果在购买日或合并当期期末由于受各种因素影响而无法合理确定企业合并成本或合并中取得的有关可辨认资产、负债公允价值的，在合并当期期末，购买方应以暂时确定的价值为基础进行核算。继后取得进一步的信息表明有关资产、负债公允价值的，应区分以下情况进行处理：

（1）购买日后12个月内对有关价值量的调整

在合并当期期末以暂时确定的价值对企业合并进行处理的情况下，自购买日算起12个月内取得进一步的信息表明需对原暂时确定的企业合并成本或合并中取得的资产、负债的暂时性价值进行调整的，应视同在购买日发生，即应进行追溯调整；同时，对以暂时性价值为基础提供的比较报表信息，也应进行相应的调整。

例如，A公司于2×14年9月20日对B公司进行吸收合并，合并中取得的一项固定资产不存在活跃市场。为确定该项固定资产的公允价值，A公司聘请了有关的资产评估机构对其进行评估。至A公司2×14年财务报告对外报出时，尚未取得评估报告。A公司在其2×14年财务报告中对该项固定资产暂估的价值为900000元，预计使用年限为5年，净残值为零，按照年限平均法计提折旧。在该项企业合并中，A公司确认商誉3600000元。假定A公司不编制中期财务报告。

2×15年4月，A公司取得了资产评估报告，确认该项固定资产的价值为1350000

元。在这种情况下，A公司应视同在购买日确定该项固定资产的公允价值为1350000元，相应调整2×15年财务报告中确认的商誉价值（调减450000元）以及利润表中的折旧费用（调增2250000元）。

（2）超过规定期限后的价值量调整

自购买日算起12个月以后对企业合并成本或合并中取得的可辨认资产、负债价值的调整，应当按照《企业会计准则第28号——会计政策、会计估计变更和会计差错更正》的规定进行处理，即在视为会计差错更正，调整相关资产、负债账面价值的同时，应调整所确认的商誉或是计入合并当期利润表的金额以及相关资产的折旧、摊销费用等。

7. 购买日合并财务报表的编制

非同一控制下的企业合并中形成母子公司关系的，购买方一般应于购买日编制合并资产负债表，反映其自购买日开始能够控制的经济资源情况。在合并资产负债表中，合并中取得的被购买方各项可辨认资产、负债应以其在购买日的公允价值计量，长期股权投资的成本大于合并中取得的被购买方可辨认净资产公允价值份额之间的差额，体现为合并财务报表中的商誉；长期股权投资的成本小于合并中取得的被购买方可辨认净资产公允价值份额之间的差额，应计入合并利润表作为合并当期损益。由于在购买日不需要编制合并利润表，因此该差额体现在合并资产负债表上，应调整合并资产负债表的盈余公积和未分配利润。

5.3.2 非同一控制下的控股合并

在这种合并方式下，购买方面临的会计处理问题主要有两个方面：一是购买日因进行企业合并形成的对被购买方的长期股权投资的初始投资成本的确定，该成本与作为合并对价支付的有关资产账面价值之间差额的处理；二是购买日合并财务报表的编制。

1. 长期股权投资的初始投资成本的确定

非同一控制下的企业合并中，购买方取得对被购买方控制权的，在购买日应按确定的企业合并成本（不包括应自被投资单位收取的现金股利或利润），作为对被购买方长期股权投资的初始投资成本，借记"长期股权投资"科目；按享有投资单位已宣告但尚未发放的现金股利或利润，借记"应收股利"科目；按支付合并对价的账面价值，贷记有关资产或借记有关负债科目；按发生的直接相关费用，贷记"银行存款"等科目；按其差额，贷记"营业外收入"或借记"营业外支出"等科目。

购买方为取得对被购买方的控制权，以转让非货币性资产为对价的，有关非货币性资产在购买日的公允价值与其账面价值的差额应作为资产的处置损益，计入合并当期利润表。其中，以库存商品等作为合并对价的，应按库存商品的公允价值贷记"主营业务收入"科目，同时结转相关的成本。

2. 购买日合并财务报表的编制

例5.6

沿用例5.3的有关资料,P公司在该项合并中发行10000000股普通股(每股面值1元),市场价格为8.75元,取得了S公司70%的股权。编制购买方在购买日的合并资产负债表。

(1) 确认长期股权投资(单位:元)

借:长期股权投资　　　　　　　　　　　　　　　　87500000
　　贷:股本　　　　　　　　　　　　　　　　　　　10000000
　　　　资本公积——股本溢价　　　　　　　　　　　77500000

(2) 计算确定商誉

假定S公司除已确认资产外,不存在其他需要确认的资产及负债,则P公司首先计算合并中应确认的合并商誉:

合并商誉=企业合并成本-合并中取得的被购买方可辨认净资产公允价值份额=87500000-(108500000×70%)=11550000(元)

(3) 编制抵销分录(单位:元)

借:存货　　　　　　　　　　　　　　　　　　　　1950000
　　长期股权投资　　　　　　　　　　　　　　　　16500000
　　固定资产　　　　　　　　　　　　　　　　　　25000000
　　无形资产　　　　　　　　　　　　　　　　　　10000000
　　贷:资本公积　　　　　　　　　　　　　　　　53450000
借:实收资本　　　　　　　　　　　　　　　　　　25000000
　　资本公积　　　　　　　　　　　　　　　　　　68450000
　　盈余公积　　　　　　　　　　　　　　　　　　 5000000
　　未分配利润　　　　　　　　　　　　　　　　　10050000
　　商誉　　　　　　　　　　　　　　　　　　　　11550000
　　贷:长期股权投资　　　　　　　　　　　　　　87500000
　　　　少数股东权益　　　　　　　　　　　　　　32550000

(4) 编制合并资产负债表工作底稿(如表5-4所示)

表5-4 合并资产负债表工作底稿（简表）

2×15年6月30日　单位：元

	P公司	S公司	抵销分录 借方	抵销分录 贷方	合并金额
资产：					
货币资金	43125000	4500000			47625000
存货	62000000	2550000		1950000	66500000
应收账款	30000000	20000000			50000000
长期股权投资	137500000	21500000	16500000	8750	88000000
固定资产：					
固定资产原价	100000000	40000000	25000000		165000000
减：累计折旧	30000000	10000000			40000000
无形资产	45000000	5000000	10000000		60000000
商誉	0	0	11550000		11550000
资产总计	387625000	83550000			448675000
负债和所有者权益：					
短期借款	25000000	22500000			47500000
应付账款	37500000	3000000			40500000
其他负债	3750000	3000000			6750000
负债合计	66250000	28500000			94750000
实收资本（股本）	100000000	25000000	25000000		100000000
资本公积	112500000	15000000	68450000		112500000
盈余公积	50000000	5000000	5000000		50000000
未分配利润	58875000	10050000	10050000		58875000
少数股东权益				3255	32550000
所有者权益合计	321375000	55050000			353925000
负债和所有者权益总计	387625000	83550000			448675000

5.3.3 非同一控制下的吸收合并

非同一控制下的吸收合并中，购买方在购买日应将合并中取得的符合确认条件的各项资产、负债，按其公允价值确认为本企业的资产和负债；作为合并对价的有关非货币性资产在购买日的公允价值与其账面价值的差额，应作为资产的处置损益计入合并当期利润表；确定的企业合并成本与合并中取得的被购买方可辨认净资产公允价值的差额，视情况处理：合并成本大于可辨认净资产公允价值的差额确认为商誉，合并成本小于可辨认净资产公允价值的差额作为合并当期损益计入利润表（营业外收入）。

非同一控制的吸收合并的具体处理原则与非同一控制下的控股合并类似，不同点在于：在非同一控制下的吸收合并中，取得的可辨认资产、负债作为个别财务报表中的项目列示，产生的商誉也作为购买方账簿以及个别财务报表中的资产列示。

5.3.4 通过多次交易分步实现的企业合并

如果企业合并不是通过一次交换交易实现的，而是通过多次交换交易分步实现的，则企业在每一单项交易发生时，应确认对被购买方的投资。投资企业在持有被投资单位的部分股权后，通过增加持股比例等方式对被投资单位形成控制的，应区分每一单项交易的成本与该交易发生时被投资单位可辨认净资产公允价值的份额进行比较，确定每一单项交易中产生的商誉。达到企业合并时点应确认的商誉（或合并财务报表中应确认的商誉）为每一单项交易中应确认的商誉之和。

对于通过多次交易分步实现的企业合并，在实务操作中，应按以下顺序进行处理：

第一，对长期股权投资的账面余额进行调整，企业合并前长期股权投资采用成本法核算的，其账面余额一般无须调整；企业合并前长期股权投资采用权益法核算的，应进行调整，将其账面价值恢复至取得投资时的初始投资成本，并相应调整留存收益；企业合并前将权益性投资作为交易性金融资产或可供出售金融资产核算的，也应对其账面价值进行调整。

第二，比较每一单项交易的成本与交易时应享有被投资单位可辨认净资产公允价值的份额，确定每一单项交易应予确认的商誉或是应计入当期损益的金额。

第三，对于被购买方在购买日与交易日之间可辨认净资产公允价值变动，相对于原持股比例应享有的部分，在合并财务报表中应调整所有者权益的相关项目。其中，属于原取得投资后被投资单位实现净损益增加的资产价值量，在合并财务报表中应调整留存收益，针对差额调整资本公积。

例5.7

A公司于2×08年以50 000 000元取得B公司10%的股份，取得投资时B公司净资产的公允价值为450 000 000元。因未以任何方式参与B公司的生产经营决策，A公司对持有的该投资采用成本法核算。2×09年，A公司另支付250 000 000元取得B公司50%的股份，能够对B公司实施控制。在购买日，B公司可辨认净资产的公允价值为475 000 000元。B公司自A公司2×05年投资后至2×09年进一步购买股份前实现的留存收益为15 000 000元，未进行利润分配。

（1）在购买日，A公司首先应确认取得的对B公司的投资（单位：元）

借：长期股权投资　　　　　　　　　　　　　　　　250000000
　　贷：银行存款等　　　　　　　　　　　　　　　　250000000

（2）计算达到企业合并时点应确认的商誉

原持有10%股份应确认的商誉＝50000000－（450000000×10%）＝5000000（元）

进一步取得50%股份应确认的商誉＝250000000－（475000000×50%）＝12500000（元）

合并财务报表中应确认的商誉＝5000000＋12500000＝17500000（元）

（3）资产增值的处理

原持有10%股份在购买日对应的可辨认净资产公允价值＝475000000×10%＝47500000元

原取得投资时应享有被投资单位净资产公允价值的份额＝450000000×10%＝45000000元

两者之间的差额2500000元在合并财务报表中属于被投资企业在投资以后实现留存收益的部分1500000元（15000000×10%），以及调整合并财务报表中的盈余公积和未分配利润剩余部分1000000元调整资本公积。

合并报表调整分录如下（单位：元）：

借：长期股权投资　　　　　　　　　　　　　　　　1500000
　　贷：盈余公积　　　　　　　　　　　　　　　　　　150000
　　　　未分配利润　　　　　　　　　　　　　　　　1350000
借：长期股权投资　　　　　　　　　　　　　　　　1000000
　　贷：资本公积　　　　　　　　　　　　　　　　　1000000

例5.8

长江公司于2×08年1月1日以货币资金35000000元取得了大海公司30%的所有者权益，大海公司在该日的可辨认净资产的公允价值是110000000元。假设不考虑所得税的影响。长江公司和大海公司均按净利润的10%提取法定盈余公积。大海公司在2×08年1月1日和2×09年1月1日的资产负债表各项目的账面价值和公允价值资料如下表所示：

表5-5 大海公司账面价值和公允价值比较

单位：元

项目	2×08年1月1日		2×09年1月1日	
	账面价值	公允价值	账面价值	公允价值
货币资金和应收款项	20000000	20000000	22000000	22000000
存货	30000000	30000000	32000000	32000000
固定资产	60000000	62000000	64000000	67000000
长期股权投资	20000000	20000000	15000000	15000000
应付账款	12000000	12000000	14000000	14000000
短期借款	10000000	10000000	3000000	3000000
股本	50000000	50000000	50000000	50000000
资本公积	20000000	22000000	20000000	23000000
盈余公积	3800000	3800000	4600000	4600000
未分配利润	34200000	34200000	41400000	41400000
所有者权益合计	108000000	110000000	116000000	119000000

2×08年1月1日，大海公司除一项固定资产的公允价值与其账面价值不同外，其他资产、负债的公允价值与账面价值相等。该固定资产的公允价值为3000000元，账面价值为1000000元，预计尚可使用年限为10年，采用年限平均法计提折旧，无残值。

大海公司于2×08年度实现净利润8000000元，没有支付股利，没有发生资本公积变动的业务。

2×09年1月1日，长江公司以货币资金50000000元进一步取得大海公司40%的所有者权益，因此取得了控制权。大海公司在该日的可辨认净资产的公允价值为119000000元。

2×09年1月1日，大海公司除一项固定资产的公允价值与其账面价值不同外，其他资产、负债的公允价值与账面价值相等。该固定资产的公允价值为900000元，账面价值为900000元，预计尚可使用年限为9年，采用年限平均法计提折旧，无残值。

长江公司和大海公司属于非同一控制下的两个公司。

长江公司的会计处理如下：

（1）2×08年1月1日至2×09年1月1日长江公司对大海公司长期股权投资的会计分录（单位：元）

①2×08年1月1日

借：长期股权投资　　　　　　　　　　　　　　　　　35000000
　　贷：银行存款　　　　　　　　　　　　　　　　　　35000000

长期股权投资的初始投资成本35000000元大于取得投资时应享有被投资单位可辨认净资产公允价值的份额33000000元（110000000×30%），针对两者之间的差额不调整长期股权投资的账面价值。

②2×08年12月31日

借：长期股权投资　　　　　　　　　　　　　　　　　2340000
　　贷：投资收益　　　　　　　　　　　　　　　　　　2340000

③2×09年1月1日

借：长期股权投资　　　　　　　　　　　　　　　　　50000000
　　贷：银行存款　　　　　　　　　　　　　　　　　　50000000

（2）长江公司对大海公司追加投资后，对原持股比例由权益法改为成本法的会计分录（单位：元）

借：盈余公积　　　　　　　　　　　　　　　　　　　234000
　　利润分配——未分配利润　　　　　　　　　　　　　2106000
　　贷：长期股权投资　　　　　　　　　　　　　　　　2340000

（3）计算长江公司对大海公司投资形成的商誉的价值

原持有的30%股份应确定的商誉＝35000000－（110000000×30%）＝2000000（元）

进一步取得的40%股份应确定的商誉＝50000000－（119000000×40%）＝2400000（元）

长江公司对大海公司投资形成的商誉＝2000000＋2400000＝4400000（元）

（4）在合并财务报表工作底稿中编制对子公司个别报表进行调整的会计分录（单位：元）

借：固定资产　　　　　　　　　　　　　　　　　　　3000000
　　贷：资本公积　　　　　　　　　　　　　　　　　　3000000

（5）在合并财务报表工作底稿中调整长期股权投资（单位：元）

借：长期股权投资　　　　　　　　　　　　　　　　　2340000
　　贷：盈余公积　　　　　　　　　　　　　　　　　　234000
　　　　未分配利润　　　　　　　　　　　　　　　　　2106000

借：长期股权投资　　　　　　　　　　　　　　　　　360000
　　贷：资本公积　　　　　　　　　　　　　　　　　　360000

（6）在合并财务报表工作底稿中编制合并日与投资有关的抵销分录

借：股本	50000000
资本公积	23000000
盈余公积	4600000
未分配利润	41400000
商誉	4400000
贷：长期股权投资	87700000
少数股东权益	35700000

5.3.5 购买子公司少数股权的处理

企业在取得对子公司的控制权，形成企业合并后，取得子公司的少数股东拥有的对该子公司全部或部分的少数股权，该类交易或事项发生以后，应当遵循以下原则，区分母公司个别财务报表和合并财务报表两种情况进行处理：

（1）从母公司个别财务报表角度而言，它自子公司少数股东处新取得的长期股权投资应当按照《企业会计准则第2号——长期股权投资》的规定确定入账价值。

（2）在合并财务报表中，子公司的资产、负债应以购买日（或合并日）开始持续计算的金额反映。

因购买少数股权增加的长期股权投资成本与按照新取得的股权比例计算确定应享有子公司在交易日可辨认净资产公允价值份额之间的差额，在合并资产负债表中以商誉列示。

因购买少数股权增加的长期股权投资成本与按照新取得的股权比例计算确定应享有子公司自购买日（或合并日）开始持续计算的可辨认净资产份额之间的差额，除确认为商誉的部分以外，应当调整合并资产负债表中的资本公积（资本溢价或股本溢价）；资本公积（资本溢价或股本溢价）的余额不足冲减的，调整留存收益。

例5.9

A公司于2×08年12月29日以200000000元取得B公司70%的股权，能够对B公司实施控制，形成非同一控制下的企业合并。2×09年12月25日，A公司又出资75000000元自B公司的其他股东处取得B公司20%的股权。A公司、B公司以及B公司的少数股东在交易前不存在任何关联方关系。

（1）2×08年12月29日，A公司在取得B公司70%的股权时，B公司可辨认净资产公允价值的总额为250000000元。

（2）2×09年12月25日，B公司有关资产、负债的账面价值、以购买日开始持续计算的金额（对母公司的价值）以及在交易日的公允价值如表5-6所示。

表5-6　B公司资产负债情况

单位：元

项目	B公司的账面价值	B公司资产、负债对母公司的价值	B公司资产、负债在交易日公允价值
存货	12500000	12500000	15000000
应收款项	62500000	62500000	62500000
固定资产	100000000	115000000	125000000
无形资产	20000000	30000000	32500000
其他资产	55000000	80000000	85000000
应付款项	15000000	15000000	15000000
其他负债	10000000	10000000	10000000
净资产	225000000	275000000	295000000

分析：

第一，确定A公司对B公司长期股权投资的成本。

2×08年12月29日为该非同一控制下的企业合并的购买日，A公司取得对B公司长期股权投资的成本为200000000元。

2×09年12月25日，A公司在进一步取得B公司20%的少数股权时，支付价款75000000元。

该项长期股权投资在2×09年12月25日的账面余额为275000000元。

第二，编制合并财务报表时的处理。

（1）商誉的计算

A公司取得B公司70%的股权时产生的商誉＝200000000-250000000×70%

＝25000000（元）

A公司购买B公司少数股权进一步产生的商誉＝75000000-295000000×20%

＝16000000（元）

在合并财务报表中应体现的商誉总额为41000000元。

（2）所有者权益的调整

在合并财务报表中，B公司的有关资产、负债应以其对A公司的价值进行合并，即与新取得的20%股权相对应的被投资单位可辨认资产、负债的金额为275000000×20%＝55000000元。

因购买少数股权增加的长期股权投资成本75000000元与按照新取得的股权比例（20%）计算确定应享有子公司自购买日开始持续计算的可辨认净资产份额

55000000元之间的差额20000000元，除确认为商誉的16000000元以外，针对差额4000000元在合并资产负债表中调整所有者权益的相关项目，首先调整资本公积（资本溢价或股本溢价），在资本公积的余额不足冲减的情况下，调整留存收益（盈余公积和未分配利润）。

5.3.6 被购买方的会计处理

非同一控制下的企业合并中，被购买方在企业合并后仍持续经营的，如购买方取得被购买方100%的股权，被购买方可以按合并中确定的有关资产、负债的公允价值调账；在其他情况下，被购买方不应因企业合并而调整资产、负债的账面价值。

本章小结

第一，同一控制下的企业合并的会计处理。

（1）合并方在合并中确认取得的被合并方的资产、负债仅限于被合并方账面上原已确认的资产、负债，合并中不产生新的资产、负债。同一控制下的企业合并中不产生新的资产，但是被合并方在企业合并前账面上原已确认的商誉应作为合并中取得的资产确认。

（2）合并方在合并中取得的被合并方各项资产、负债应维持其原账面价值不变。合并方在同一控制下的企业合并中取得的有关资产、负债不应因该项合并而改记其账面价值。从最终控制方的角度而言，该项交易或事项仅是其原已控制的资产、负债空间位置的转移，原则上不应影响所涉及资产、负债的计价基础。

（3）合并方在合并中取得的净资产的入账价值与为进行企业合并支付的对价账面价值之间的差额，不作为资产的处置损益，不影响合并当期利润表，针对有关差额应调整所有者权益的相关项目。合并方在企业合并中取得的价值量与放弃的价值量之间存在差额的，应当调整所有者权益。

第二，非同一控制下的企业合并的会计处理。

（1）采用购买法核算企业合并的首要前提是确定购买方。企业合并成本包括购买方为进行企业合并支付的现金或转让的非现金资产、发行或承担的债务、发行的权益性证券等在购买日的公允价值以及企业合并中发生的各项直接相关费用。对于通过多次交换交易分步实现的企业合并而言，其企业合并成本为每一单项交换交易的成本之和。

（2）企业合并成本大于合并中取得的被购买方可辨认净资产公允价值份额之间的差额，应确认为商誉。商誉经确认以后，在持有期间不要求摊销，但是应当对其价值进行测试,对于可收回金额低于账面价值的部分,计提减值准备。有关减值准备在提取以后,不能转回。

(3)企业合并成本小于合并中取得的被购买方可辨认净资产公允价值份额的部分,应计入合并当期损益。经复核确定各项资产、负债的公允价值确定是恰当的,应将企业合并成本小于合并中取得的被购买方可辨认净资产公允价值份额之间的差额计入合并当期的营业外收入。

复习思考题

1. 什么是企业合并?企业合并的动机有哪些?
2. 同一控制下的企业合并与非同一控制下的企业合并有何区别?
3. 简述同一控制下的企业合并的会计处理。
4. 简述非同一控制下的企业合并的会计处理。

实务练习题

1. 甲公司和乙公司是不具有关联关系的两个独立的公司。有关企业合并资料如下:

(1)2×05年12月25日,这两个公司达成合并协议,由甲公司采用控股合并方式合并乙公司。合并后,甲公司取得乙公司70%的股份。

(2)2×06年1月1日,甲公司以一项固定资产、交易性金融资产和库存商品作为对价合并乙公司。其中,固定资产的原值为36000000元,已计提折旧16000000元,公允价值为18000000元;交易性金融资产的成本为20000000元,公允价值变动(借方余额)为2000000元,公允价值为26000000元;库存商品的账面价值为16000000元,公允价值为20000000元。

(3)发生的直接相关费用为1200000元。

(4)在购买日,乙公司可辨认净资产的公允价值为80000000元。假定公允价值与账面价值相同。

(5)2×06年2月4日,股东会宣告分配现金股利20000000元。

(6)2×06年12月31日,乙公司全年实现净利润30000000元。

(7)2×07年2月4日,股东会宣告分配现金股利40000000元。

(8)2×07年12月31日,乙公司因可供出售金融资产公允价值变动增加2000000元。不考虑所得税影响,乙公司所得税税率为25%。

（9）2×07年12月31日，乙公司全年实现净利润60000000元。

（10）2×08年1月4日，甲公司出售乙公司35%的股权。甲公司对乙公司的持股比例变为35%，在被投资单位董事会中派有代表，但是不能对乙公司的生产经营决策实施控制。甲公司对乙公司长期股权投资应由成本法改为按照权益法核算。出售取得价款40000000元已收到。当日，相关手续办理完毕。企业增值税税率为17%，同时按照10%计提盈余公积。

要求：

（1）确定购买方。

（2）计算确定购买成本。

（3）计算固定资产和交易性金融资产的处置损益。

（4）编制甲公司在购买日的会计分录。

（5）计算购买日合并财务报表中应确认的商誉金额。

（6）编制2×06年2月4日股东会宣告分配现金股利的会计分录。

（7）编制2×07年2月4日股东会宣告分配现金股利的会计分录。

（8）编制2×08年1月4日出售股权的会计分录。

2. A公司于2×07年3月取得B公司20%的股份，成本为100000000元，当日B公司可辨认净资产公允价值为400000000元。取得投资后，A公司派人参与B公司的生产经营决策（采用权益法核算）。A公司2×07年确认投资收益8000000元。在此期间，B公司未宣告发放现金股利或利润，不考虑相关税费影响。

2×08年2月，A公司以300000000元的价格进一步购入B公司40%的股份，购买日B公司可辨认净资产的公允价值为700000000元。此时，A公司的持股比例为60%，实现企业合并，采用成本法核算。2×08年1月，B公司的净利润为-11000000元。假定盈余公积计提比例为10%。

要求：

（1）编制A公司2×07年度的相关会计处理。

（2）编制A公司2×08年度购买日的会计处理。

（3）确定购买日长期股权投资的成本。

（4）计算达到合并时点应确认的商誉。

（5）对合并日的资产增值部分进行处理。

3. 2×07年1月1日，A公司和B公司进行非同一控制下的企业合并，A公司以银行存款5000000元取得B公司80%的股份。B公司所有者权益的账面价值为7000000元。2×07年5月2日，B公司宣告分配现金股利1000000元，2×07年度实现利润2000000元。2×08年5月2日，B公司宣告分配现金股利3000000元，2×08年度实现利润3000000元。

2×09年5月2日，B公司宣告分配现金股利2000000元。

要求：作出A公司上述股权投资的会计处理。

4. A公司于2×05年以20000000元取得B公司10%的股份，当时B公司净资产的公允价值为180000000元。A公司对持有的该投资采用成本法核算。2×06年，A公司另支付100000000元取得B公司50%的股份，从而能够对B公司实施控制。在购买日，B公司可辨认净资产的公允价值为190000000元。自2×05年A公司取得投资后至2006年购买进一步股份前，B公司实现的净利润为6000000元，未进行利润分配。A公司和B公司无关联关系。

要求：作出2×06年A公司在购买日的会计处理，计算商誉和资产增值。

第 6 章

合并财务报表

本章将介绍合并财务报表合并范围的确定、合并财务报表的编制和列报等内容。通过学习,应理解合并财务报表的合并范围、投资性内部会计事项的抵销、往来性内部会计事项的抵销、交易性内部会计事项的抵销、本期增加子公司和减少子公司的合并处理、与所得税会计相关的抵销处理以及合并现金流量表的编制,掌握合并财务报表内部交易的合并处理业务。

6.1 合并财务报表概述

合并财务报表,是指以母公司和子公司组成的企业集团为报告主体,以母公司和子公司单独编制的个别财务报表为基础,由母公司编制的综合反映企业集团财务状况、经营成果以及现金流量的财务报表。

6.1.1 合并财务报表的组成

合并财务报表主要包括合并资产负债表、合并利润表、合并现金流量表和合并所有者权益变动表(或合并股东权益变动表),它们分别从不同的方面反映企业集团财务状况、经营成果及其现金流量情况,构成一个完整的合并财务报表体系。

(1)合并资产负债表(简称"合并01表"),是反映母公司和子公司所形成的企业集团在某一特定日期财务状况的报表。

(2)合并利润表(简称"合并02表"),是反映母公司和子公司所形成的企业集团整体在一定期间内经营成果的报表。

(3)合并现金流量表(简称"合并03表"),是反映母公司和子公司所形成的企业集团在一定期间内现金流入、流出量以及现金净增减变动情况的报表。

(4)合并所有者权益变动表(或合并股东权益变动表,简称"合并04表"),是反映母公司在一定期间内包括经营成果分配在内的所有者(或股东)权益增减变动情况的报表。它从母公司的角度出发,站在母公司所有者的立场,反映企业所有者(或股东)在母公司中的权益增减变动情况。

(5)附注。

6.1.2 合并财务报表的编制原则

合并财务报表作为财务报表,必须符合财务报表编制的一般原则和基本要求。其中,基本要求包括真实可靠、内容完整。合并财务报表又与个别财务报表不同,它体现了母公司和子公司组成的企业集团的整体财务情况,反映的是若干个法人共同形成的会计主体的财务情况。因此,合并财务报表的编制除要遵循财务报表编制的一般原则和基本要求外,还应当遵循以下要求和原则:

(1)以个别财务报表为基础编制。合并财务报表并不是直接根据母公司和子公司的账簿编制,而是利用母公司和子公司编制的反映各自财务状况和经营成果的财务报表提供的数据,通过合并财务报表的特有方法进行编制。以被纳入合并范围的个别财务报表为基础,可以说是客观性原则在合并财务报表编制中的具体体现。

(2)一体性原则。合并财务报表反映了企业集团的财务状况和经营成果,体现的是由多个法人企业组成的一个会计主体的财务情况。在编制合并财务报表时,应当将母公司和所有子公司作为整体看待,视为一个会计主体。对母公司和子公司发生的经营活动,都应当从企业集团这一整体的角度进行考虑。因此,在编制合并财务报表时,对母公司与子公司、子公司与子公司之间发生的经营业务,应当视同同一会计主体内部业务处理,视同同一会计主体之下的不同核算单位的内部业务。

(3)重要性原则。与个别财务报表相比,合并财务报表涉及多个法人主体,涉及的经营活动范围很广,母公司与子公司的经营活动往往跨越不同行业界限。有时,母公司与子公司经营活动甚至相差很大。这样,合并财务报表要综合反映这样的会计主体的财务情况,必然涉及重要性的判断问题。特别是在母公司拥有许多子公司的情况下,更是如此。在编制合并财务报表时,必须强调重要性原则的运用。例如,一些项目对企业集团中的某一企业具有重要性,对整个企业集团不一定具有重要性。在这种情况下,根据重要性原则的要求对财务报表项目作出取舍具有重要的意义。此外,母公司与子公司、子公司与子公司之间发生的经营业务对整个企业集团的财务状况和经营成果影响不大时,为简化合并手续,也应根据重要性原则作出取舍,可以不编制抵销分录而直接编制合并财务报表。

6.2 合并范围的确定

合并财务报表的合并范围应当以控制为基础予以确定。控制,是指投资方拥有对被投资方的权力,通过参与被投资方的相关活动而享有可变回报,并且有能力运用对被投资方的权力影响其回报金额。

概言之,如果投资方具备以下所有要素,则能够控制被投资方:

(1)拥有对被投资方的权力;

(2)通过参与被投资方的相关活动而享有可变回报;

(3)有能力运用对被投资方的权力影响其回报金额;

具体来说,当且仅当投资方同时具备上述三要素时,才能够控制被投资方。如果事实和情况表明上述三要素中的一个或多个发生变化,则投资方要重新判断其是否能够控制被投资方。

6.2.1 确定投资方对被投资方是否拥有权力

在判断控制时,投资方应首先考虑被投资方设立的目的及其设计,对以下几个方面作出识别:

1. 被投资方的相关活动及其决策机制

相关活动,是指对被投资方的回报产生重大影响的活动。

对许多企业而言,经营和财务活动通常对其回报产生重大影响。不同企业的相关活动可能是不同的,应当根据企业的行业特征、业务特点、发展阶段、市场环境等具体情况进行判断。这些活动可能包括但不限于下列活动:

(1)商品或劳务的销售或购买;

(2)金融资产的管理;

(3)资产的购买和处置;

(4)研究和开发;

(5)确定资本结构和获取融资。

值得注意的是,需要关注的活动应是对被投资方的回报具有重大影响的活动,而不是对被投资方的回报影响甚微或没有影响的活动。这对于判断并非通过投票权或类似权力主导的被投资方,而且被投资方中可能有多方对不同活动拥有决策权的控制来讲尤其重要。总之,在实务中,必须在考虑所有相关事实和情况后进行判断。

判断被投资方的相关活动后,下一个重要步骤是了解此类活动的决策机制。

就相关活动作出决策的例子包括但不限于:

(1)就被投资方的经营、融资等活动作出决策,包括编制预算;

(2)任命被投资方的关键管理人员或服务提供商并决定其报酬,以及终止其作为服务提供商的业务关系或者将其予以辞退。

因此,重点关注被投资方设立的目的及其设计以及如何作出有关活动的决策往往是适当的。例如，变更战略方向，包括收购和处置子公司；购买和处置主要资本性资产；委任董事及其他关键管理人员和确定其报酬；批准年度计划和预算以及股利策略。

在实务中，企业的治理结构各不相同，通常取决于相关的监管要求或股东间的协议。清晰了解被投资方的治理结构对识别相关活动的决策方式至关重要。在某些情况下，相关活动一般由企业章程及协议中约定的权力机构（如股东会、董事会）作出决策。在特殊情况下，相关活动的决策也可能基于合同或协议约定等原因由其他机构主导，如专门设置的管理委员会等。有限合伙企业的相关活动可能由合伙人大会作出决策，也可能由普通合伙人或投资管理公司等机构或人员作出决策。

被投资方的相关活动通常有多个，并且可能不是同时进行的。当两个或两个以上投资方能够分别单方面主导被投资方的相关活动时，能够主导对被投资回报产生重大影响的活动的一方拥有对被投资方的权力。在判断哪个投资方对被投资方拥有权力时，投资方考虑的因素可能包括：

（1）被投资方的设立目的；

（2）影响被投资方利润率、收入和企业价值的决定因素；

（3）各投资方拥有的与上述决定因素相关的决策职权的范围，分别对被投资方回报产生影响的程度；

（4）投资方对于可变回报的风险敞口的大小。

2. 赋予投资方对被投资方拥有权力的权利

（1）主导相关活动的现时权利

权力来源于权利。为拥有对被投资方的权力，投资方必须享有现时权利而使其目前有能力主导被投资方的相关活动。因此，权力的判断应以投资方主导被投资方相关活动的能力为基础。拥有现时权利主导被投资方相关活动的投资方拥有主导被投资方的权力，即使其主导的权力尚未行使。相反，投资方曾经主导被投资方相关活动的证据有助于确定投资方是否拥有权力，但是仅凭此类证据本身不足以得出投资方是否享有主导被投资方相关活动的现时权利的结论。

（2）赋予投资方对被投资方拥有权力的权利方式

投资方对被投资方拥有的权力可能源自各种权利，如表决权或潜在表决权、有权委派或罢免有能力主导被投资方相关活动的该被投资方关键管理人员或其他主体、有权决定被投资方进行某项交易或否决某项交易、由管理合同授予的决策权等。这些权利单独或结合在一起，可能赋予被投资方一定的权力。

通常，当被投资方具有一系列对回报产生重要影响的经营和财务活动，而且需要就这些活动连续进行实质性决策时，表决权或类似权利（单独或结合其他安排）将赋予投资方权力。

在一些情况下，表决权不能对被投资方的回报产生重大影响（如表决权可能仅与日常行政工作有关），被投资方的相关活动由一项或多项合同安排决定。在这种情况下，投资方应判断相关合同安排，考虑被投资方的设立目的，并综合考虑各项因素，以确定其是否拥有充足的权利使其获得被投资方的权力。

（3）实质性权利和保护性权利

在判断投资方是否拥有对被投资方的权力时，应仅考虑投资方及其他方享有的实质性权利。实质性权利，是指持有人有实际能力行使的可执行的权利。实质性权利应是在对相关活动进行决策时可执行的权利，而且通常是当前可执行的权利在某些情况下，当前不可行使的权利也可能是实质性权利。

对于投资方拥有的实质性权利，即便投资方并未实际行使，也应在判断投资方是否对被投资方拥有权力时予以考虑。

保护性权利旨在保护持有这些权利的当事方的权益。若投资方仅持有保护性权利，则不能对被投资方实施控制，也不能阻止其他方对被投资方实施控制。

保护性权利通常仅适用于被投资方的活动发生根本性改变或某些特殊、例外的情况。但是，并非所有在例外情况下行使的权利或在不确定事项发生时才行使的权利都是保护性权利。例如，如果被投资方的活动和回报被预先设定，只有在发生某些特定事项时才需要进行决策，而且这些决策对被投资方的回报产生重大影响，则该等事项引发的活动属于相关活动，对这些相关活动行使的权利就不是保护性权利。对于有权主导这些相关活动的投资方，在判断其对被投资方是否拥有权力时，不需要考虑这些特定事项是否已经发生。

保护性权利的例子可能包括但不限于：贷款方限制借款方进行会对借款方信用风险产生不利影响，进而损害贷款方利益的活动的权利；少数股东批准超过正常经营范围的资本性支出或发行权益工具、债务工具的权利；贷款方在借款方发生违约行为时扣押其财产的权利。

对于被投资方为被特许人的情况，特许经营协议经常给予特许人保护特许品牌的权利，也会赋予特许人某些与被特许人经营相关的决策权。被特许人依据特许经营协议的相关条款，能够自行决定其业务运营。一般而言，特许人的权利并不限制其他方作出对被特许人回报有重大影响的决定。特许经营协议中规定的特许人的权利也不必然使特许人有能力主导被特许人的相关活动。在对被投资方进行分析时，需要区分两种权利，即目前有能力作出对被特许人回报产生重大影响的决策的权利与有能力作出保护特许品牌的决策的权利。对于被特许人的法律形式和资本结构等基本决策的控制可能由特许人之外的其他方决定，该等决策可能会对被特许人的回报产生重大影响。如果其他方享有现时权利使其目前有能力主导被特许人的相关活动，则特许人不拥有对被特许人的权力。特许人提供的财务支持越少，所面临的被特许人的可变回报越小，特许人越有可能只拥有保护性权利。

3. 权利源自表决权

在大部分情况下，投资方通过表决权或类似权利获得对被投资方相关活动的主导权。持有被投资方半数以上表决权的投资方拥有的表决权必须是实质性权利，而且使该投资方具有主导该被投资方相关活动的现时能力（通常通过决定财务和经营政策实现）。

（1）持有被投资方半数以上表决权

当被投资方的相关活动由持有半数以上表决权的投资方表决决定，或者主导相关活动的权力机构的多数成员由持有半数以上表决权的投资方指派，而且权力机构的决策由多数成员主导时，持有半数以上表决权的投资方拥有对被投资方的权力。

（2）持有被投资方半数以上投票权，但无权力

投资方虽持有被投资方半数以上投票权，但当这些投票权不是实质性权利时，投资方并不拥有对被投资方的权力。

确定持有半数以上表决权的投资方是否拥有权力，关键在于该投资方是否拥有主导被投资方相关活动的现时能力。在被投资方相关活动被政府、法院、管理人、接管人、清算人或监管人等其他方主导时，投资方无法凭借其拥有的表决权主导被投资方的相关活动。因此，投资方即使持有被投资方半数以上表决权，也不拥有对被投资方的权力。

在有些情况下，根据相关章程、协议或其他法律文件，主导相关活动的决策所要求的表决权比例高于持有半数以上表决权的一方持有的表决权比例。例如，被投资方的公司章程规定，与相关活动有关的决策必须由持有2/3以上表决权的投资方表决通过。在这种情况下，虽然表决权比例超过半数，但是该表决权本身不足以使投资方拥有对被投资方的权力，应结合其他因素作进一步的分析和判断。

（3）持有被投资方半数或半数以下表决权

持有半数或半数以下表决权的投资方（或者虽持有半数以上表决权，但表决权比例仍不足以主导被投资方相关活动的投资方）应综合考虑下列事实和情况，以判断其持有的表决权与相关事实和情况相结合是否可以使投资方拥有对被投资方的权力：

① 投资方持有的表决权相对于其他方持有的表决权份额的大小，以及其他方持有表决权的分散程度。与其他方持有的表决权比例相比，投资方持有的表决权比例越高，越有可能有现时能力主导被投资方的相关活动。为否决投资方而需要联合起来的行动方越多，投资方越有可能有现时能力主导被投资方的相关活动。

② 与其他表决权持有人的合同安排。投资方自己拥有的表决权虽不足，但与其他

表决权持有人的合同安排使其可以控制足以主导被投资方相关活动的表决权，从而拥有对被投资方的权力。该类合同安排需确保投资方能够主导其他表决权持有人的表决行为，即其他表决权持有人按照投资方的意愿进行表决，而不是与其他表决权持有人根据双方协商一致的结果进行表决。

③ 其他合同安排产生的权力。投资方可能通过拥有的表决权与其他决策权相结合的方式，在目前有能力主导被投资方的相关活动。例如，合同安排赋予投资方在被投资方的权力机构中指派若干成员的权力，而该等成员足以主导权力机构对相关活动的决策。又如，投资方可能通过表决权和合同安排给予的其他权力，在目前有能力主导被投资方的生产活动，或者主导被投资方的其他经营和财务活动，从而对被投资方的回报产生重大影响。但是，在不存在其他权力时，仅仅是被投资方对投资方的经济依赖不会使投资方对被投资方拥有权力。

④ 其他显示投资方在需要决策时拥有现时能力主导被投资方相关活动的事实和情况。例如，被投资方的其他股东是否均为被动的财务投资者，以及被投资方在以往的股东大会上行使表决权的情况。

在对被投资方的相关活动通过表决权进行决策的情况下，如果投资方在考虑了所有相关事实和情况后仍不能确定投资方是否拥有对被投资方的权力，则投资方不控制被投资方。

（4）潜在表决权

在进行控制分析时，投资方需要考虑其持有的潜在表决权以及其他方持有的潜在表决权的影响，以确定其对被投资方是否拥有权力。潜在表决权是获得被投资方表决权的权利，如可转换工具、认股权证、远期股权购买合同或期权所产生的权利。确定潜在表决权是否给予其持有者权利时所需考虑的因素包括：

① 潜在表决权是否为实质性表决权。在分析控制时，仅考虑满足实质性权利要求的潜在表决权。

② 投资方是否持有其他表决权或其他与被投资方相关的决策权，以及这些权利与投资方持有的潜在表决权结合后是否赋予投资方拥有对被投资方的权力。

③ 潜在表决权工具的设立目的和设计，以及投资方参与被投资方相关活动的其他方式及其设计。这包括分析相关工具和安排的条款和条件，以及投资方接受这些条款和条件的期望、动机和原因。

4. 权利源自表决权之外的其他权利

在某些情况下，某些主体的投资方对其拥有的权力并非源自表决权，如证券化产品、资产支持融资工具、部分投资基金等结构化主体。结构化主体，是指其设计导致在确定控制方时不能将表决权或类似权利作为决定因素的主体。主导结构化主体相关活动的依据通常是合同安排及其他安排形式。

结构化主体通常具备下列特征中的部分或全部：

（1）经营活动受到限定；

（2）设立和运作目标受到限定，通常为事先确定的单一目标，如为了在一项租赁交易中获得节税利益，从事研究开发活动，为主体提供资本或资金来源，或者将与该结构化主体的资产相关的风险和收益转移给投资者，从而向投资者提供投资机会等；

（3）在不存在次级财务支持的情况下，所拥有的权益不足以为所从事的活动提供资金；

（4）以多项基于合同而相互关联的工具向投资方进行融资，导致信用风险或其他风险集中。

此外，由于结构化主体的权力并非源自表决权或类似权利，并且通常具备上述典型的常见特征，在无形中加大了投资方分析此类主体的相关活动以及判断是否对该类主体拥有权力的难度。投资方需要结合下列四项因素作进一步分析：

（1）在设立被投资方时作出的决策以及投资方对其设立活动的参与度；

（2）其他相关合同安排；

（3）仅在特定情况或事项发生时开展的活动；

（4）投资方对被投资方作出的承诺。

6.2.2 可变回报

在评价投资方是否控制被投资方时，需确定投资方是否通过参与被投资方的相关活动而享有可变回报。

可变回报是不固定的，并有可能随着被投资方业绩而变化。它可以仅是正回报，也可以仅是负回报，或者同时包括正回报和负回报。投资方在评价其享有被投资方的回报是否可变以及可变程度时，需基于合同安排的实质而不是法律形式。例如，在持有固定利息的债券投资时，由于债券存在违约风险，投资方要承担被投资方不履约而产生的信用风险，因此投资方享有的固定利息回报是一种可变回报。又如，投资方管理被投资方资产而获得的固定管理费也是一种可变回报，投资方是否能获得此回报依赖于被投资方是否能够获得足够的收益以支付该固定管理费。回报的例子包括：

（1）股利、被投资方经济利益的其他分配（如被投资方发行的债务工具产生的利息）、投资方对被投资方的投资的价值变动。

（2）因向被投资方的资产或负债提供服务而得到的报酬、因提供信用支持或流动性支持而收取的费用或承担的损失、被投资方在清算时对其剩余净资产享有的权益、税务利益、因参与被投资方而获得的未来流动性。

（3）其他利益持有方无法得到的回报。例如，投资方将自身资产与被投资方资产整合以实现规模经济，从而达到节约成本的目的；投资方通过参与被投资方保证稀缺资源的供应、获得专有技术或者限制被投资方某些运营或资产，从而提高投资方其他资产的价值。

投资方的可变回报通常体现为从被投资方处获取股利。在某些情况下，受限于法律法规的相关规定，投资方无法通过分配被投资方利润或结余的方式获得回报。例如，当被投资方的法律形式为信托机构时，其盈利可能不是以股利形式分配给投资方。在这种情况下，需要根据具体情况，以投资方的投资目的为出发点，综合分析投资方是否获得除股利以外的其他可变回报。被投资方不能进行利润分配并不必然代表投资方不能获取可变回报。

尽管只有一个投资方能够控制被投资方，但是可能存在多个投资方分享被投资方的回报。例如，少数股东权益的持有者可以分享被投资方的利润。

6.2.3 权力与回报之间的联系

投资方还要有能力运用权力影响因涉入被投资方而获得的投资方回报。

只有当投资方不仅拥有对被投资方的权力、通过参与被投资方的相关活动而享有可变回报，而且有能力运用对被投资方的权力影响其回报的金额时，投资方才可以控制被投资方。因此，拥有决策权的投资方在判断其是否控制被投资方时，需要考虑其决策行为是以主要责任人还是以代理人的身份进行的。此外，在其他方拥有决策权时，投资方还需考虑其他方是否以代理人的身份代表自己行使决策权。

代理人代表其他方（主要责任人）行动并服务于该其他方的利益。主要责任人可能将其对被投资方的某些或全部决策权授予代理人。但是，代理人在代表主要责任人行使此类权力时，并不对被投资方拥有控制权。在评估控制时，代理人的决策权应被视为由主要责任人直接持有，权利属于主要责任人而非代理人。

当存在多个主要责任人时，每个主要责任人需评估其是否拥有对被投资方的权力。

决策者不会仅仅因其他方从其决策中获益而成为代理人。决策者在确定其是否为代理人时，应当综合考虑其自身、被投资方以及其他方之间的关系，尤其要考虑以下四项因素：

（1）决策者对被投资方拥有的决策权之范围；
（2）其他方享有的实质性权利；
（3）决策者的薪酬水平；
（4）决策者因持有被投资方的其他权益而承担可变回报的风险。

上述四项因素中，前两项因素涉及决策者对被投资方拥有的权利范围以及对这些权利设定的任何限制的程度；后两项因素与可变回报有关，要求考虑决策者从被投资方处获得的、相对于被投资方的活动所产生总报酬的部分（预期值和最大值）的量级和可变动性。

综合上述四项因素的分析，当存在单独一方持有实质性罢免权并能无理由地罢免决策者时，决策者属于代理人。除此之外，应当综合考虑上述四项因素，以判断决策者是否可以作为代理人行使决策权。

6.2.4 实质代理人

在评估控制时，投资方应当考虑其与其他方之间关系的性质，以及其他方是否代表投资方行动，即识别投资方的实质代理人。要识别其他方是否为投资方的实质代理人，需作职业判断，考虑投资方与其他方之间关系的性质，以及其他方之间、其他方与投资者之间如何互动。前述投资方与其实质代理人之间的关系无须通过合同安排。当投资方或有能力主导投资方活动的一方有能力主导其他方代表投资方行动时，则该方为投资方的实质代理人。在这种情况下，投资方在评估对被投资方是否存在控制时，应将自身和实质代理人的决策权及其通过实质代理人而间接承担或享有的可变回报的风险或权利与其前述权利一并考虑。

根据各方关系的性质判断，表明一方可能是投资方的实质代理人的情况包括但不限于：投资方的关联方；因投资方出资或提供贷款而取得其在被投资方中权益的一方；未经投资方同意，不得出售、转让或抵押其持有的被投资方权益的一方（不包括此项限制系投资方和其他非关联方之间通过在自愿基础上协商一致而实现的情形）；没有投资方的财务支持，就不能获得资金以支持经营的一方；与投资方的权力机构的多数成员或关键管理人员地位相同的被投资方；与投资方具有紧密业务联系（如专业服务的提供者与其一家重要客户的关系）的一方。

6.2.5 对被投资方可分割的部分（单独主体）的控制

投资方通常应对是否控制被投资方整体进行判断。但是在少数情况下，有确凿证据表明同时满足下列条件且符合相关法律规定的，投资方应将被投资方的一部分（以下简称"该部分"）视为被投资方可分割的部分（单独主体），进而判断是否控制该单独主体：

（1）该部分资产是偿付该部分负债或该部分其他权益方的唯一来源，不能用于偿还该部分以外的被投资方的其他负债；

（2）除与该部分相关的各方外，其他方不享有与该部分资产相关的权利，也不享有与部分资产剩余现金流量相关的权利。

因此，该部分的所有资产、负债及其他相关权益实质上均与被投资方的剩余部分相隔离，即该部分的资产产生的回报不能由该部分以外的被投资方的其他部分使用，该部分的负债也不能用该部分以外的被投资方资产偿还。

如果被投资方的一部分资产和负债及其他相关权益满足上述条件，构成单独主体，则投资方应基于控制的判断标准确定其是否能控制该单独主体，考虑该单独主体的相关活动及其决策机制，以及投资方目前是否有能力主导单独主体的相关活动并据以从中取得可变回报。如果投资方控制该单独主体，则应将其进行合并。在此情况下，其他方在考虑是否合并被投资方时，应仅对被投资方的剩余部分进行控制及合并的评估，而将该单独主体排除在外。

6.2.6 控制的持续评估

控制的评估是持续的。当环境或情况发生变化时，投资方需要评估控制的三个基本要素中的一个或多个是否发生了变化。如果有任何事实或情况表明控制的三个基本要素中的一个或多个发生了变化，则投资方应重新评估对被投资方是否构成控制。

如果对被投资方的权利的行使方式发生变化，该变化必须反映在投资方对被投资方权利的评估中。例如，决策机制的变化可能意味着投资方不再通过表决权主导相关活动，而是由其他方通过协议或合同赋予的其他权利主导相关活动。

某些事件即使不涉及投资方，也可能导致该投资方获得或丧失对被投资方的权力。例如，其他方以前拥有的能阻止投资方控制被投资方的决策权到期失效，可能使投资方因此而获得权力。

投资方应考虑因其参与被投资方的相关活动而承担的可变回报的风险敞口的变化带来的影响。

如果拥有权力的投资方不再享有可变回报（如与业绩相关的管理费合同到期），则该投资方会因不满足控制三要素中的第二要素而丧失对被投资方的控制。

■ 例6.1

> 某资产管理计划的管理人原持有该计划5%的份额，并按照该计划对所获利润收取一定比例的管理费，该管理人获得的可变回报的规模表明其只是一个代理人。之后，由于该资产管理计划的几个重要投资者退出，管理人的持有份额上升，加上管理费之后，可变回报的相对比例大幅上升，体现出主要责任人的特点，因此该管理人需要持续评估其是否控制该资产管理计划。

投资方还应考虑其作为代理人或主要责任人的评估是否发生了变化。投资方与其他方之间整体关系的变化可能意味着原为代理人的投资方不再是代理人，反之亦然。例如，如果投资方或其他方的权力发生了变化，则投资方应重新评估其代理人或主要责任人的身份。

投资方初始评估控制的结果，或者初始评估其是主要责任人或代理人的结果，不会简单地因市场情况的变化（如导致被投资方的回报发生变化）而变化，除非市场情况的变化导致控制三要素中的一个或多个发生了变化，或者导致主要责任人与代理人之间的整体关系发生了变化。

6.3 合并财务报表编制的前期准备事项及其程序

6.3.1 合并财务报表编制的前期准备事项

合并财务报表的编制涉及多个子公司。有的合并财务报表的合并范围甚至包括数百个子公司。为了使编制的合并财务报表准确，全面反映企业集团的真实情况，必须做好一系列的前期准备事项，主要有如下几项：

1. 统一母子公司的会计政策

会计政策，是指企业进行会计核算和编制财务报表时所采用的会计原则、会计程序和会计处理方法，是编制财务报表的基础。统一母子公司的会计政策是保证母子公司财务报表各项目所反映内容一致的基础。为此，在编制财务报表前，应当尽可能统一母子公司的会计政策，统一要求子公司所采用的会计政策与母公司保持一致。对一些境外子公司，由于所在国或地区法律、会计准则等方面的原因，确实无法使其所采用的会计政策与母公司保持一致的，应当要求其按照母公司所采用的会计政策重新编报财务报表，也可以由母公司根据自身采用的会计政策对境外子公司报送的财务报表进行调整或重编，作为编制财务报表的基础。

2. 统一母子公司的资产负债表日和会计期间

财务报表反映的是一定日期的财务状况和一定会计期间的经营成果。母公司和子公司的个别财务报表只有在反映财务状况的日期和反映经营成果的会计期间一致的情况下，才能进行合并。为了编制合并财务报表，必须统一企业集团内所有子公司的资产负债表日和会计期间，使子公司的资产负债表日和会计期间与母公司保持一致，以便子公司提供相同资产负债表日和会计期间的财务报表。

对于境外子公司，由于当地法律限制，确实不能与母公司资产负债表日和会计期间保持一致的，母公司应当按照自身的资产负债表日和会计期间对子公司的财务报表进行调整，以调整后的子公司财务报表为基础编制合并财务报表，也可以要求子公司按照母公司的资产负债表日和会计期间另行编报其个别财务报表。

3. 对子公司以外币表示的财务报表进行折算

对母公司和子公司的财务报表进行合并，其前提必须是母子公司个别财务报表所采用的货币计量单位一致。我国允许外币业务比较多的企业采用某一外币作为记账本位币。境外企业一般采用其所在国或地区的货币作为记账本位币。在将这些企业的财务报表纳入合并范围时，必须将其折算为以母公司所采用的记账本位币表示的财务报表。我国外币财务报表基本上采用的是现行汇率法。有关外币财务报表的具体折算方法将在"外币业务会计"部分进行论述，在此不予展开。

4. 收集编制合并财务报表的相关资料

合并财务报表以母公司和子公司的财务报表以及其他有关资料为依据，由母公司合并有关项目的数额编制。为编制合并财务报表，母公司应当要求子公司及时提供下列资料：

（1）子公司相应期间的财务报表；

（2）与母公司及其他子公司之间发生的内部购销交易、债权债务、投资及其产生的现金流量和未实现内部销售损益的期初和期末余额及变动情况等资料；

（3）子公司所有者权益变动和利润分配的有关资料；

（4）编制合并财务报表所需要的其他资料。

6.3.2 合并财务报表的编制程序

合并财务报表的编制是一项极为复杂的工作，不仅涉及本企业会计业务和财务报表，而且涉及被纳入合并范围的子公司的会计业务和财务报表。为了使合并财务报表的编制工作有条不紊，必须按照一定程序有步骤地进行。合并财务报表的编制程序大致如下：

第一，设置合并工作底稿。合并工作底稿的作用是为合并财务报表的编制提供基础。在合并工作底稿过程中，对母公司和被纳入合并范围的子公司的个别财务报表各项目的数额进行汇总和抵销处理，最终计算得出合并财务报表各项目的合并数。

第二，将母公司、被纳入合并范围的子公司的个别资产负债表、利润表以及所有者权益变动表各项目的数据归入合并工作底稿，并在合并工作底稿中对母公司和子公司的个别财务报表各项目的数据进行加总，计算得出个别资产负债表、个别利润表以及个别所有者权益变动表各项目的合计数额。

第三，编制调整分录与抵销分录，将母公司与子公司、子公司与子公司之间发生的经济业务对个别财务报表有关项目的影响进行调整抵销处理。编制调整分录与抵销分录，进行调整抵销处理是合并财务报表编制的关键和主要内容，其目的在于将因会计政策及计量基础的差异而对个别财务报表产生的影响进行调整，以及将个别财务报表各项目的加总数据中重复的因素等予以抵销。

第四，在母公司和被纳入合并范围的子公司个别财务报表各项目加总的数额基础上，分别计算财务报表中各项目的合并数。计算方法如下：

（1）资产类项目，其合并数据根据该项目加总的数额，加上该项目调整分录与抵销分录的借方发生额，减去该项目调整分录与抵销分录的贷方发生额计算确定。

（2）负债类项目和所有者权益类项目，其合并数根据该项目加总的数额，减去该项目调整分录与抵销分录的借方发生额，加上该项目调整分录与抵销分录的贷方发生额计算确定。

（3）收入类项目，其合并数根据该项目加总的数额，减去该项目调整分录与抵销分录的借方发生额，加上该项目调整分录与抵销分录的贷方发生额计算确定。

（4）成本费用类项目，其合并数根据该项目加总的数额，加上该项目调整分录与抵销分录的借方发生额，减去该项目调整分录与抵销分录的贷方发生额计算确定。

第五，根据合并工作底稿中计算出的资产、负债、所有者权益、收入、成本费用等各类项目的合并数，填列正式的合并财务报表。

6.3.3 编制合并财务报表需要调整抵销的项目

1. 编制合并资产负债表需要调整抵销的项目

合并资产负债表是以母公司和被纳入合并范围的子公司的个别资产负债表为基础编制的。个别资产负债表是以单个企业为会计主体进行会计核算的结果，它从母公司本身或子公司本身的角度对财务状况进行反映。对于企业集团内部发生的经济业务，从发生内部经济业务的企业来看，发生经济业务的两方都在其个别资产负债表中进行反映。如集团内部母公司和子公司之间发生的赊购赊销业务，对于赊销企业来说，确认营业收入，结转营业成本，计算营业利润，在其个别资产负债表中反映为应收账款；对于赊购企业来说，在内部购入的存货未实现对外销售的情况下，在其个别资产负债表中反映为存货和应付账款。在这种情况下，资产、负债和所有者权益等各项目的加总数额中必然包括含有重复计算的因素。作为反映企业集团整体财务状况的合并资产负债表，必须将这些重复计算的因素予以扣除，进行抵销处理。这些需要予以扣除的重复因素就是编制合并财务报表时需要进行抵销处理的项目。

编制合并资产负债表时需要进行抵销处理的项目主要有：（1）母公司对子公司的股权投资项目与子公司的所有者权益（或股东权益）项目；（2）母公司与子公司、子公司与子公司之间发生的内部债权债务项目；（3）存货项目，即内部购进存货价值中包含的未实现内部销售损益；（4）固定资产项目（包括固定资产原价和累计折旧项目），即内部购进固定资产价值中包含的未实现内部销售损益；（5）无形资产项目，即内部购进无形资产价值中包含的未实现内部销售损益。

2. 编制合并利润表和合并所有者权益变动表需要调整抵销的项目

合并利润表和合并所有者权益变动表是以母公司和被纳入合并范围的子公司的个别利润表和个别所有者权益变动表为基础编制的。利润表和所有者权益变动表作为以单个企业为会计主体进行会计核算的结果，从母公司本身或子公司本身的角度反映一定会计期间经营成果的形成及其分配情况。在以个别利润表和个别所有者权益变动表为基础计算的收益、费用等项目的加总数额中，也必然包含重复计算的因素。在编制合并利润表和合并所有者权益变动表时，也需要将这些重复计算的因素予以扣除。

编制合并利润表和合并所有者权益变动表时需要进行抵销处理的项目主要有：

（1）内部销售收入和内部销售成本项目；

（2）内部投资收益项目，包括内部利息收入和利息支出项目、内部股份投资收益项目；

（3）资产减值损失项目，即与内部交易相关的内部应收账款、存货、固定资产、无形资产等项目的资产减值损失；

（4）被纳入合并范围的子公司的利润分配项目。

3. 编制合并现金流量表需要调整抵销的项目

合并现金流量表是综合反映母公司和子公司组成的企业集团在一定会计期间内现金流入、现金流出数量以及其增减变动情况的财务报表。它以母公司和子公司的现金流量表为基础，在抵销母公司与子公司、子公司与子公司之间发生内部交易对合并现金流量表的影响后，由母公司编制。

在以母公司和子公司个别现金流量表为基础编制合并现金流量表时，需要进行抵销处理的内容主要有：

（1）母公司与子公司、子公司与子公司之间当期以现金投资或收购股权增加的投资所产生的现金流量相互抵销。

（2）母公司与子公司、子公司与子公司之间当期取得投资收益收到的现金与分配股利、利润或偿付利息支付的现金相互抵销。

（3）母公司与子公司、子公司与子公司之间以现金结算债权与债务所产生的现金流量相互抵销。

（4）母公司与子公司、子公司与子公司之间当期销售商品所产生的现金流量相互抵销。

（5）母公司与子公司、子公司与子公司之间处置固定资产、无形资产和其他长期资产收回的现金净额与购建固定资产、无形资产和其他长期资产支付的现金相互抵销。

（6）母公司与子公司、子公司与子公司之间当期发生的其他内部交易所产生的现金流量相互抵销。

6.4 内部会计事项与抵销分录

6.4.1 内部会计事项

1. 会计事项的分类

按所涉及的会计主体,企业集团内各成员企业的会计事项可以分为以下三类:

(1) 外部会计事项

这类会计事项所涉及的会计主体,一方是企业集团内的某一成员企业,另一方是企业集团外的某一会计主体。这类会计事项所带来的报酬和风险要由有关成员企业承担,同时也会影响企业集团的利益。因此,它既是有关成员企业的会计事项,又是企业集团的会计事项,可以反映企业集团的整体利益。母公司编制的合并财务报表应该反映这类会计事项,当然也就无须编制抵销分录加以抵销。

(2) 循环会计事项

这类会计事项只涉及企业集团内的某一成员企业,不涉及集团外的会计主体,也不涉及集团内的其他成员企业。实际上,这类会计事项是资金在某一成员企业内部的循环和周转。它既是有关成员企业的会计事项,又是企业集团的会计事项。虽然循环会计事项对企业集团整体利益不会产生直接影响,但是母公司编制的合并财务报表同样应该反映这类会计事项所引起的资金运动,不必编制抵销分录加以抵销。

(3) 内部会计事项

这类会计事项所涉及的会计主体,一方是企业集团内的某一成员企业,另一方是企业集团内的另一成员企业,至少涉及两个被纳入合并范围的成员企业,不涉及集团外的会计主体。这类会计事项应当是有关成员企业的会计事项,而不是企业集团的会计事项。在整个企业集团看来,这类会计事项是财产、物资和资金在企业集团内的调拨和转移。它对有关成员企业的投资和筹资、所有者权益、债权和债务、利润及其分配的影响并不能反映企业集团的利益。母公司在编制合并财务报表时,要通过编制抵销分录消除这类会计事项对个别财务报表的影响。

内部会计事项具有以下几个主要特点:

第一,内部会计事项与另外两类会计事项一样,都是需要会计核算进行反映和监督的经济活动。无论是从企业集团内各成员企业的会计核算来看,还是从母公司编制合并财务报表来看,内部会计事项都可以货币计价,使用复式记账法进行描述,具有会计事项的一些共同特点。

第二,内部会计事项仅发生于企业集团内部,涉及至少两个成员企业,不涉及企业集团外的会计主体。

第三，内部会计事项具有一定的递延性。内部会计事项一经发生，直至消失为止，在其延续的几个会计期之内，都要进行合并财务报表核算。例如，投资性内部会计事项发生以后，不但要在发生当期进行合并财务报表核算，还要在该内部投资存续期之内的所有会计期内进行合并财务报表核算，直至该内部投资消失为止。

第四，内部会计事项不仅需要涉及的有关成员企业各自进行会计核算，纳入其个别账务报表核算体系，还需要母公司对其进行合并财务报表核算，而且是抵销分录涉及的唯一内容。外部会计事项和循环会计事项则不需要进行合并财务报表核算，也不必进行抵销。

2. 内部会计事项的分类

第一，按经济内容，内部会计事项可分为三类，即投资性内部会计事项、交易性内部会计事项和往来性内部会计事项。

投资性内部会计事项，是指企业集团内部权益性投资、内部债权性投资以及由此带来的投资收益和利润分配。这类内部会计事项对有关成员企业个别财务报表的影响表现为：在投资方的个别财务报表上将反映为权益性投资、债权性投资、投资收益等，在被投资方的个别财务报表上将反映为所有者权益、债务、利润分配或财务费用等。在编制合并财务报表时，应针对它们编制抵销分录。

交易性内部会计事项，是指企业集团内各成员企业之间的存货内部交易、固定资产内部交易、无形资产内部交易、劳务内部交易以及内部租赁等。它对个别财务报表的影响表现为：在内部销售方的个别财务报表上将反映为上述交易的营业收入、营业成本和损益；在内部购入方的个别财务报表上将反映为上述交易中确认的资产或费用，而上述资产或费用中包括未实现内部损益。因此，销售方的内部收入和内部损益与购入方所确认的资产、成本、费用中的未实现内部损益应予抵销。

往来性内部会计事项，是指企业集团内部债权、债务和内部借贷。它在内部债权方的个别财务报表上将反映为应收账款、应收票据、预付款项、应收股利、应收利息、其他应收款和其他资产等，以及针对内部应收账款计提的坏账准备；在内部债务方的个别财务报表上将反映为应付账款、应付票据、预收款项、应付股利、应付利息、其他应付款、短期或长期借款等。上述内部债权和债务、针对内部应收账款计提的坏账准备均应予抵销。上述内部债权和债务主要是由投资性和交易性内部会计事项引起的。

第二，按是否终结，内部会计事项可分为两类，即已终结内部会计事项和未终结会计内部事项。

所谓内部会计事项的终结，是指该内部会计事项对个别财务报表的影响已经消失，具体指内部会计事项所形成的资产、权益已经从企业集团消失。如果内部会计事项所形成的内部损益被计入相关资产的价值，则要待该资产已经从企业集团消失才告终结，如内部购入的存货已经对外出售、内部购置的固定资产已经报废、内部债权投资已经收回且该投资利息费用计入的资产已经消失、内部债权债务已经结清等；否则，属于未终结内部会计事项。

按终结的时期，已终结内部会计事项又可分为前期终结和本期终结两类。

综合起来，内部会计事项可分为以下三种类型：

第一，前期终结的内部会计事项。这类内部会计事项所涉及的资产和权益已经从企业集团消失，各成员企业的个别财务报表将不再反映它们。虽然这类内部事项的内部利润对各方的未分配利润的影响并未消失，但是其影响所涉及的数额相等、方向相反，在合计时自动抵销。所以，这类内部会计事项在本期无须编制抵销分录。

第二，本期终结的内部会计事项。这类内部会计事项所涉及的资产和权益也已经从企业集团消失，各成员企业的个别财务报表一般不再反映它们，因而也无须针对它们编制抵销分录。但是，内部购入资产中包含的内部利润将随该资产的对外出售、耗用、报废等转化为销售成本、期间费用或者另一资产的成本或当期损失。因此，在终结的当期，要针对本期耗用或销售资产中的内部利润进行抵销，即编制所谓特殊的递延抵销分录。

第三，尚未终结的内部会计事项。这类内部会计事项所涉及的资产和权益尚未从企业集团消失，各成员企业的个别财务报表仍将反映它们。也就是说，这类内部会计事项将对本期个别财务报表产生递延影响，因而仍需针对它们编制抵销分录。

6.4.2 抵销分录的特点以及运用的科目

消除内部会计事项对个别财务报表的影响，是通过母公司在进行合并财务报表核算时，按一体性原则，从企业集团整体利益出发，对内部会计事项的影响程度和范围重新进行确认和计量，运用借贷复式记账法编制抵销分录实现的。因此，正确编制抵销分录是对内部会计事项进行合并财务报表核算的重要方法。

1. 抵销分录的特点

与一般分录相比，抵销分录具有以下几个主要特点：

（1）编制的会计主体不同

一般分录编制的会计主体是企业集团内的各成员企业。抵销分录编制的会计主体是企业集团。代表企业集团编制抵销分录，进行合并财务报表核算的是企业集团的母公司。因此，母公司具有双重身份，既是企业集团的成员之一，又代表企业集团。

（2）编制的时期不同

一般分录是各成员企业针对发生的原始会计事项即时编制的。抵销分录是母公司在期末（一般是年末）合并财务报表时，对内部会计事项再次确认后编制的。再次确认的内容是内部会计事项中企业集团不予确认的部分，以便通过抵销分录消除其对个别财务报表的影响。

（3）编制的直接依据不同

一般分录要直接依据在法律上具有证明效力的原始凭证编制。抵销分录直接依据各成员企业提供的反映内部会计事项的有关资料编制。编制抵销分录虽不直接以原始凭证为依据，但仍然以其为最原始的依据。

（4）编制的范围不同

一般分录的编制范围涉及发生于各成员企业中的全部会计事项，包括外部会计事项、内部会计事项和循环会计事项。抵销分录的编制范围只涉及内部会计事项，不涉及外部会计事项和循环会计事项。

（5）编制的主要作用和目的不同

一般分录的主要作用是对发生于各成员企业中的原始会计事项确定记账符号、项目和金额，并据此登记账簿；其目的是提供各成员企业的会计核算资料，并在此基础上编制企业的个别财务报表。抵销分录的主要作用是对内部会计事项确定记账符号、项目和金额，据此归入合并工作底稿，并不需要据此登记账簿，不具有对该内部会计事项进行重新记录的作用；其目的是消除内部会计事项对个别财务报表的影响，在此基础上编制企业集团的合并财务报表。

（6）编制的科目不同

编制一般分录时所运用的科目主要是会计准则和会计制度所规定或允许使用的会计科目。编制抵销分录时所运用的科目是会计报表上的有关项目，这些项目有时与一般分录所运用的科目相同，有时又是一般分录所运用的科目的合并或分解。

（7）编制的终结期不同

一般分录只处理已终结的会计事项，而且不会在下个会计期重复处理上述已终结的会计事项。抵销分录不但要处理已终结的内部会计事项，而且要处理期末终结的内部会计事项，只要该内部会计事项所反映的内容尚未消失，就要在其延续的若干个合并期内编制抵销分录，重复处理该内部会计事项。抵销分录的这种重复性源于合并财务报表编制的抵销分录，并不影响个别财务报表。也就是说，尚未终结的内部会计事项在本合并期抵销以后，要对其继续抵销，直至该内部会计事项所反映的内容消失。

可见，抵销分录是连接个别财务报表和合并财务报表的桥梁和中介。在采用合并法编制合并财务报表时，必须经过抵销分录这一环节。正确处理内部会计事项，准确理解和编制抵销分录，是编制合并财务报表特别重要的一项内容。

2. 编制抵销分录所运用的科目

由于编制抵销分录的目的是抵销内部会计事项对个别财务报表的影响，因此抵销分录运用的会计科目主要是个别财务报表上的项目，此外还要增加几个专用科目。在此，

"项目"就是"科目"。

（1）个别财务报表上的项目

这主要指个别资产负债表、个别利润表、个别现金流量表、个别所有者权益变动表上的项目。会计报表上的小计、合计、总计以及净额等大部分需要计算填列的项目不是抵销分录使用的会计科目，只有那些原始填列项目和少数要计算填列的项目（如"年初未分配利润""期末未分配利润"等）才会成为抵销分录运用的会计科目。

（2）抵销分录使用的几个增加的专用科目

抵销分录使用的会计科目中，有几个科目是合并财务报表上的项目，在企业集团内各成员企业的个别财务报表上是找不到的。也可以说，这几个科目是处理内部会计事项、编制抵销分录时使用的专用科目。

①"商誉"，是合并资产负债表上的一个项目，列在"开发支出"项目之下，反映企业合并中取得的商誉，即在控股合并下母公司对子公司的长期股权投资与母公司在子公司所有者权益中享有的份额抵销后的借方差额。

②"少数股东权益"，是合并资产负债表上的一个项目，反映非全资子公司所有者权益中不属于内部投资方的那一部分权益。在全资子公司的情况下，子公司的所有者权益都属于企业集团内的投出成员企业，不存在少数股东权益。在非全资子公司的情况下，子公司的所有者权益大部分属于企业集团内的投出成员企业，少部分属于少数股东，即企业集团外的其他投资者。

③"少数股东损益"，是合并利润表上的一个项目，反映非全资子公司本期净利润中不属于内部投资方的那一部分损益。在全资子公司的情况下，子公司的全部损益都属于企业集团内的投出成员企业，不存在少数股东损益。在非全资子公司的情况下，子公司的本期损益大部分属于企业集团内的投出成员企业，少部分属于少数股东，即企业集团外的其他投资者。

6.5 投资性内部会计事项的抵销

投资性内部会计事项，是指企业集团内部成员企业之间的相互投资。按投资企业在被投资企业享有的权益性质，投资性内部会计事项可分为权益性资本投资事项和债权性债券投资事项两类。前者是一种业主投资，投资企业享有所有者权益，也称"权益性投资"或"资本投资"，包括股票投资和其他投资；后者是一种债主投资，也称"债权性投资"或"债券投资"，投资企业只享有债权人权益。内部债权性债券投资也是一种内部往来，由于它与往来性内部会计事项的抵销近似，因此放在下一节分析，本节只涉及内部权益性资本投资事项的抵销。

6.5.1 内部权益性资本投资事项的核算和调整

权益性资本，是指能够据以参与企业经营管理，对经营决策有投票权的资本。要正确编制内部权益性资本投资事项的抵销分录，应首先了解它们在投资成员企业和被投资成员企业的会计核算情况及其对双方个别财务报表的影响，然后分析确定这种抵销分录的抵销内容及其编制方法。

内部权益性资本投资，是指企业集团内各成员企业之间进行的所有权投资。对这种长期股权投资，必须按照权益法进行调整。

从内部投资方（简称"母公司"，下同）来看，在初始投资或追加资本投资时，借记"长期股权投资（内部股权投资）"，贷记用于投资的有关资产科目。应编制的调整分录为：在会计期末（一般是年末），按投资比例（份额）分享被投资子公司的净利润，确认投资收益时，借记"长期股权投资（内部股权投资）"，贷记"投资收益"；在确认分享被投资子公司的亏损时，借记"投资收益"，贷记"长期股权投资（内部股权投资）"；在实际收到被投资子公司分来的股利（利润）时，借记"投资收益"，贷记"长期股权投资（内部股权投资）"。在被投资子公司发生接受捐赠、法定财产重估增值、外币投资折算收益等时，应按投资比例计算确认所拥有的数额，借记"长期股权投资（内部股权投资）"，贷记"资本公积"；在被投资子公司发生外币投资折算损失时，也应按投资比例计算确认所拥有的数额，借记"资本公积"，贷记"长期股权投资（内部股权投资）"。在下文内容涉及长期股权投资的成本法和权益法内容调整时，均假设已按权益法调整。

从被投资子公司（简称"子公司"，下同）来看，在接受资本投资时，借记有关资产科目，贷记"实收资本"或"股本""资本公积"；在分配股利（利润）时，借记"利润分配"，贷记"应付股利"；在实际支付现金股利或利润时，借记"应付股利"，贷记"银行存款"等。在其个别01表的所有者权益中，包括内部投资方所享有的业主权益；如果是非全资子公司，还包括少数股东权益。在其个别03表的"利润分配"项目中，包括向母公司分配的利润。

6.5.2 内部权益性资本投资的抵销

从企业集团方面来看，内部权益性资本投资不过是资产从一成员企业转移到另一成员企业，是各成员企业之间的资产调拨，仅仅是资产存放地点的变化，甚至连资产的形态都没有改变，既不能作为整个企业集团长期股权投资的增加，也不能作为整个企业集团所有者权益的增加。因此，个别财务报表反映的投资成员企业的长期股权投资（内部股权投资）与被投资成员企业的所有者权益应当抵销；同时，投资方确认的内部资本投资收益与被投资方相应的利润分配也应抵销。这些抵销内容都要涉及投资双方。

从被投资的子公司来看，有的是全资子公司，即被投资子公司的全部资本都是母公司投入的，母公司享有对子公司100%的权益性资本投资比例，不存在少数股东对子公司的投资，合并时也就不存在少数股东权益。还有的是非全资公司，即被投资子公司的大部分资本是母公司投入的，母公司一般拥有子公司低于100%而高于50%的表决权比例。子公司的少部分资本是企业集团外的少数股东投入的，将形成合并时的少数股东权益，要合并到企业集团的所有者权益中单项列示。合并时，子公司所有者权益中与母公司投资比例相匹配的那一部分权益，与母公司对子公司的长期股权投资（内部股权投资）相抵销；子公司所有者权益中与少数股东投资比例相匹配的那一部分权益，则形成合并时的少数股东权益，在合并资产负债表中"所有者权益项目"下以"少数股东权益"项目列示。少数股东权益的计算公式如下：

$$少数股东权益＝被投资子公司的所有者权益合计数×$$
$$（1-母公司在子公司的投资比例）$$

当母公司对子公司长期股权投资的金额与所应享有子公司的所有者权益总额不一致时，其差额作为商誉处理，应按其差额，借记"商誉"项目；上述差额如为贷方差额，在合并当期应计入合并利润表；贷记"营业外收入"项目，在合并以后，调整期初未分配利润。商誉的计算公式如下：

$$商誉＝母公司长期股权投资（内部投资）-$$
$$被投资子公司的所有者权益合计数×$$
$$母公司在子公司的投资比例$$

综上所述，母公司长期股权投资（内部股权投资）、被投资子公司的所有者权益、少数股东权益、商誉等的关系可归纳如图6-1所示。

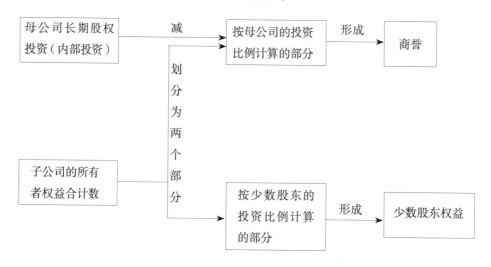

图6-1　内部权益性资本投资各部分关系图

例6.2

东方公司（母公司）有一个非全资子公司西北公司，对其长期股权投资（内部股权投资）数额为28800元，拥有其80%的股份。它们的个别资产负债如表6-1所示。

要求：抵销内部权益性资本投资。

【解答】

商誉＝28800－33000×80%＝2400（元）

少数股东权益＝33000×（1－80%）＝6600（元）

针对合并01表和合并02表，编制抵销分录如下（单位：元）：

借：实收资本　　　　　　　　　　　　　　26000
　　资本公积　　　　　　　　　　　　　　4000
　　盈余公积　　　　　　　　　　　　　　2000
　　未分配利润——年末　　　　　　　　　1000
　　商誉　　　　　　　　　　　　　　　　2400
　　贷：长期股权投资　　　　　　　　　　28800
　　　　少数股东权益　　　　　　　　　　6600

编制合并工作底稿并计算合并数如表6-1所示。

表6-1　合并工作底稿

单位：元

项目		子公司	合计数	抵销分录		合并数
				借方	贷方	
流动资产	36200	30000	66200			66200
长期股权投资	42800		42800		28800	14000
对子公司投资	28800		28800		28800	0
其他长期投资	14000		14000			14000
固定资产	28000	45000	73000			73000
无形资产	2000		2000			2000
商誉				2400		2400
资产总计	109000	75000	184000			157600
流动负债	34000	25000	59000			59000
非流动负债	27000	17000	44000			44000
实收资本	40000	26000	660000	26000		40000
资本公积	5500	4000	9500	4000		5500

续表

项目	母公司	子公司	合计数	抵销分录 借方	抵销分录 贷方	合并数
盈余公积	2100	2000	4100	2000		2100
未分配利润	400	1000	1400	1000		400
少数股股东权益					6600	6600
权益总计	48000	33000	81000			157600

内部权益性资本投资是一种时间较长的投资，抵销分录将它抵销以后，个别财务报表并不会有任何改变。因此，在该投资存续期内的所有合并期，都应反复编制抵销分录将其抵销，直到该投资消失。

6.5.3 内部权益性资本投资收益的抵销

内部权益性资本投资收益，是指企业集团内部权益性资本投资的投资成员企业所获得的投资收益。

1. 内部权益性资本投资收益的抵销原理

母公司对所属子公司的权益性资本投资按权益法调整后，母公司按投资比例分享的子公司的本期净利润也被列入母公司的本期损益。即在子公司的净利润之中，与母公司投资比例相匹配的这一部分同时也被包含在母公司的净利润之中。按个别利润表汇总的本期净利润不但包含母公司与子公司重复计算的这一部分净利润，而且包含子公司的净利润中属于少数股东投资比例所享有的那一部分净利润。站在企业集团会计主体的立场上看，子公司与母公司重复计算的净利润应该抵销，而这一部分净利润正是母公司的本期权益性资本投资收益；而属于少数股东的那一部分净利润，即子公司当期净损益中属于少数股东权益的份额，应当在合并利润表中"净利润"项目下以"少数股东损益"项目列示。

上述分析说明，子公司本期净利润可以分为两部分：一是母公司按投资比例分享，体现为母公司内部权益性资本投资收益的那一部分；二是少数股东所享有的那一部分。上述分析可以用公式表示如下：

子公司本期净利润＝子公司本期净利润×母公司投资比例＋
　　　　　　　　　子公司本期净利润×（1－母公司投资比例）
　　　　　　　＝母公司本期权益性资本投资收益＋子公司少数股东损益

（6-1）

子公司本期净利润加年初未分配利润，就是子公司本合并期可供分配的利润，必然会等于子公司本期已分配利润加期末未分配利润。两者是相对应的，客观上存在一种平衡关系，可以用公式表示如下：

$$子公司本期净利润＋子公司年初未分配利润＝子公司本期已分配利润＋子公司期末未分配利润 \quad (6\text{-}2)$$

式（6-2）中，子公司的年初未分配利润数就是其上年的期末未分配利润数，上年母公司已经按投资比例分享了子公司的净利润，自然也就包含子公司上年的期末未分配利润。也就是说，母公司的长期股权投资（内部股权投资）及投资收益已经包含子公司的年初未分配利润。所以，子公司的年初未分配利润应该在被抵销之列。

式（6-2）中，子公司的期末未分配利润数可看成一种特殊的利润分配去向。

将式（6-1）代入式（6-2），可得：

$$母公司本期权益性资本投资收益＋子公司少数股东损益＋子公司年初未分配利润＝子公司本期已分配利润＋子公司期末未分配利润 \quad (6\text{-}3)$$

式（6-3）表明，既然子公司的本期净利润要被抵销，与之相对应的利润分配也不能例外，应一并抵销。内部权益性资本投资收益的抵销分录就是按式（6-3）编制的，等号左边是抵销分录的借方科目，等号右边是抵销分录的贷方科目。

2. 内部权益性资本投资收益的抵销

根据被投资子公司是否为全资子公司，内部资本投资收益的抵销会有所不同。

（1）全资子公司内部权益性投资收益的抵销

在全资子公司的情况下，不存在少数股东损益，根据式（6-3），编制抵销分录如下：

借：投资收益（母公司本期内部权益性资本投资收益）
　　期初未分配利润（子公司期初未分配利润）
　　贷：提取盈余公积（子公司当年提取的盈余公积）
　　　　应付股利（子公司当年向投资者分配的利润）
　　　　期末未分配利润（子公司期末未分配利润）

例6.3

东方公司（母公司）本期权益性资本投资收益为9400元；所属全资子公司西北公司年初未分配利润600元，当期实现净利润9400元，当期提取盈余公积1500元，应付股利7500元，期末未分配利润1000元。

要求：抵销内部权益性资本投资收益。

【解答】

编制抵销分录如下（单位：元）：

借：投资收益　　　　　　　　　　　　　　　　　　9400
　　未分配利润——年初　　　　　　　　　　　　　　600
　　贷：提取盈余公积　　　　　　　　　　　　　　　1500
　　　　应付股利　　　　　　　　　　　　　　　　　7500
　　　　未分配利润——年末　　　　　　　　　　　　1000

根据个别财务报表和上述抵销分录编制合并工作底稿如表6-2所示。

表6-2　合并工作底稿

单位：元

项目	母公司	子公司	合计数	抵销分录 借方	抵销分录 贷方	合并数
合并02表：						
加：投资收益	9400		9400	9400		0
三、利润总额	27000	14000	41000	9400		31600
减：所得税费用	8500	4600	13100			13100
四、净利润	18500	9400	27900			18500
合并04表：						
未分配利润——年初		600	600	600		0
利润分配——提取盈余公积	3000	1500	4500		1500	3000
——应付股利	15100	7500	22600		7500	15100
未分配利润——年末	400	1000	1400		1000	400

（2）非全资子公司内部权益性投资收益的抵销

在非全资子公司的情况下，存在少数股东损益，编制抵销分录如下：

借：投资收益（母公司本期内部权益性资本投资收益）
　　少数股东损益（子公司净利润×少数股东投资比例）
　　未分配利润——年初（子公司年初未分配利润）
　　贷：利润分配——提取盈余公积（子公司当年提取的盈余公积）
　　　　　　　——应付股利（子公司当年向投资者分配的利润）
　　　　未分配利润——年末（子公司期末未分配利润）

例6.4

东方公司（母公司）对所属子公司西北公司的年权益性资本投资比例为80%，本期权益性资本投资收益为7520元；西北公司本期净利润9400元，年初未分配利润600元，提取盈余公积1500元，应付股利7500元，期末未分配利润1000元。

要求：抵销内部权益性资本投资收益。

【解答】

少数股东损益＝9400×（1-80%）＝1880（元）

针对合并02表编制抵销分录如下（单位：元）：

借：投资收益　　　　　　　　　　　　　　　　　　　7520
　　少数股东损益　　　　　　　　　　　　　　　　　1880
　　未分配利润——年初　　　　　　　　　　　　　　 600
　　贷：利润分配——提取盈余公积　　　　　　　　　1500
　　　　　　　　——应付股利　　　　　　　　　　　7500
　　　　未分配利润——年末　　　　　　　　　　　　1000

根据个别财务报表和上述抵销分录编制合并工作底稿如表6-3所示。

表6-3　合并工作底稿

单位：元

项目	母公司	子公司	合计数	抵销分录 借方	抵销分录 贷方	合并数
合并02表：						
加：投资收益	7520		7520	7520		0
三、利润总额	27000	14000	41000	7520		33480
减：所得税费用	8500	4600	13100			13100
四、净利润	18500	9400	27900	7520		20380
其中：少数股东损益				1880		
合并04表：						
未分配利润——年初		600	600	600		0
利润分配——提取盈余公积	3000	1500	4500		1500	3000
——应付股利	15100	7500	22600		7500	15100
未分配利润——年末	400	1000	1400		1000	400

6.5.4 内部权益性资本投资事项的综合抵销

为了保持内部权益性资本投资事项抵销的系统性和完整性，以下介绍其综合抵销情况。在每一个合并期，一般要针对内部权益性资本投资事项编制抵销分录。

1. 内部投资方的内部资本投资与被投资子公司的所有者权益的抵销

借：实收资本（子公司期末实收资本）

　　资本公积（子公司期末资本公积）

　　盈余公积（子公司期末盈余公积）

　　未分配利润——年末（子公司期末未分配利润）

　　商誉（借差）

　贷：长期股权投资（内部投资方对子公司的内部资本投资余额）

　　少数股东权益（子公司所有者权益合计×少数股东持股比例）

　　营业外收入（贷差）

2. 内部权益性资本投资收益的抵销

借：投资收益（内部投资方本期内部权益性资本投资收益）

　　少数股东损益（子公司当期净利润×少数股东持股比例）

　　未分配利润——年初（子公司年初未分配利润）

　贷：提取盈余公积（子公司当期提取的盈余公积）

　　应付股利（子公司当期向投资方分配的利润）

　　未分配利润——年末（子公司期末未分配利润）

例6.5

东方公司（母公司）对所属非全资子公司西北公司的权益性资本投资为28000元，拥有西北公司80%的股份。东方公司本期投资收益为7520元。西北公司期末所有者权益合计33000元，有关项目的具体数据如表6-4所示。西北公司当期净利润为9400元，提取盈余公积1500元，向投资者分配股利7500元。

要求：综合抵销内部权益性资本投资事项。

【解答】

第一步，内部资本投资与子公司所有者权益的抵销。先计算商誉和少数股东权益：

商誉=28000-33000×80%=1600（元）

少数股东权益=33000×（1-80%）=6600（元）

编制抵销分录如下（单位：元）：

借：实收资本		26000
资本公积		4000
盈余公积		2000
未分配利润——年末		1000
商誉		1600
贷：长期股权投资		28000
少数股东权益		6600

第二步，内部资本投资收益的抵销。子公司当期实现净利润9400元，据此计算少数股东损益和内部权益性投资收益：

少数股东损益=9400×（1-80%）=1880（元）

母公司内部权益性投资收益=9400×80%=7520（元）

编制抵销分录如下（单位：元）：

借：投资收益		7520
少数股东权益		1880
未分配利润——年初		660
贷：利润分配——提取盈余公积		1500
——应付股利		7500
未分配利润——年末		1000

编制合并工作底稿如表6-4所示。

表6-4　合并工作底稿

单位：元

项目	母公司	子公司	合计数	抵销分录 借方	抵销分录 贷方	少数股东权益	合并数
流动资产	4100	30000	71000				71000
长期股权投资	38000		38000		28000		10000
内部资本投资	28000		28000		28000		0
其他长期投资	10000		10000				10000
固定资产	28000	45000	73000				73000
无形资产	2000		2000				2000
商誉				1600			1600
资产总计	109000	75000	18400				157600
流动负债	34000	25000	59000				59000
非流动负债	27000	17000	44000				44000

续表

项目	母公司	子公司	合计数	抵销分录 借方	抵销分录 贷方	少数股东权益	合并数
实收资本	40000	26000	66000	26000			40000
资本公积	5500	4000	9500	4000			5500
盈余公积	2100	2000	4100	2000			2100
未分配利润	400	1000	1400				400
少数股东权益							6600
权益合计	109000	75000	184000			6600	157600
合并02表：							
加：投资收益	7520		7520	7520			0
三、利润总额	27000	14000	41000	7520			33480
减：所得税费用	8500	4600	13100				13100
四、净利润	18500	9400	27900				20380
其中：少数股东损益						1880	1880
合并04表：							
未分配利润——年初		600	600	600			0
利润分配——提取盈余公积	3000	1500	4500		1500		3000
——应付股利	15100	7500	22600		7500		15100
未分配利润——年末	400	1000	1400	1000	1000		4000

6.6 往来性内部会计事项的抵销

6.6.1 往来性内部会计事项的特点

往来性内部会计事项，是指企业集团内各成员企业之间的债权、债务。债权人和债务人都只涉及企业集团内的成员企业，不涉及企业集团外的会计主体。往来性内部会计事项主要有以下几个特点：

（1）往来性内部会计事项一般是由内部交易和内部借贷等事项引起的，并从属这些事项。

（2）往来性内部会计事项涉及的债权人和债务人都是企业集团内的成员企业，在企业集团内一一对应，是一种集团的内部往来，不涉及企业集团外的会计主体。

（3）往来性内部会计事项的债权与债务总额一般相等，在会计报表合并时正好互相抵销。

（4）往来性内部会计事项具有一定的转化性，可以转化为往来性外部会计事项。例如，内部应收票据成员企业持票向银行贴现后，内部应收与应付票据就转化为外部应收与应付票据，不再是合并财务报表的处理对象。各种不同形态的往来性内部会计事项也可以互相转化。例如，内部应付票据成员企业在票据到期时无力支付，内部应收与应付票据就转化为内部应收与应付账款，内部往来的形态发生了变化。

往来性内部会计事项主要包括：应收账款与应付账款、应收票据与应付票据、预付账款与预收账款、持有至到期投资与应付债券、应收股利与应付股利、其他应收款与其他应付款。

母公司与子公司、子公司与子公司之间的债权与债务项目相互抵销，同时抵销应收款项的坏账准备和债券投资的减值准备。母公司与子公司、子公司与子公司之间的债券投资与应付债券相互抵销后，产生的差额应计入投资收益项目。

从企业集团的角度考察，内部往来是一种内部资金调拨，既不会增加整个企业集团的资产，也不会扩大整个企业集团的债权与债务的规模，因此在编制合并财务报表时应将其抵销。

6.6.2　内部应收与应付账款的抵销

内部应收与应付账款涉及的债权成员企业借记"应收账款"，涉及的债务成员企业贷记"应付账款"。个别资产负债表既反映内部债权，又反映内部债务。从企业集团的角度观察，这种应收与应付往来属于内部资金调拨和转移，不会引起企业集团债权与债务的增加，应该等量冲销这些内部应收与应付的债权与债务。抵销分录为：借记"应付账款"，贷记"应收账款"。

上述抵销分录只抵销期末存量，仅就合并期期末尚未消失的内部应收与应付账款的余额进行抵销，该余额可能是本期发生与清偿终结所带来的，也可能是上期结转过来的，还可能是两者的综合。上述抵销分录并不抵销本期流量，即不抵销本合并期内部应收与应付账款的发生额，尤其是不涉及本合并期已经清偿终结的内部应收与应付账款。了解这一点，将有助于我们理解抵销内部应收与应付账款的金额有时并不等于抵销其发生额或净发生额。

根据合并报表的有关资料，按内部会计事项的内容编制抵销分录，具体包括内部应收与应付账款的抵销、多提坏账准备的抵销以及连续合并时编制的相应的递延抵销分录。

例6.6

东方公司（母公司）的内部应收账款期末余额为5000元，为西北公司（子公司）的应付账款。在本合并期，东方公司收到西北公司用现金清偿的账款为7000元。假定东方公司没有提取坏账准备，该内部应收与应付账款均发生于本合并期。该母子公司的内部应收与应付账款的账户记录如图6-2所示。有关存货内部交易的抵销将在下文介绍，此处举例暂不涉及。

要求：抵销内部应收与应付账款（单位：元）。

【解答】

借	东方公司内部应收账款		贷
主营业务收入	12000	库存现金（销售商品收现）	7000
期末余额	5000		

借	西北公司内部应付账款		贷
库存现金（购买商品付现）	7000	原材料	12000
		期末余额	5000

图6-2 母子公司往来账户记录

本例中的T形账显示，东方公司内部应收账款的余额之差（年初余额减期末余额）为5000元，即它的净发生额（贷方发生额减借方发生额）为5000元。西北公司内部应付账款的余额之差（期末余额减年初余额）为5000元，即它的净发生额（贷方发生额减借方发生额）为5000元。

编制抵销分录，抵销内部应收与应付账款（单位：元）。

借：应付账款　　　　　　　　　　　　　　　　　　　　　5000
　　贷：应收账款　　　　　　　　　　　　　　　　　　　　5000

如果到下一个合并期，该内部应收与应付账款仍未消失，则按个别财务报表的汇总数，又恢复到上期抵销前的状态。这时，还应继续编制抵销分录将其抵销，直至该内部应收与应付账款消失。

6.6.3 内部应收账款计提坏账准备的抵销

在应收账款采用备抵法计提坏账准备时，随着内部应收账款的抵销，债权成员企业相应计提的内部坏账准备也应抵销。抵销分录为：借记"应收账款——坏账准备"，贷记"资产减值损失"。

上述抵销分录在冲销内部应收账款多提的坏账准备时，借、贷对应的科目都是抵销内部债权成员企业多提的坏账准备以及多记的资产减值损失，不涉及内部债务成员企业。

例6.7

承例6.6，在本合并期，东方公司的坏账准备提取比例为3%，其余资料不变。

要求：抵销内部应收账款和坏账准备。

【解答】

编制抵销分录，抵销内部应收与应付账款（单位：元）。

借：应付账款　　　　　　　　　　　　　　　　　　　　　　5000
　　贷：应收账款　　　　　　　　　　　　　　　　　　　　5000

同时，抵销债权成员企业多提的坏账准备，抵销分录如下（单位：元）：

借：应收账款　　　　　　　　　　　　　　　　　　　　　　150
　　贷：资产减值损失　　　　　　　　　　　　　　　　　　150

编制合并工作底稿如表6-5所示。

表6-5　合并工作底稿

单位：元

项目	母公司	子公司	合计数	抵销分录 借方	抵销分录 贷方	合并数
应收账款（内部往来）	4850		4850	150	5000	0
其余资产	104300	75000	179300			1793000
资产总计	109150	75000	184150			1793000
应付账款（内部往来）		5000	5000	5000		0
未分配利润	550	1000	1550			1700
其余权益	108600	69000	177600			177600
权益合计	109150	75000	184150			179300
营业收入	135000	50000	185000			185000
减：营业成本	134450	49000	183450		150	183300
其中：资产减值损失	150		150		150	0
未分配利润——成本	550	1000	1550			1700

本例中，抵销多提的坏账准备使合并后的"未分配利润——年末"增加，由于合并财务报表并不影响个别财务报表，因此下一个合并期按个别财务报表汇总的"未分配利润——年初"和坏账准备又会恢复到上期合并抵销前的状态。在这种情况下，该抵销分录在下一个合并期必须编制递延抵销分录，借记"应收账款"，贷记"未分配利润——年初"，直至该内部应收账款消失。

6.6.4 内部应收账款和坏账准备的连续抵销

在不同的合并期，内部应收账款余额有时相等，有时不相等。连续合并财务报表编制抵销分录时，可根据企业集团中内部应收账款的总体规模，按以下三种情况分别处理：

1. 内部应收账款余额相等

当本合并期的内部应收账款余额与上一个合并期的内部应收账款余额相等时，不存在本合并期多提的坏账准备抵销，可按以下两步进行处理：

第一步，按到上一个合并期为止累计抵销的多提坏账准备数，实际上就是按上期期末内部应收账款余额应提的坏账准备数，编制抵销分录，即递延抵销分录，借记"应收账款"，贷记"未分配利润——年初"，从而将这两个项目调整到上一合并期抵销后的状态。

第二步，对仍存在于企业集团中的未终结内部应收与应付账款，继续编制抵销分录，借记"应付账款"，贷记"应收账款"，继续抵销。

例6.8

承例6.6，到第二个合并期，东方公司应收账款中仍有5000元为西北公司的应付账款，与上期结转的内部应收账款余额相等。东方公司的坏账准备提取率仍为3%。

要求：抵销内部应收账款和坏账准备。

【解答】

第一步，编制抵销分录，按到上期为止累计抵销的多提坏账准备编制递延抵销分录（单位：元）。

借：应收账款　　　　　　　　　　　　　　　　　　　　　　　150
　　贷：未分配利润——年初　　　　　　　　　　　　　　　　150

第二步，继续编制抵销分录，就尚未终结的内部应收与应付账款进行抵销（单位：元）。

借：应付账款　　　　　　　　　　　　　　　　　　　　　　5000
　　贷：应收账款　　　　　　　　　　　　　　　　　　　　5000

编制第二个合并期的合并工作底稿如表6-6所示。

从表6-6的合计数来看，"未分配利润——年初"和"应收账款"两个项目又恢复到上期合并抵销前的状态，并不等于上期合并抵销后的数据。只有通过递延抵销分录，调整这两个项目按个别财务报表汇总的合计数，才能恢复到上期合并抵销后的状态。递延抵销分录在这里起着十分重要的承前启后的作用，使合并财务报表的特定编制方法与个别财务报表有机结合起来，将前后相邻的两个合并期科学地连接起来，这在连续编制合并财务报表时尤为重要。在编制合并财务报表的实务中，递延抵销分录往往容易被遗漏。编制递延抵销分录的规律是：只有涉及利润表，同时引起"未分配利润——年末"发生增减变动的抵销分录，才需要在下一个合并期继续编制递延抵销分录。

表6-6 第二个合并期的合并工作底稿

单位：元

项目	母公司	子公司	合计数	抵销分录 借方	抵销分录 贷方	合并数
应收账款（内部往来）	48500		4850	150	5000	0
其余资产	104150	75000	179150			179150
资产总计	109000	75000	184000			179150
应付账款（内部往来）		5000	5000	5000		0
未分配利润	550	1000	1550			1700
其余权益	108450	69000	177450			177450
权益合计	109000	75000	184000			179150
营业利润						
其中：资产减值损失						
未分配利润——年初	550	1000	1550		150	1700
未分配利润——年末	550	1000	1550			1700

到第三个合并期乃至以后的合并期，如果该内部应收账款余额不变，仍属未终结内部会计事项，则继续按以上两步进行处理，直至该内部应收账款消失。

2. 内部应收账款余额增加

当本合并期的内部应收账款余额大于上一个合并期的内部应收账款余额时，按以下三步进行处理：

第一步，按到上一个合并期为止累计抵销的多提坏账准备数额，实际上就是按上期期末内部应收账款余额应提的坏账准备数，编制抵销分录，也称"递延抵销分录"，借记"应收账款"，贷记"未分配利润——年初"，进而将这两个项目调整到上一个合并期抵销以后的状态。

第二步，对仍存在于企业集团中的未终结内部应收与应付账款，以及本期增加的内部应收与应付账款,继续编制抵销分录,借记"应付账款",贷记"应收账款"。对本期期末实际拥有的内部应收与应付账款,进行抵销,包含上期结转的和本期增加的内部应收与应付账款。

第三步,对本期由于增加内部应收账款而多提的坏账准备,继续编制抵销分录,借记"应收账款",贷记"资产减值损失"。这里仅抵销增加的内部应收账款多提的坏账准备,不含上期结转的内部应收账款多提的坏账准备,因为这一部分多提的坏账准备已经利用递延抵销分录作了处理。

例6.9

承例6.6,到第二个合并期,东方公司应收账款中有7000元为西北公司的应付账款,比第一个合并期内部应收账款增加2000元。东方公司的坏账准备提取比例仍为3%,本期提取坏账准备60元。东方公司的坏账准备年初余额为150元,期末余额为210元。

要求:抵销内部应收账款和坏账准备。

【解答】

第一步,编制抵销分录,按上期抵销的坏账准备编制递延抵销分录(单位:元)。

借:应收账款　　　　　　　　　　　　　　　　　　　　　　　150
　　贷:未分配利润——年初　　　　　　　　　　　　　　　　150

第二步,继续编制抵销分录,就上期结转和本期增加尚未终结的内部应收与应付账款进行抵销(单位:元)。

借:应付账款　　　　　　　　　　　　　　　　　　　　　　 7000
　　贷:应收账款　　　　　　　　　　　　　　　　　　　　　7000

第三步,对本期由于增加内部应收账款而多提的坏账准备,继续编制抵销分录,抵销增加这一部分内部应收账款多提的坏账准备(单位:元)。

借:应收账款　　　　　　　　　　　　　　　　　　　　　　　 60
　　贷:资产减值损失　　　　　　　　　　　　　　　　　　　　60

3. 内部应收账款余额减少

当本合并期的内部应收账款余额小于上一个合并期的内部应收账款余额时,按以下三步进行处理:

第一步和第二步与余额增加的情况相同。第三步,由于本期内部应收账款下降,因此需要对第一步递延抵销分录所冲销的到上期为止累计多提的内部坏账准备进行纠正,对按内部应收账款减少额计算的应提坏账准备进行调整，继续编制抵销分录，借记"资产减值损失"，贷记"应收账款"。注意，这里仅调整减少的内部应收账款所应提取的坏账准备。

例6.10

承例6.6，到第二个合并期，东方公司应收账款中有4000元为西北公司的应付账款，比第一个合并期内部应收账款减少1000元。东方公司的坏账准备提取比例仍为3%，坏账准备年初余额为150元，期末余额为120元。

要求：抵销内部应收账款和坏账准备。

【解答】

第一步，编制抵销分录，按上期抵销的坏账准备编制递延抵销分录（单位：元）。

  借：应收账款   150
    贷：未分配利润——年初   150

第二步，继续编制抵销分录，就尚未终结的内部应收与应付账款进行抵销（单位：元）。

  借：应付账款   4000
    贷：应收账款   4000

第三步，对本期由于减少内部应收账款而调整的坏账准备，继续编制抵销分录，抵销减少的内部应收账款所提的坏账准备（单位：元）。

  借：资产减值损失   30
    贷：应收账款   30

综上所述，内部应收与应付账款的连续抵销要针对合并01表和合并02表编制三笔抵销分录。首先，按上期内部应收账款余额计算应提的坏账准备数额编制递延抵销分录，借记"应收账款"，贷记"未分配利润——年初"。其次，抵销尚未终结的内部应收与应付账款期末余额，借记"应付账款"，贷记"应收账款"。最后，对增加或减少的内部应收账款抵销或调整多提的坏账准备，借记或贷记"应收账款"，贷记或借记"资产减值损失"。当内部应收账款余额相等时，最后这笔抵销分录可不编制。

6.6.5 其他往来性内部事项的抵销

1. 内部预收与预付账款的抵销

当内部交易按购货合同规定采用预收与预付的结算方式时，必然会产生内部预收与预付往来。内部预收与预付账款涉及的内部债权人借记"预付账款"，涉及的内部债务人贷记"预收账款"。个别资产负债表既反映内部债权，又反映内部债务。从企业集团的角度观察，这种预收与预付往来属于内部会计事项，不会引起整个企业集团债权与债务规模的变化。个别财务报表反映的这种内部债权与债务应该抵销，抵销分录为：借记"预收款项"，贷记"预付款项"。

2. 内部应收与应付票据的抵销

当内部交易采用商业汇票结算，票据既未到期也未贴现时，必然会产生内部应收与应付票据往来。内部应收与应付票据涉及的内部债权人借记"应收票据"，涉及的内部债务人贷记"应付票据"。个别资产负债表既反映内部债权，又反映内部债务。从企业集团的角度看，这种应收与应付票据属于内部会计事项，是资金的内部调拨，不会引起整个企业集团债权与债务规模的变化，应该抵销，抵销分录一般为：借记"应付票据"，贷记"应收票据"。

在内部应收票据到期前，债权成员企业持票向银行办理贴现，按实际收到的金额借记"银行存款"，贴现息借记"财务费用"；按应收票据的金额贷记"应收票据"或"短期借款"。这时，债权成员企业的账面可能已经不存在该内部应收票据了，而债务成员企业的内部应付票据则相应地转化为外部应付票据，内部会计事项转化为外部会计事项，不属于内部往来的抵销内容。

内部应收票据到期时，承兑成员企业无力支付，贴现成员企业收到银行退回的应收票据付款通知，按所付本息借记"应收账款"，贷记"银行存款"或"短期借款"。应付票据成员企业也应借记"应付票据"，贷记"应付账款"。这时，外部应收与应付票据又转化为内部应收与应付账款，应比照前述内部应收与应付账款进行抵销。

内部应收票据到期时，承兑成员企业按期支付，内部应收与应付票据业已终结，也就不存在内部应收与应付票据往来，无须编制抵销分录。

3. 内部应付债券与持有至到期投资的抵销

当内部债权性债券投资发生时，内部债权人借记"持有至到期投资"，内部债务人贷记"应付债券"。从企业集团的角度看，这种投资属于内部会计事项，不会引起整个企业集团债权与债务规模的变化，抵销分录为：借记"应付债券"，贷记"持有至到期投资"。

如果债券投资计提有减值准备，也应一并抵销。在某些情况下，因债券投资而持有的企业集团内部债券并不是直接从发行债券的企业直接购买的,而是在证券市场上从第三者手中购进的。在这种情况下,持有至到期投资与发行债券企业的应付债券抵销时,可能会出现差额。对于这种差额,在编制合并财务报表时,应当计入投资收益。

母公司与子公司、子公司与子公司之间持有对方债券所产生的投资收益,应当与其相对应的发行方利息费用相互抵销。

6.7 交易性内部会计事项的抵销

6.7.1 交易性内部会计事项的特点

交易性内部会计事项,是指发生在企业集团内各成员企业之间的内部购销、内部租赁和内部劳务等活动。这类内部会计事项涉及的销货企业(卖方)与购货企业(买方)都是企业集团内的成员企业,不涉及企业集团外的会计主体,是企业集团的一种内部购销(买卖)活动。

内部交易的销货成员企业以自身独立的会计主体立场进行核算,既反映销售收入,又结转相匹配的销售成本并体现销售损益。

内部交易的购货成员企业同样要以自身独立的会计主体立场进行核算,不但要进行内部购入货物的会计核算,还要对该货物进行对外销售的核算,确认销售收入、成本和损益。

按内部会计事项的界定原则,只有内部销货方的销货活动、内部购货方的购货活动才属于交易性内部会计事项的范围,主要借助于抵销分录,以消除其对会计报表的影响。至于内部销货方从外部购货、内部购货方对外销售从内部购进的货物,则不属于内部会计事项的范围,无须编制抵销分录对其抵销。

从企业集团的角度看,这种两次销售现象实际上只实现了一次对外销售,其销售收入应是购货成员企业的对外销售收入,不应包括销货成员企业的销售收入;其销售成本应是销货成员企业的销售成本,不应包括购货成员企业的销售成本;其销售损益应是购货成员企业的对外销售收入扣除销货成员企业的销售成本。内部交易只能带来企业集团暂时还不确认的、被包含在有关资产价值中的未实现内部销售利润。只有通过外部交易,实现对外销售,未实现内部销售利润才能转化为实现的利润,并为企业集团所确认。因此,在会计报表合并时,要通过编制抵销分录,抵销内部交易重复计算的销售收入和销售成本,并抵销有关资产价值中的未实现内部销售利润。

6.7.2 交易性内部会计事项的分类

按交易的对象,交易性内部会计事项可以分为存货内部交易、固定资产内部交易、无形资产内部交易、内部租赁交易和内部劳务交易等。它们分别以存货、固定资产、无形资产、租赁资产和劳务活动作为交易的对象。内部交易的对象不同,包含内部销售利润的会计报表项目就不同,抵销分录也就有差别。

按在合并期是否终结,交易性内部会计事项可以分为已终结内部交易和未终结内部交易两类。已终结内部交易,是指该交易在合并期已经全部实现了对外交易,有关资产中不含未实现内部销售利润,对其内部交易所体现的销售收入和销售成本应予全额抵销;或者该内部交易的物资对象已经消失,不存在于企业集团之中。未终结内部交易,是指该交易在合并期尚未全部实现对外交易,可以是全部未实现对外交易,也可以是部分未实现对外交易。合并期只能抵销已实现对外交易的那一部分内部销售收入和销售成本,尚未实现对外交易的那一部分未实现内部销售利润则应抵销存货等资产价值。待下一个合并期实现对外交易后,未实现内部销售利润转化为已实现内部销售利润,未终结内部交易转化为已终结内部交易,再按规定抵销。未终结内部交易如只涉及存货,则其终结期不会延续太长时间;如涉及固定资产、无形资产等长期资产,则其终结期会持续较长时间,直至该项资产摊销完毕、报废或退出企业集团。显然,未终结内部交易的抵销较为复杂。

6.7.3 存货内部交易的抵销

存货内部交易包括商品、产成品、材料、低值易耗品等内容的内部交易。在交易性内部会计事项中,这类交易是主要的内部交易。

1. 已终结存货内部交易的抵销

已终结存货内部交易,是指内部购货方成员企业已将内部购入的存货全部对外售出,交易已终结。

从内部交易的销货方成员企业来看,在其个别利润表中要反映该存货内部交易的销售收入、销售成本和销售损益。从内部交易的购货方成员企业来看,存货虽已全部对外售出,内部交易已终结,但在其个别利润表中也要反映该存货对外交易的销售收入、销售成本(内部进货成本)和销售损益。至于内部交易的购货方成员企业将内部购入的存货对外售出所收到的货款和增值税销项税额,则不属于内部会计事项,合并时不予抵销。

从企业集团来看,该存货交易只实现了一次对外销售,只有购货方成员企业的对外销售收入才是企业集团所确认的销售收入,只有销货方成员企业的销售成本才是企业集团确认的销售成本。如不考虑购货费用,销货方成员企业的销售收入也就是购货方成员企业的销售成本,这正是抵销分录所要抵销的内容。所以,存货内部交易已终结的抵销,实际上就是将销货方成员企业的销售收入与购货方成员企业的销售成本相对冲,即借记"营业收入",贷记"营业成本",只保留本应属于企业集团的那一部分营业收入和营业成本。这种已终结存货内部交易所实现的利润,就是购货成员企业对外交易的销售收入扣除销货成员企业的销售成本,也是企业集团所确认的实现一次对外销售的销售损益。如果内部交易的价款尚未结算,则应根据前述往来性内部会计事项的抵销方法予以抵销,在此不再赘述。

根据有关的增值税规定,无论是对集团外部还是对集团内部销售商品,均应缴纳增值税;无论是从集团外部还是从集团内部购进商品的进项税额,只要合乎条件,均可抵扣。内部销货方的销项税额、内部购货方的进项税额分别是双方在与税务部门结算应交增值税时应予考虑的,反映了双方与税务部门的结算关系,不属于内部会计事项,不能抵销。

综上所述,已终结存货内部交易的抵销分录如下:

借:营业收入
　　贷:营业成本

例6.11

东方公司(母公司)将上期购入的成本为800元的商品销售给所属子公司西北公司,内部销售收入为1000元,增值税为170元,全部款项在当期收到现金。西北公司在本合并期内将该商品全部对外售出,对外销售收入计1250元,增值税为212.5元。

要求:抵销存货内部交易。

【解答】

编制抵销分录,抵销存货内部交易的收入和成本(单位:元)。

借:营业收入　　　　　　　　　　　　　　　　　　　　　　1000
　　贷:营业成本　　　　　　　　　　　　　　　　　　　　　1000

编制合并工作底稿如表6-7所示。

表6-7　合并工作底稿

单位:元

项目	母公司	子公司	合计数	抵销分录		合并数
				借方	贷方	
营业收入	1000	1250	2250	1000		1250
营业成本	800	1000	1800		1000	800
营业利润	200	250	450			450

已终结存货内部交易抵销了销货方成员企业的销售收入和购货方成员企业的销售成本，保留了购货方成员企业的对外销售收入和销货方成员企业的销售成本，合并后的营业利润实际上就是这一销售业务在销货方和成员企业购货方成员企业身上所体现的营业利润之和。

2. 未终结存货内部交易的抵销

存货内部交易未终结，是指内部购货方当期从企业集团内部购入的存货全部未对外售出。内部销货方的个别利润表上记录了该存货内部交易的销售收入、销售成本和销售损益。内部购货方的期末存货包括这部分未对外售出的内部购入存货，其期末存货价值包含未实现的内部销售利润或亏损。所以，内部销货方的销售收入、销售成本与内部购货方的期末存货中包含的未实现内部销售利润或亏损应当抵销。未终结存货内部交易的抵销一般应按以下几个阶段分别进行：

（1）发生未终结的存货内部交易当期应编制的抵销分录

① 编制抵销分录，抵销内部销售收入、内部销售成本和未实现内部销售利润

借：营业收入（销货方的内部销售收入）

　　贷：营业成本（销货方的内部销售成本）

　　　　存货（购货方期末存货中的未实现内部销售利润）

对于尚未结算的内部价款，应按往来性内部会计事项予以抵销，具体方法如前文所述。

② 内部购进存货当期多提或少提存货跌价准备的抵销

如果企业对期末存货按成本与市价孰低法计价，在取得存货当期尚未对外售出，内部购货成员企业将按可变现净值低于其存货成本的差额计提存货跌价准备。企业集团应按可变现净值低于内部销货方的存货成本的差额计提存货跌价准备。未实现内部销售利润造成两者存货成本的差异，进而引起计提存货跌价准备的差异，实际上是企业集团不予确认的存货中未实现内部销售利润提取的那一部分存货跌价准备，应予以抵销。

第一种情况，内部购入存货的可变现净值既小于内部购货方的存货成本，又小于内部销货方的存货成本。这时，无论是从内部购货方还是企业集团来看，均应计提存货跌价准备。不过，由于内部购货方的成本包含内部未实现销售利润，因此将造成多提存货跌价准备，多提的金额可按下式计算：

$$\text{多提的存货跌价准备} = （\text{内部购货方存货成本} - \text{可变现净值}）-（\text{内部销货方存货成本} - \text{可变现净值}）$$

$$= \text{内部购货方的成本} - \text{内部销货方的成本}$$

按上式计算的多提存货跌价准备，实际上是该内部购入存货中的未实现内部销售利

润，编制抵销分录如下：

借：存货——存货跌价准备
　　贷：资产减值损失

第二种情况，如果可变现净值大于或等于内部购货方和内部销货方的存货成本，则无论是内部购货方还是企业集团，都不应计提存货跌价准备，也就无须抵销了。

第三种情况，如果可变现净值大于或等于内部销货方的成本，低于内部购货方的成本，那么企业集团不应计提存货跌价准备，而内部购货方则应计提存货跌价准备，计提的金额为内部购货方的存货成本减去可变现净值的差额，这正是应抵销的金额。针对合并01表和合并02表的抵销分录与第一种情况下所编分录相同，只是抵销的金额不同。

例6.12

东方公司（母公司）将成本为800元的商品作价1000元销售给所属子公司西北公司，西北公司在本合并期未对外售出。如果期末该存货的可变现净值分别为700元、1100元和900元，那么应抵销的金额计算如表6-8所示。

表6-8　存货跌价准备的抵销

单位：元

内部购入存货的可变现净值	内部销售方的存货成本	内部购入方的存货方本	计提的存货跌价准备		合并的抵销数
			企业集团	子公司	
700	800	1000	100	300	200
1100	800	1000	0	0	0
900	800	1000	0	100	100

例6.13

东方公司（母公司）将本期以现金购得的成本为800元、进项增值税为136元的商品销售给所属子公司西北公司，内部销售收入为1000元，销项增值税为170元。西北公司在本合并期全部未对外售出，期末该存货的可变现净值为700元。

要求：抵销存货内部交易。

【解答】

编制抵销分录，抵销内部销售收入、销售成本、未实现内部销售利润和多提的存货跌价准备（单位：元）：

借：营业收入　　　　　　　　　　　　　　　　　　　　　　　　1000
　　贷：营业成本　　　　　　　　　　　　　　　　　　　　　　　800

```
        存货                          200
  借：存货                            200
    贷：资产减值损失                  200
```

编制第一个合并期的合并工作底稿如表6-9所示。

表6-9 第一个合并期的合并工作底稿

单位：元

项目	母公司	子公司	合计数	抵销分录 借方	抵销分录 贷方	合并数
存货		700	700	200	200	700
其余资产	5000	1000	6000			6000
资产总计	5000	1700	6700			6700
未分配利润	200	−300	−100			−100
其余权益	4800	2000	6800			6800
权益总计	5000	1700	6700			6700
营业收入	1000		1000			0
减：营业成本	800	300	1100		800	100
					200	
其中：资产减值损失		300	300		200	100
净利润	200	−300	−100	1000	1000	−100
未分配利润——年末		−300	−100	1000	1000	−100

表6-9中，合并后的存货为700元，已抵销未实现内部销售利润200元，子公司多提的存货跌价准备也被抵销。在母公司存货成本800元的基础上，抵减了企业集团确认的存货跌价准备的结果，也就是该存货的期末可变现净值。合并后，净利润为−100元，是该存货本期发生的存货跌价损失，也是企业集团予以确认的部分。

（2）内部购入存货在连续持有期间的抵销

如果内部购入存货在连续几个合并期内未对外售出，内部购货方连续持有该存货，而各期的可变现净值在波动，购货方所提存货跌价准备的账面余额在调整，其合并抵销应按以下步骤进行：

① 根据上年的抵销分录编制递延抵销分录

首先，抵销期初存货中含有的内部销售利润。虽然上个合并期抵销了期末存货中的未实现内部销售利润，但是合并抵销分录并不影响个别财务报表，到第二个合并期，年初未分配利润和期初存货又会恢复到上期抵销前的状态,仍然包括上期购入存货的未实现内部销售利润。所以,第二个合并期要编制递延抵销分录予以抵销。抵销分录如下:

借:未分配利润——年初
　　贷:存货

其次,抵销前期累计多提或少提的存货跌价准备。虽然上个合并期抵销了内部购货方多提或少提的存货跌价准备,但是其个别财务报表并未调整,对年初未分配利润仍然产生影响,因此也要编制递延抵销分录予以抵销。

前期累计多提或少提的存货跌价准备＝上期末内部购货方该存货的跌价准备余额-上期合并财务报表中该存货的跌价准备余额

若结果为正数,则是前期累计多提数;若结果为负数,则是前期累计少提数。抵销前期累计多提的存货跌价准备的递延抵销分录如下:

借:存货
　　贷:未分配利润——年初

如果是抵销前期累计少提的存货跌价准备,则编制相反的递延抵销分录。

② 抵销当期多调整的存货跌价准备

如果上述存货的期末可变现净值与上期末相比发生变动,就要调整存货跌价准备。

对内部购货方而言:

调整的金额＝本期末该存货的可变现净值低于其成本的差额-该存货的跌价准备的期初余额

对企业集团而言:

调整的金额＝本期末该存货的可变现净值低于内部销货方的成本的差额-合并财务报表中该存货的跌价准备的期初余额

上述结果如为负数,则是应冲减的金额;如为正数,则是应调增的金额。对内部购货方的调整数与企业集团的调整数之间的差额,应予以抵销,具体有以下三种情况:

第一种情况,内部购货方和企业集团的调整情况相同时,无须抵销。

第二种情况,内部购货方的调增数大于企业集团的调增数时,应抵销这部分多调增的金额,编制抵销分录如下:

借:存货
　　贷:资产减值损失

第三种情况，内部购货方的调减数大于企业集团的调减数时，应抵销这部分多调减的金额，编制抵销分录如下：

借：资产减值损失
  贷：存货

例6.14

承例6.13，东方公司在第一个合并期出售成本为800元的存货给西北公司，售价为1000元。假设西北公司在以后的三个合并期均未出售该存货，各期期末该存货的可变现净值分别为700元、1000元、700元和800元，则各期有关存货跌价准备的抵销情况如表6-10所示。

表6-10 存货跌价准备的抵销

单位：元

合并期	可变现净值	内部购货方		企业集团		抵销分录	
		本期调整	期末余额	本期调整	期末余额	递延抵销分录	本期抵销分录
第一期	700	300	300	100	100	不必编制	借：存货 200 贷：资产减值损失 200
第二期	1000	-300	0	-100	0	借：存货 200 贷：未分配利润——年初 200	借：资产减值损失 200 贷：存货 200
第三期	700	300	300	100	100	无	借：存货 200 贷：资产减值损失 200
第四期	800	-100	200	-100	0	借：存货 200 贷：未分配利润——年初 200	无

如果到第二个合并期，该存货仍然全部未对外售出，则其可变现净值上升为1000元，与上年相比增加了300元。

首先，分析上年的抵销分录，编制递延抵销分录如下（单位：元）：

借：存货   200
  贷：未分配利润——年初   200

其次，该存货的期末可变现净值上升为1000元，等于子公司确认的该存货的成本，子公司就会将上期计提的存货跌价准备300元全部冲销，并将冲销数计入当期损益。从企业集团来看，可变现净值高于该存货的成本800元，应将上期合并财务报表中的存货跌价准备100元予以冲销，冲销数应计入当期合并损益。相比而言，子公司多冲销了200元，应编制抵销分录如下（单位：元）：

  借：资产减值损失   200
    贷：存货   200

（3）实现对外销售当期的抵销

■ 例6.15

  承例6.13，子公司在第三个合并期将这些存货全部对外售出，实现对外销售收入1250元，销售成本为1000元。该存货内部交易已终结，存货中所含的内部销售利润随结转营业成本一并体现为销售成本，递延抵销分录不应再冲销存货，而应冲销营业成本。

  编制递延抵销分录如下（单位：元）：

  借：未分配利润——年初   200
    贷：营业成本   200

由此可见，存货内部交易无论何时终结，总是可以通过抵销分录和递延抵销分录对其进行正确的抵销。不过，要注意，已终结存货内部交易的递延抵销分录是贷记"营业成本"，而未终结存货内部交易的递延抵销分录是贷记"存货"，所对应的借方科目都是借记"未分配利润——年初"。

3. 存货内部交易部分未终结的抵销

存货内部交易部分未终结，是指销货方成员企业已经与购货方成员企业完成了存货的内部交易，但是购货方成员企业只对外售出了一部分存货，这部分内部交易已终结；还有一部分存货在合并期未对外售出，这部分内部交易尚未终结。

对于未终结内部存货交易，可以分两部分进行抵销，已对外售出的一部分存货属于存货内部交易已终结的抵销，尚未售出的一部分存货属于存货内部交易未终结的抵销。由此看来，存货内部交易部分未终结的抵销实际上综合了前述存货内部交易已终结的抵销与未终结的抵销两种情况。对于已售出的一部分存货，比照存货内部交易已终结的抵销方法处理，借记"营业收入"，贷记"营业成本"；对于尚未售出的一部分存货，比照存货内部交易未终结的抵销方法处理，借记"营业收入"，贷记"营业成本"和"存货"。

例6.16

东方公司（母公司）将上期购入的成本为800元的商品销售给所属子公司西北公司，内部销售收入为1000元，销售利润率为20%，增值税为170元。西北公司在本合并期只对外售出60%，对外销售收入为750元，增值税为127.5元；还有40%形成期末存货，计400元。

要求：抵销存货内部交易。

【解答】

首先，对于已售出的一部分存货，应编制抵销分录，抵销内部销售收入和销售成本（单位：元）。

借：营业收入   600
  贷：营业成本   600

其次，对于尚未售出的一部分存货，应编制抵销分录，抵销内部销售收入、销售成本和存货中未实现的内部销售利润（单位：元）。

借：营业收入   400
  贷：营业成本   320
    存货   80

在第二个合并期，应编制递延抵销分录，如上述未售出存货仍未售出，仍属于未终结的存货内部交易，则递延抵销分录是：借记"未分配利润——年初"，贷记"存货"；如上述存货在第二个合并期已对外售出，则递延抵销分录是：借记"未分配利润——年初"，贷记"营业成本"。总之，无论内部购入存货在本合并期是否对外售出，只要它在上一个合并期未售出，本合并期仍要编制递延抵销分录。

如果子公司在第二个合并期将未售出的40%存货全部对外售出，对外销售收入为500元，增值税为85元，则编制递延抵销分录如下（单位：元）：

借：未分配利润——年初   80
  贷：营业成本   80

两个合并期合并以后的损益如表6-11所示。

表6-11 两个合并期合并以后的损益

单位：元

项目	第一个合并期	第二个合并期	合计
营业收入	750	500	1250
减：营业成本	480	320	800
营业利润	270	180	450

> 从表6-11的合计数来看，企业集团只承认一次对外销售，其销售收入就是购货成员企业两期对外销售收入之和1250元，其销售成本就是销货成员企业在第一个合并期的内部销售成本800元按配比原则分两期（480元与320元）实现的价值补偿。这些信息都是企业集团会计主体的会计信息，反映了整个企业集团的损益。

4. 存货内部交易的综合抵销

以上对存货内部交易的抵销按已终结、未终结和部分终结三种情况分别加以阐述。在实际合并时，这三种情况往往会同时出现，而且在不同批次的存货内部交易中，有时这批交易已终结，另一批交易未终结，还有一批交易部分终结；有时甚至分不清哪一批存货内部交易属于哪一种情况，况且存货内部交易与外部交易混合在一起。这时，不宜按以上三种情况分别进行处理，可采用综合抵销法。存货内部交易的综合抵销可分以下三步进行：

（1）对上期结转的内部购进存货编制抵销分录

抵销上期结转的购进存货中的内部销售利润，并假设上期结转的内部购进存货在本合并期全部对外售出，按其所包含的内部销售利润编制递延抵销分录如下：

借：未分配利润——年初
　　贷：营业成本

（2）对本合并期内部购进的存货编制抵销分录

借：营业收入
　　贷：营业成本

（3）对本合并期期末结存的内部购进存货（尚未终结的存货内部交易部分）编制抵销分录

首先，抵销合并期期末结存的存货中所包含的未实现内部销售利润。这部分未实现内部销售利润，无论是在哪一期形成的，在前两步都假设在本合并期已通过对外售出而实现，已抵销本合并期的营业成本，但是实际上仍然还有一部分并未对外售出而包含在期末存货中，应调整销售成本和存货。抵销分录如下：

借：营业成本
　　贷：存货

上笔抵销分录的金额包括两部分内容：一部分是本期交易形成的未实现内部销售利润，可用销货成员企业的本期销售利润率乘以本期存货内部交易形成的期末存货数额；另一部分是前期交易形成的未实现内部销售利润，可用前期结转的未实现内部销售利润乘以尚未对外售出的比例。将存货中的未实现内部销售利润抵销以后，还存货以原来的价值，即不含内部销售利润的价值。这笔抵销分录会引起期末未分配利润发生变化，在下一个合并期必须编制其递延抵销分录。

其次，抵销本合并期期末购货成员企业多计提的存货跌价准备。

借：存货
  贷：资产减值损失

如果本合并期期末购货成员企业多调减了存货跌价准备，则上笔抵销分录应作相反记录。

例6.17

东方公司（母公司）将其上期购入的成本为800元的商品销售给所属子公司西北公司，内部销售收入为1000元，销售利润率为20%，增值税为170元。上述款项已经以现金结算。西北公司在本合并期只售出该存货的60%，销售成本为600元，对外销售收入为750元，增值税为127.5元。此外，该存货还有40%形成子公司的期末存货。西北公司的销售利润率仍为20%。该存货的期末可变现净值为350元，西北公司本期计提了存货跌价准备50元。

要求：综合抵销存货内部交易。

【解答】

这是第一个合并期，不存在综合抵销的第一步处理。从第二步开始，按存货内部交易销货成员企业的内部销售收入全额抵销（单位：元）。

借：营业收入   1000
  贷：营业成本   1000

然后，进入第三步，按期末存货所含的未实现内部销售利润抵销（单位：元）。

借：营业成本   80
  贷：存货   80

子公司期末结存的内部购进存货的可变现净值为350元，高于母公司的成本320元，但是低于子公司的成本400元。子公司本期计提了存货跌价准备50元。但是，从企业集团的角度看，该存货不应计提存货跌价准备，故应编制以下抵销分录（单位：元）：

借：存货   50
  贷：资产减值损失   50

编制第一个合并期的合并工作底稿如表6-12所示。

表6-12 第一个合并期的合并工作底稿

单位：元

项目	母公司	子公司	合计数	抵销分录 借方	抵销分录 贷方	合并数
存货	2000	2350	4350	50	80	4320
其余资产	18000	7650	25650			25650
资产总计	20000	10000	30000			29970
未分配利润	1000	500	1500			1470
其余权益	19000	9500	28500			28500
权益总计	20000	10000	30000			299700
营业收入	5000	2750	7750	1000		6750
减：营业成本	4000	2250	6250	80	1000	5280
其中：资产减值损失		50	50	50		0
营业利润	1000	500	1500		50	1470
未分配利润——年初						
未分配利润——年末	1000	500	1500			1470

例6.18

承例6.17，到第二个合并期，东方公司将成本为1500元的商品销售给所属子公司西北公司，内部销售收入2000元以及增值税340元均已收到现金，销售利润率为25%。西北公司在本合并期售出其中的50%，对外实现销售收入1250元，销项增值税为212.5元，未售出部分期末可变现净值为900元。西北公司将上期结转的内部交易存货在本期售出70%，期末可变现净值为100元。假定西北公司对售出存货采用个别辨认法计价，母公司和子公司的增值税均已交清。

要求：抵销存货内部交易。

【解答】

首先，假定上期结转的内部交易存货在本期全部对外售出，按上期结转的存货未实现内部销售利润80元以及多计提的存货跌价准备50元编制递延抵销分录如下（单位：元）：

借：未分配利润——年初　　　　　　　　　　　　　　　80
　　贷：营业成本　　　　　　　　　　　　　　　　　　　　80
借：存货　　　　　　　　　　　　　　　　　　　　　　50
　　贷：未分配利润——年初　　　　　　　　　　　　　　　50

其次，对第二个合并期发生的存货内部交易，假定在本合并期全部对外售出，按内部销售收入全额抵销，编制抵销分录如下（单位：元）：

借：营业收入　　　　　　　　　　　　　　　　　　　　　　　　2000
　　贷：营业成本　　　　　　　　　　　　　　　　　　　　　　　　2000

注意：上笔抵销分录的金额不包括上期结转的内部交易存货在本期售出70%的销售收入，因为结转到下期的内部交易存货的内部销售收入在上期已全额抵销。

最后，对第二个合并期期末尚未对外售出的存货中所有未实现内部销售利润以及多计提的存货跌价准备进行抵销。前期结转存货中的未实现内部销售利润为80元，此存货本期的未售出比例是30%，即有24元（80×30%）内部销售利润仍然滞留在存货价值中，还是未实现的内部销售利润，仍要继续进行抵销；其余56元内部销售利润随对外售出已转化为实现的销售利润，交易终结，不必再进行抵销。本期存货内部交易只售出其中的50%，尚有50%未对外售出，体现为期末存货，所含的未实现内部销售利润为250元（2000×50%×25%）。到第二个合并期期末，存货中所有未实现的内部销售利润共计274元（24+250），应予以抵销，编制抵销分录如下（单位：元）：

借：营业成本　　　　　　　　　　　　　　　　　　　　　　　　　274
　　贷：存货　　　　　　　　　　　　　　　　　　　　　　　　　　274

此外，前期结转存货的可变现净值为100元，从内部购货方来看，其成本为120元（1000×40%×30%），应计提存货跌价准备20元，而上期末内部购货方相应的存货跌价准备余额为50元，所以本期应冲销30元；从企业集团来看，其成本为96元（800×40%×30%），低于可变现净值，不应计提存货跌价准备，上期末合并的存货跌价准备为零。因此，内部购货方本期冲销的30元应予以抵销。本期新增内部购进存货期末的可变现净值为900元，从内部购货方来看，其成本为1000元，应计提存货跌价准备100元；从企业集团来看，其成本为750元，不应计提存货跌价准备，应将内部购货方计提的存货跌价准备100元予以抵销。综合考虑，应抵销存货跌价准备70元（100-30），抵销分录如下（单位：元）：

借：存货　　　　　　　　　　　　　　　　　　　　　　　　　　　70
　　贷：资产减值损失　　　　　　　　　　　　　　　　　　　　　　70

编制第二个合并期的合并工作底稿如表6-13所示。

表6-13 第二个合并期的合并工作底稿

单位：元

项目	母公司	子公司	合计数	抵销分录 借方	抵销分录 贷方	合并数
存货	1300	1880	3180	120	274	3026
其余资产	20000	8600	28600			28600
资产总计	21300	10480	31780			31626
未分配利润	2300	1030	3330			3176
其余权益	19000	9450	28450			28450
权益总计	21300	10480	31780			31626
营业收入	6000	3000	9000	2000		7000
减：营业成本	4700	2470	7170	274	80	5294
					2000	
					70	
其中：资产减值损失		70			70	0
营业利润	1300	530	1830			1706
未分配利润——年初	1000	500	1500	80	50	1470
未分配利润——年末	2000	1030	3330			3176

从表6-13中可以看出，个别报表汇总的"未分配利润——年初"，又恢复到上一个合并期抵销以前的状态，通过递延抵销分录，将其调整到上期合并以后的状态。

上例中，子公司对从母公司购入的存货，确认其对外销售成本采用的是个别辨认法，如改用加权平均法或先进先出法，则子公司对外售出内部交易存货的销售成本、销售利润以及期末结存的内部交易存货余额都会改变，而抵销原理不变。在存货内部交易的综合抵销中，对前期交易形成的未实现内部销售利润，是按本期确认的该存货未销比例乘以前期结转的未实现内部销售利润计算的。因此，内部交易存货计价方法的改变对抵销存货中的未实现内部销售利润有直接影响。

在以后各期合并财务报表编制抵销分录时，都要按上述存货内部交易综合跨期抵销的三步进行处理。

6.7.4 固定资产内部交易的抵销

由于企业集团内各成员企业或不同行业划分固定资产的标准可能不同，因此按资产形态，固定资产内部交易可分为固定资产到固定资产、固定资产到存货、存货到固定资产三种，合并时抵销的范围和方法均有区别。

1. 固定资产到固定资产内部交易的抵销

固定资产到固定资产内部交易，是指企业集团内某一成员企业将自己使用的固定资产变卖给另一成员企业作为固定资产使用。作为交易双方的成员企业都涉及固定资产的购销活动。

从销货成员企业来看，首先将固定资产转入清理，借记"固定资产清理""累计折旧"，贷记"固定资产"。发生的清理费用，借记"固定资产清理"，贷记有关科目。获得的变卖收入，借记"银行存款"等科目，贷记"固定资产清理"。如果此类交易涉及的是不动产，则销货成员企业应交的营业税应借记"固定资产清理"，贷记"应交税费"，应在计算清理净收益时将其扣除。清理结束后的清理净收益，借记"固定资产清理"，贷记"营业外收入"；清理净损失，借记"营业外支出"，贷记"固定资产清理"。这部分清理净损益将反映在个别02表的有关项目中。

从企业集团来看，上述固定资产内部交易相当于企业集团内的调拨，从一个成员企业调到另一个成员企业，只改变了固定资产的存放地点，不会由此产生损益。因此，在固定资产内部交易中，对销货成员企业形成的营业外收支，同时也是购货成员企业固定资产净值中所含的未实现内部损益，应予抵销。抵销步骤一般如下：

编制抵销分录，抵销该固定资产内部交易所形成的未实现内部利润。

借：营业外收入
　　贷：固定资产——原价

若为未实现内部亏损，则做相反记录。

从固定资产到固定资产的内部交易所抵销的主要内容是该交易所形成的内部销售利润。内部购货方按包含内部销售利润的固定资产原价计提折旧，从而导致多计提了固定资产折旧，这部分折旧也应抵销，抵销方法与从存货到固定资产多提折旧的抵销方法相同，留待后面叙述。

抵销分录使"未分配利润——年末"发生了变化，在下一个合并期必须编制相应的递延抵销分录，借记"未分配利润——年初"，贷记"固定资产——原价"。在该固定资产的整个存续期内，都应编制这一递延抵销分录，直至该固定资产报废或退出企业集团。

固定资产到固定资产内部交易发生的频率一般不高，尤其是对损益的影响不大。根据重要性原则，这部分影响可以忽略不计，不予抵销。

2. 固定资产到存货内部交易的抵销

固定资产到存货内部交易，是指企业集团内某一成员企业将自身的固定资产变卖给另一成员企业作为存货销售，即内部卖出的是固定资产，内部买入的是存货。虽是同一交易对象，但双方的资产形态不同。

从销货成员企业来看，变卖固定资产要经过固定资产清理核算，并且核算清理过程中的清理费用和清理收入，将清理结束后的净收入或净损失转入营业外收入或营业外支出。核算过程与前述固定资产到固定资产内部交易相同，其处置的净收益或净损失在个别02表中反映。

从购货成员企业来看，该固定资产被当作存货购入，如果尚未对外销售，将作为存货列示在其个别01表中；如果已对外出售，将被列示在其个别02表中，要确认该存货对外销售的营业收入和营业成本，并体现为营业损益。

从企业集团来看，该内部交易相当于将固定资产直接对外变卖，不应体现为企业集团的营业收入或营业成本，其对损益的影响应是清理结束后的净收益或净损失，并且要全部列入营业外收入或营业外支出，不应列入营业收入或营业成本。

（1）固定资产到存货内部交易已终结的抵销

销货成员企业将固定资产出售给购货成员企业，购货成员企业将其当作存货购入，此存货在合并期已全部对外售出，该内部交易已终结。

在固定资产到存货内部交易中，如购货成员企业已将此存货对外售出，其在02表中反映的营业收入和营业成本应予以抵销，差额转入营业外收入。编制抵销分录如下：

借：营业收入
　　贷：营业成本
　　　　营业外收入

例6.19

东方公司（母公司）将原值为2000元、折旧为500元的一项固定资产销售给所属子公司西北公司，售价为1600元，无清理费用。东方公司已将清理净收入100元转作营业外收入。西北公司将此项资产作为存货购入，并在本合并期以1650元对外售出，交易已终结。

要求：抵销固定资产内部交易。

【解答】

编制抵销分录如下（单位：元）：

借：营业收入　　　　　　　　　　　　　　　　　　1650
　　贷：营业成本　　　　　　　　　　　　　　　　1600
　　　　营业外收入　　　　　　　　　　　　　　　　50

（2）固定资产到存货内部交易未终结的抵销

销货成员企业将固定资产销售给购货成员企业，购货成员企业将其作为存货购入，此存货在合并期尚未对外售出，即该内部交易未终结。

在固定资产到存货内部交易中，如购货成员企业购入的此存货尚未对外售出，则未实现内部利润滞留在存货价值中。因此，销货成员企业的处置净收益与购货成员企业存货中的未实现内部销售利润应该抵销。编制抵销分录如下：

借：固定资产——原价（销货成员企业的账面净值）
　　营业外收入（销货成员企业的处置净收益）
　贷：存货（购货成员企业的存货入账价值）

例6.20

承例6.19，西北公司（子公司）作存货购入的该固定资产在合并期尚未对外售出，则存货中含有的未实现内部销售利润应予以抵销，合并时按以下步骤进行：

针对合并01表和合并02表编制抵销分录，抵销存货中的未实现内部销售利润（单位：元）：

借：固定资产　　　　　　　　　　　　　　　　　　　　　　1500
　　营业外收入　　　　　　　　　　　　　　　　　　　　　　100
　贷：存货　　　　　　　　　　　　　　　　　　　　　　　　1600

到下一个合并期，假定子公司将此存货全部以1650元对外售出，子公司在其利润表中反映营业收入1650元、营业成本1600元、营业利润50元。从企业集团来看，这相当于母公司上个合并期将上述固定资产转移到子公司，本期再直接对外出售。所以，在编制抵销分录时，应与一般内部交易一样编制一般抵销分录和递延抵销分录。如本例，编制抵销分录，分步操作如下：

第一步，编制递延抵销分录如下（单位：元）：

借：未分配利润——年初　　　　　　　　　　　　　　　　　100
　贷：营业外收入　　　　　　　　　　　　　　　　　　　　　100

第二步，抵销子公司本期销售收入、销售成本，并将营业损益转化为营业外收入，编制抵销分录如下（单位：元）：

借：营业收入　　　　　　　　　　　　　　　　　　　　　　1650
　贷：营业成本　　　　　　　　　　　　　　　　　　　　　　1600
　　　营业外收入　　　　　　　　　　　　　　　　　　　　　50

3. 存货到固定资产内部交易的抵销

存货到固定资产内部交易，是指企业集团内某一成员企业将自身的存货出售给另一成员企业作为固定资产使用。此类交易可按交易事项发生时的顺序，分交易发生当期、处置或报废之前和处置或报废当期三个阶段进行抵销。

（1）存货到固定资产内部交易发生当期的抵销

为了说明这种内部交易的抵销情况，举下面这个例子，先从销货成员企业、购货成员企业和企业集团三个会计主体出发分别进行处理，然后通过对比有关各方的会计核算过程及其结果，确定该内部会计事项的抵销方法。

例6.21

2×07年6月，东方公司（母公司）将成本为2000元的产品销售给所属子公司西北公司，售价为2500元，销项增值税为425元。西北公司以支付的价税2925元作为固定资产原价入账，当月投入使用，折旧年限为5年，假定无残值。

要求：抵销固定资产内部交易。

【解答】

首先，销货成员企业应将其作为产品销售进行核算，编制以下会计分录（单位：元）：

借：银行存款　　　　　　　　　　　　　　　　　　　　2925
　　贷：主营业务收入　　　　　　　　　　　　　　　　2500
　　　　应交税费（销项税额）　　　　　　　　　　　　 425

期末结转相应成本：

借：主营业务成本　　　　　　　　　　　　　　　　　　2000
　　贷：库存商品　　　　　　　　　　　　　　　　　　2000

体现营业利润500元。

其次，购货成员企业应将其作为购入固定资产核算，将进项税额计入资产价值，编制以下会计分录（单位：元）：

借：固定资产　　　　　　　　　　　　　　　　　　　　2925
　　贷：银行存款　　　　　　　　　　　　　　　　　　 925

当期（半年）计提折旧292.5元（2925÷5÷2），分录如下（单位：元）：

借：管理费用　　　　　　　　　　　　　　　　　　　　292.5
　　贷：累计折旧　　　　　　　　　　　　　　　　　　292.5

最后，企业集团会计主体应将其作为自建固定资产核算，按价值补偿要求，作为固定资产原价确认的应是其实际发生的建造成本。按相关法律规定，将自产或委托加工的货物用于非应税项目,应视同销售计算应交增值税,一并与建造成本计入资产价值。其计税价格应按当月或最近时期同类货物的平均销售价格确定,或者按组成计税价格确定,如本例的计税价格为2500元。编制以下会计分录(单位:元):

借:固定资产　　　　　　　　　　　　　　　　　　　　　　2425
　　贷:应交税费(应交增值税)　　　　　　　　　　　　　　　425
　　　　库存商品　　　　　　　　　　　　　　　　　　　　　2000

当期计提折旧242.5元(2425÷5÷2),分录如下(单位:元):

借:管理费用　　　　　　　　　　　　　　　　　　　　　　242.5
　　贷:累计折旧　　　　　　　　　　　　　　　　　　　　　242.5

从本例可以看出,销货成员企业对此类内部交易确认收入2500元,并结转相应成本2000元,体现损益500元。购货成员企业以其所付的使该项固定资产达到可使用状态前所发生的一切支出(包括支付给销货成员企业的买价及增值税)2925元作为固定资产原价。从企业集团来看,这相当于自行建造固定资产,其原价应是其建造成本及增值税的合计数2425元,不会带来利润。因此,销货成员企业确认的收入2500元与成本2000元应抵销,差额500元即为购货成员企业已计入固定资产原价的未实现内部销售利润,应一并抵销。编制抵销分录如下(单位:元):

借:营业收入　　　　　　　　　　　　　　　　　　　　　　2500
　　贷:营业成本　　　　　　　　　　　　　　　　　　　　　2000
　　　　固定资产　　　　　　　　　　　　　　　　　　　　　500

从本例还可以看出,购货成员企业所确认的原价含有未实现内部销售利润,而企业集团确认的原价不含未实现内部销售利润,按这两种原价计提的折旧额不会相等,其差额就是购货成员企业的原价中未实现内部销售利润所计提的折旧额。在本例中,差额为50元(500÷5÷2)。在该交易形成的未实现内部销售利润被抵销的同时,这部分多计提的折旧额也应一并抵销。抵销时,一方面,应冲减累计折旧。另一方面,应根据该固定资产的使用情况确定应冲减的项目,如果是管理部门使用,则冲减管理费用;如果是销售部门使用,则冲减营业费用;如果是生产部门使用,则冲减存货(生产的产品尚未出售)或营业成本(生产的产品已出售)。因为除存货外,冲减其他项目对损益的影响是相同的,所以为简化核算,无论其使用情况如何,均可冲减管理费用。编制抵销分录如下(单位:元):

借：固定资产——累计折旧　　　　　　　　　　　　　　　　50
　　　贷：管理费用　　　　　　　　　　　　　　　　　　　　50

编制2×07年合并工作底稿如表6-14所示。

表6-14　2×07年合并工作底稿

单位：元

项目	母公司	子公司	合计数	抵销分录 借方	抵销分录 贷方	合并数
固定资产		2632.5	2632.5	50	500	2282.5
其余资产	4000	1367.5	5367.5			5367.5
资产总计	4000	4000	8000			7550
未分配利润	100	-292.5	207.5			-242.5
其余权益	3900	4292.5	7792.5			7792.5
权益总计	4000	4000	8000			7550
营业收入	2500		2500	2500		0
减：营业成本	2000	292.5	2292.5		2000	242.5
					50	
其中：管理费用（折旧费用）		292.5	292.5		50	242.5
营业利润	500		500			-242.5
未分配利润——年末	500	-292.5	207.5			-242.5

（2）内部购入固定资产在处置或报废之前的抵销

内部购入固定资产在处置或报废之前的使用存续期一般较长。在这段时间内，每一个合并期都要编制递延抵销分录，抵销固定资产原价中所含的内部未实现销售利润，并抵销到上期为止累计多提的折旧，还要编制抵销分录，抵销当期多计提的折旧。

① 编制递延抵销分录

内部购入固定资产仍然存在于企业集团之中，而上期抵销分录并不影响个别财务报表，在内部购货方本合并期的个别财务报表上，固定资产原价仍按抵销前包含内部未实现销售利润的原价列示，累计折旧也包括以前累计多计提的折旧，年初未分配利润又会恢复到上个合并期抵销前的状态。这时，必须编制递延抵销分录，调整年初未分配利润、固定资产原价和累计折旧。

首先，调整年初未分配利润和抵销固定资产原价中包含的内部未实现销售利润，编制递延抵销分录如下：

借：未分配利润——年初
　　　贷：固定资产——原价

其次，抵销到上期为止累计多计提的折旧和调整年初未分配利润，编制递延抵销分录如下：

借：固定资产——累计折旧
　　贷：未分配利润——年初

从开始计提折旧后的下一个合并期开始，只要该固定资产尚未报废或处置，即使超过了使用年限，也要编制上述递延抵销分录。

② 编制抵销分录，抵销合并当期多计提的折旧

对合并当期多计提的折旧，编制抵销分录如下：

借：固定资产——累计折旧
　　贷：管理费用

如果在此期间由于停用、超过使用年限继续使用或其他原因没有计提折旧，则无须编制本步的抵销分录。

例6.22

承例6.21，子公司的年折旧额为585元（2925÷5）。从企业集团来看，其年折旧额为485元（2425÷5）。两个折旧额的差额就是原价中所含未实现内部销售利润500元计提的折旧。

现编制2×08—2×11年的抵销分录，如表6-15所示。

表6-15　2×08—2×11年的抵销分录

单位：元

借贷方向及科目	借贷金额			
	2×08年	2×09年	2×10年	2×11年
1. 编制递延抵销分录：				
借：未分配利润——年初	500	500	500	500
贷：固定资产——原价	500	500	500	500
2. 编制递延抵销分录：				
借：固定资产——累计折旧	50	150	250	350
贷：未分配利润——年初	50	150	250	350
3. 抵销当年多提折旧：				
借：固定资产——累计折旧	100	100	100	100
贷：管理费用	100	100	100	100

如果在使用期满后继续使用该固定资产，则子公司个别财务报表仍将继续对

其进行反映，固定资产原价中仍包括未实现内部销售利润，累计折旧中仍包括以前年度累计多计提的折旧，所以仍应按使用期满前的方法编制递延抵销分录。只要上述固定资产尚未处置或报废，在超年限使用的各期均需编制递延抵销分录。关于在使用期满当期是否需要抵销当期多计提的折旧，应分以下两种情况：如果是在期中使用期满，则当年还是计提折旧，仍需编制抵销当年多计提折旧的抵销分录；如果是在期初使用期满，则当期不再提取折旧，因而不存在对当期多计提折旧额的抵销问题。在使用期满以后的合并期，如仍超年限使用该固定资产，则将不会再计提折旧，也就不存在抵销当期多提折旧的问题。

例6.23

承例6.21，子公司购入的该固定资产在2×12年没有报废，仍继续使用。2×12年，子公司提取最后半年的折旧额为292.5元，多提旧额为50元。个别财务报表仍然继续反映该固定资产的原值和累计折旧。当年合并时，应首先通过递延抵销分录调整年初未分配利润，编制递延抵销分录如下（单位：元）：

借：未分配利润——年初　　　　　　　　　　　　　　　　500
　　贷：固定资产　　　　　　　　　　　　　　　　　　　　500
借：固定资产（到上年为止累计多提的折旧额）　　　　　　450
　　贷：未分配利润——年初　　　　　　　　　　　　　　450

同时，对当年多提的折旧额编制抵销分录如下（单位：元）：

借：固定资产　　　　　　　　　　　　　　　　　　　　　50
　　贷：管理费用　　　　　　　　　　　　　　　　　　　　50

2×13年，该固定资产如果仍在使用，个别财务报表就会继续对其进行反映，合并时只要编制递延抵销分录如下（单位：元）：

借：未分配利润——年初　　　　　　　　　　　　　　　　500
　　贷：固定资产　　　　　　　　　　　　　　　　　　　　500
借：固定资产（到上年为止累计多提的折旧额）　　　　　　500
　　贷：未分配利润——年初　　　　　　　　　　　　　　500

（3）内部购入固定资产处置或报废当期的抵销

内部购入固定资产的处置或报废按时间可分为三种情况：一是使用期满的当期报废，二是使用期满以前的提前处置或报废，三是使用期满以后的合并期报废。在这三种情况下，抵销分录有所不同。

① 使用期满的当期报废

内部购入固定资产使用期满的当期报废是一种正常报废,既不是提前报废,也不是超年限使用报废。

例6.24

假设例6.21中的固定资产于2×12年6月使用期满,当月报废清理,假定无清理费用和清理收入。

如果当年的抵销分录完全按前几年的编制原理进行编制,那么首先编制递延抵销分录如下(单位:元):

借:未分配利润——年初　　　　　　　　　　　　　500
　　贷:固定资产　　　　　　　　　　　　　　　　　500
借:固定资产(到上年为止累计多提的折旧额)　　　　450
　　贷:未分配利润——年初　　　　　　　　　　　450

同时,对当年多提的折旧额编制抵销分录如下(单位:元):

借:固定资产　　　　　　　　　　　　　　　　　　50
　　贷:管理费用　　　　　　　　　　　　　　　　　50

应当看到,由于该固定资产当年已报废,内部交易终结,个别财务报表不会再予以反映,因而上述抵销分录中不应该再涉及该固定资产,不必也不能按上述方法编制抵销分录。但是,可以将上述三笔抵销分录合并,将分录中的借记和贷记"未分配利润——年初"对冲,保留其差额,编制正确的抵销分录如下(单位:元):

借:未分配利润——年初　　　　　　　　　　　　　50
　　贷:管理费用　　　　　　　　　　　　　　　　　50

② 使用期满以前的提前处理或报废

当购货成员企业购入的该内部交易固定资产提前处理或报废时,抵销分录在调整年初未分配利润的同时,还应冲销当年多计提的折旧额和转入清理的净值中所含的未实现内部销售利润。

例6.25

承例6.21,子公司所购入的该固定资产提前半年于2×11年12月报废,当年仍然提取折旧额585元,多计提折旧额100元。该资产报废时的账面净值为292.5元(其中含内部未实现销售利润50元),清理过程中没有发生清理费用和清理收入。清理结束，净损失292.5元转列营业外支出。

2×11年会计报表合并时，应通过递延抵销分录调整年初未分配利润，同时冲销当年多计提折旧额100元，还应冲销清理净损失中所含的内部销售利润计50元。按以上前几年的思路编制抵销分录如下（单位：元）：

首先，编制递延抵销分录，抵销固定资产原价中的内部未实现销售利润。

借：未分配利润——年初　　　　　　　　　　　　　　　　500
　　贷：固定资产　　　　　　　　　　　　　　　　　　　　　500

再编制递延抵销分录，抵销到上年为止累计多计提的折旧。

借：固定资产　　　　　　　　　　　　　　　　　　　　　350
　　贷：未分配利润——年初　　　　　　　　　　　　　　　350

其次，抵销当年多计提的折旧。

借：固定资产　　　　　　　　　　　　　　　　　　　　　100
　　贷：管理费用　　　　　　　　　　　　　　　　　　　　100

最后，抵销当年清理净损失中所含的内部未实现销售利润。

借：固定资产　　　　　　　　　　　　　　　　　　　　　50
　　贷：营业外支出　　　　　　　　　　　　　　　　　　　50

然而，该固定资产报废以后，个别财务报表不再予以反映。因此，上述抵销分录不应再涉及该固定资产，应将上述四笔抵销分录合并为以下一笔抵销分录（单位：元）：

借：未分配利润——年初　　　　　　　　　　　　　　　　150
　　贷：管理费用　　　　　　　　　　　　　　　　　　　　100
　　　　营业外支出　　　　　　　　　　　　　　　　　　　50

这笔分录才是报废当年所应编制的抵销分录，它实际上是以上四笔分录的综合。

③ 使用期满以后的合并期报废

内部购入的固定资产超期限使用以后才报废，该固定资产已消失，个别财务报表不再予以反映，报废当年也没有计提折旧，故无须编制抵销分录。虽然母公司的未分配利润中仍包括这部分内部销售利润的影响，但是子公司的未分配利润中也包括这部分内部销售利润多计提折旧的累计影响，它们在合计时将自动抵销，无须编制抵销分录。所以，在这种情况下，无须再编制任何抵销分录。

6.8 与所得税会计相关的抵销处理

6.8.1 所得税会计概述

在编制合并财务报表时,由于需要对企业集团内部交易进行合并抵销处理,因此可能导致在合并财务报表中反映的资产、负债账面价值与其计税基础不一致,存在着差异。为了使合并财务报表全面反映与所得税相关的影响,特别是当期所负担的所得税费用的情况,应当进行所得税会计核算,在计算确定资产、负债的账面价值与计税基础之间差异的基础上,确认相应的递延所得税资产或递延所得税负债。

6.8.2 与内部应收款项相关的所得税会计的抵销处理

在编制合并财务报表时,随着内部债权债务的抵销,也必须将内部应收账款计提的坏账准备予以抵销。在对其进行合并抵销处理后,该内部应收账款在合并财务报表中已不存在,对由内部应收账款账面价值与计税基础之间的差异所形成的暂时性差异确认的递延所得税资产,则需要进行抵销处理。

例6.26

甲公司为乙公司的母公司。甲公司本期个别资产负债表上应收账款中有17000000元为应收乙公司账款,该应收账款账面余额为18000000元,甲公司当年对其计提坏账准备1000000元。乙公司本期个别资产负债表上列有应付甲公司账款18000000元,甲公司和乙公司适用的所得税税率均为25%。

甲公司在编制合并财务报表时,其合并抵销处理如下(单位:元):

(1)将内部应收账款与应付账款相互抵销,其抵销分录如下:

借:应付账款　　　　　　　　　　　　　18000000　　　①
　　贷:应收账款　　　　　　　　　　　　18000000

(2)将内部应收账款计提的坏账准备予以抵销,其抵销分录如下:

借:应收账款　　　　　　　　　　　　　1000000　　　②
　　贷:资产减值损失　　　　　　　　　　1000000

将甲公司对内部应收账款计提坏账准备导致暂时性差异确认的递延所得税资产予以抵销。

本例中,甲公司在其个别财务报表中,对应收乙公司账款计提坏账准备1000000元,由此导致应收乙公司账款的账面价值调整为17000000元,而该应收账款的计税基础仍为18000000元。应收乙公司账款的账面价值17000000元与其计税基础18000000元之间的差额1000000元,形成当年暂时性差异。按照所得税会计准则的相关规定，应当确认该暂时性差异相应的递延税款资产250000元。甲公司在其个别财务报表中确认递延所得税资产时，一方面借记"递延所得税资产"科目250000元，另一方面贷记"所得税费用"科目250000元。随着内部应收账款及其计提的坏账准备的抵销，该应收账款在合并财务报表中已不存在。同时，由甲公司在其个别财务报表中所列应收A公司账款的账面价值与其计税基础之间形成的暂时性差异也不存在，对该暂时性差异确认的递延所得税资产需要予以抵销。

在编制合并财务报表对其进行合并抵销处理时，其抵销分录如下（单位：元）：

借：所得税费用　　　　　　　　　　　　250000　　　　　　　　　③
　　贷：递延所得税资产　　　　　　　　　　　250000

根据上述抵销分录，编制合并工作底稿（局部）如表6-16所示。

表6-16　合并工作底稿（局部）

单位：元

项目	甲公司	乙公司	合计	调整分录		抵销分录		少数股东权益	合并数
				借方	贷方	借方	贷方		
资产负债表项目									
……									
应收账款	17000000		17000000			1000000 ②	18000000 ①		0
……									
递延所得税资产	250000		250000				250000 ③		0
……									
应付账款		18000000	18000000			18000000 ①			0
……									
利润表项目									
……									
资产减值损失	1000000		1000000				1000000 ②		0
……									
营业利润	-1000000		-1000000				1000000		0
……									
利润总额									
所得税费用	-250000		-250000			250000 ③			0

续表

项目	甲公司	乙公司	合计	调整分录		抵销分录		少数股东权益	合并数
				借方	贷方	借方	贷方		
净利润（股东权益变动表项目）	−75		−75			25	100		0
期初未分配利润	0		0					0	0
……									
期末未分配利润	−750000		−750000			250000	1000000		0

6.8.3 与内部交易存货相关的所得税会计的抵销处理

企业在编制合并财务报表时，应当将被纳入合并范围的母公司与子公司以及子公司与子公司之间发生的内部交易对个别财务报表的影响予以抵销，其中包括内部商品交易所形成的存货价值中包含的未实现内部销售损益的金额。对于内部商品交易所形成的存货，从持有该存货的企业来说，假定不考虑计提资产减值损失，其取得成本就是该资产的账面价值，其中包括销售企业因该销售所实现的损益，这一取得成本也就是计税基础。所得税是以独立的法人实体为对象计征的，这一计税基础也是合并财务报表中该存货的计税基础。此时，账面价值与其计税基础是一致的，不存在暂时性差异，也不涉及确认递延所得税资产或递延所得税负债的问题。但是，在编制合并财务报表的过程中，随着内部商品交易所形成的存货价值包含的未实现内部销售损益的抵销，合并资产负债表所反映的存货价值是以原来内部销售企业该商品的销售成本列示的，不包含未实现内部销售损益。这导致在合并资产负债表中所列示的存货的价值与持有该存货的企业计税基础不一致，存在暂时性差异。这一暂时性差异的金额就是编制合并财务报表时所抵销的未实现内部销售损益的数额。在编制合并财务报表时，对于这一暂时性差异，必须确认递延所得税资产或递延所得税负债。

例6.27

甲公司持有乙公司80%的股权，系乙公司的母公司。甲公司2×01年利润表列示的营业收入中有50000000元，系当年向乙公司销售产品取得的销售收入，该产品的销售成本为35000000元。乙公司在2×01年将该批内部购进商品的60%实现对外销售，其销售收入为37500000元，销售成本为30000000元，并列于其利润表中。该批商品的另外40%则形成乙公司期末存货，即期末存货为20000000元，列于乙公司2×01年的资产负债表中。甲公司和乙公司适用的企业所得税税率均为25%。

甲公司在编制合并财务报表时,其合并抵销处理如下:

第一,将内部销售收入与内部销售成本和存货价值中包含的未实现内部销售利润抵销,其抵销分录如下(单位:元):

借:营业收入　　　　　　　　　　　　　50000000　　　　①
　贷:营业成本　　　　　　　　　　　　44000000
　　　存货　　　　　　　　　　　　　　6000000

第二,对因编制合并财务报表导致的存货账面价值与其计税基础之间的暂时性差异,确认相关递延所得税资产。本例中,从乙公司来说,该存货账的面价值与计税基础均为20000000元;从甲公司来说,通过上述合并抵销处理,合并资产负债表中该存货的价值为14000000元。由于甲公司和A公司均为独立的法人实体,这一存货的计税基础应从乙公司的角度考虑,即其计税基础为20000000元。该内部交易抵销的未实现内部销售损益导致的暂时性差异为6000000元,实际上就是抵销的未实现内部销售损益的金额。为此,编制合并财务报表时,还应当对该暂时性差异确认递延所得税资产1500000元(6000000×25%)。进行合并抵销处理时,其抵销分录如下(单位:元):

借:递延所得税资产　　　　　　　　　　150　　　　　②
　贷:所得税费用　　　　　　　　　　　150

根据上述抵销分录,其合并工作底稿(局部)如表6-17所示。

表6-17　合并工作底稿(局部)

单位:元

项目	甲公司	乙公司	合计	调整分录		抵销分录		少数股东权益	合并数
				借方	贷方	借方	贷方		
资产负债表项目									
……									
存货		20000000	20000000				6000000 ①		14000000
……									
递延所得税资产	0	0	0			1500000 ②			1500000
……									
利润表									

续表

项目	甲公司	乙公司	合计	调整分录		抵销分录		少数股东权益	合并数
				借方	贷方	借方	贷方		
营业收入	50000000	37500000	87500000			50000000 ①			37500000
营业成本	35000000	30000000	65000000				44000000 ①		21000000
……									
营业利润	15000000	7500000	22500000			50000000	44000000		16500000
……						50000000	44000000		16500000
利润总额	15000000	7500000	22500000						
所得税费用	3750000	1875000	5625000				1500000 ②		4125000
净利润	11250000	56250000	168750000			50000000	455000000		12375000
股东权益变动表项目									
期初未分配利润	0	0	0						0
……									
期末未分配利润	11250000	5625000	16875000			50000000	45500000		12375000

6.8.4 与内部交易固定资产等相关的所得税会计的抵销处理

对于内部交易形成的固定资产，企业在编制合并财务报表时，应当将该内部交易对个别财务报表的影响予以抵销，其中包括将内部交易形成的固定资产价值中包括的未实现内部销售利润予以抵销。对于内部交易形成的固定资产，从持有该固定资产的企业来说，假定不考虑计提资产减值损失，其取得成本就是该固定资产的账面价值，其中包括销售企业因该销售所实现的损益，这一账面价值与其计税基础是一致的，不存在暂时性差异，也不涉及确认递延所得税资产或递延所得税负债的问题。但是，在编制合并财务报表时，随着内部交易所形成的固定资产价值包含的未实现内部销售损益的抵销，合并资产负债表中所反映的该固定资产价值不包括这一未实现内部销售损益，也就是以原销售企业该商品的销售成本列示的。这导致在合并资产负债表中所列示的固定资产价值与持有该固定资产的企业计税基础不一致，存在暂时性差异。这一暂时性差异的金额就是编制合并财务报表时所抵销的未实现内部销售损益的数额。从合并财务报表来说，对于这一暂时性差异，在编制合并财务报表时，必须确认相应的递延所得税资产或递延所得税负债。

A公司和B公司均为甲公司控制下的子公司。A公司于2×01年1月1日将自己生产的产品销售给B公司作为固定资产使用,销售收入为16800000元,销售成本为12000000元。A公司在2×01年度利润表中列有该销售收入16800000元,该销售成本12000000元。B公司以16800000元的价格作为该固定资产的原价入账。B公司将购买的该固定资产用于公司的销售业务,该固定资产属于不需要安装的固定资产,当月投入使用,其折旧年限为4年,预计净残值为零。B公司对该固定资产确定的折旧年限和预计净残值与税法规定一致。为简化合并处理,假定该内部交易固定资产在交易当年按12个月计提折旧。B公司在2×01年12月31日的资产负债表中列有该固定资产,其原价为16800000元,累计折旧4200000元,固定资产净值为12600000元。A公司、B公司和甲公司所适用的所得税税率均为25%。

甲公司在编制合并财务报表时,应当进行如下抵销处理(单位:元):

(1)将与该内部交易固定资产相关的销售收入与销售成本和原价中包含的未实现内部销售利润予以抵销,其抵销分录如下(单位:元):

借:营业收入　　　　　　　　　　　　　16800000　　　①
　　贷:营业成本　　　　　　　　　　　　12000000
　　　　固定资产原价　　　　　　　　　　4800000

(2)将当年计提的折旧和累计折旧中包含的未实现内部销售损益的金额予以抵销,其抵销分录如下:

借:累计折旧　　　　　　　　　　　　　1200000　　　②
　　贷:销售费用　　　　　　　　　　　　1200000

(3)对因编制合并财务报表导致的内部交易固定资产账面价值与其计税基础之间的暂时性差异,确认相关递延所得税资产。

本例中,确认递延所得税资产或负债的相关计算如下:

B公司该固定资产的账面价值=16800000(固定资产原价)-4200000(当年计提的折旧额)=12600000(元)

B公司该固定资产的计税基础=16800000(固定资产原价)-4200000(当年计提的折旧额)=12600000(元)

根据上述计算,B公司因该内部交易形成的固定资产账面价值与其计税基础相同,不产生暂时性差异,在个别财务报表中不涉及确认递延所得税资产或递延所得税负债的问题。

合并财务报表中该固定资产的账面价值=12000000(企业集团取得该资产的成本)-3000000(按取得资产成本计算确定的折旧额)=9000000(元)

合并财务报表中该固定资产的计税基础＝B公司该固定资产的计税基础
＝12600000（元）

合并财务报表中该固定资产相关的暂时性差异＝9000000（账面价值）－12600000（计税基础）＝－3600000（元）

关于计税基础，企业所得税是以单个企业的纳税所得为对象计算征收的。某一资产的计税基础是从使用该资产的企业角度考虑的。从某一企业来说，资产的取得成本就是其计税基础。由于该内部交易固定资产由B公司拥有并使用，因此B公司该固定资产的计税基础也就是整个企业集团的计税基础，个别财务报表确定的该固定资产的计税基础与合并财务报表确定的该固定资产的计税基础是相同的。

关于合并财务报表中该固定资产的账面价值，是以抵销未实现内部销售利润后的固定资产原价（销售企业的销售成本）12000000元（固定资产原价－未实现内部销售利润），以及按抵销未实现内部销售利润后的固定资产原价计算的折旧额为基础计算的。

合并财务报表中该固定资产相关的暂时性差异，就是因抵销未实现内部销售而产生的。本例中，该固定资产原价抵销的未实现内部销售利润为4800000元。由于该固定资产的使用，当年计提的折旧额4200000元中也包含未实现销售利润1200000元，这1200000元随着固定资产折旧而结转为销售利润，因此该内部交易形成的固定资产价值中当年实际抵销的未实现内部销售利润为3600000元（4800000－1200000）。这3600000元就是因未实现内部销售利润而产生的暂时性差异。

对合并财务报表中因该内部交易固定资产未实现内部销售利润的抵销而产生的暂时性差异，应当确认的递延所得税资产为900000元（3600000×25%）。本例中，确认相关递延所得税资产的合并抵销分录如下（单位：元）：

借：递延所得税资产　　　　　　　　　900000　　　③
　　贷：所得税费用　　　　　　　　　　　900000

表6-18　合并工作底稿（局部）

单位：元

项目	甲公司	A公司	合计	调整分录		抵销分录		少数股东权益	合并数
				借方	贷方	借方	贷方		
资产负债表项目									
……									

续表

项目	甲公司	A公司	合计	调整分录 借方	调整分录 贷方	抵销分录 借方	抵销分录 贷方	少数股东权益	合并数
固定资产原价		16800000	16800000				4800000 ①		12000000
累计折旧		4200000	4200000			1200000 ②			3000000
固定资产净值		12600000	12600000			1200000	4800000		9000000
……									
递延所得税资						900000 ③			900000
……									
利润表项目									
营业收入	16800000		16800000			16800000 ①			0
营业成本	12000000		12000000				12000000 ①		0
……									
销售费用		4200000	4200000				1200000 ②		3000000
……									
营业利润	4800000	-4200000	600000			16800000	13200000		-3000000
……									
利润总额	4800000	-4200000	600000			16800000	13200000		-3000000
所得税费用	1200000	-1050000	150000				900000 ③		-750000
净利润	3600000	-3150000	450000			10680000	14100000		-2250000
股东权益变动表项目									
期初未分配利润	0	0	0						0
……									
期末未分配利润	3600000	-3150000	450000			16800000	14100000		-2250000

6.9 合并现金流量表的编制

6.9.1 合并现金流量表概述

现金流量表作为第三张主要报表已经为世界上一些国家的会计实务所采用。现金流量表要求按照收付实现制反映企业经济业务所引起的现金流入和流出，其编制方法有直接法和间接法两种。我国明确规定，企业对外报送的现金流量表采用直接法编制。所谓直接法，是指按照权责发生制确认的营业收入，调整与营业活动有关的流动资产和流动负债的增减变动，列示营业收入和其他收入的收现数，将按照配比原则确认的营业成本和营业费用调整为付现数。在采用直接法的情况下，以合并利润表有关项目的数据为基础，调整得出本期的现金流入量和现金流出量；区分经营活动产生的现金流量、投资活动产生的现金流量、筹资活动产生的现金流量三大类，反映企业在一定会计期间的现金情况。

合并现金流量表是综合反映母公司及其子公司组成的企业集团在一定会计期间现金流入量、现金流出量以及其增减变动情况的财务报表。合并现金流量表以母公司和子公司的现金流量表为基础，在抵销母公司与子公司、子公司与子公司之间发生内部交易对合并现金流量表的影响后，由母公司编制。合并现金流量表也可以合并资产负债表和合并利润表为依据进行编制。

6.9.2 编制合并现金流量表需要抵销的项目

在以母公司和子公司个别现金流量表为基础编制合并流量表时，需要进行抵销的内容主要有：

第一，母公司与子公司、子公司与子公司之间当期以现金投资或收购股权增加的投资所产生的现金流量应当抵销。当母公司从子公司处购买其持有的其他企业的股票时，由此产生的现金流量在购买股权方的母公司的个别现金流量表中表现为"投资活动产生的现金流量"中"投资支付的现金"的增加，而在股权投资方的子公司的个别现金流量表中则表现为"投资活动产生的现金流量"中"收回投资收到的现金"的增加。在母公司对子公司进行投资的情况下，由此产生的现金流量在母公司的个别现金流量表中表现为"投资活动产生的现金流量"中"投资支付的现金"的增加，而在接受投资的子公司的个别现金流量表中则表现为"筹资活动产生的现金流量表"中"吸收投资收到的现金"的增加，在编制合并现金流量表时必须予以抵销。

第二，母公司与子公司、子公司与子公司之间当期取得投资收益收到的现金，应当与分配股利、利润或偿付利息支付的现金相互抵销。母公司对子公司进行投资以及子公司与子公司之间进行投资分配现金股利或利润时，由此产生的现金流量，在股利或现金支付方的个别现金流量表中表现为"筹资活动产生的现金流量"中的"分配股利、利润或偿付利息支付的现金"的增加，而在收到股利或利润方的个别现金流量表中则表现为"投资活动产生的现金流量"中"取得投资收益收到的现金"的增加，在编制合并现金流量表时必须予以抵销。

第三，母公司与子公司、子公司与子公司之间以现金结算债权与债务所产生的现金流量应当抵销。以现金结算内部债权与债务，对于债权方来说表现为现金的流入，而对于债务方来说则表现为现金的流出。在以现金结算的债权与债务属于母公司与子公司、子公司与子公司之间内部销售商品和提供劳务所产生的情况下，在债权方的个别现金流量表中表现为"销售商品、接受劳务支付的现金"的增加，而在债务方的个别现金流量表中则表现为"购买商品、接受劳务支付的现金"的增加，在编制合并现金流量表时必须将由此产生的现金流量予以抵销。在以现金结算的债权与债务属于内部往来所产生的情况下，在债权方的个别现金流量表中表现为"收到的其他与经营活动有关的现金"的增加，在债务方的个别现金流量表中表现为"支付的其他与经营活动有关的现金"的增加，在编制合并现金流量表时对由此产生的现金流量也必须予以抵销。

第四，母公司与子公司、子公司与子公司之间当期销售商品所产生的现金流量应当抵销。母公司与子公司、子公司与子公司之间当期销售商品没有形成固定资产、在建工程、无形资产等资产的情况下，该内部销售商品所产生的现金流量在销售方的个别现金流量表中表现为"销售商品、提供劳务收到的现金"的增加，而在购买方的现金流量表中则表现为"购买商品、接受劳务支付的现金"的增加。在母公司与子公司、子公司与子公司之间当期销售商品形成固定资产、工程物资、在建工程、无形资产等资产的情况下，该内部销售商品所产生的现金流量在购买方的个别现金流量表中表现为"购建固定资产、无形资产和其他长期资产支付的现金"的增加，在编制合并现金流量表时必须由将此产生的现金流量予以抵销。

第五，母公司与子公司、子公司与子公司之间处置固定资产、无形资产和其他长期资产收回的现金净额，应当与购建固定资产、无形资产和其他长期资产支付的现金相互抵销。处置固定资产等所产生的现金流量在处置方个别现金流量表中表现为"处置固定资产、无形资产和其他长期资产收回的现金净额"的增加，在购置该资产的接收方的个别现金流量表中表现为"购置固定资产、无形资产和其他长期资产所支付的现金"的增加，在编制合并现金流量表时必须将由此产生的现金流量予以抵销。

第六，母公司与子公司、子公司与子公司之间当期发生的其他内部交易所产生的现金流量应当抵销。

合并现金流量表的格式与个别现金流量表的格式基本相同，在"投资活动产生的现金流量"中增加"处置子公司及其他营业单位收到的现金净额"项目。

6.10 本期增加子公司和减少子公司的合并处理

6.10.1 本期增加子公司的合并处理

在编制合并资产负债表时,以本期取得的子公司在合并资产负债表日的资产负债表为基础。对于本期投资或追加投资取得的子公司,不需要调整合并资产负债表的期初数。但是,为了提高会计信息的可比性,应当在合并财务报表附注中披露本期取得的子公司对合并财务报表的财务状况的影响,即披露本期取得的子公司在购买日的资产和负债金额,包括流动资产、长期股权投资、固定资产、无形资产及其他资产、流动负债、长期负债等的金额。

在编制合并利润表时,应当以本期取得的子公司自取得控制权日起至本期期末止为会计期间的财务报表为基础,将本期取得的子公司自取得控制权日起至本期期末止的收入、费用和利润纳入合并财务报表之中。同时,为了提高会计信息的可比性,在合并财务报表附注中披露本期取得的子公司对合并财务报表的经营成果的影响,以及对前期相关金额的影响,即披露本期取得的子公司自取得控制权日起至本期期末止的经营成果,包括营业收入、营业利润、利润总额、所得税费用、净利润等。

在编制合并现金流量表时,应当将本期取得的子公司自取得控制权日起至本期期末止的现金流量纳入合并现金流量表,并将取得子公司所支付的现金扣除子公司持有的现金及现金等价物后的净额在有关投资活动类的"取得子公司及其他营业单位所支付现金"项目中反映;如为负数,则在有关投资活动类的"收到的其他与投资活动有关的现金"项目中反映。

6.10.2 本期减少子公司的合并处理

在本期出售或转让子公司部分或全部股份,丧失对该子公司的控制权而使其成为非子公司的情况下,应当将其排除在合并财务报表的合并范围之外。

在编制合并资产负债表时,不需要对该非子公司的资产负债表进行合并。但是,为了提高会计信息的可比性,应当在合并财务报表附注中披露该子公司成为非子公司对合并财务报表的财务状况以及前期相关金额的影响,即披露该子公司在丧失控制权日以及上半年年末的资产和负债金额,具体包括流动资产、长期股权投资、固定资产、无形资产及其他资产、流动负债、长期负债等。

在编制合并利润表时,应当以该公司自期初至丧失控制权而成为非子公司之日止的利润表为基础,将该公司自期初至丧失控制权之日的收入、费用、利润纳入合并利润表。同时,为提高会计信息的可比性,在合并财务报表附注中披露该子公司成为非子公司对合并财务报表的经营成果以及前期相关金额的影响,即披露该子公司自期初至丧失控制权之日止的经营成果以及上年度的经营成果,具体包括营业收入、营业利润、利润总额、所得税费用、净利润等。

在编制合并现金流量表时,应当将该公司自期初至丧失控制权之日止的现金流量纳入合并现金流量表,并将出售该子公司所收到的现金扣除子公司持有的现金和现金等价物以及相关处置后的净额在有关投资活动类的"处置子公司及其他营业单位所收到的现金"项目中反映;如为负数,则在有关投资活动类的"支付的其他与投资活动有关的现金"项目中反映。

本章小结

在学习和理解本章内容时,应当关注:

(1)合并财务报表的定义和编制原则。合并财务报表是以母公司和子公司组成的企业集团为会计主体,以母公司和子公司单独编制的个别财务报表为基础,由母公司编制的综合反映企业集团财务状况、经营成果以及现金流量的财务报表。

(2)合并范围的确定。合并财务报表的合并范围应当以控制为基础加以确定。

(3)合并财务报表编制的前期准备事项及程序。这包括统一会计政策和会计期间,编制合并工作底稿,编制调整分录和抵销分录,计算合并财务报表各项目的合并金额等。

(4)编制合并财务报表时需调整抵销项目的处理。这包括长期股权投资与所有者权益、内部商品交易、内部债权人债务、内部固定资产交易以及所得税会计等相关项目的合并处理。

(5)本期增加子公司和减少子公司的合并处理。

通过学习本章内容,应当加深对《企业会计准则第33号——合并财务报表》以及相关指南和解释的理解。

复习思考题

1. 合并财务报表的编制原则有哪些?
2. 什么是控制?它包含的三项基本要素是什么?
3. 如何判断投资方对被投资方是否拥有权力?

4. 什么是可变回报？

5. 权力与回报之间有哪些联系？

6. 什么是实质代理人？

7. 判断母公司属于投资性主体的条件有哪些？

8. 合并财务报表编制的前期准备事项有哪些？

9. 合并财务报表编制的程序有哪些？

实务练习题

1. 新华股份有限公司（以下简称"新华公司"）为上市公司，系增值税一般纳税人，适用的增值税税率为17%，所得税税率为25%。

（1）2×03年1月1日，新华公司以银行存款44000000元，自M公司购入N公司80%的股份。在此之前，新华公司与M公司无关联方关系。

2×03年1月1日，N公司所有者权益的账面价值为46000000元，其中股本为16000000元，资本公积为20000000元，盈余公积为1000000元，未分配利润为9000000元。

2×03年1月1日，N公司可辨认净资产的公允价值为50000000元，账上除一项管理用固定资产的公允价值高于账面价值外，其他可辨认资产、负债的公允价值与账面价值相同。该项固定资产的预计使用年限为10年，预计净残值为零，采用年限平均法计提折旧。

（2）N公司2×03年度实现净利润24000000元，提取盈余公积2400000元。N公司当年购入的可供出售金融资产因公允价值上升，确认资本公积4000000元。

2×03年8月，N公司向新华公司销售甲商品200件，该批商品的购买价格为每件40000元。甲商品成本为每件30000元。

至2×03年12月31日，新华公司对外销售甲商品100件，每件销售价格为44000元（不含增值税）；年末结存甲商品100件。

2×03年12月31日，甲商品每件的可变现净值为36000元；新华公司对甲商品计提存货跌价准备400000元。

（3）N公司2014年度实现净利润30000000元，提取盈余公积3000000元，分配现金股利10000000元。2×04年，N公司可供出售金融资产的公允价值上升，确认资本公积1000000元。至2×04年12月31日，新华公司对外销售甲商品20件，每件销售价格为36000元（不含增值税）。

2×04年12月31日，新华公司年末存货中包括从N公司购进的甲商品80件，每件的可变现净值为28000元。甲商品存货跌价准备的期末余额为960000元。

（4）假定不考虑可供出售金融资产公允价值变动的所得税影响。合并报表调整处理中，在对子公司的净利润进行调整时，不考虑抵销分录中所得税费用项目的影响在编制。合并财务报表时，不考虑调整子公司时所得税的影响。

要求：

（1）判断新华公司合并N公司的类型并说明理由，计算新华公司取得长期股权投资的入账价值；

（2）编制新华公司2×03年12月31日合并财务报表时与内部商品销售相关的抵销分录；

（3）编制新华公司2×03年12月31日合并财务报表时对N公司个别财务报表的调整分录、对N公司长期股权投资的调整分录及相关的抵销分录；

（4）编制新华公司2×04年12月31日合并财务报表时与内部商品销售相关的抵销分录；

（5）编制新华公司2×04年12月31日合并财务报表时对N公司个别财务报表的调整分录、对N公司长期股权投资的调整分录及相关的抵销分录。

2. 长江股份有限公司（以下简称"长江公司"）2×02年至2×04年与投资业务有关的资料如下：

2×02年1月1日，长江公司取得A公司25%股权，实际支付价款60000000元，能对A公司施加重大影响。同日，A公司可辨认净资产的账面价值为220000000元（与公允价值相等）。2×02年度，A公司实现净利润12000000元，无其他所有者权益变动的交易和事项。

2×03年1月1日，长江公司再次购买A公司25%股权，实际支付价款62000000元，能和其他方共同控制A公司。同日，A公司可辨认净资产账面价值为235000000元，公允价值为240000000元，差额系因一批存货引起，该存货至年末已经全部对外销售。2×03年度，A公司实现净利润17000000元，持有的可供出售金融资产公允价值上升3000000元。

2×04年1月1日，长江公司以定向增发股票的方式购买同一企业集团内另一企业持有的A公司15%股权。为取得该股权，甲公司增发1000万股普通股，每股面值为1元，每股公允价值为1.68元，支付承销商佣金1000000元。在取得该股权时，A公司的净资产相对于最终控制方的账面价值为280000000元。在进一步取得投资后，长江公司能对A公司实施控制。假定长江公司和A公司采用的会计政策、会计期间相同。

要求：

（1）判断长江公司2×03年1月1日再次购买A公司25%股权的交易性质，并说明理由；

（2）计算长江公司2×03年1月1日再次购买A公司25%股权时确认的资本公积金额；

（3）计算长江公司2×03年12月31日对A公司长期股权投资的账面价值；

（4）判断长江公司2×04年1月1日以增发股票的方式购买A公司15%股权的交易的性质，并说明理由；

（5）计算长江公司2×04年1月1日再次购买A公司15%股权时确认的资本公积的金额；

（6）如果长江公司能控制A公司，请编制合并日合并财务报表中与长期股权投资有关的抵销分录。

第 7 章

外币业务会计

本章将介绍记账本位币的确定、外币业务及其类型、外币交易的会计处理、外币财务报表折算等,以使读者能掌握外币业务会计的相关会计核算。

7.1 外币业务会计概述

7.1.1 外币与外汇

外币的概念有广义和狭义之分。狭义的外币,是指除了本国货币以外的其他国家或地区的货币。广义的外币,是指所有以外币表示的能够用于国际结算的支付手段和资产。外币通常用于企业因贸易、投资等经济活动所引起的对外结算业务。

外汇是外币资金的总称。按照国际货币基金组织的解释,外汇是货币行政管理当局以银行存款、国库券、长短期政府债券等形式保有的,在国际收支逆差时可以使用的债权。《中华人民共和国外汇管理条例》第3条规定:"本条例所称外汇,是指下列以外币表示的可以用作国际清偿的支付手段和资产:(一)外币现钞,包括纸币、铸币;(二)外币支付凭证或者支付工具,包括票据、银行存款凭证、银行卡等;(三)外币有价证券,包括债券、股票等;(四)特别提款权;(五)其他外汇资产。"

7.1.2 记账本位币

1. 记账本位币与列报货币

记账本位币,是指企业经营所处的主要经济环境中的货币。通常,它是企业主要收入和支出现金的经济环境中的货币。以多种货币计价的企业需要选择一种统一的作为会计基本计量尺度的记账货币,并以这种货币计量和处理经济业务。我们将这种作为会计基本计量尺度的货币称为"记账本位币"。

列报货币,是指企业列报财务报表时所采用的货币。同一企业的记账本位币与列报货币可能一致，也可能不一致。我国企业的正式列报货币只能是人民币，而记账本位币是可以选择的，既可以是人民币，也可以是人民币以外的其他货币。

我国《企业会计准则第19号——外币折算》第4条第2款规定："企业通常应选择人民币作为记账本位币。业务收支以人民币以外的货币为主的企业，可以按照本准则第五条选定其中一种货币作为记账本位币。但是，编报的财务报表应当折算为人民币。"

2. 记账本位币的确定

（1）企业选定记账本位币时应当考虑的因素

企业在选定记账本位币时，应当考虑下列因素：

① 该货币主要影响商品和劳务的销售价格，通常以该货币进行商品和劳务的计价和结算；

② 该货币主要影响商品和劳务所需人工、材料和其他费用，通常以该货币进行上述费用的计价和结算；

③ 融资活动获得的货币以及保存从经营活动中收取款项所使用的货币。

应当指出，上述因素的重要程度因企业的具体情况不同而不同，需要企业管理者根据实际情况进行判断。但是，这并不是说企业管理者可以根据需要随意选择记账本位币，根据实际情况选定的记账本位币只能是一种货币。

例7.1

甲公司为外贸自营出口企业，其超过70%的营业收入来自向欧盟各国的出口，其中商品销售价格主要受欧元影响且以欧元计价。因此，从影响商品和劳务销售价格的角度看，甲公司应当选择欧元作为记账本位币。

如果甲公司除厂房设施，30%的人工成本在国内以人民币采购外，其他生产所需原材料、机器设备都以欧元在欧盟市场采购，则可确定甲公司的记账本位币是欧元。但是，如果甲公司的人工成本、原材料及相应的厂房设施、机器设备等95%以上在国内采购并以人民币计价，则难以判定甲公司的记账本位币应当选择欧元还是人民币，还需要兼顾其他因素以确定甲公司的记账本位币，如融资活动获得的资金以及保存从经营活动中收取款项时所使用的货币。

如果甲公司取得的欧元营业收入在汇回国内时直接换成了人民币存款，而且甲公司对欧元波动产生的外币风险进行了套期保值，则甲公司可以确定其记账本位币为人民币。

（2）企业境外经营记账本位币的选定

境外经营，是指企业在境外的子公司、合营企业、联营企业、分支机构。在境内的子公司、合营企业、联营企业、分支机构，采用不同于企业记账本位币的，也视同境外经营。

企业在选定境外经营的记账本位币时，还应当考虑下列因素：

① 境外经营对其所从事的活动是否拥有很强的自主性。如果境外经营所从事的活动视同本企业经营活动的延伸，构成企业经营活动的组成部分，那么境外经营应当选择与企业记账本位币相同的货币作为记账本位币；如果境外经营对其所从事的活动拥有很强的自主性，那么境外经营不能选择与企业记账本位币相同的货币作为记账本位币。

② 境外经营活动中与企业的交易是否在境外经营活动中占有较大比重。如果境外经营活动中与企业的交易占境外经营活动的比重较大，那么境外经营应当选择与企业记账本位币相同的货币作为记账本位币；反之，应当选择其他货币。

③ 境外经营活动产生的现金流量是否直接影响企业的现金流量、是否可以随时汇回。如果境外经营活动产生的现金流量直接影响企业的现金流量并可随时汇回，那么境外经营应当选择与企业记账本位币相同的货币作为记账本位币；反之，应当选择其他货币。

④ 境外经营活动产生的现金流量是否足以偿还其现有债务和可预期的债务。在企业不提供资金的情况下，如果境外经营活动产生的现金流量难以偿还其现有债务和正常情况下可预期的债务，那么境外经营应当选择与企业记账本位币相同的货币作为记账本位币；反之，应当选择其他货币。

3. 记账本位币的变更

企业记账本位币一经确定，不得随意变更，除非企业经营所处的主要经济环境发生重大变化。企业因经营所处的主要经济环境发生重大变化，通常是指企业主要收入和支出现金的环境发生了重大变化，使用该环境中的货币最能反映企业的主要交易业务的经济结果。

企业因经营所处的主要经济环境发生重大变化，确需变更记账本位币的，应当采用变更当日的即期汇率将所有项目折算为变更后的记账本位币，折算后的金额作为以新的记账本位币计量的历史成本。由于采用同一即期汇率进行折算，因此不会产生汇兑损益。

企业因经营所处的主要经济环境发生重大变化，需要提供确凿的证据，并应当在报表附注中披露变更的理由。

企业记账本位币发生变更的，应当采用变更当日的即期汇率将所有项目折算为变更后的记账本位币，其比较财务报表也应当以可比当日的即期汇率折算所有资产负债表和利润表项目。

7.1.3 外币业务及其类型

外币业务包括外币交易和外币财务报表折算。

外币交易,是指企业以外币计价或结算的交易。根据企业会计准则的有关规定,不论企业以何种货币作为记账本位币,均可能存在外币交易。如果一企业以外币作为记账本位币,则该企业与其他企业发生的以人民币计价的交易为外币交易。尽管外币交易本身是以非记账本位币计量的,但是在会计上计量和记录这些交易时必须将其表述为记账本位币。

外币财务报表折算是为满足特定目的,将以某种货币单位表述的财务报表折算为所要求的按另一种货币单位表述的财务报表。

外币业务主要有以下几种类型:

(1)买入或卖出以外币计价的商品或劳务;

(2)借入或借出外币资金;

(3)其他以外币计价或结算的交易;

(4)外币折算业务,即将以某种外币表述的财务报表折算为以另一种货币表述的财务报表。

7.1.4 外汇汇率

汇率,又称"汇价",是以一国货币表示另一国货币的价格,即将一国货币换算为另一国货币的比率。

1. 汇率的标价

汇率的标价,是以外国货币表示本国货币的价格,或者以本国货币表示外国货币的价格,可用以下两种方法加以表述:

(1)直接标价法

直接标价法,又称"应付标价法",是以一定单位的外国货币为标准折合成一定数额的本国货币。其特点是:外国货币的数额固定不变,本国货币的数额随着汇率的高低变化而变化,本国货币值的大小与汇率的高低成反比。目前,世界上大多数国家汇率的标价均采用直接标价法,我国也采用这种方法。

(2)间接标价法

间接标价法,又称"应收标价法",是以一定单位的本国货币为标准折合成一定数额的外国货币。其特点是:本国货币的数额固定不变,外国货币的数额随着汇率的高低变化而变化,本国货币币值的大小与汇率的高低成正比。通常,英国、美国采用这种方法,但是美国对英国采用直接标价法。

第7章 外币业务会计

2. 汇率的种类

根据不同的要求，外汇具有不同的分类，以下介绍几种主要的分类：

（1）固定汇率和浮动汇率

固定汇率，是指一国货币与另一国货币的兑换比率是基本不变的，或者是指因某种限制而在一定幅度内波动的汇率。固定汇率一般是由政府规定的，政府将汇率变动规定在一定幅度之内，若超出幅度，则实行政府干预。

浮动汇率，是指一国货币与另一国货币的兑换比率不是固定的，是由外币市场的供求关系决定汇率的涨落而不受限制的汇率。浮动汇率又可分为自由汇率制与管理浮动制。其中，自由汇率制完全由市场供求情况决定，国家不进行干预。在管理浮动制下，政府可根据本国经济发展需求，采取各种方式干预外汇市场，使汇率不致发生剧烈波动。国际市场上现行的汇率制度大多为浮动汇率制。

（2）现行汇率、历史汇率和平均汇率

现行汇率，是指资产负债表日的本国货币与外国货币之间的比率。

历史汇率，是指取得外币资产或承担外币债务时的汇率。

现行汇率和历史汇率一般是相对于取得外币资产或承担外币债务而言的，当取得外币资产或承担外币债务之日就是资产负债表编制之日时，这两种汇率是相同的。在记录外币交易之日采用的折算汇率是现行汇率，但此日一过，这种汇率就变成历史汇率了。

平均汇率，是指将现行汇率或历史汇率按简单算术平均或加权平均计算出的汇率。

（3）即期汇率和即期汇率的近似汇率

在我国，企业在处理外币交易和对外币报表进行折算时，应当采用交易发生日的即期汇率，将外币金额折算为记账本位币金额予以反映；也可以采用按照系统合理的方法确定的、与交易发生日即期汇率近似的汇率折算。

即期汇率，通常是指中国人民银行公布的当日人民币外汇牌价的中间价。所谓中间价，是指银行买入价与卖出价的平均价。对企业发生的外币兑换业务或涉及外币兑换的交易事项，应当按照交易实际采用的汇率即银行买入价或卖出价进行折算。

即期汇率的近似汇率，是指按照系统合理的方法确定的、与交易发生日即期汇率近似的汇率，通常采用当期平均汇率或加权平均汇率等。

例7.2

以人民币兑美元的周平均汇率为例，假定人民币兑美元每天的即期汇率为：周一7.1，周二7.0，周三7.2，周四7.3，周五7.2，周平均汇率为7.165。月平均汇率的计算方法与周平均汇率的计算方法相同，月加权平均汇率需要采用当月外币交易的外币金额作为权重进行计算。

企业通常应当采用即期汇率进行折算。当汇率变动不大时，为简化核算，企业也可以选择即期汇率的近似汇率在外币交易日或对外币报表的某些项目进行折算。

（4）记账汇率和账面汇率

记账汇率日，也称"现行汇率"，是指企业发生外币业务时，企业会计记账采用的汇率。这个汇率可以采用记账当日的汇率，也可以采用当月1日的汇率。会计上的记账汇率一般采用中间汇率，根据情况也可以采用银行的买入汇率，可以由企业选定，但是一经确定，不能随意改变。

账面汇率，也称"历史汇率"，是指企业以往外币业务发生时采用的已经登记入账的汇率，即过去的记账汇率。会计账面上已经入账的所有外币业务的汇率都是账面汇率。它的确定有几种方法，如先进先出法、加权平均法或移动加权平均法、个别认定法等。

7.1.5 汇兑损益

1. 汇兑损益的概念

汇兑损益，是指在外币业务的会计处理过程中，由于业务发生的时间、采用的汇率不同而产生的记账本位币的差额。它给企业带来收益或损失，是衡量企业外汇风险的一个指标。

2. 汇兑损益的种类

（1）按业务归属划分

① 交易损益，是指在以外币计价或结算的商品交易中，因收回或偿付债权、债务而产生的汇兑损益。

② 兑换损益，是指在外币与记账本位币或者一种外币与另一种外币进行兑换时产生的汇兑损益。

③ 调整损益，是指在会计期末，将所有外币债权、债务和货币资金账户按规定的汇率进行调整而产生的汇兑损益。

④ 折算损益，是指在会计期末，为了编制合并财务报表或者重新表述会计记录和财务报表金额，在把以外币计量的金额转化为以记账本位币计量的金额过程中产生的汇兑损益。

（2）按本期实现与否划分

① 已实现汇兑损益，是指产生汇兑损益的外币业务在本期内已全部完成所产生的汇兑损益，如收到的外币存款在实际支付时，应收的外币债权在实际收回时，应付的外币债务在实际偿还时，不同货币在实际兑换时。一般来说，交易损益和兑换损益属于已实现汇兑损益。

② 未实现汇兑损益，是指产生汇兑损益的外币业务尚未完成，如收到的外币存款尚未实际支付，应收的外币债权尚未实际收回，应付的外币债务尚未实际偿还，一种货币尚未兑换为另一种货币。一般来说，调整损益和折算损益属于未实现汇兑损益。

汇兑损益的分类关系如图7-1所示：

图7-1　汇兑损益的分类关系

另外，交易损益还可以被分为已结算交易损益和未结算交易损益两种。已结算交易损益，是指因在原始交易日与结算日采用的汇率不同而产生的汇兑损益。在原始交易日与结算日跨越了两个会计期间的情况下，出于在会计期末编制财务报表的需要，对于尚未结算的债权、债务按照编表日的汇率加以表述，由此产生的损益为未结算交易损益。

3. 汇兑损益的确认

由于汇兑损益要作为财务费用计入期间费用，因此其确认问题直接影响到企业损益的计算和企业纳税。

对于汇兑损益的确认，存在两种不同的观点：

一种观点认为，要划分已实现汇兑损益和未实现汇兑损益。这种观点认为，本期汇兑损益的确认应以实现为准，即只有已实现汇兑损益才能作为本期汇兑损益登记入账。未实现汇兑损益不能登记入账，待以后实现时才能予以确认。按照这种观点，除已实现汇兑损益可以入账外，不管外部实际汇率发生多大变化，对于企业的外币性资产和负债项目，一般不能因汇率变动而调整其账面的记账本位币金额。即使调整，也应区分已实现汇兑损益和未实现汇兑损益。对于未实现汇兑损益，要递延到以后的会计期间，待实际业务发生或结算完成后，再计入该期损益。

另一种观点认为，不必划分已实现汇兑损益和未实现汇兑损益。这种观点主张将本期已实现汇兑损益和未实现汇兑损益全部计入当期损益，即只要汇率发生变动就应确认汇兑损益已实现。因此，期末对于各项外币货币性项目均应按照规定的汇率作为折算汇率，重新调整所有外币账户的余额。产生的汇率损益不论是否在本期已实现，全部计入当期损益。这种观点在运用中又可以分为两种做法：

第一，每年调整一次，即在年末根据规定的汇率调整外币账户；

第二，每月调整一次，即在月末根据规定的汇率调整外币账户。

目前，在我国的会计实务中，对于调整损益，大多数企业采用的是第二种观点；而对于外币报表折算损益,则先作递延处理,待处置境外经营时再计入当期损益。

4. 汇兑损益的处理

根据我国企业会计准则的相关规定,对汇兑损益应当按照下列方法进行处理:

(1)外币货币性项目,采用资产负债表日的即期汇率折算。因资产负债表日的即期汇率与初始确认或者前一资产负债表日的即期汇率不同而产生的汇兑损益,计入当期损益。

(2)以历史成本计量的外币非货币性项目,采用交易发生日的即期汇率折算,不改变其原记账本位币金额;资产负债表日不应改变其原记账本位币金额,不产生汇兑差额。

(3)以公允价值计量的外币非货币性项目,如交易性金融资产(股票、基金等),采用公允价值确定日的即期汇率折算。折算后的记账本位币金额与原记账本位币金额的差额,作为公允价值变动(含汇率变动)处理,计入当期损益。

(4)企业收到投资者以外币投入的资本,采用交易发生日的即期汇率折算,不得采用合同约定汇率和即期汇率的近似汇率折算。外币投入资本与相应的货币性项目的记账本位币金额之间不产生外币资本折算差额。

(5)企业编制合并财务报表涉及境外经营的,如有实质上构成对外经营净投资的外币货币性项目,因汇率变动而产生的汇兑差额,列入所有者权益"外币报表折算差额"项目;在处置境外经营时,计入处置当期损益。

7.2 外币交易会计处理

7.2.1 外币交易会计处理的基本方法

在外币商品购销交易中,如果货物的交易和款项的结算没有同时进行,则相应的会计处理方法取决于企业在记录外币交易业务时所选择的观点,即单一交易观点和两项交易观点。

1. 单一交易观点

单一交易观点,又称"一笔业务交易观点",是指企业将发生的购货或销货业务以及以后的账款结算视为一项交易的两个阶段。在这种观点下,汇率变动的影响应作为原入账销售收入或购货成本的调整。即按记账本位币计量的销售收入或购货成本,最终取决于结算日的汇率。这种方法的要点是:

(1)在交易发生日,按当日汇率将交易发生的外币金额折算为记账本位币金额入账。

(2)在资产负债表日,如果交易尚未结算,则应按资产负债表日规定的汇率将交易发生额折算为记账本位币金额，并对有关外币资产、负债、收入、成本账户进行调整。

（3）在交易结算日，按当日汇率将交易发生额折算为记账本位币金额，并对有关外币资产、负债、收入、成本账户进行调整。

例7.3

中国某公司于2×11年12月15日以赊销方式向美国某公司出口商品一批，计10000美元，当天的汇率为¥6.40＝$1.00；12月31日的汇率为¥6.30＝$1.00；结算日为2×12年2月16日，当天的汇率为¥6.20＝$1.00。买卖双方约定货款以美元结算，该中国公司所选择的记账本位币为人民币。按照单一交易观点，其会计处理程序如下：

（1）2×11年12月15日，按交易日汇率反映出口商品销售，作会计分录（单位：元）：

借：应收账款——美元户　　　　　　　　　　　　　　　　64000
　　贷：主营业务收入　　　　　　　　　　　　　　　　　　64000

（2）2×11年12月31日，按年末汇率调整原入账的销售收入和应收账款，作会计分录：

借：主营业务收入　　　　　　　　　　　　　　　　　　　1000
　　贷：应收账款——美元户　　　　　　　　　　　　　　　1000

（3）2×12年2月16日结算时，按当日汇率调整销售收入和应收账款，并反映将收讫的款项存入银行的情况，作会计分录（单位：元）：

借：主营业务收入　　　　　　　　　　　　　　　　　　　1000
　　贷：应收账款——美元户　　　　　　　　　　　　　　　1000

同时：

借：银行存款——美元户　　　　　　　　　　　　　　　　62000
　　贷：应收账款——美元户　　　　　　　　　　　　　　62000

由以上分录可见，在单一交易观点下，外币交易损益作为销售收入调整处理。

若将此例改为进口业务，即此例中的中国某公司由美国某公司进口商品一批，则发生的外汇交易损益作为调整购货成本处理，其会计处理程序如下：

（1）2×11年12月15日，购货业务按交易日汇率入账，作会计分录（单位：元）：

借：存货　　　　　　　　　　　　　　　　　　　　　　　64000
　　贷：应付账款——美元户　　　　　　　　　　　　　　64000

（2）2×11年12月31日，按年末汇率调整原已入账的存货成本，假定该存货没有出售，应作会计分录（单位：元）：

借：应付账款——美元户　　　　　　　　　　　　　　　　　1000
　　贷：存货　　　　　　　　　　　　　　　　　　　　　　1000

（3）2×12年2月16日结算时，在该存货尚未出售的情况下，按当日汇率调整存货成本和应付账款，并反映结算应付账款的情况，作会计分录（单位：元）：

借：应付账款——美元户　　　　　　　　　　　　　　　　　1000
　　贷：存货　　　　　　　　　　　　　　　　　　　　　　1000

同时：

借：应付账款——美元户　　　　　　　　　　　　　　　　　62000
　　贷：银行存款——美元户　　　　　　　　　　　　　　　62000

由以上分录可见，在单一交易观点下，外币交易损益作为存货成本调整处理。

综上所述，单一交易观点在理论上虽然符合在取得时确认资产价值，即在购买时确认存货成本的公认会计准则，但是在实务上并不可行。仍以上述资料为例，倘若所购商品在2×11年12月31日还没出售，则会计准则处理就十分简单。倘若所购商品在2×11年12月31日之前已全部售出，则2×11年12月31日的折算差额尚可调整该年度的销售成本。那么，资产负债表日到结算日的差异该调整什么项目？在本期并没有销货的情况下，调整销售收入或销售成本显然是不合理的，并且在单一交易观点下无法反映外币的风险程度，即无法向企业管理者提供决策的有用信息。因此，单一交易观点现已被两项交易观点取代。

2. 两项交易观点

两项交易观点，又称"两笔业务交易观点"，是指对企业发生的购货或销货业务，将交易的发生和以后的货款结算视为两项交易。在这种观点下，购货成本或销售收入按交易日的汇率确定，而与结算日的汇率无关。在交易中形成的外币债权、债务将承受汇率变动风险，即确认的购货成本或销售收入取决于交易日的汇率。

在两项交易观点下，对结算日前的汇兑损益有两种处理方法：一是作为已实现损益，列入当期利润表；二是作为未实现损益，作递延处理，列入资产负债表，待到结算日再作为已实现汇兑损益入账。现分述如下：

（1）将汇兑损益作为已实现损益处理

例7.4

仍用例7.3中的出口业务资料，按照两项交易观点，将汇兑损益作为已实现损益处理，其会计处理程序如下：

（1）2×11年12月15日，按交易日汇率反映出口商品销售，作会计分录（单位：元）：

　　借：应收账款——美元户　　　　　　　　　　　　　　　　　64000
　　　　贷：主营业务收入　　　　　　　　　　　　　　　　　　64000

（2）2×11年12月31日，按年末汇率确认未结算交易损益，作会计分录（单位：元）：

　　借：财务费用——汇兑损益　　　　　　　　　　　　　　　　1000
　　　　贷：应收账款——美元户　　　　　　　　　　　　　　　1000

（3）2×12年2月16日结算时，先按当日汇率调整应收美元账款，确认汇兑损益，并反映将收讫的款项存入银行的情况，作会计分录（单位：元）：

　　借：财务费用——汇兑损益　　　　　　　　　　　　　　　　1000
　　　　贷：应收账款——美元户　　　　　　　　　　　　　　　1000

　　同时：

　　借：银行存款——美元户　　　　　　　　　　　　　　　　　62000
　　　　贷：应收账款——美元户　　　　　　　　　　　　　　　62000

（2）将汇兑损益作递延处理

例7.5

仍用例7-3中的出口业务资料，按照两项交易观点，将汇兑损益作递延处理，其会计处理程序如下：

（1）2×11年12月15日，按交易日汇率反映出口商品销售，作会计分录（单位：元）：

　　借：应收账款——美元户　　　　　　　　　　　　　　　　　64000
　　　　贷：主营业务收入　　　　　　　　　　　　　　　　　　64000

（2）2×11年12月31日，按年末汇率将未结算交易损益予以递延，作会计分录（单位：元）：

　　借：递延汇兑损益　　　　　　　　　　　　　　　　　　　　1000
　　　　贷：应收账款——美元户　　　　　　　　　　　　　　　1000

（3）2×12年2月16日结算时，按当日汇率调整应收美元账款和递延汇兑损益，并反映将收讫的款项存入银行的情况，作会计分录（单位：元）：

　　借：递延汇兑损益　　　　　　　　　　　　　　　　　　　　1000
　　　　贷：应收账款——美元户　　　　　　　　　　　　　　　1000

同时：
借：银行存款——美元户　　　　　　　　　　　　　　62000
　　贷：应收账款——美元户　　　　　　　　　　　　　　62000
同时，将递延汇兑损益结转为已实现汇兑损益，作会计分录：
借：财务费用——汇兑损益　　　　　　　　　　　　　　2000
　　贷：递延汇兑损益　　　　　　　　　　　　　　　　　2000

由上述分录可见，两项交易观点根据汇率变动的影响确认汇兑损益是比较合理的。两项交易观点已为大多数国家的会计准则所采用。我国采用的基本上是两种交易观点下的第一种处理方法。

7.2.2　外币业务的记账方法

外币业务的记账方法有外币统账制和外币分账制两种，企业可根据实际情况进行选择。

1. 外币统账制

外币统账制，是指企业在发生外币业务时，将外币折算为记账本位币入账。采用外币统账制进行外币核算时，有当日汇率法和期初汇率法两种方法可供选择。

（1）当日汇率法

这种方法是对每笔外币业务均按业务发生当天的市场汇率，将外币折算为记账本位币。除了外币兑换业务外，平时不确认汇兑损益，月末再将各外币账户的外币余额按月末汇率折合为记账本位币金额，并将其与账面记账本位币金额的差额确认为汇兑损益。采用当日汇率法，需要了解每日的市场汇率信息，增加了会计工作量，一般适用于外币种类少、外币业务较少的企业。

（2）期初汇率法

这种方法是对每笔外币业务均在发生时按当期期初（当月1日）的市场汇率，将外币折算为记账本位币。除了外币兑换业务外，平时不确认汇兑损益，月末再将各外币账户的外币余额按月末汇率折合为记账本位币金额，并将其与账面记账本位币金额的差额确认为汇兑损益。这种方法与前一种方法相比，只需掌握每月1日的市场汇率信息，减少了会计工作量，一般适用于外币业务较多的企业。

2. 外币分账制

外币分账制，是指企业在发生外币业务时，直接按照原币记账，不需要按一定的汇率折算成记账本位币，月末再将所有的原币发生额按一定的市场汇率折算为记账本位币，并确认汇兑损益。采用这种方法，需要按币种分设账户，核算损益。这种方法减少了日常会计核算的工作量，又可及时、准确地反映外币业务情况，一般适用于外币业务繁多的企业。

对于上述两种方法，目前我国绝大多数企业采用外币统账制，而外币交易频繁、外币种类较多的金融企业应采用外币分账制。

7.2.3 外币业务的会计处理

企业应按会计核算的需要设置外币账户。外币账户包括外币现金、外币银行存款以及外币结算的债权（如应收账款、应收票据、预付账款等）和债务（如短期借款、长期借款、应付账款、应付票据、应付职工薪酬、应付股利、预付账款等）。不允许开立现汇账户的企业应设置除外的现金以及外币银行存款以外的其他外币账户，用以核算企业发生的外币业务。

外币交易应当在初始确认时，采用交易发生日的即期汇率将外币折算为记账本位币，也可以采用按照系统合理的方法确定的、与交易发生日即期汇率近似的汇率折算。

1. 外币兑换业务

外币兑换业务，是指企业从银行买入外币或将外币卖给银行以及将一种外币兑换为另一种外币的经济业务。

第一，企业将外币卖给银行。

企业按规定将持有的外币卖给银行，即结汇业务。银行买进外币并按其买入价格将人民币兑付给企业，企业应按实际收到的人民币金额借记"银行存款——人民币户"账户，按向银行结售的外币与企业选定的汇率折合的人民币金额贷记"银行存款——外币户"账户，将两者之间的差额记入"财务费用——汇兑损益"账户。

例7.6

某公司将其持有的2000美元卖给银行，当天银行买入价为¥6.40＝$1.00，实收人民币12800元。该公司以当月1日汇率¥6.30＝$1.00作为折算汇率，作会计分录（单位：元）：

借：银行存款——人民币户　　　　　　　　　　　　　12800
　　贷：银行存款——美元户　　　　　　　　　　　　　12600
　　　　财务费用——汇兑损益　　　　　　　　　　　　　 200

不允许开立现汇账户的企业所取得的外币收入要及时存入银行，其会计处理方法与上例相同。

例7.7

某公司于2×11年2月10日出口商品一批，货款计10000美元，交易当天的即期汇率为¥6.40＝$1.00；2×11年2月25日收到外汇并结售给银行，当天市场汇率为¥6.20＝$1.00，结汇银行买入价为¥6.30＝$1.00，实收人民币63000元。该公司以交易发生日的即期汇率作为折算汇率，其会计处理程序如下：

（1）2×11年2月10日，反映出口商品销售并按交易发生日的即期汇率折算为记账本位币，作会计分录（单位：元）：

借：应收账款——美元户　　　　　　　　　　　　　　　　64000
　　贷：主营业务收入　　　　　　　　　　　　　　　　　　64000

（2）2×11年2月25日，反映收到外汇货款并结售给银行的情况，作会计分录（单位：元）：

借：银行存款——人民币户　　　　　　　　　　　　　　　63000
　　贷：财务费用——汇兑损益　　　　　　　　　　　　　　1000
　　　　应收账款——美元户　　　　　　　　　　　　　　62000

（3）以上"应收账款——美元户"账户的借贷方人民币差额需在会计期末予以调整（单位：元）：

借：财务费用——汇兑损益　　　　　　　　　　　　　　　2000
　　贷：应收账款——美元户　　　　　　　　　　　　　　2000

第二，企业从银行买入外币。

企业因业务需要从银行买入外币，银行售汇时按其卖出价向企业计算收取人民币。企业应按交易当天的即期汇率或者按系统合理的方法确定的即期汇率的近似汇率折合的人民币金额，借记"银行存款——外币户"账户；按实际支付的人民币金额，贷记"银行存款——人民币户"账户；将两者之间的差额计入"财务费用——汇兑损益"账户。

例7.8

某公司从银行买入20000美元，当天银行卖出价为¥6.40＝$1.00，实付人民币128000元。该公司以当月1日汇率作为折算汇率，月初汇率为¥6.20＝$1.00，作会计分录（单位：元）：

借：银行存款——美元户　　　　　　　　　　　　　　　124000
　　财务费用——汇兑损益　　　　　　　　　　　　　　　4000
　　贷：银行存款——人民币户　　　　　　　　　　　　128000

例7.9

中国某公司于2×11年8月10日由韩国某株式会社进口商品一批,货款计15000美元尚未支付,交易当天的即期汇率为¥6.40=$1.00。8月28日,该公司为偿还货款而向银行购入外汇,当天的即期汇率为¥6.30=$1.00,银行美元卖出汇率为¥6.50=$1.00,实付人民币118500元。该公司以交易发生日的即期汇率作为折算汇率,其会计处理程序如下:

(1)2×11年8月10日,按交易发生日汇率将进口的商品折合为记账本位币入账,作会计分录(单位:元):

借:存货 96000
  贷:应付账款——美元户 96000

(2)2×11年8月28日,反映向银行买入外币结算货款情况,作会计分录(单位:元):

借:应付账款——美元户 94500
  财务费用——汇兑损益 3000
  贷:银行存款——人民币户 97500

(3)以上"应付账款——美元户"账户的借贷方人民币差额需在会计期末予以调整(单位:元):

借:应付账款——美元户 1500
  贷:财务费用——汇兑损益 1500

2. 外币结算的商品交易

关于外币结算的商品交易,举例参见例7.4、例7.7和例7.9。

3. 外币计价的借款业务

外币借款是企业外币筹资的重要方式。企业应将借入的外币按当日即期汇率折算为记账本位币入账。

例7.10

某公司于2×11年7月1日从银行借入一年期贷款10000美元,年利率为5%,当天的即期汇率为¥6.40=$1.00。2×11年12月31日的即期汇率为¥6.30=$1.00。2×12年7月1日,该公司偿还贷款本金,当天的即期汇率为¥6.50=$1.00。其会计处理程序如下:

(1)2×11年7月1日,将借入的外币按当天的即期汇率折算为人民币入账,作会计分录（单位：元）：

借：银行存款——美元户　　　　　　　　　　　　　　　　　64000
　　贷：短期借款——美元户　　　　　　　　　　　　　　　　64000

（2）2×11年12月31日，计提2×11年下半年应付利息如下：

应付利息＝$10000×5%×6/12×6.30＝¥1575

根据以上计算结果，作会计分录（单位：元）：

借：财务费用——利息支出　　　　　　　　　　　　　　　　1575
　　贷：应付利息——美元户　　　　　　　　　　　　　　　　1575

（3）2×11年12月31日，计算由于汇率变化所形成的汇兑损益，作会计分录（单位：元）：

借：短期借款——美元户　　　　　　　　　　　　　　　　　1000
　　贷：财务费用——汇兑损益　　　　　　　　　　　　　　　1000

（4）2×12年7月1日，计算利息如下：

借款利息总额＝$10000×5%×6.50＝¥3250，其中：

2×12年上半年应付利息＝$10000×5%×6/12×6.50＝¥1625

2×12年上半年应付利息中由于汇率变化所形成的汇兑损益＝$10000×5%×6/12×（6.50-6.30）＝¥50

根据以上计算结果，作会计分录（单位：元）：

借：应付账款——美元户　　　　　　　　　　　　　　　　　1575
　　财务费用——利息支出　　　　　　　　　　　　　　　　1625
　　财务费用——汇兑损益　　　　　　　　　　　　　　　　　50
　　贷：银行存款——美元户　　　　　　　　　　　　　　　　3250

（5）2×12年7月1日，归还外币贷款本金，作会计分录（单位：元）：

借：短期借款——美元户　　　　　　　　　　　　　　　　　65000
　　贷：银行存款——美元户　　　　　　　　　　　　　　　　65000

（6）以上"短期借款——美元户"账户的借贷方人民币差额需在会计期末予以调整（单位：元）：

借：财务费用——汇兑损益　　　　　　　　　　　　　　　　2000
　　贷：短期借款——美元户　　　　　　　　　　　　　　　　2000

4. 投入外币资本业务

根据我国企业会计准则的相关规定，企业收到投资者以外币投入的资本，应当采用交易发生日即期汇率折算，不得采用合同约定汇率和即期汇率的近似汇率折算。外币投入资本与相应的货币性项目的记账本位币金额之间不产生外币资本折算差额。

例7.11

某公司收到某外商的外币投入资本20000美元，当天的即期汇率为¥6.40=$1.00，作会计分录（单位：元）：

借：银行存款——美元户　　　　　　　　　　　　　　　　　　　128000
　　贷：实收资本——美元户　　　　　　　　　　　　　　　　　　128000

5. 会计期末外币项目余额的调整

（1）外币货币性项目的调整

外币货币性项目，是指企业持有的货币资金和将以固定金额或可确定的金额收取的资产或者偿付的负债。货币性项目分为货币性资产和货币性负债。货币性资产包括库存现金、银行存款、应收账款、其他应收款和长期应收款等。货币性负债包括短期借款、应付账款、其他应付款、长期借款、应付债券和长期应付款等。对于外币货币性项目，因采用资产负债表日的即期汇率折算而产生的汇兑差额计入当期损益，同时调增或调减外币货币性项目的记账本位币金额。

在资产负债表日，企业应对各种外币货币性账户的期末余额，按期末即期汇率折算为记账本位币金额；将按期末即期汇率折合的记账本位币金额与原账面记账本位币金额之间的差额作为汇兑损益，记入"财务费用"或有关账户。在资产负债表日，外币货币性账户余额的调整程序如下：

① 根据各外币货币性账户的期末外币余额，按期末即期汇率计算出人民币余额；

② 将期末折算的人民币余额与调整前原账面人民币余额进行比较，计算出人民币余额的差额；

③ 根据应调整的人民币差额，确定所产生的汇兑损益的数额；

④ 进行调整各外币货币性账户账面余额的账务处理，并将汇兑损益记入"财务费用"账户。

例7.12

某公司根据有关外币货币性账户的余额和资产负债表日的即期汇率等数据资料，编制了期末外币货币性账户余额调整计算表（见表7-1）。

表7-1　期末外币货币性账户余额调整计算表

单位：美元

外币账户名称	美元余额	期末即期汇率	调整后人民币余额	调整前人民币余额	差额
银行存款	1000	6.50	6500	7500	-1000
应收账款	0	6.50	0	300	-300
应付账款	300	6.50	1950	1750	200
短期借款	2000	6.50	13000	15000	-2000
合计					-500

根据上述计算结果，作调整外币账户余额的会计分录如下（单位：元）：

借：短期借款——美元户　　　　　　　　　　　　　　　　2000
　　贷：银行存款——美元户　　　　　　　　　　　　　　1000
　　　　应收账款——美元户　　　　　　　　　　　　　　300
　　　　应付账款——美元户　　　　　　　　　　　　　　200
　　　　财务费用——汇兑损益　　　　　　　　　　　　　500

（2）外币非货币性项目的调整

外币非货币性项目，是指除外币货币性项目以外的项目，如存货、长期股权投资、交易性金融资产、固定资产、无形资产等。

① 以历史成本计量的外币非货币性项目

以历史成本计量的外币非货币性项目已在交易发生日按当日即期汇率折算，资产负债日不应改变其原记账本位币金额，不产生汇兑损益。这些项目在取得时已按即期汇率折算，从而构成历史成本，如果再按资产负债表日的即期汇率折算，就会导致这些项目的价值不断变动，从而使这些项目的折旧、摊销和减值不断地随之变动，将与这些项目的实际情况不符。

例7.13

某公司的记账本位币是人民币，于2×11年12月16日进口设备一台，价款为5000000美元，尚未支付，当天的即期汇率为¥6.40=$1.00。2×11年12月31日的即期汇率为¥6.50=$1.00。该台设备属于企业的固定资产，是非货币性项目，因此在2×11年年末无须对其进行调整。

第7章 外币业务会计

外币非货币性项目中的存货项目具有一定的特殊性，该项目在资产负债表日是按成本与可变现净值孰低原则计量的。在以外币购入存货，并且在资产负债表日该存货的可变现净值也以外币反映的情况下，在计提存货跌价准备时，应考虑汇率变动的影响。

例7.14

某公司以人民币为记账本位币，于2×11年12月5日进口A商品10件，每件1000美元，贷款以美元支付，当天的即期汇率为¥6.40＝$1.00。至2×11年12月31日，该公司尚有A商品的存货5件，当天即期汇率为¥6.50＝$1.00。国内市场仍无A商品供货。但是，在国际市场上，A商品的价格已降至每件900美元。

（1）2×11年12月5日，进口A商品时，作会计分录（单位：元）：

借：库存商品——A　　　　　　　　　　　　　　　64000
　　贷：银行存款——美元户　　　　　　　　　　　　64000

（2）2×11年12月31日，计提存货跌价准备时，作会计分录（单位：元）：

借：资产减值损失　　　　　　　　　　　　　　　　2750
　　贷：存货跌价准备　　　　　　　　　　　　　　　2750

由以上分录可见，在会计期末计算A商品的可变现净值时，在国内无法取得其价格信息，而只能依据国际市场价格确定其可变现净值，但是需要考虑汇率变动的影响。以国际市场价格为基础确定的可变现净值应按期末汇率折算，再将其低于记账本位币成本的差额确定为跌价损失。

② 以公允价值计量的外币非货币性项目

以公允价值计量的外币非货币性项目，是指交易性金融资产，如股票、基金等。对这些项目，应采用公允价值确定日的即期汇率折算，折算后的记账本位币金额与原记账本位币金额的差额作为公允价值变动（含汇率变动）处理，计入当期损益。

例7.15

某公司以人民币作为记账本位币，于2×11年12月3日以每股1.5美元的价格购入A公司B股股票1000股作为交易性金融资产，当天的即期汇率为¥6.40＝$1.00，款项已付清。2×11年12月31日，由于股市价格变动，该公司当月3日购入的A公司B股股票的市价为每股2美元，当天的即期汇率为¥6.50＝$1.00。2×12年2月8日，该公司将所购A公司B股股票以每股2.3美元全部售出，当天的即期汇率为¥6.20＝$1.00。其会计处理程序如下：

（1）2×11年12月3日，购入A公司B股股票1000股作为交易性金融资产时

（单位：元）：

借：交易性金融资产　　　　　　　　　　　　　　　　　9600
　　贷：银行存款——美元户　　　　　　　　　　　　　　9600

（2）2×11年12月31日，将公允价值变动（含汇率变动）计入当期损益时（单位：元）：

借：交易性金融资产　　　　　　　　　　　　　　　　　3400
　　贷：公允价值变动损益　　　　　　　　　　　　　　　3400

这笔会计分录中的"公允价值变动损益"，既包含公允价值变动损益，又包含汇率变动损益。

（3）2×12年2月8日，将所购A公司B股股票全部售出时（单位：元）：

借：银行存款——美元户　　　　　　　　　　　　　　14260
　　贷：交易性金融资产　　　　　　　　　　　　　　　13000
　　　　投资收益　　　　　　　　　　　　　　　　　　 1260

同时：

借：公允价值变动损益　　　　　　　　　　　　　　　　3400
　　贷：投资收益　　　　　　　　　　　　　　　　　　 3400

7.3　外币财务报表折算

7.3.1　外币财务报表折算概述

1. 外币财务报表折算的概念

外币报表折算，是指为了特定目的，将以某一货币表述财务报表换为以另一种货币表述。一般来讲，外币报表折算只是改变表述的货币单位，并不改变报表项目之间的关系。

2. 外币财务报表折算的作用

外币财务报表折算主要有以下三方面的作用：

（1）满足跨国公司编制合并会计报表的需要。由于编制合并报表的主要目的是满足母公司股东和债权人等的需要，因而合并报表通常应以母公司报表所用货币表述。

（2）母公司（总公司）为了考核、评价国外子公司（分支机构）的财务状况、经验成果以及现金流量情况，也需要将国外子公司（分支机构）以外币表述的报表转换为以母公司（总公司）所用货币表述的报表。

（3）在国外资本市场有证券上市交易的公司必须以上市地区的货币对外报告财务

信息，而且有义务向其他国家的投资者和债权人报告财务信息。

如果外币报表折算的目的是编制合并报表，则应特别注意以下两点：

（1）在折算之前，应当统一母公司与国外子公司的会计报表决算日和会计期间，使两者保持一致。在两者不一致时，应当按照母公司的会计报表决算日和会计期间，对子公司的会计报表进行调整，根据调整后的会计报表进行折算，或者要求子公司按照母公司的要求编制相同的会计报表。

（2）应当尽可能统一母公司与国外子公司所采用的会计政策和会计处理方法，使两者保持一致。在两者不一致时，应当按照母公司规定的会计政策和会计处理方法，对子公司的会计报表进行必要的调整，根据调整后的会计报表进行折算。依据重要性原则，如果国外子公司所采用的会计政策和会计处理方法与母公司的要求差异不大，则母公司也可以直接根据子公司的会计报表进行折算。

7.3.2 外币财务报表折算的基本方法

选用不同的汇率以及对外币折算差额采用不同的处理方式，形成了不同的外币财务报表折算方法。目前，国际上常用的折算方法包括现行汇率法、流动与非流动项目法、货币与非货币项目法、时态法等。

1. 现行汇率法

现行汇率法是一种以现行汇率为主要折算汇率的外币财务报表折算方法。这种方法的基本内容包括：

（1）资产负债表上各资产与负债项目，均按编表日的现行汇率进行折算。

（2）除留存利润或未分配利润项目外，净资产项目均按发生时的当日汇率折算。

（3）折算差额作为所有者权益的调整额，成为资产负债表上的留存利润或未分配利润项目的平衡数，可倒计确定，并在留存利润或未分配利润后单独列示。

折算差额＝折算后的资产总额－折算后的负债总额－（折算后的除未分配利润之外的资本总额＋折算后资产负债表上的未分配利润）

（4）折算后资产负债表上的未分配利润项目，直接从折算后损益表上的未分配利润转入。

（5）利润表上的收入和费用项目，按现行汇率折算，或者按编表期内的平均汇率折算。需要特别注意的是，如果有股利发放，则按实际发放时的汇率进行折算。

2. 流动与非流动项目法

流动与非流动项目法是将资产与负债项目区分为流动性项目与非流动性项目两大类，将流动性项目按现行汇率折算，将非流动性项目按历史汇率折算的一种外币财务报表折算方法。这种方法的基本内容包括：

（1）流动资产与流动负债各项目，按编表日现行汇率折算。

（2）除未分配利润项目外，其他资产负债表项目，均按历史汇率折算。

（3）资产负债表上的未分配利润属于平衡数，不必按特定汇率折算，可倒计确定或者从折算损益表转入。

（4）利润表上的折旧费用、摊销费用项目，按有关资产取得时的历史汇率折算；其他项目，按编表期的平均汇率折算。

（5）折算损失作为当期损益，以"折算损益"项目列在折算后损益表上的税前收益项目之前，其金额由折算损益表上其他项目的金额计算求得。此时，资产负债表的未分配利润项目由资产负债表上其他项目折算后的金额倒计得出，并转入作为折算后损益表（期末）上的未分配利润金额。折算利得作为递延项目，以"折算差额"项目列在资产负债表未分配利润项目之后。此时，折算后资产负债表上的未分配利润项目以及折算差额的确定方法同现行汇率法。

3. 货币与非货币项目法

货币与非货币项目法是将资产与负债项目分为货币性项目与非货币性项目，将货币性项目按现行汇率折算，将非货币性项目按历史汇率折算的一种外币财务报表折算方法。这种方法和流动与非流动项目法的区别在于对存货项目、投资项目的处理。这种方法的基本内容包括：

（1）资产负债表上的货币性项目，包括货币性资产与货币性负债（如库存现金、应收账款、应付账款、长期负债等），均按现行汇率折算。

（2）资产负债表上的非货币性资产与负债项目（如存货、固定资产、交易性金融资产、持有至到期投资、可供出售金融资产、长期股权投资等），均按其取得时的历史汇率折算。

（3）除未分配利润项目外，净资产项目均按历史汇率折算。

（4）未分配利润项目属于平衡数，由资产负债表上其他项目折算后的金额倒计得到，并转入作为折算后损益表（期末）上的未分配利润金额。

（5）"折算损益"作为当期损益项目列入折算损益表上的税前利润项目，其金额由折算损益表上其他项目的金额计算求得。

（6）利润表上的折旧费用与摊销费用项目，同流动与非流动法一样，按有关资产取得时的历史汇率折算。

（7）由于存货按历史汇率核算，因此销售成本实际上也是按发生时的历史汇率折算的。在实际折算时，销售成本一般按倒计法确定，其公式为：

$$销售成本＝期初存货＋本期购货－期末存货$$

其中，期初存货按上年末汇率折算，本期购货按本期平均汇率折算，期末存货按期末汇率或取得时的平均汇率折算。

（8）利润表上的其他项目，均按业务发生时的汇率或编表期的平均汇率折算。

4. 时态法

时态法是以资产、负债项目的计量属性作为选择折算汇率依据的一种外币财务报表折算方法。这种方法的理论依据是，外币的折算实际上是将外币财务报表按一种新的货币单位重新表述的过程，改变的只是被计量项目的计量单位，而不是计量属性。因此，各外币财务报表项目应按其计量日期的实际汇率折算，这样才能保证不改变各外币财务报表项目的计量基础。时态法和货币与非货币项目的绝大部分内容相同，不同之处表现在以下两方面：

（1）资产负债表上按历史成本计价的各项非货币性资产（如按成本计价的存货、投资、固定资产、无形资产等），按编表日的现行汇率折算。

（2）资产负债表上按现行市价计价的非货币性资产项目（如按市价计价的存货、投资等），按编表日的现行汇率折算。

综上可见，从流动与非流动项目法到货币与非货币项目法，再到时态法，是外币财务报表折算理论不断发展完善的结果。现行汇率法相对于上述三种折算方法具有其独特性，虽然它主要选择单一汇率进行外币财务报表折算缺乏足够的理论支持，但是其突出优点在于保持了报表折算前后大多数财务指标的一致性。我们一般也称现行汇率法为"单一汇率法"，称其他三种折算方法为"多种汇率法"。

7.3.3 我国外币财务报表折算方法

根据我国《企业会计准则第19号——外币折算》的规定，企业对境外经营的财务报表进行折算时，应当遵循下列规定：

1. 一般情况下外币财务报表的折算方法

（1）资产负债表中的资产和负债项目，采用资产负债表日的即期汇率折算，所有者权益项目除"未分配利润"项目外，其他项目采用发生时的即期汇率折算。也就是说，将资产和负债项目全部按照资产负债表日的现行汇率折算；对于所有者权益项目，除"未分配利润"项目外，均按照权益发生时的即期汇率折算。

（2）利润表中的收入和费用项目，采用交易发生日的即期汇率折算；也可以采用按照系统合理的方法确定的、与交易日即期汇率近似的汇率折算。

按照上述方法折算产生的外币财务报表折算差额，应当在合并资产负债表中作为所有者权益单独列示，其中属于少数股东权益的部分应当列入少数股东权益项目。

比较财务报表的折算比照上述规定处理。

由上可见，我国外币财务报表的折算实质上采用的是现行汇率法。

2. 恶性通货膨胀经济中的境外经营的财务报表折算

企业对处于恶性通货膨胀经济中的境外经营的财务报表，应当按照下列规定进行折算：

对资产负债表项目运用一般物价指数予以重述，对利润表项目运用一般物价指数变动予以重述，再按照最近资产负债表日的即期汇率进行折算，即采取先消除恶性通货膨胀的影响，再进行折算的方法。

在境外经营不再处于恶性通货膨胀经济中时，应当停止重述，按照停止之日的价格水平重述的财务报表进行折算。

对恶性通货膨胀经济，通常按照以下特征进行判断：

（1）最近三年累计通货膨胀率接近或超过100%；

（2）利率、工资和物价与物价指数挂钩；

（3）公众不是以当地货币而是以相对稳定的外币为单位，作为衡量货币金额的基础；

（4）公众倾向于以非货币性资产或相对稳定的外币保存自己的财富，将持有的当地货币立即用于投资以保持购买力；

（5）即使信用期限很短，赊销、赊购交易仍按补偿信用期预计购买力损失的价格成交。

3. 处置境外经营

企业在处置境外经营时，应当将资产负债表中所有者权益项目下列示的、与该境外经营相关的外币财务报表折算差额，自所有者权益项目转入处置当期损益；部分处置境外经营的，应当按处置的比例计算处置部分的外币财务报表折算差额，转入处置当期损益。

4. 外币折算信息的披露

与国际会计准则相比，我国企业会计准则要求披露的信息比较简单，只要求企业在附注中披露与外币折算有关的如下信息：

（1）企业及其境外经营选定的记账本位币及选定的原因，记账本位币发生变更的，说明变更理由；

（2）采用近似汇率的，说明近似汇率的确定方法；

（3）计入当期损益的汇兑差额；

（4）处置境外经营对外币财务报表折算差额的影响。

5. 外币报表折算举例

例7.16

由中国母公司100%拥有的境外子公司A公司以美元表述的2×11年12月31日和2×12年12月31日比较资产负债表以及2×12年度（至12月31日止）的利润表和所有者权益变动表的部分项目见表7-2和表7-3，其他有关资料如下：

假设股本发行及固定资产取得时的汇率为¥6.60＝$1.00，2×12年1月1日的存货是在2×11年第4季度取得的（采用先进先出法），购货、销货、其他费用及股利等在2×12年内都是均匀地发生的。2×12年度内的汇率资料如下：

2×12年1月1日	¥6.65＝$1.00
2×12年12月31日	¥6.70＝$1.00
2×12年平均汇率	¥6.64＝$1.00
2×11年第4季度平均汇率	¥6.60＝$1.00
2×12年第4季度平均汇率	¥6.68＝$1.00

表7-2　A公司资产负债表

单位：美元

项目	2×11年12月31日	2×12年12月31日
资产		
货币资金	12000	20000
应收账款	52000	40000
存货	48000	60000
固定资产	360000	320000
资产总计	472000	440000
负债及所有者权益		
应付账款	88000	96000
长期负债	176000	120000
股本	80000	80000
留存收益	128000	144000
负债及所有者权益总计	472000	440000

表7-3　A公司利润及留存收益表

单位：美元

项目	金额
营业收入	400000
营业成本	238000
折旧费	40000

续表

项目	金额
其他费用	59720
营业利润	62280
所得税	18680
净利润	43600
留存收益（2×11年12月31日）	128000
股利分配前留存收益	171600
股利	27600
留存收益（2×12年12月31日）	144000

（1）时态法

假设采用时态法对外币报表进行折算，其折算程序见表7-4、表7-5。

表7-4　A公司已折算资产负债表

2×12年12月31日

项目	外币（美元）	汇率	折合本位币（元）
资产：			
货币资金	20000	6.70	134000
应收账款	40000	6.70	268000
存货	60000	6.68	400800
固定资产	320000	6.60	2112000
资产总计	440000		2914800
负债及所有者权益：			
应付账款	96000	6.70	643200
长期负债	120000	6.70	804000
股本	80000	6.60	528000
留存收益	144000		939600
负债及所有者权益总计	440000		2914800

表7-5　A公司已折算利润及留存收益表

2×12年度

项目	外币（美元）	汇率	折合本位币（元）
营业收入	400000	6.64	2656000
营业成本	238000	①	1576000

续表

项目	外币（美元）	汇率	折合本位币（元）
折旧费	40000	6.60	264000
其他费用	59720	6.64	396541
折算损益		②	9760
费用合计	337720	（倒算）	2246301
营业利润	62280	（倒算）	409699
所得税	18680	6.64	124035
净利润	43600	（倒算）	285664
年初留存收益	128000	③	837200
股利分配前留存收益	171600	（倒算）	1122864
股利	27600	6.64	183264
年末留存收益	144000		939600

注：①营业成本计算如下：

年初存货=48000×6.60=316800（元）

购货=250000×6.64=1660000（元）

可供出售的商品成本=316800+1660000=1976800（元）

年末存货=60000×6.68=400800（元）

营业成本=1976800−400800=1576000（元）

②计入本年的折算损益计算如下：

股利分配前留存收益=939600+183264=1122864（元）

本年净收益=1122864−837200=285664（元）

本年税前收益=285664+124035=409699（元）

本年成本费用合计=2656000−409699=2246301（元）

折算损益=2246301−1576000−264000−396541=9760（元）

③上年折算报表中留存收益项目的折合本位币金额为837200元。

（2）现行汇率法

假设采用现行汇率法进行折算，其折算程序如下：

仍按前例资料，在现行汇率法下，企业可先折算利润表和留存收益表，然后再折算资产负债表。

利润表和留存收益表的折算见表7-6。

表7-6　A公司已折算利润及留存收益表

2×12年度

项目	外币（美元）	平均汇率	折合本位币（元）
营业收入	400000	6.64	2656000
营业成本	238000	6.64	1580320
折旧费	40000	6.64	265600
其他费用	59720	6.64	396541
费用合计	337720		2242461
营业利润	62280		413539
所得税	18680	6.64	124035
净利润	43600		289504
年初留存收益	128000		851200[①]
股利分配前留存收益	171600		1140704
股利	27600	6.64	183264
年末留存收益	144000		957440

注：① 见上年折算报表中留存收益项目的折合本位币金额，按本例，2×11年12月31日留存收益的折算金额为851200元。

资产负债表的折算见表7-7。

表7-7　A公司已折算资产负债表

2×12年12月31日

项目	外币（美元）	现行汇率	折算本位币（元）
资产：			
货币资金	20000	6.70	134000
应收账款	40000	6.70	268000
存货	60000	6.70	402000
固定资产	320000	6.70	2144000
资产总计	440000		2948000
负债及所有者权益：			
应付账款	96000	6.70	643200
长期负债	120000	6.70	804000
股本	80000	6.70	536000
留存收益	144000		957440
报表折算差额			15360
负债及所有者权益总计	440000		2956000

第7章 外币业务会计

本章小结

本章阐述了外币交易的会计处理和外币财务报表折算。读者在理解记账本位币和外币业务类型的基础上,应当掌握外汇汇率的基本标价方法以及我国企业会计准则对汇兑损益的处理规定,同时掌握记账本位币的确定、外币交易的会计处理以及外币财务报表折算方法。

复习思考题

1. 什么是记账本位币?什么是列报货币?企业在选定记账本位币时应考虑哪些因素?
2. 记账本位币变动时应根据哪些规定进行处理?
3. 什么是外币业务?它有几种类型?
4. 外汇汇率的基本标价方法有几种?各有哪些特点?
5. 什么是汇兑损益?它有几种类型?应如何对它进行确认?
6. 我国企业会计准则对汇兑损益的处理有哪些规定?
7. 外币交易的基本会计处理方法有哪些?各有哪些特点?
8. 会计期末对外币货币性项目应如何折算?
9. 会计期末对外币非货币性项目应如何折算?
10. 外币财务报表折算的基本方法有哪些?各种方法的适用范围和优缺点是什么?
11. 对外币财务报表折算差额应如何处理?
12. 我国企业会计准则对外币财务报表的折算有哪些规定?

第8章 企业重组与清算会计

本章将介绍企业重组、清算、破产的概念，重组、清算、破产之间的联系；在理解财务困境的含义及表现的基础上，进行财务困境的成因分析，重点阐述企业重组与清算的会计处理。

8.1 企业重组与清算会计概述

8.1.1 企业重组、清算、破产概念的区别与联系

1. 企业重组的概念

企业重组的概念有广义和狭义之分。广义的企业重组，包括企业的所有权、资产、负债、人员、业务等要素的重新组合和配置。狭义的企业重组，是指企业以资本保值增值为目标，运用资产重组、债务重组和产权重组方式，优化企业资产结构、负债结构和产权结构，以充分利用现有资源，实现资源优化配置。重组是企业成长的一种途径和方式。

从经济学角度看，企业重组是一个稀缺资源的优化配置过程。企业重组对资源的优化配置主要体现在企业自身和社会经济整体两个层面。对企业来说，通过对自身拥有的各种要素资源的再调整和再组合，提高了运行效率，同时实现了社会资源在不同企业间"弃弱济强"的优化组合，提高了经济运行的整体效率。

从法律角度看，企业是为降低交易成本而构建的一系列契约的联结。在市场经济条件下，这些契约关系以法律的形式体现。因此，企业重组在现实运作中又表现为法律关系的调整。

2. 企业清算的概念

企业清算，是指在企业面临终止的情况下，负有清算义务的主体按照法律规定的方式、程序，对企业的资产、负债、股东权益等作全面的清理和处置，使企业与其他社会主体之间产生的权利和义务归于消灭，从而为企业的终止提供合理依据的行为。

在我国，企业清算的最基本分类是破产清算和非破产清算。

破产清算，是指在企业不能清偿到期债务的情况下，依照《中华人民共和国企业破产法》（以下简称《企业破产法》）的规定进行的清算。《中华人民共和国公司法》（以下简称《公司法》）第190条规定："公司被依法宣告破产的，依照有关企业破产的法律实施破产清算。"

非破产清算，是指在公司法人资金足以清偿债务的情况下，依照《公司法》的规定进行的清算，包括自愿解散的清算和强制解散的清算。这种清算的财产除用以清偿公司的全部债务外，还要将剩余财产分配给债权人和股东。

这种区分的依据主要是企业依法进行的清算程序不同。企业终止时，如果财产足以偿还债务，则所进行的清算为非破产清算，全部债权人的债权理论上均能实现，往往还有剩余财产可供分配。如果财产已不足以偿还全部债务，则必须按照破产清算程序进行清算，在按照法定程序和公平受偿原则清偿破产企业职工工资、劳动保险费用、所欠税款、破产债权后，企业终止。

3. 企业破产的概念

所谓破产，是指债务人在全部资产不足以清偿到期债务时，通过一定程序将债务人的全部资产供其平均受偿，从而使债务人免除不能清偿的其他债务，并由法院宣告破产。当企业资产的公允价值低于其全部债务，也无债务展期、和解、重整的可能性时，企业实际上已经破产。

从法律上讲，企业破产有两层含义：其一是指资不抵债时发生的实际意义上的破产，即债务人因负债超过资产的公允价值，不能清偿到期债务而发生的一种状况。其二是指债务人因不能清偿到期债务而被法院宣告破产。此时，债务人资产的公允价值可能低于负债，也可能等于或超过负债。这种破产是法律意义上的破产。

4. 重组、清算、破产之间的联系

企业重组与破产有许多类似之处，也有本质区别。其相同之处在于，两者在法律程序上都受《企业破产法》的约束，都必须向法院提出申请，都是由法院指定或者由债权人选举的受托人负责进行。但是，企业重组仍然是在"持续经营假设"的基础上进行的。企业重组的结果不是公司经营活动的终止，而是使公司"轻装上阵"，这是两者的本质区别。

企业重组、清算、破产之间既有区别也有联系。它们之间至少有以下几方面的共同点：

（1）都需要进行清算。

（2）若重组成功，则企业继续存在；若重组失败，则企业破产。

（3）在正常清算中发现资不抵债，转入破产清算，破产企业的资产大于负债的，与正常清算相同。

（4）在财产分配与会计处理上有相似之处。

8.1.2 财务困境的含义及表现

公司在其经营活动中，如果由于自身的经营条件或外部环境等各种原因，无法如期偿还债务，则易陷入财务困境甚至财务危机。如果公司面临的财务困难是暂时的，则有可能在与债权人协商达成协议后作出债务重组决定，或者按照法定的程序对公司进行重组。如果公司的财务危机十分严重，可以采取破产方式解决。财务困境一般被定义为企业履行经营义务时受阻的状态，它主要包括三层含义：一是企业的资产总额超过负债总额，资产配置的流动性差，无法变现，从而导致用于偿还企业债务的现金净流量低，经营效益差；二是企业最近两个会计年度的净利润为负数，并且最近一个会计年度的股东权益低于注册资本；三是企业的负债总额超过企业资产的公允价值，经协商进入重组状态。

在财务困境的定义上，人们似乎更加看重企业是否会陷入破产清算或重组的境地，而有可能导致企业进行破产清算或重组的迹象或征兆，尤其是关于现金流量和存量的重组与否，则是用来界定企业是否陷入财务困境的主要依据。重组与清算未必都是因陷入财务困境引起的，但是反过来，企业一旦在财务上陷入困境，往往需要进行清算或重组，以化解危机或终止经营，甚至进入法律程序。

事实上，导致企业或公司陷入财务困境的事件有很多。例如，股利减少、公司倒闭、公司连年亏损、公司大面积裁员、股票价格暴跌、财务拮据、成本加大、高级主管辞职、管理层频繁收购、公司偿债能力大幅下降、出售资产、股权置换、开始重组、私下和解等。

从企业内部来看，财务困境主要表现为资金周转困难甚至停滞，现金流量出现大额的负差（现金流出大于现金流入的差额），持久的亏损经营以及资不抵债等导致企业正常的生产经营受阻，权益结构失衡，财务状况恶化。

从企业外部来看，财务困境主要表现为现金短缺，无力偿还到期债务，在社会上出现严重的债务危机和信用危机，难以重新举借债务，甚至要被改组或是被迫进行清算。

8.1.3 财务困境的成因分析

1. 经营管理上的失误

经营管理是企业的命脉，它的好坏直接决定企业的生死存亡。好的经营决策能够让一个奄奄一息的企业重整旗鼓，而坏的经营决策则可能导致一个生机勃勃的企业毁于一旦。在我国，公司经营管理行为的失误主要集中在以下两个方面：一是大量举借，偿债风险过高。适度的负债经营可以使公司获取财务杠杆效应带来的收益，而过度的负债经营则会使公司的支付能力变得极为脆弱，甚至出现支付危机。二是"三费"（销售费用、管理费用、财务费用）过高，资金匮乏，导致公司不堪重负。

2. 经济政策和国家法律法规的影响

企业并非生活在真空环境中，世界上其他国家以及本国的宏观经济政策和相关法律法规都会影响到企业生产经营的各个方面，进而影响到企业最终的生存。政府的财政政策、税收政策、工商管理政策、产业政策、证券监管政策以及与破产相关的法律法规都是影响财务困境成因分析的重要因素。

3. 丧失核心竞争力的多元化经营

企业只有具备核心竞争力，才能具有持久的竞争优势。从这一点来说，企业首先应拥有一个具有竞争力的核心产品，然后再考虑是否应进行多元化经营。如果企业没有基于核心竞争力的多元化经营，又不能在外部扩张战略中培育新的核心竞争力，那么就很可能使原来的竞争优势也丧失殆尽，直接的表现就是：新项目挤占优势主业的资金，却不能产生相应的效益，反而拖垮优势主业，最终导致企业内部整体资金匮乏。

4. 经营杠杆的负效应

当一些企业飞速发展时，经营者容易头脑发热，盲目追求经营杠杆效应。高增长本身并没有什么不好，关键要看企业是否具有快速发展的条件，否则飞得越高，跌得越重。发展速度过快，会使企业处于资金短缺之中，还会造成企业管理理念的缺失和管理人才的匮乏。同时，经营杠杆也存在负效应，过高的固定成本必然带来过高的折旧及管理费用。在企业无法保证销售量的前提下，巨额的固定成本会导致极大的经营风险。

8.1.4 财务困境的解救措施

企业陷入财务困境的原因多种多样，有些可能是暂时的，有些可能是长期的。有时，企业的财务困境甚至会达到不可挽救的地步。企业应当根据不同情况，及时采取相应的解救措施，从而尽快摆脱财务困境。根据企业陷入财务困境的不同情况，通常将其采取的解救措施分为非诉诸法律的解救措施和诉诸法律的解救措施两大类，以下分别进行阐述。

1. 非诉诸法律的解救措施

如果企业出现暂时且不太严重的财务困难，采取正常的手段（如举借债务）一时又无法解决，那么可以先采取债务重组和准改组这两种非诉诸法律的解救措施，将企业从财务困境中解救出来。

（1）债务重组

债务重组，也称"债务重整"，是指债务企业因出现财务困难，通过直接与债权人协商达成协议，赢得债权人一定的偿债优惠，从而获得偿债的喘息机会，减轻偿债压力，最终摆脱财务困境的一种解救措施。例如，进一步延长偿债期限，减免一定的债务利息甚至本金，改变偿债方式，将以现金偿债改为以其他实物资产偿债或者将债务转为资本等。

（2）准改组

准改组，也称"会计改组"，是企业改组的初级形式，是指企业发生了重大亏损，财务状况突然恶化，需要通过采取削减资本、变卖不合理财产、重新调整股权结构等方式，弥补采取其他措施仍无法弥补的亏损事项。因此，准改组主要是针对企业出现严重亏损，由企业自己采取弥补措施的一种方法。

2. 诉诸法律的解救措施

如果不通过法律手段就难以取得债权人的谅解，致使企业无法摆脱财务困境，则必须通过诉诸法律的方式实施解救措施。

2006年8月27日，第十届全国人民代表大会常务委员会第二十三次会议通过了自2007年6月1日起施行的《企业破产法》。从该法的内容构成来看，采用诉诸法律的方式解救企业的措施主要包括重整、和解、破产清算。

（1）重整

重整，是指经利害关系人申请，在法院的主持和利害关系人的参与下，对已有破产原因（条件）或者有破产原因而又有再生希望的债务人进行生产经营上的整顿和债务债权关系上的清理，以期使其摆脱经营和财务困境，重返生机的特殊法律程序。实际上，重整就是给濒临破产的企业一次重获新生的机会。重整是现代破产制度的一个组成部分，又名"重组""司法康复""重生"等。

（2）和解

和解，是指法院受理债权人提出的破产申请后的一段时间内，债务人与债权人就和解协议草案达成一致，由法院裁定认可而中止企业破产程序的制度。

（3）破产清算

破产清算，是指企业出现严重亏损或资不抵债，采取其他解救措施仍无力回天，最终由法院裁定依法宣告破产并进行清算的一种法律行为。

重整、和解、破产清算之间既有横向的并列关系，又有纵向的包含关系。《企业破产法》第7条第1、2款规定："债务人有本法第二条规定的情形，可以向人民法院提出重整、和解或者破产清算申请。债务人不能清偿到期债务，债权人可以向人民法院提出对债务人进行重整或者破产清算的申请。"重整、和解、破产清算具有相对独立性，当事人可以选择其中之一。这体现的是三者之间横向的并列关系。在提出破产清算申请，法院受理破产清算后，当事人可以提出重整、和解。如果重整、和解成功，则完全结束破产程序。如果重整、和解不成功，或者和解协议、重整计划不能被法院认可，则法院直接裁定宣告破产，进入破产清算程序。这就是纵向的包含关系。

综上所述，企业财务困境的解救可能需要采取企业重组或企业清算的方式。

当然，在企业并未陷入财务困境时，也可能需要进行重组或清算，如为了扩张经营或到期终止经营。

8.2 企业重组会计处理

8.2.1 企业重组的种类

企业重组既可能发生在经营良好的转制企业身上，如国有企业改制为股份有限公司，也可能发生在经营管理不善的财务困难企业身上。企业重组不仅可能导致大股东的换手、高层管理人员的更迭，还可能包含债务重组和大规模的资产置换。这里仅讨论财务困难企业的重组及会计处理。

1. 改制

企业改制是"改革企业体制"的简称，是将企业体制从适应计划经济体制需要的传统企业制度改革为适应社会主义市场经济体制需要的现代企业制度。企业改制的核心是经济机制的转变和企业制度的创新，其实质是调整生产关系以适应生产力发展的需要。

2. 产权转让

产权转让，是指两个以上产权主体就企业的全部或部分产权进行有偿转让的行为。企业产权转让有许多方式，如内部转让、对外转让，协议转让、竞价拍卖、招标转让，整体转让、分割转让，重组转让、先破后售等。

3. 合并

合并包括吸收合并和新设合并两种形式。一个企业吸收其他企业后，被吸收的企业解散的，为吸收合并。两个以上企业合并设立一个新企业，合并各方企业解散的，为新设合并。企业合并通常是通过兼并和收购（简称"并购"）实现的。

（1）兼并，是指一家企业购买取得其他企业的产权，使其他企业丧失法人资格或改变法人实体，并取得这些企业决策控制权的经济行为。从这个意义上讲，兼并等同于吸收合并。

（2）收购，是指一家企业购买另一家企业的部分或全部资产、股权，以获得对该企业的控制权。收购的经济实质是取得控制权。收购的对象一般有股权和资产两种。股权收购是购买一家企业的股份，收购方将成为被收购方的股东，承担被收购方的债权、债务；而资产收购仅仅是一般的买卖行为，收购方无须承担被收购方的债务。

4. 分立

分立，是指一个企业分成两个或两个以上企业的经济行为。分立包括新设分立和派生分立两种方式。

（1）新设分立，是指企业将其全部财产分割后，新设两个或两个以上企业的行为。新设分立后，新企业存续，在进行工商登记后取得法人资格；原企业则消亡，其法人资格被取消。

（2）派生分立，是指企业以其财产的一部分设立另一家企业的行为。派生分立后，派生的新企业在进行工商登记后取得法人资格；原企业存续，但是有可能因派生出新企业而减少权益资本，当减少注册资本时，应当办理变更注册资本的手续。

5. 托管

托管，是指企业投资者（或委托人）通过契约的形式，在一定条件下和一定期限内，将企业法人财产的部分或全部委托给具有较强经营管理能力并能够承担相应经营风险的法人（受托人）去有偿经营，以实现一定的目标。

与其他企业重组方式相比，托管具有以下特点：

（1）不涉及产权变动，体现的是一种财产委托代理关系；

（2）体现的是一种以信用为基础的托管关系；

（3）通常具有过滤性。

托管具有一定的优点和作用，具体表现为：

（1）受托人不需要支付大量资金取得委托人的资产，可以靠自己拥有的经营管理能力去经营托管企业；

（2）程序相对简单，对委托企业产权清晰程度的要求较低；

（3）托管使委托人与受托人之间相互制约，形成外部约束力，避免了企业内部人控制现象；

（4）托管是有期限的，而且可以根据形势变化终止托管协议，比其他重组方式具有更大的调整余地，降低了委托人与受托人双方的风险。

8.2.2 企业重组的程序

企业重组的程序包括：申请、组成债权人委员会、制订重组计划、执行重组计划。

1. 申请

与企业破产相同，企业在重组之前，必须向法院提出申请。通常，重组申请应满足一定的条件。企业在向法庭申请重组时，必须阐明重组的必要性以及不采用债务重组方式的原因。

如果企业重组的申请符合有关规定，法院将批准重组申请。一旦法院批准企业重组的申请，则原先针对企业的任何民事诉讼，如普通破产、解除债务人的抵押品索回权、债权人强制实施对公司财产的置留权等，应立即予以终止。

2. 组成债权人委员会

法院批准企业重组的申请后，将任命一个由公司的无财产保证的债权人组成的委员会。债权人委员会有如下职责：

（1）挑选并委托若干律师、注册会计师或其他中介机构作为其代表，履行其职责。

（2）就企业财产的管理情况向受托人和债务人提出质询。

（3）对企业的经营活动、财产及债务情况进行调查，了解企业继续经营的程度以及其他与制订重组计划有关的情况，在此基础上制订企业继续经营的计划，并呈交法院。

（4）参与重组计划的制订，就所制订的重组计划提出建议，并向法院提交重组计划。

（5）如果事先法院没有任命受托人，则应向法院提出任命受托人的要求。如果法院允许，债务人可以继续控制企业的资产并主持企业的经营活动。在一般情况下，法院可任命受托人以取代企业的管理层，行使管理层的职权。

3. 制订重组计划

企业重组计划直接涉及债权人和股东的权益，因此必须公正、公平、切实可行。重组计划必须对债务人对企业财产的保留、财产向其他主体的转移、债务人与其他主体的合并、财产的出售或者分配以及发行有价证券以取得现金或者更换现有证券等事项作出明确规定。法院在批准重组计划之前，除了需对其公正性进行评价外，还必须取得每一类债权中代表债权项数一半、债权金额2/3的债权人以及每一类股权中代表2/3金额的股东的认可。

4. 执行重组计划

企业重组计划经法院批准后，受托人应将其分发给所有涉及的债权人和股东。经法院批准的重组计划对企业本身、全体债权人和股东以及根据计划发行有价证券或者取得公司财产的企业均有约束力，应由受托人负责实施。

8.2.3 企业重组的会计处理

下面以ABC公司为例，说明企业重组的会计处理。

例8.1

ABC公司2×11年3月1日的资产负债表见表8-1。

表8-1　ABC公司资产负债表（重组前）

2×11年3月1日　单位：元

资产	金额	负债及股东权益	金额
流动资产：	59400	流动负债：	
银行存款	292600	应付票据	1464100
应收票据	354420	应付账款	1144000
应收账款	1609300	应付职工薪酬	1947000
存货	0	应交税费	63800
预付款项	20900	应付利息	39600
流动资产合计	2336620	其他应付款	38500
		流动负债合计	2944700
非流动资产：		非流动负债：	
房屋	907500	应付债券	1980000
机器设备	1073600	负债合计	4924700
其他设备	323400	股东权益：	
土地	440000	股本	1650000
固定资产合计	2744500	未分配利润	1493580
		股东权益合计	156420
资产总计	5081120	负债及股东权益合计	5081120

假设ABC公司在与债权人及全体股东协商后，决定向法院申请重组。重组计划经公司的股东及全体无财产保证的债权人认可，并获法院批准。重组计划的主要内容如下：

（1）将30000元的现金存入托管人的银行账户，用以偿付有优先清偿权的债务并支付重组费用。

（2）增发面值1元的200000股股份，更换已发行在外的价值5元的普通股200000股。

（3）用新发行股份中的36000股按市价每股15元的比价更换无财产保证的应付票据540000元。

（4）将无财产保证的应付票据中的320000元的偿付期延至2×12年3月1日，同时将原来的票面利率10%提高至12%。

（5）对已到期的应付账款600000元，以80%的清偿率偿付其中的480000元，支付现金280000元，其余的200000元以公司长期闲置的两台设备抵偿，这两台设备的原价为198800元，累计折旧为20400元，公平市价为186000元。

另外，ABC公司在重组期间仍然继续经营，销售部分产成品，并收回现金290000元，其中净收入为200000元，产成品的成本为90000元。

根据以上经济业务，作账务处理如下（单位：元）：

（1）将30000元的现金存入托管人的银行账户

借：托管现金　　　　　　　　　　　　　　　　　　　　30000
　　贷：银行存款　　　　　　　　　　　　　　　　　　30000

（2）偿付有优先清偿权的职工薪酬和应交税费

借：应付职工薪酬　　　　　　　　　　　　　　　　　　14000
　　应交税费　　　　　　　　　　　　　　　　　　　　8500
　　贷：托管现金　　　　　　　　　　　　　　　　　　22500

（3）支付重组的费用

借：重组费用　　　　　　　　　　　　　　　　　　　　7500
　　贷：托管现金　　　　　　　　　　　　　　　　　　7500

（4）增发新股，更换已发行在外的普通股

借：股本——普通股　　　　　　　　　　　　　　　　　1000000
　　贷：股本——普通股（面值1元）　　　　　　　　　　200000
　　　　资本公积——股本溢价　　　　　　　　　　　　800000

（5）用新发行股份更换无财产保证的应付票据

借：应付票据　　　　　　　　　　　　　　　　　　　　540000
　　贷：股本——普通股（面值1元）　　　　　　　　　　36000
　　　　资本公积　　　　　　　　　　　　　　　　　　504000

（6）用现金和设备清偿已经到期的应付账款

借：应付账款　　　　　　　　　　　　　　　　　　　　600000
　　贷：银行存款　　　　　　　　　　　　　　　　　　280000
　　　　固定资产清理　　　　　　　　　　　　　　　　178400
　　　　营业外收入——处置固定资产净收益　　　　　　7600
　　　　　　　　　——重组收益　　　　　　　　　　　134000

重组结束时，需将重组费用、重组过程中的各项损益结转至"利润分配——未分配利润"科目。至2×11年3月31日重组结束时，ABC公司的资产负债表见表8-2。

表8-2 ABC公司的资产负债表

2×11年3月31日　单位：元

资产	金额	负债及股东权益	金额
流动资产：		流动负债：	
银行存款	39400	应付票据	924100
应收票据	292600	应付账款	544000
应收账款	354420	应付职工薪酬	180700
存货	1519300	应交税费	55300
预付款项	20900	应付利息	39600
流动资产合计	2226620	其他应付款	38500
非流动资产：		流动负债合计	1782200
固定资产：		非流动负债：	
房屋	907500	应付债券	1980000
机器设备	895200	负债合计	3762200
其他设备	323400	股东权益：	
土地	440000	股本	886000
固定资产合计	2566100	资本公积	1438000
		未分配利润	1293480
		股东权益合计	1030520
资产总计	4792720	负债及股东权益合计	4792720

8.3 企业清算会计处理

8.3.1 企业清算的种类

清算是在企业面临终止的情况下发生的。根据我国《公司法》的规定，终止的原因多种多样。依据清算的原因不同，可以将企业清算分为破产清算与非破产清算。

破产清算，是指在企业不能清偿到期债务的情况下，依照《企业破产法》的规定所进行的清算。《公司法》第190条规定："公司被依法宣告破产的，依照有关企业破产的法律实施破产清算。"

非破产清算，是指在公司解散的情况下，依照《公司法》的规定所进行的清算。

这种区分的主要依据是企业依法进行的清算程序不同。企业终止时，如果财产足以偿还债务时，所进行的清算为非破产清算。理论上，全部债权人的债权均能实现，而且往往还存在剩余财产可供分配。如果财产已不足以偿还全部债务，则必须按照破产清算程序进行清算，在按照法定程序和公平受偿原则清偿破产企业职工工资、劳动保险费用、所欠税款、破产债权后，企业终止。

当然，实践中也存在一种情况，即企业终止时，由于尚未进行清算，对其资产负债情况并不十分清楚，可能首先启动的是非破产清算。但是，清算组在清理企业的财产和债权债务关系后发现，其财产不足以偿还全部债务。这时，非破产清算程序将无法进行下去。这就需要清算组或债权人按照《企业破产法》的有关规定向人民法院提起破产清算程序，从而由非破产清算程序转入破产清算程序。

8.3.2 企业清算的程序

1. 企业非破产清算的程序

一个企业的非破产清算必须按一定程序分清企业应负的责任，及时处理债权债务，合理分配财产、费用，避免因企业清算所造成的各种经济损失和纠纷。

根据《公司法》的规定，企业清算的一般程序如下：

（1）组织清算组

（2）通知、公告债权人，催报债权

清算组成立后，应在10日内通知已知的债权人，并于60日内在报纸上至少公告3次。债权人应当在接到通知书之日30日内，未接到通知书的自第一次公告之日起45日内，向清算组申报债权。

（3）编造财产账册，制订清算方案

清算组登记债权，清理财产，编制资产负债表和财产清单，然后制订清算方案，并报股东会或者有关主管机关确认。

（4）清偿债务

企业财产足以清偿全部债务的，按下列顺序清偿：

① 支付清算费用

② 支付职工工资、社会保险费用和法定补偿金

③ 缴纳所欠税款

④ 清偿公司债务

（5）分配剩余财产

在清偿债务后，企业的剩余财产由股东按持股比例进行分配。在清算完毕后，企业向登记机关申请注销登记。在注销登记的同时，企业法人资格即告终止。

2. 企业破产清算的程序

企业破产清算往往要履行严格的法律程序。按照《企业破产法》的相关规定，企业

破产清算的程序主要包括：

（1）成立清算组

法院应当自宣告企业破产之日起15日内成立清算组，接管破产企业。清算组应当由股东、有关机关及专业人士组成。

（2）破产管理人接管破产企业

《企业破产法》规定，法院裁定受理破产申请的，应当同时指定管理人。管理人可以由有关部门、机构的人员组成的清算组或者依法设立的律师事务所、会计师事务所、破产清算事务所等社会中介机构担任。法院宣告企业破产后，破产企业由破产管理人接管，负责对破产企业的财产进行管理、清理、估价、处理、分配，代表破产企业参与民事活动，其行为对法院负责并向法院汇报工作。

（3）破产财产分配

破产管理人提出破产财产分配方案，在债权人会议上讨论通过，报法院批准后，由破产管理人具体执行。

破产管理人分配破产财产前，首先应拨付清算费用，包括：①破产财产管理、变价、分配所需的费用；②破产案件的诉讼费用；③为债权人的共同利益而在破产程序中支付的其他费用。

在优先支付清算费用后，破产财产按以下顺序清偿；①破产企业拖欠的职工工资、社会保险费用和法定补偿金；②破产企业拖欠的税款；③普通破产债权。

（4）清算终结

破产财产分配完毕，由破产管理人向法院汇报相关情况，并申请法院裁定破产终结，对未得到清偿的债权不再进行清偿。

（5）注销登记

企业破产，破产财产分配完毕，企业法人依法终止其民事行为能力，破产管理人向破产企业的原登记机关申请注销原企业登记。

3. 企业破产清算与非破产清算比较

企业破产清算与非破产清算的相同之处在于，企业面临终止，需要清理资产和债权债务，最终向企业登记机关办理注销手续，退出市场。

企业破产清算与非破产清算的主要不同之处有：

（1）清算的条件

企业破产清算以企业法人的财产不能清偿全部债务为条件，资不抵债、缺乏现金流使企业丧失清偿能力，只有通过破产清算，借助司法强制力才能使债权人公平受偿。

引起企业非破产清算的原因是企业解散，常见的事由有企业经营期满、股东大会决定解散等，理论上资产大于负债，清偿债务后还有剩余资产分配给出资人。

（2）清算的法律依据

在我国，企业破产清算的主要依据有《企业破产法》《中华人民共和国民事诉讼法》和《最高人民法院关于审理企业破产案件若干问题的规定》等法律、司法解释。

企业非破产清算主要适用《公司法》《中华人民共和国全民所有制工业企业法》《中华人民共和国企业法人登记管理条例》等法律法规。

（3）是否进入破产程序

企业破产清算是法院受理破产申请，经审查裁定宣告破产后进行的清算。法院指定管理人履行清算职责，债权异议的审查、财产的变价和财产的分配方案都由法院最终确定。清算完毕后，法院裁定终结破产程序。可以说，整个破产清算工作都在法院的主持和监督下进行。

企业非破产清算由企业的清算义务主体组成的清算组进行。例如，有限责任公司的清算组由股东组成，股份有限公司的清算组由董事或股东大会确定的人员组成，按照《公司法》确定的程序进行清算。《公司法》第183条规定："公司……应当在解散事由出现之日起十五日内成立清算组，开始清算。……逾期不成立清算组进行清算的，债权人可以申请人民法院指定有关人员组成清算组进行清算。人民法院应当受理该申请，并及时组织清算组进行清算。"但是，法院一般在公司股东、董事、监事、债权人或其他利害关系人中指定清算组成员，由他们负责清算事务。法院并不插手清算事务，这与企业破产清算程序完全不同。

（4）针对财产的执行程序是否中止

企业破产清算以全体债权人公平受偿为目的。因此，相关法律规定，法院受理破产案件后，禁止对个别债权人进行清偿，防止其他债权人的利益受损。为了加大对债务人财产保护的力度，保护措施溯及破产申请受理前六个月，当债务人达到破产界限时，仍对个别债权人进行清偿，经管理人申请，法院有权撤销。针对财产的执行程序往往依据个别债权人的申请而启动。强制处置债务人财产会使申请人的债权得到实现，却可能使其他债权落空，结果与全体债权人公平受偿的立法宗旨相违背。于是，立法者设计了"自动中止"的制度安排，即在破产程序开始后，针对债务人财产的强制执行行为即告中止，执行申请人与其他债权人一起等待财产统一分配。

针对企业非破产清算，《公司法》第185条第3款规定："在申报债权期间，清算组不得对债权人进行清偿。"但是，该规定不能对抗法院或行政机关采取的执行措施。

（5）债权人是否免责

企业破产清算的最大优势是将破产财产公平地分配给债权人，破产程序终结后，债务人对未能清偿的债务不再清偿，即所谓的"破产免责主义"。

企业非破产清算必须保证每个债权人都得到清偿，减免债务要得到债权人的同意。

8.3.3 企业清算的主要会计事项

1. 企业非破产清算的主要会计事项

企业非破产清算的主要会计事项有：

（1）编制清算年度年初至清算日的财务报表；

（2）编制债权债务清册；

（3）评估资产净值；

（4）反映和监督清算费用；

（5）进行资产变现并偿还债务；

（6）核算企业清算损益；

（7）按清算净收益计算、缴纳所得税；

（8）在所有者之间分配剩余财产，并结清会计账簿，编制清算报告。

2. 企业破产清算的主要会计事项

破产企业在宣告破产并指定破产管理人后，应接受破产管理人的指导，协助破产管理人对企业各种财产进行全面的清理登记，编制清册，同时对各项资产损失、债权债务进行全面的核定查实。

破产清算的主要会计事项有：

（1）破产财产清查。破产管理人应对破产企业的债权、债务、实有财产（固定资产、无形资产）等情况进行全面的审核和清理。清查时，破产管理人可以采用审阅法、盘存法、抽查法、核对法等方法。

（2）编制破产清算日的有关报表。破产管理人应首先封存破产企业的原有账册，另行设立专用账册；然后，编制破产清算日的企业目录及资产负债表，这种资产负债表又称"破产负债表"。

（3）变卖破产财产。破产管理人应对破产企业的财产进行估价，估价的方法有账面价值法、重置成本法、现行市价法、收益现值法等。不同的财产可采用不同的方法。估价后，需要对财产进行变现。

（4）清收各种债权。对于企业应清收的各项债权，应将其作为财产收入进行处理。

（5）单独核算破产清算损益。破产清算损益也是清算收益与清算费用和清算损失相比较的结果。

（6）破产财产对企业债权人的分派。在破产财产的余额不能清偿债权人的全部债务时，应按债权人所持有的债务比例进行分配。

（7）编报破产财务报表。通过编报破产财务报表，可以反映破产企业清算后的财务状况。

企业破产清算的主要费用有：

（1）清算工作人员的费用；

（2）诉讼费用；

（3）咨询费用；

（4）利息净支出等。

企业破产清算的主要损失：

（1）财产盘亏损失；

（2）财产变现损失；

（3）财产估价损失；

（4）坏账损失等。

企业破产清算的主要收益：

（1）财产盘盈收益；

（2）财产变现收益；

（3）财产估价收益；

（4）不用归还的债务；

（5）转让土地使用权收益；

（6）其他收益。

3. 企业破产清算与非破产清算的主要会计事项比较

清算的会计处理工作主要包括对企业的清算财产加以确认、计量和重估计价，以及进行处置变现，确认、计量清算债权并据以分配清算财产，对全部清算过程进行会计核算并编报有关企业清算的会计报表。

企业破产清算与非破产清算的主要会计事项基本相同，都需要对以下事项进行会计处理：

（1）清理企业财产，编制资产负债表和财产清单；

（2）处理企业未了结的业务，包括代表企业参加民事诉讼或仲裁活动；

（3）进行资产评估；

（4）制订清算方案；

（5）资产经过评估后，清算组应在征得债权人同意，会同财政部门和国有资产管理部门批准后，进行变卖或拍卖；

（6）清算组应将享有优先受偿的债务，包括有抵押、质押、留置权益的债务，进行优先受偿。

正常生产经营的会计制度不适用于非破产清算，国家也没有出台非破产清算会计处理的单独规定。所以，目前绝大多数内资企业在非破产清算期间对相关的清算业务未进行相应的会计处理。由于非破产清算与破产清算有许多相同之处，因此在会计处理上应参照《国有企业试行破产有关会计处理问题暂行规定》，并根据非破产清算的特点对会计核算进行适当调整，达到既能反映企业清算过程中的财务状况，又有利于管理部门对企业清算进行有效控制的目的。

8.3.4 企业清算会计的特点、科目设置以及清算损益的计量

1. 企业清算会计的特点

企业清算会计是财务会计的一个分支，它专门从事对清算企业在清算期间的财务信息进行记录、核算和报告的会计管理活动。清算会计服务于企业的终止阶段，它有别于常规财务会计，具有自身的特点，主要体现为：

（1）清算会计目标有别于常规财务会计目标

在持续经营的情况下，企业从事正常的生产经营活动。服务于正常的生产经营活动的常规财务会计的目标是，体现企业现实的财务状况，反映企业的经营成果和资金的变动情况，预测和展示企业未来的财务能力和获利能力。

当企业进入清算状态后，正常的生产经营活动已经停止，清算业务的主要活动有财务清理变现、债务清偿和剩余财产分配等。此时，清算会计的主要活动是反映清算过程中的财务状况，它所提供的会计信息已不再被用来说明企业生产经营过程中销售、成本、费用、盈利等方面的情况，而是被用来说明清算过程中财产变现、债务清偿、资金流转、损益清算等方面的情况。

（2）清算会计的计量基础和核算原则有所变化

在清算过程中，人们比较关心的是企业资产的变现能力和债务清算程度。这样，在持续经营的前提下，常规会计核算的历史成本计量基础已不再适用，清算会计核算必须以清算价值（或变现价值）为计量基础。常规会计核算遵循的历史成本计价、配比和权责发生制等原则已不再适用，取而代之的是清算价格、收付实现制等原则。

（3）清算会计循环变为单周期核算活动

在持续经营的前提下，一个企业的会计核算必须在一个会计期间内完成一系列的会计程序，于会计期初开始，于会计期末结束。这一过程循环往复，周而复始。当企业进入清算状态后，持续经营的会计前提消失了，清算会计循环周期不再以年为单位，而是以清算业务完成实际耗用的时间为准。

（4）清算会计的报表体系比较独特

由于信息使用者的变化和对信息内容的要求不同，清算企业的报表一般由三部分组成：

① 财产现状类报表，如清算资产负债表、债权债务清单等；

② 变现偿债类报表，反映清算过程中清算财产变卖和债务的偿还进度、偿还比例等方面的情况，一般在清算过程中分阶段或一次性编制；

③ 清算损益类报表，反映清算期间的财务状况和理财过程，如清算利润表等，一般在清算结束时编制。

2. 会计科目的设置

企业终止，进入清算期，必须设置"清算费用"和"清算损益"两个科目单独核算。存在土地转让业务的企业还应设置"土地转让收益"科目。

（1）"清算费用"科目，核算清算期间发生的清算人员的酬金、公告费用、咨询费用、诉讼费用和利息等支出。

（2）"清算损益"科目，核算清算期间发生的收益或损失。

（3）"土地转让收益"科目。本科目核算被清算企业转让土地使用权取得的收入，企业支付的职工安置费，以及与转让土地使用权有关的成本、税费，如应缴的有关税金、支付的土地评估费用等。

清算结束时，清算收益减去清算费用和清算损失，加上土地转让收益后的余额为清算净收益，在依照税法规定弥补以前年度的亏损后，应当视同利润，按照规定的税率缴纳所得税。余额应转入"利润分配"科目。

3. 清算损益的计量

企业在清算过程中会发生清算收益或损失、土地转让收益和清算费用。

清算收益或损失，是指清算期内企业在处置清算财产过程中取得的财产变卖收入超过资产的账面价值所发生的收益和重新确认债务中发生的负债的减少金额，以及在处置清算财产过程中取得的财产变卖收入小于资产的账面价值所发生的损失、不能收回的应收账款和重新确认债务中发生的负债的增加金额等。

土地转让收益，是指转让土地使用权取得的收入减去以此收入支付的职工安置费等的净收益。

清算费用是指在清算过程中发生的各种清算费用。

清算收益减去清算损失和清算费用，加上土地转让收益后的金额，即为清算净损益，可以用公式表示为：

$$清算净损益 = 清算收益 - 清算损失 - 清算费用 + 土地转让收益$$

例8.2

某企业于2×12年10月1日宣告终止，实行清算，9月30日的资产负债表见表8-3。

表8-3 资产负债表

2×12年9月30日　单位：元

资产	金额	负债及股东权益	金额
货币资金	3600000	短期借款	800000
应收账款	5760000	应付账款	1000000
存货	7200000	长期借款	1080000
预付款项	240000	负债合计	2880000
长期股权投资	2000000		
固定资产原值	18000000	实收资本	18000000
减：累计折旧	5520000	资本公积	8000000
固定资产净值	12480000	未分配利润	2800000
无形资产	400000	所有者权益合计	28800000
资产总计	31680000	负债及股东权益合计	31680000

在清算过程中，首先对该企业的资产和负债进行全面清查，然后处理这些资产和负债。假定该企业的清算情况如下：

（1）应收账款中，回收货币资金5400000元，发生360000元坏账损失；

（2）存货盘亏500000元，其余变卖收到货币资金6000000元；

（3）预付款项240000元予以转销；

（4）长期股权投资收到转让所得4000000元；

（5）固定资产全部变现，收到货币资金14000000元；

（6）无形资产转让所得600000元；

（7）负债2880000元全部予以偿还（不计利息）；

（8）发生清算费用1000000元。

由以上资料，可以计算出该企业的清算净损益：

（1）清算收益=3720000（元）

其中：

长期股权投资=4000000-2000000=2000000（元）

固定资产=14000000-(18000000-5520000)=1520000（元）

无形资产=600000-400000=200000（元）

（2）清算损失=1800000（元）

其中：应收账款=5760000-5400000=360000（元）

存货=7200000-6000000=1200000（元）

预付账款＝240000（元）

（3）清算费用＝1000000（元）

（4）清算损益＝3720000-1800000-1000000＝920000（元）

由于清算业务的会计原理与常规业务的会计原理大不相同，因此清算的会计核算方法与常规会计核算方法有所不同。

8.3.5 企业非破产清算的会计处理

1. 非破产清算的会计处理步骤

企业非破产清算过程中的会计处理一般要经过以下几个步骤：

（1）编制清算日的资产负债表；

（2）核算清算费用；

（3）核算变卖财产物资的损益；

（4）核算收回的债权和清偿的债务；

（5）弥补以前年度亏损；

（6）核算剩余股东权益；

（7）编制清算费用表、清算利润表和清算结束日资产负债表；

（8）归还各类所有者权益。

2. 非破产清算的会计处理举例

（1）企业由于经营期限届满而进行的清算

例8.3

假设宏达公司于2×02年8月1日开业，按照公司章程的规定，经营期为10年，2×12年8月1日结业。2×12年8月1日，股东大会经讨论一致通过决议，决定终止经营，自即日起办理清算。

清算的会计处理步骤如下：

（1）编制清算日的资产负债表

这里的"清算日"，应该是2×12年7月31日。宏达公司在清算日的资产负债表见表8-4（假定该公司无欠缴税费）。

表8-4 资产负债表（清算日）

编制单位：宏达公司　　2×12年7月31日　　单位：元

资产	金额	负债及股东权益	金额
流动资产：		流动负债：	
货币资金	7000000	短期借款	600000
应收票据	1400000	应付票据	400000
应收账款	9000000	应收账款	400000
减：坏账准备	200000	流动负债合计	1400000
应收账款净额	8800000		
存货	12800000	非流动负债：	
流动资产合计	30000000	长期借款	1200000
		负债合计	2600000
非流动资产：			
固定资产原值	8400000	股东权益：	
减：累计折旧	3000000	股本	24000000
固定资产净值	5400000	其中：优先股	6000000
长期待摊费用	200000	普通股	18000000
		资本公积	2400000
		盈余公积	4000000
		未分配利润	2600000
		股东权益合计	33000000
资产总计	35600000	负债及股东权益总计	35600000

（2）核算清理费用

在2×12年8月1日至8月31日的整个清算期间，共支付各项清算费用210000元（包括清算人员酬金60000元，公告费用24000元，利息支出102000元，咨询费用24000元），全部用银行存款支付。

有关账务处理如下（单位：元）：

借：清算费用　　　　　　　　　　　　　　　　　　　　　　　　　210000
　　贷：银行存款　　　　　　　　　　　　　　　　　　　　　　　　210000

（3）核算企业财产物资变卖损益

① 处理存货。其中，原材料账面价值2400000元，出售价2800000元；在产品账面价值2400000元，出售价2200000元；低值易耗品账面价值800000元，出售价400000元；产成品账面价值7200000元，出售价8400000元。

原材料和产成品均以超过账面价值的价格出售,这部分计入"清算损益"科目的贷方;在产品和低值易耗品均以低于账面价值的价格出售,这部分计入"清算损益"科目的借方。

有关账务处理如下(单位:元):

借:银行存款　　　　　　　　　　　　　　　　　　　　　　13800000
　　贷:原材料　　　　　　　　　　　　　　　　　　　　　　2800000
　　　　库存商品　　　　　　　　　　　　　　　　　　　　　8400000
　　　　生产成本　　　　　　　　　　　　　　　　　　　　　2200000
　　　　低值易耗品　　　　　　　　　　　　　　　　　　　　 400000
借:原材料　　　　　　　　　　　　　　　　　　　　　　　　 400000
　　库存商品　　　　　　　　　　　　　　　　　　　　　　　1200000
　　贷:清算损益　　　　　　　　　　　　　　　　　　　　　1600000
借:清算损益　　　　　　　　　　　　　　　　　　　　　　　 600000
　　贷:生产成本　　　　　　　　　　　　　　　　　　　　　 200000
　　　　低值易耗品　　　　　　　　　　　　　　　　　　　　 400000

② 处理固定资产。将所有固定资产变卖共获得收入7000000元,超过账面净值1600000元,先将变价收入入账(单位:元):

借:银行存款　　　　　　　　　　　　　　　　　　　　　　7000000
　　贷:固定资产　　　　　　　　　　　　　　　　　　　　　7000000

③ 将累计折旧冲销固定资产,将溢价收入转入"清算损益"科目,作账务处理如下(单位:元):

借:累计折旧　　　　　　　　　　　　　　　　　　　　　　3000000
　　贷:固定资产　　　　　　　　　　　　　　　　　　　　　1400000
　　　　清算损益　　　　　　　　　　　　　　　　　　　　　1600000

④ 将长期待摊费用200000元一次摊销完毕,作账务处理如下(单位:元):

借:清算损益　　　　　　　　　　　　　　　　　　　　　　 200000
　　贷:长期待摊费用　　　　　　　　　　　　　　　　　　　 200000

(4)核算企业收回债权和清偿债务

① 收回应收票据1400000元,作账务处理如下(单位:元):

借:银行存款　　　　　　　　　　　　　　　　　　　　　　1400000
　　贷:应收票据　　　　　　　　　　　　　　　　　　　　　1400000

② 收回应收账款8600000元，冲销坏账准备200000元，其余200000元无法收回，作为坏账损失列入"清算损益"科目，作账务处理如下（单位：元）：

借：银行存款　　　　　　　　　　　　　　　　　　　　　8600000
　　坏账准备　　　　　　　　　　　　　　　　　　　　　　200000
　　清算损益　　　　　　　　　　　　　　　　　　　　　　200000
　　贷：应收账款　　　　　　　　　　　　　　　　　　　　9000000

③ 归还银行短期借款600000元（应支付利息30000元，已列入清算费用），偿还应付票据400000元，偿还应付账款400000元，归还长期借款1200000元（支付利息72000元，也已列入清算费用）。

根据上述业务，作账务处理如下（单位：元）：

借：短期借款　　　　　　　　　　　　　　　　　　　　　　600000
　　贷：银行存款　　　　　　　　　　　　　　　　　　　　　600000
借：应付票据　　　　　　　　　　　　　　　　　　　　　　400000
　　贷：银行存款　　　　　　　　　　　　　　　　　　　　　400000
借：应付账款　　　　　　　　　　　　　　　　　　　　　　400000
　　贷：银行存款　　　　　　　　　　　　　　　　　　　　　400000
借：长期借款　　　　　　　　　　　　　　　　　　　　　　1200000
　　贷：银行存款　　　　　　　　　　　　　　　　　　　　　1200000

（5）核算剩余股东权益

① 将清算费用转入"清算损益"科目，作账务处理如下（单位：元）：

借：清算损益　　　　　　　　　　　　　　　　　　　　　　210000
　　贷：清算费用　　　　　　　　　　　　　　　　　　　　　210000

② 计算清算损益。"清算损益"科目的借方发生额为1210000元，贷方发生额为3200000元，经过计算，将清算损益结转到"利润分配"科目，作账务处理如下（单位：元）：

借：清算损益　　　　　　　　　　　　　　　　　　　　　　1990000
　　贷：利润分配　　　　　　　　　　　　　　　　　　　　　1990000

③ 按清算净损益计算并缴纳所得税（按25%计算缴纳）（单位：元）：

借：利润分配　　　　　　　　　　　　　　　　　　　　　　497500
　　贷：银行存款　　　　　　　　　　　　　　　　　　　　　497500

④ 支付本年度优先股1-7月份股利（单位：元）：

借：利润分配　　　　　　　　　　　　　　　　　　　　　　400000
　　贷：银行存款　　　　　　　　　　　　　　　　　　　　　400000

（6）编制清算费用表（见表8-5）、清算利润表（见表8-6）、清算结束日资产负债表（见表8-7）

表8-5 清算费用表

编制单位：宏达公司　　2×12年8月31日　　单位：元

费用项目	金额
清算人员酬金	60000
公告费用	24000
咨询费用	24000
利息支出	102000
合计	210000

表8-6 清算利润表

编制单位：宏达公司　　2×12年8月1日—2×12年8月31日　　单位：元

清算损失及清算费用	金额	清算收益	金额
清算费用	210000	变卖存货溢价收入	1600000
应收账款坏账损失	200000	变卖固定资产溢价收入	1600000
变卖存货损失	600000		
摊销长期待摊费用	200000		
合计	1210000	合计	3200000

表8-7 资产负债表（清算结束日）

编制单位：宏达公司　　2×12年8月31日　　单位：元

资产	金额	股东权益	金额
银行存款	34092500	优先股	6000000
		普通股	18000000
		资本公积	2400000
		盈余公积	4000000
		未分配利润	3692500
资产总计	34092500	股东权益总计	34092500

（7）分配剩余资产

清算结束后的剩余财产为货币资金34092500元。

由于该公司是股份有限公司，因此剩余财产必须先分配给优先股股东，然后再分配给普通股股东，作账务处理如下（单位：元）：

借：股本——优先股　　　　　　　　　　　　　　　6000000
　　贷：银行存款　　　　　　　　　　　　　　　　6000000

假设普通股共有180000股，原来每股面值为100元，现在每股可分得156.07元，作账务处理如下（单位：元）：

借：股本——普通股　　　　　　　　　　　　　　18000000
　　资本公积　　　　　　　　　　　　　　　　　2400000
　　盈余公积　　　　　　　　　　　　　　　　　4000000
　　利润分配——未分配利润　　　　　　　　　　3692500
　　贷：银行存款　　　　　　　　　　　　　　　28092500

（2）企业由于连年发生亏损而进行的清算

例8.4

假设宏发公司于2×01年9月1日开业，近几年来，由于经营管理不善，连年发生亏损。股东大会经讨论一致通过决议，决定终止经营，自2×12年9月1日起办理清算。这种情况下的会计处理步骤与例8.3是一致的，现说明如下：

（1）编制清算日的资产负债表（见表8-8）

表8-8　资产负债表（清算日）

编制单位：宏发公司　　2×12年8月31日　　单位：元

资产	金额	负债及股东权益	金额
流动资产：		流动负债：	
货币资金		短期借款	800000
其中：库存现金	8320	应付票据	320000
银行存款	880000	应付账款	15200000
应收票据	880000	应付职工薪酬	320000
应收账款	11071680	应交税费	480000
减：坏账准备	320000	流动负债合计	17120000
应收账款净额	10751680	非流动负债：	
存货	15328000	长期借款	1600000
流动资产合计	27848000	负债合计	18720000
非流动资产：		股东权益：	
固定资产原值	20528000	股本	32000000
减：累计折旧	4056000	资本公积	3200000

续表

资产	金额	负债及股东权益	金额
固定资产净值	16472000	盈余公积	1600000
		未分配利润	11200000
		股东权益合计	25600000
资产总计	44320000	负债及股东权益合计	44320000

（2）核算清算费用

在2×12年9月1日至9月30日的整个清算期间，共支付各项清算费用280000元（包括清算人员酬金128000元，公告费用32000元，咨询费用32000元，诉讼费用88000元）。

有关账务处理如下（单位：元）：

借：清算费用	280000
贷：库存现金	8320
银行存款	271680

（3）核算企业财产物资变卖损益

① 处理存货。其中，原材料账面价值3200000元，产成品账面价值8000000元，溢价出售为：原材料3840000元，产成品9760000元，超过账面价值部分列入"清算损益"科目。在产品账面价值3200000元，低值易耗品账面价值928000元，折价出售为：在产品2880000元，低值易耗品320000元，低于账面价值部分列入"清算损益"科目。

有关账务处理如下（单位：元）：

借：银行存款	16800000
贷：原材料	3840000
生产成本	2880000
库存商品	9760000
低值易耗品	320000
借：原材料	640000
库存商品	1760000
贷：清算损益	2400000
借：清算损益	928000
贷：生产成本	320000
低值易耗品	608000

② 处理固定资产收入17600000元，超过账面净值1128000元。

先将变价收入入账（单位：元）：

借：银行存款　　　　　　　　　　　　　　　　　　　17600000
　　贷：固定资产　　　　　　　　　　　　　　　　　　17600000

再将累计折旧冲销固定资产，并将溢价部分转入"清算损益"科目，作账务处理如下（单位：元）：

借：累计折旧　　　　　　　　　　　　　　　　　　　4056000
　　贷：固定资产　　　　　　　　　　　　　　　　　　2928000
　　　　清算损益　　　　　　　　　　　　　　　　　　1128000

（4）核算企业收回债权和清偿债务

① 收回应收票据880000元，支付贴现利息24000元，作账务处理如下（单位：元）：

借：银行存款　　　　　　　　　　　　　　　　　　　856000
　　清算费用　　　　　　　　　　　　　　　　　　　　24000
　　贷：应收票据　　　　　　　　　　　　　　　　　　880000

② 收回应收账款10720000元，冲销坏账准备320000元，其余31680元无法收回，作为坏账损失列入"清算损益"科目，作账务处理如下（单位：元）：

借：银行存款　　　　　　　　　　　　　　　　　　　10720000
　　坏账准备　　　　　　　　　　　　　　　　　　　　320000
　　清算损益　　　　　　　　　　　　　　　　　　　　31680
　　贷：应收账款　　　　　　　　　　　　　　　　　　11071680

③ 清偿应付职工薪酬，作账务处理如下（单位：元）：

借：应付职工薪酬　　　　　　　　　　　　　　　　　320000
　　贷：银行存款　　　　　　　　　　　　　　　　　　320000

④ 支付应交税费480000元，作账务处理如下（单位：元）：

借：应交税费　　　　　　　　　　　　　　　　　　　480000
　　贷：银行存款　　　　　　　　　　　　　　　　　　480000

⑤ 归还短期借款800000元，并将支付的利息24000元列入"清算费用"科目，作账务处理如下（单位：元）：

借：短期借款　　　　　　　　　　　　　　　　　　　800000
　　清算费用　　　　　　　　　　　　　　　　　　　　24000
　　贷：银行存款　　　　　　　　　　　　　　　　　　824000

⑥ 偿还应付票据320000元和应付账款15200000元，作账务处理如下（单位：元）：

借：应付票据 320000
　　应付账款 15200000
　贷：银行存款 15520000

⑦ 归还长期借款1600000元，并将支付的利息80000元列入"清算费用"科目，作账务处理如下（单位：元）：

借：长期借款 1600000
　　清算费用 80000
　贷：银行存款 1680000

（5）核算剩余股东权益

① 将清算费用转入"清算损益"科目，作账务处理如下（单位：元）：

借：清算损益 408000
　贷：清算费用 408000

② 计算清算净损益。"清算损益"科目借方合计为1367680元，贷方合计为3528000元，清算净损益为2160320元，将其结转到"利润分配"科目，作账务处理如下（单位：元）：

借：清算损益 2160320
　贷：利润分配 2160320

清算净损益应先弥补以前年度亏损，若有剩余，再计算并缴纳所得税。本例中，清算净损益为2160320元，不足以弥补以前年度亏损11200000元，所以不用计算并缴纳所得税。

③ 计算剩余财产。经过上述清偿后，剩余财产为27760320元。

（6）编制清算报表。

编制清算费用表（见表8-9）、清算利润表（见表8-10）、清算后资产负债表（见表8-11）。

表8-9 清算费用表

编制单位：宏发公司　　2×12年9月1日—9月30日　　单位：元

费用项目	金额
清算人员酬金	128000
公告费用	32000
咨询费用	32000
诉讼费用	88000
利息支出	128000
合计	408000

表8-10　清算利润表

编制单位：宏发公司　2×12年9月1日—9月30日　单位：元

清算损失及清算费用	金额	清算收益	金额
清算费用	408000	变卖存货溢价收入	2400000
应收账款坏账准备	31680	变卖固定资产溢价准备	1128000
变卖存货损失	928000		
合计	1367680	合计	3528000

表8-11　资产负债表（清算后）

编制单位：宏发公司　2×12年8月31日　单位：元

资产	金额	股东权益	金额
银行存款	27760320	股本	32000000
		资本公积	3200000
		盈余公积	1600000
		未分配利润	9039680
资产总计	27760320	股东权益总计	27760320

（7）分配剩余资产

将剩余资产27760320元分配给普通股股东，原来每股面值为100元，共320000股，由于企业连年发生亏损，剩余财产不足以发还全部股本，每股只能按86.751元分配，作账务处理如下（单位：元）：

借：股本　　　　　　　　　　　　　　　　　　　　　　　　32000000
　　资本公积　　　　　　　　　　　　　　　　　　　　　　　3200000
　　盈余公积　　　　　　　　　　　　　　　　　　　　　　　1600000
　贷：利润分配　　　　　　　　　　　　　　　　　　　　　　9039680
　　　银行存款　　　　　　　　　　　　　　　　　　　　　　27760320

8.3.6　企业破产清算的会计处理

1. 企业破产清算的会计处理的主要步骤

（1）编制清算日的资产负债表；

（2）核算清算费用；

（3）核算变价收入；

（4）核算收回的债权及清偿的债务；

（5）核算剩余的股东权益；

（6）编制清算报表；

（7）归还各类股东权益。

2. 企业破产清算的会计处理举例

破产清算是企业发生严重亏损，以致资不抵债而不得不宣告破产时进行的清算。所以，企业破产清算与非破产清算在清偿债务时有些不同，既不能全额偿还，也没能力支付股东或所有者款项。为了说明问题，我们举例看一看企业破产清算与非破产清算在会计处理上有哪些不同。

例8.5

假定ABC公司于2×04年开业，由于经营管理不善，连年发生亏损，现有资产不能抵偿债务，经全体股东大会讨论决定申请破产。经人民法院裁定，ABC公司自2×12年9月1日起按破产程序进行清算。ABC公司清算前的资产负债表见表8-12。

表8-12 资产负债表（清算前）

编制单位：ABC公司　　2×12年8月31日　　单位：元

资产	金额	负债及股东权益	金额
流动资产：		流动负债：	
货币资金	12000	短期借款	2400000
其中：库存现金		应付票据	1200000
银行存款	3840000	应收账款	22800000
应收票据	480000	应付职工薪酬	1200000
应收账款	13200000	应交税费	720000
减：坏账准备	360000	流动资产合计	28320000
应收账款净额	12840000	非流动资产负债：	
存货	8400000	长期借款	12000000
流动资产合计	25572000	负债合计	40320000
		股东权益	
非流动资产：		股本：	
固定资产原值	9120000	其中：优先股	12000000
减：累计折旧	3000000	普通股	36000000
固定资产净值	6120000	资本公积	4800000
		盈余公积	2400000
		未分配利润	63828000

续表

资产	金额	负债及股东权益	金额
		股东权益合计	8628000
资产总计	31692000	负债及股东权益合计	31692000

在清算过程中，发生如下经济业务：

（1）支付各项清算费用1212000元，包括清算人员酬金168000元，公告费用48000元，咨询费用48000元，诉讼费用60000元，利息净支出888000元；

（2）处理存货共获得价款8400000元，其中原材料和产成品溢价出售超过账面价值720000元，在产品和低值易耗品折价出售低于账面价值720000元；

（3）处理固定资产收入6840000元，超过账面净值720000元；

（4）在上述被处理固定资产中有一建筑物原来作价2400000元，用作长期借款的担保品，现在应当优先偿还有抵押的借款；

（5）收回应收票据480000元，应收账款12000000元，冲销坏账准备后还有840000元无法收回，作为坏账损失记入"清算损益"科目的借方；

（6）经过上述处理后，剩余财产仅为银行存款27960000元。

以上会计事项的处理与前述企业非破产清算的业务一样，这里不再一一列出。

在进行破产企业剩余财产的分派时，必须按照法律规定的程序清偿。

（1）支付应付职工薪酬1200000元，应交税费720000元，作账务处理如下（单位：元）：

借：应付职工薪酬　　　　　　　　　　　　　　　　　　1200000
　　应交税费　　　　　　　　　　　　　　　　　　　　　720000
　　贷：银行存款　　　　　　　　　　　　　　　　　　　1920000

（2）清偿应归还债权人款项。该公司所欠债权人款项达36000000元，包括短期借款2400000元，应付票据1200000元，应付账款22800000元，长期借款9600000元（12000000-2400000），而现有的剩余财产只有银行存款26040000元（27960000-1920000）。因此，只能按72.33%的比例部分偿还债权（偿还比例用26040000÷36000000求得）。

通过计算，可以归还的负债按比例计算的金额分别为：短期借款1736000元，应付票据868000元，应付账款16492000元，长期借款6944000元，作账务处理如下（单位：元）：

借：短期借款　　　　　　　　　　　　　　　　　　　　1736000

应付票据	868000
应付账款	16492000
长期借款	6944000
贷：银行存款	26040000

无力归还的部分9960000元转入"清算损益"科目，作账务处理如下（单位：元）：

借：短期借款	664000
应付票据	332000
应付账款	6308000
长期借款	2656000
贷：清算损益	9960000

（3）将清算费用转入"清算损益"科目，并结转"清算损益"，作账务处理如下（单位：元）：

借：清算损益	1212000
贷：清算费用	1212000

经过上述会计处理后，编制清算费用表（略）、清算利润表（见表8-13）、清算后资产负债表（见表8-14）。

表8-13 清算利润表

编制单位：ABC公司　　2×12年9月1日—9月30日　　单位：元

清算损失及清算费用	金额	清算收益	金额
清算费用	1212000	变卖存货溢价收入	720000
		变卖固定资产溢价收入	720000
应收账款坏账损失	840000	短期借款按比例偿还后的差额转入	664000
变卖存货损失	720000	应付票据按比例偿还后的差额转入	332000
		应付账款按比例偿还后的差额转入	6308000
		长期借款按比例偿还后的差额转入	2656000
合计	2772000	合计	11400000

表中清算收益与清算损失及清算费用两项的差额为8628000元，作账务处理如下（单位：元）：

借：清算损益	8628000
贷：利润分配	8628000

清算后，该公司剩余的未分配亏损为55200000元。

表8-14 资产负债表（清算后）

编制单位：ABC公司　　2×12年8月31日　　单位：元

资产	金额	股东权益	金额
未弥补亏损	55200000	优先股	12000000
		普通股	36000000
		资本公积	4800000
		盈余公积	2400000
资产总计	55200000	股东权益总计	55200000

最后，作账务处理。该公司不能抵偿负债，除按比例偿还债务外，无力支付优先股股利和股本，作账务处理如下（单位：元）：

借：股本——优先股　　　　　　　　　　　　　　　　12000000
　　　　——普通股　　　　　　　　　　　　　　　　36000000
　　资本公积　　　　　　　　　　　　　　　　　　　 4800000
　　盈余公积　　　　　　　　　　　　　　　　　　　 2400000
　　贷：利润分配　　　　　　　　　　　　　　　　　55200000

本章小结

本章主要介绍了企业重组、企业清算、企业破产的概念，重组、清算、破产之间的联系；在理解财务困境的含义及表现的基础上，进行财务困境的成因分析，重点阐述企业重组与清算的会计处理。

复习思考题

1. 什么是财务困境？
2. 企业重组的作用与意义是什么？
3. 企业重组包括哪些类型？
4. 企业重组的程序是怎样的？
5. 企业终止的原因是什么？
6. 什么是企业清算？企业清算会计有什么特点？
7. 企业破产清算与非破产清算的会计处理有什么区别？
8. 破产管理人与破产清算组有什么区别？

第 9 章

合伙企业会计

本章将介绍合伙企业的概念与特征，合伙企业资本变动、损益分配的会计处理，合伙企业解散与清算的会计处理等，使读者能掌握合伙企业的相关会计核算。

9.1 合伙企业会计概述

9.1.1 合伙企业的概念与特征

1. 合伙企业的概念

根据《中华人民共和国合伙企业法》（以下简称《合伙企业法》）的规定，合伙企业是指自然人、法人和其他组织依照该法在中国境内设立的普通合伙企业和有限合伙企业。

与独资企业相比，合伙企业具有多人分担所需的投资和所承担的风险以及发挥多人的才干等优点，常见于零售与批发业、服务业以及律师和会计师等专门职业中。相较于有限公司，合伙企业具有成立简便的优点，可凭两个或两个以上的发起人口头或书面约定成立。此外，合伙企业具有不需经过两重课税的特征，使该组织形式为不少中小型企业所选择。

按照合伙人所承担的责任不同，合伙企业分为普通合伙企业和有限合伙企业两种类型。普通合伙企业由普通合伙人组成，合伙人对合伙企业债务承担无限连带责任。本书的介绍仅限于普通合伙企业。

相对而言，有限合伙企业是一种特殊形式的合伙企业，由普通合伙人和有限合伙人组成，普通合伙人对合伙企业债务承担无限连带责任，有限合伙人以其认缴的出资额为限对合伙企业债务承担责任。此外，有限合伙人不执行合伙企业事务，不得对外代表有限合伙企业。

2. 合伙企业的特征

一般来说，普通合伙企业具有如下几个主要特征：

（1）相互代理。除合伙协议另有规定之外，在合伙企业的经营范围内，每个合伙人都可以代表其他合伙人从事业务活动，其代表合伙企业的行为对其他合伙人具有约束力。

（2）承担无限连带责任。普通合伙企业的合伙人不论出资多少，都对企业债务负有清偿的责任。

（3）具有有限的经营期。一般而言，合伙企业中的任一合伙人死亡、退伙或者新的合伙人加入，都意味着原合伙企业告终，新的合伙企业成立。如果合伙人不想因自己的行为影响企业的持续经营，就必须在合伙协议中说明。

（4）共同拥有财产。某个合伙人将其资产投入一个合伙企业后，就失去了独立拥有该项资产的所有权，所有合伙人共同拥有投入合伙企业的每一项资产。也就是说，合伙人不能对某项特定的资产提出要求权，也不能单独占有与该资产相关的收益。

（5）并非纳税主体。合伙企业无须对其经营所得缴纳所得税，因为它不是纳税主体。合伙企业的经营净收益按一定方式分配给合伙人后，将由合伙人纳入其个人的纳税申报中。所以，合伙企业的收益不会经受两重课税。

9.1.2 合伙企业会计的特点

1. 会计账户设置的特点

合伙企业在会计账户设置上与公司制企业的区别主要体现在所有者权益项目上。从法律的角度讲，作为有限责任企业，为了保护债权人的合法权益，公司制企业的所有者权益一般应按来源（投入资本和留存收益）分别设置股本、资本公积、盈余公积和利润分配账户。合伙企业为无限责任企业，债权人的利益以企业资产和合伙人的个人财产为保障，而且法律对合伙企业利益分配以及资本的抽回无严格限制，因此所有者权益无须按照公司制企业模式划分。合伙企业一般设置两个所有者权益账户，即"合伙人资本"账户和"合伙人提用"账户。

"合伙人资本"账户核算合伙人投入的资本以及分享的经营所得。当合伙人投入资本时，借记有关资产账户，贷记"合伙人资本"账户。该账户的贷方余额随着合伙人追加投资以及利润的分配而增加，并随着合伙人提用资产以及由于亏损承担相应的部分而减少。

"合伙人提用"账户用于核算合伙人当期从合伙企业提取的资产。当合伙人提取一定数额（包括现金在内）的资产时，按提取数额借记"合伙人提用"账户，贷记相关资产账户。会计期终了时，"合伙人提用"账户的借方余额转入"合伙人资本"账户。

在设立"合伙人提用"账户并记录各合伙人提用这一经济行为时，应该注意以下两点：

（1）合伙人在提取合伙企业实物资产（商品存货除外）供其自用时，通常按照该实物资产的市场价格记入"合伙人提用"账户，并将市场价与资产账面价的差额记入"估价损益"账户。期末结账时，再将"估价损益"账户的余额转入资本账户。

（2）合伙人在提用合伙企业的商品存货时，通常按照该商品存货的成本价记入"合伙人提用"账户，并等额贷记商品存货类账户。

除了以上两个账户的设置不同于其他组织形式的企业之外，合伙企业还设有"应收合伙人贷款"账户和"应付合伙人借款"账户。合伙人有时可能需要从合伙企业提取一笔数额较大的资金，若这笔资金并非长期使用，即有意偿还，则可记入"应收合伙人贷款"账户而不是"合伙人提用"账户。另外，合伙企业有时可能因暂时的资金周转困难而向合伙人借款，由于该项资金不是作为长期性投资，因此不能记入资本账户，而应记入"应付合伙人借款"账户。这一事项发生时，通常还附有一份企业的承诺书。在资产负债表上，"应收合伙人贷款"应被视为合伙企业的资产，而"应付合伙人借款"则应被视为合伙企业的负债。

2. 会计核算的特点

合伙企业作为一个独立的会计主体，其会计核算程序和方法与公司制企业基本相同，不同之处主要体现在企业的设立、损益的分配、所有者权益的变动以及合伙企业的解散与清算四个方面。

（1）公司制企业设立时，每一个投资者投入资本的入账金额一般等于其投入净资产的公允价值。由于合伙企业是以合伙协议为基础的，因此在设立时，每一个投资者投入资本的入账金额不一定等于其投入净资产的公允价值，会计核算必须建立在合伙协议的基础之上。

（2）公司制企业的损益一般按照每一个投资者的投资比例进行分配。合伙企业的损益则按照合伙协议约定的损益比例进行分配，可能等于资本额比例，也可能不等于资本额比例。因此，与公司制企业相比，合伙企业损益分配的程序较为复杂。

（3）所有者权益的变动对公司制企业的会计核算无任何影响。在合伙企业中，合伙人的变动却会影响合伙企业利益分配格局的变化，给企业的会计核算带来较大的影响。因此，在合伙人发生变动时，要明确合伙人入伙或退伙的方式，同时对合伙人原有资产进行评估，并确认有可能产生的商誉资产。

（4）合伙企业从实体上解散，可以说是其生命周期的终结，对合伙人之间的权益也要进行最后一次清算，过去存在的合伙人之间以及合伙人与外部单位之间的往来都要予以最后结清。由于合伙人对合伙企业债务承担无限连带责任，因此与负有限责任的公司制企业相比，合伙企业清算的程序和会计核算方法有较大的区别。

9.2 合伙企业权益变动的会计处理

9.2.1 合伙企业的初始投资

合伙人对合伙企业的投资有多种形式,可以是货币资金、实物资产和无形资产,经全体合伙人协商一致认可,也可以是劳务出资。一般而言,非现金资产的投资(如房屋、设备、土地)应当根据经独立评估机构评估确定的公允价值入账。但是,在实务中,由于合伙企业是根据合伙契约设立的,因此非现金资产的公允价值有时可由合伙人协商确定,所定金额应当在合伙契约中载明。

例9.1

张三、李四签订协议,设立一家合伙企业,分别以货币资金出资40000元和80000元。张三投入两台设备,双方协议作价90000元。另外,李四投入商品作价30000元。

根据上述资料,编制如下会计分录(单位:元):

借:银行存款　　　　　　　　　　　　　　　　120000
　　库存商品　　　　　　　　　　　　　　　　 30000
　　固定资产　　　　　　　　　　　　　　　　 90000
　　贷:合伙人资本——张三　　　　　　　　　130000
　　　　　　　　——李四　　　　　　　　　110000

张三的初始投资为130000元,李四的初始投资为110000元。

9.2.2 新合伙人的加入

合伙企业在经营过程中,由于种种原因,可能出现新合伙人加入或原合伙人退出的事项。这种变动会使现有的法律合伙主体解散,但是并不意味着合伙经营活动就此终止。正如美国《统一合伙法》规定,合伙解散只是由于任何一个合伙人不再参与合伙而造成合伙关系改变。现有的合伙人退出或新合伙人加入,意味着旧的合伙关系结束,新的合伙关系成立,合伙企业可持续运营。合伙人的变动必将造成合伙企业内部权益的变化,包括合伙人之间权益总额或比例的变化等。合伙企业必须对这些变化进行相应的会计处理。

合伙企业设立后,根据经营的需要,如扩大规模、开展新业务,需要具有管理经验或特定技术的人才加盟,因此会吸收新合伙人入伙。新合伙人加入可采取直接向合伙企业投入新的资本与购买原合伙人的合伙权(又称"伙权")两种方式。

第9章 合伙企业会计

1. 合伙人向合伙企业投入新的资本

在这种方式下，原合伙人的资本额不会因此而减少，合伙企业的资本规模随着资产的增加而扩大。新合伙人的加入标志着原合伙关系的终止和新合伙关系的建立。在签订新的合伙契约的基础上，全体合伙人要就新合伙人的投资额及相关事项进行协商，并应当对企业的资产进行重新评估，将各项资产的账面价值调整为公允价值。

新合伙人投入资本并取得其伙权。根据协商的结果，新合伙人取得的伙权可能会出现以下三种情况：

（1）新合伙人取得的伙权等于其投资额

在新合伙人向企业投入资本时，如果原合伙人认为合伙企业原有的资本余额能够反映企业资产现状，即企业的净资产账面价值等于其公允价值，则新合伙人可以直接按照实际的投资额计算其在合伙企业的权益比例。合伙企业直接以合伙人投入资本的公允价值作为其在合伙企业中资本权益的账面价值。

例9.2

北方商行的合伙资本总额为200000元，其中刘阳出资160000元，王方出资40000元，双方确定的损益分配比例为4:1。现在，杨姣拟以现金投入，并以此取得2/7的合伙权。杨姣应当投入的现金数额为80000元，资本投入时的会计分录为（单位：元）：

借：银行存款   80000
　　贷：合伙人资本——杨姣   80000

（2）合伙人取得的伙权小于其投资额

当新合伙人提出加入合伙企业时，合伙企业通常已经运营较长时间，并且具有相当强的获利能力。这时原合伙人就可能要求新合伙人支付比较高的投资额而取得低于其投资金额的伙权，以取得加入合伙企业的资格。对于新合伙人实际投资额高于其按伙权比例所确认的资本额的差额部分，一般有两种会计处理方式，即商誉法和红利法。

① 商誉法

商誉法要求在新合伙人入伙时，按其实际投资额确认伙权。原合伙人应在确定合伙资产的公允价值的基础上，确认合伙企业的一项新资产——商誉。在将商誉入账的同时，应按原合伙人的损益分配比例分别记入原合伙人的资本账户，在此基础上按照调整后的合伙企业资本总额要求新合伙人投入资本。

例9.3

依上例,在杨姣提出入伙的情况下,原合伙人刘阳、王方经协商确认资产增值25000元,其中存货增值8000元,固定资产增值17000元。同时,他们要求新合伙人杨姣投入现金125000元,才能拥有2/7的伙权。杨姣同意投入现金。

资产增值应编制如下会计分录(单位:元):

借:存货 8000
　　固定资产 17000
　　贷:合伙人资本——刘阳 20000
　　　　合伙人资本——王方 5000

将上述分录记入有关账户后,刘阳、王方的资本分别为180000元和45000元。

计算商誉并入账:

新合伙企业的伙权总额＝125000×7÷2＝437500(元)

商誉＝437500－(180000＋45000＋125000)＝87500(元)

会计分录如下(单位:元):

借:商誉 87500
　　贷:合伙人资本——刘阳 70000
　　　　合伙人资本——王方 17500

杨姣投入现金时:

借:银行存款 125000
　　贷:合伙人资本——杨姣 125000

将上述两笔会计分录记入有关账户后,刘阳、王方、杨姣三位合伙人的资本分别为250000元、62500元、125000元,合计437500元。

由上例可看出,采用商誉法核算,对新合伙人取得的伙权,要求按其实际投资金额核算。新合伙企业的伙权总额按新合伙人的投资额或原合伙企业可辨认资产的公允价值推算认定,同时账面上要确认新合伙人入伙所隐含的商誉。

② 红利法

红利法要求新合伙人投入较多的资金,却取得较低的伙权,其差额不确认商誉,而是计入原合伙人的资本账户。这一处理可看作新合伙人付给原合伙人红利。

例9.4

依例9.3，采用红利法处理：

新合伙企业的伙权总额＝180000+45000+125000＝350000（元）

杨姣拥有的伙权总额＝350000×2÷7＝100000（元）

会计分录如下（单位：元）：

借：银行存款	125000
贷：合伙人资本——刘阳	20000
合伙人资本——王方	5000
合伙人资本——杨姣	100000

由此可见，采用红利法核算，新合伙人取得的伙权要求按其占新合伙企业的伙权总额的份额确定。新合伙企业的伙权总额按原合伙企业可辨认净资产的公允价值和新合伙人的投资额计算确定，账面上不确认新合伙人入伙所隐含的商誉。

（3）新合伙人取得的伙权大于其投资额

当合伙企业急需增加资金，或新合伙人具有独特技术和管理才能时，合伙企业会争取新合伙人入伙。因此，原合伙人会以较优惠的条件吸收新合伙人。于是，新合伙人可以投入较低的资金而取得较高的伙权，其差额可看作原合伙人给新合伙人的额外补贴。这种情况下的会计处理也有商誉法和红利法两种方式。

① 商誉法

商誉法要求给予新合伙人高于其实际投资额的伙权，将高出的部分作为商誉入账。

例9.5

博才合伙企业在王鹏入伙前的伙权总额为100000元，王姣、李武分别拥有50000元，双方约定的损益分配比例为1∶1。由于王鹏拥有独特技术，能给合伙企业带来较好的声誉，因此王姣、李武同意王鹏投入现金40000元，取得1/3的伙权。假定原合伙企业资产的公允价值等于账面价值，会计分录如下（单位：元）：

借：银行存款	40000
商誉	10000
贷：合伙人资本——王鹏	50000

② 红利法

新合伙人投入较少的资金取得较高的伙权，其差额由原合伙人分担，可视为原合伙人送给新合伙人的红利。

例9.6

依例9.5，可作以下会计处理（单位：元）：

借：银行存款	40000
合伙人资本——王姣	5000
合伙人资本——李武	5000
贷：合伙人资本——王鹏	50000

2. 合伙人购买原合伙人的伙权

我国《合伙企业法》第43条第1款规定："新合伙人入伙，除合伙协议另有约定外，应当经全体合伙人一致同意，并依法订立书面入伙协议。"新合伙人可以向一个或多个原合伙人购买部分或全部伙权而入伙，使得原有的资本从原合伙人名下转到新合伙人名下。这种方式不会影响原合伙企业的资本总额。这种交易事项通常是在新、旧合伙人之间进行的，转让价可能与原资本数额不一致，但是不会影响合伙企业资本账户的金额。在会计处理上，只需要先建立新合伙人资本账户，然后将原合伙人的资本明细账部分或全部金额转到新合伙人的资本明细账上。

例9.7

王华、张颖分别出资60000元、40000元成立了合伙企业，双方约定损益分配比例为3：2。现在，两人同意接受新合伙人刘波加入，王华转让其1/3的伙权给刘波，刘波支付现金20000元。会计分录如下（单位：元）：

借：合伙人资本——王华	20000
贷：合伙人资本——刘波	20000

例9.8

假定上例中的合伙企业由王华、张颖分别出资72000元、24000元成立，双方约定的损益分配比例为3：1。现在，两人同意接受新合伙人刘波加入，刘波提出拟购买1/3的伙权。王华和张颖在原资本比例的基础上各转让1/3的伙权给刘波，刘波支付现金32000元。会计分录如下（单位：元）：

借：合伙人资本——王华	24000

合伙人资本——张颖		8000
贷：合伙人资本——刘波		32000

9.2.3 原合伙人退伙

退伙有两种形式，一种是退伙人将其资本出售给其他合伙人或新合伙人，另一种是退伙人从合伙企业抽出资本。在原合伙人退出企业后，合伙企业仍然继续经营的，合伙企业要与退伙人结清账目。

合伙人退伙，作结账处理时，要选择账目的截止日期，并对合伙企业的资产进行重新评估。一般而言，截止日期就是合伙人正式退出合伙企业的日期。以退伙时合伙企业资产的公允价值为准，不仅能够减少退伙人与其他合伙人之间对资产现值的不同意见，顺利解决退出问题，也能够使新的合伙企业的资产价值更接近于实际，有助于未来的经营。

根据退伙人资本账户余额与其退伙金的数量关系，退伙时的会计处理有以下三种情况：

1. 退伙金等于退伙人资本账户余额

例9.9

　　假定王伟、刘亚、王清为一家合伙企业的合伙人，三人损益分配的比例为2∶1∶1。现在，王清决定退伙。在王清退伙日，合伙企业资产的公允价值等于账面价值，王清可提取与其权益额相当的现金。三个合伙人的资本构成如表9-1所示。

表9-1　各合伙人的资本构成

	资本余额（元）	资本比例
王伟	250000	50%
刘亚	130000	26%
王清	120000	24%
资本总额	500000	100%

会计分录如下（单位：元）：

　　借：合伙人资本——王清　　　　　　　　　　　　　　　120000
　　　　贷：银行存款　　　　　　　　　　　　　　　　　　　120000

2. 退伙金大于退伙人资本账户余额

若合伙人一致认为退伙人退伙时合伙企业的账面价值有所低估,就会允许退伙人取得高于其资本账面余额的退伙金。对这种情况作会计处理有三种方法,即商誉部分入账法、商誉全部入账法和红利法。

(1)商誉部分入账法

例9.10

依例9.7,假定合伙人王伟、刘亚一致同意不对资产进行重新评估,最后清偿退伙人王清现金130000元,编制如下会计分录(单位:元):

借:合伙人资本——王清　　　　　　　　　　　　　　120000
　　商誉　　　　　　　　　　　　　　　　　　　　　 10000
　　贷:银行存款　　　　　　　　　　　　　　　　　　130000

在商誉部分入账法下,对商誉的记录仅限于多支付给王清的部分,也就是只确认了属于王清的那部分商誉,而王伟、刘亚未能享受到。因此,这种方法从逻辑上讲存在不合理性。

(2)商誉全部入账法

例9.11

依例9.7,假定合伙人王伟、刘亚根据所许诺的多付给退伙人王清退伙金10000元,重新确定合伙企业商誉为40000元,编制如下会计分录(单位:元):

借:商誉　　　　　　　　　　　　　　　　　　　　　 40000
　　贷:合伙人资本——王伟　　　　　　　　　　　　　 20000
　　　　合伙人资本——刘亚　　　　　　　　　　　　　 10000
　　　　合伙人资本——王清　　　　　　　　　　　　　 10000
借:合伙人资本——王清　　　　　　　　　　　　　　130000
　　贷:银行存款　　　　　　　　　　　　　　　　　　130000

(3)红利法

合伙企业清偿退伙人资本时,超额支付的部分作为其他合伙人送给退伙人的红利,从其他合伙人的资本账户上抵减。

例9.12

依例9.9，假定合伙人王伟、刘亚同意多付给退伙人王清退伙金12000元，编制如下会计分录（单位：元）：

借：合伙人资本——王清	120000
合伙人资本——王伟	8000
合伙人资本——刘亚	4000
贷：银行存款	132000

合伙企业在向王清清偿时，超额付款12000元作为送给王清的红利，并由王伟、刘亚按损益分配比例从各自的资本账户抵减。因此，王伟应抵减资本8000元（12000×2/3），刘亚应抵减资本4000元（12000×1/3）。

3. 退伙金小于退伙人资本账户余额

如果合伙人一致认为退伙人退伙时合伙企业的账面价值有所高估，则应当在重新调整各合伙人资本的前提下，以调整后的退伙人资本账户余额退还给退伙人。如果原合伙企业资本账户无须进行调整，则退伙金小于退伙人资本账户余额的差额作为退伙人送给其他合伙人的红利，按合伙人损益分配比例计入其他合伙人资本账户。

例9.13

依例9.9，经协商，王伟、刘亚同意退给王清102000元，编制如下会计分录（单位：元）：

借：合伙人资本——王清	120000
贷：合伙人资本——王伟	12000
合伙人资本——刘亚	6000
银行存款	102000

9.3　合伙企业损益分配的会计处理

9.3.1　合伙企业的损益

合伙企业的净收益或净损失要在各合伙人之间进行分配，通常在合伙协议中要明确规定分配的原则和具体方式。如果合伙协议中没有对损益分配标准作出规定，则可认为对损益以平均比例进行分配。

合伙企业损益分配原则是各合伙人分享收益和承担损失的重要依据，在各种分配方法中，应当考虑的因素主要有以下几个方面：（1）各合伙人投入合伙企业资本的相对比例；（2）各合伙人为合伙企业提供服务的价值大小；（3）其他有关事项，如合伙人所担任的职务、在行业领域颇有声望、与出资相关的承担风险的程度等因素。

由于合伙企业具有合伙人对企业债务承担无限连带责任等经营特征，在损益分配上也有不同于公司组织的特点，因此在会计处理上，合伙企业损益分配的账户设置比较简单，只需设置"损益汇总"一个账户。该账户用于反映企业损益的形成和分配过程，账户的贷方记录本期从有关收入账户转入的数额以及亏损的弥补，借方记录从有关成本、费用和税金等账户转入的数额以及利润的分配。结转分配完毕以后，该账户期末一般无余额。

9.3.2 合伙企业损益分配的主要方法

合伙人应在合伙协议中明确规定盈亏的分配以及弥补的方法。如果没有相关规定，一般认为应将损益平均分配。合伙企业损益分配的方法有多种，其中常见的基本方法主要有约定比例分配法、资本比例分配法、资本收益分配法和合伙人薪金分配法等。说明运用不同方法的处理。

1. 约定比例分配法

约定比例分配法，是指合伙人在考虑了各合伙人出资额多少及其对合伙企业的贡献影响大小等因素之后，由合伙人事先商定分配的比例，在合伙契约中加以规定的损益分配方法。

例9.14

王亮、刘明、何宇合伙经营一家企业，当年实现净利润100000元，合伙契约中规定，王亮、刘明、何宇三人的分配比例为2∶1∶1。据此，王亮、刘明、何宇将分别分得50000元、25000元、25000元。编制如下会计分录（单位：元）：

借：损益汇总　　　　　　　　　　　　　　　　　　　100000
　　贷：合伙人资本——王亮　　　　　　　　　　　　 50000
　　　　合伙人资本——刘明　　　　　　　　　　　　 25000
　　　　合伙人资本——何宇　　　　　　　　　　　　 25000

2. 资本比例分配法

资本比例分配法将合伙人投入资本的比例作为企业收益分配的标准，具有一定的合理性。在企业经营成果与资本额之间有较高相关性的情况下，适宜采用这种方法。但是，由于合伙企业的资本额是经常变动的，因此在采用资本比例分配法时，应当事先明确具体时期间比例，并对合伙人的投资和提用作出某些限制性规定。资本比例通常有以下几种：原始资本比例、期初资本比例、期末资本比例以及加权平均资本比例。

（1）原始资本比例法

例9.15

星星合伙企业由王娜、陈费合伙经营，于2×15年年初开业。开业时，王娜、陈费分别出资270000元和90000元。合伙企业当年实现净收益150000元。

王娜分配的净收益＝150000×3/4＝112500（元）

陈费分配的净收益＝150000×1/4＝37500（元）

（2）期初资本比例法

期初资本比例法，是指按照收益分配期的期初资本比例进行分配。在例9.13中，该合伙企业的期初资本比例就是其原始资本比例，因此计算结果相同。

（3）期末资本比例法

例9.16

依例9.15，假定陈费2×15年3月1日新投入资本60000元，6月1日又提走20000元；王娜的资本总额不变，2×15年实现净收益180000元。

2×15年年末合伙资本总额＝270000+（90000+60000-20000）＝400000（元）

王娜分配的利润＝180000×270000÷400000＝121500（元）

陈费分配的利润＝180000×130000÷400000＝58500（元）

（4）加权平均资本比例法

例9.17

依例9.16，合伙人陈费的加权平均资本的计算如表9-2所示。

表9-2 合伙人陈费的加权平均资本计算表

单位：元

日期	资本增加（减少）	累计余额	不变余额月数	加权资本额
1月1日		90000	2	180000

续表

日期	资本增加（减少）	累计余额	不变余额月数	加权资本额
3月1日	60000	150000	3	450000
6月1日	20000	130000	7	910000
合计				1540000

陈费的加权平均资本 = 1540000 ÷ 12 = 128333（元）

王娜的加权平均资本 = 270000（元）

据此利润分配如下：

王娜分配的利润 = 270000 ÷ 398333 × 180000 = 122008（元）

陈费分配的利润 = 128333 ÷ 398333 × 180000 = 57992（元）

以上四种资本比例分配法中，原始资本比例法的优点是计算简便，但是没有考虑在企业经营过程中合伙人资本的变动，即合伙人实际投入资本所发挥作用的不同，从而使收益分配不够合理。期初资本比例法与原始资本比例法类似，同样存在不合理性。期末资本比例法的优点在于，既考虑了合伙人的期初资本，又考虑了会计期内各合伙人由于提用资产等原因导致的资本增加或减少。但是，各合伙人增加或减少资本不可能均衡发生，提用资产也不会同时发生。所以，各合伙人增加或减少资本以及提用资产影响合伙企业实际使用资本的期限是不同的。然而，这些因素在期末资本比例法中并未得到考虑，也就在一定程度上影响了合伙企业损益分配的合理性。

相比之下，加权平均资本比例法不但考虑了合伙人期初资本额的大小，而且强调合伙人资本投放于合伙企业的实际作用时间。合伙人资本提供给企业使用的时间长，表明对合伙企业的贡献大，相应分配的收益也应当大；反之，则小。因此，这种损益分配方法较为合理，但是计算工作量较大。

3. 资本收益分配法

如果合伙人投入资本是企业最重要的资源，是产生利润的主要因素，则可以采用资本收益分配法。资本收益分配法下，先按资本投资收益（资本投资利息）分配损益，剩余收益再按其他方法分配。采用此法，应事先在合伙损益分配协议中注明资本收益率，选定资本额，明确剩余收益的分配办法，并注明出现亏损或利润不足以分配资本利息时的应对措施等。

资本收益分配法既保证了合伙人投资应得的利益，又将经营成果与合伙人为合伙企业付出的劳动等因素联系起来，具有一定的科学性。

例9.18

万盛合伙企业2×15年年末的加权资本余额为780000元。其中,合伙人张三的加权资本余额为300000元,合伙人李四的加权资本余额为480000元。该企业2×15年实现净收益160000元。假定合伙协议规定先按10%的资本利息分配损益后,余额再平均分配。资本利息按加权平均资本余额计算。损益分配计算如表9-3所示。

表9-3 损益分配表

	张三	李四	合计
加权资本余额	300000	480000	780000
分配资本利息(10%)	30000	48000	78000
剩余收益分配	41000	41000	82000
净收益分配合计	71000	89000	160000

根据表9-3,编制如下会计分录(单位:元):

借:损益汇总 160000
　　贷:合伙人资本——张三 71000
　　　　合伙人资本——李四 89000

4. 合伙人薪金分配法

如果合伙人提供的劳务是合伙企业产生营业收入和利润的主要因素,而且各合伙人所提供的劳务不同,则通常会在合伙协议中规定,将合伙企业的净利润以薪金或奖金的形式分配给合伙人,剩余的利润再按照约定比例法或资本比例法进行分配。

例9.19

中华合伙企业于2×15年年初成立,合伙人张三、李四分别出资120000元、150000元。假定张三花费全部时间管理企业,而李四每天只工作半天。合伙协议事先规定,在分配收益时,应先补偿张三当年净收益的1/4,剩余收益再按照约定比例1:1分配。该企业2×11年实现净收益80000元。

合伙人张三、李四应分配的数额计算如表9-4所示。

表9-4 净收益分配计算表

单位：元

	张三	李四	合计
可分配的净收益			80000
合伙人薪金	20000		20000
可分配余额			60000
约定比例分配（1：1）	30000	30000	
分配金额合计	50000	30000	80000

根据表9-4，编制如下会计分录（单位：元）：

借：损益汇总　　　　　　　　　　　　　　　80000
　　贷：合伙人资本——张三　　　　　　　　50000
　　　　合伙人资本——李四　　　　　　　　30000

合伙企业的损益分配方法应当结合企业的具体情况选择采用。一般来说，从事工商经营活动的合伙企业需要投入大量的资金，对损益的分配适用资本比例分配法和资本收益分配法；从事中介性服务的合伙企业对于合伙人的能力和劳动要求较高，对损益的分配适用合伙人薪金分配法。总之，合伙企业的损益分配方法具有较大的灵活性，无论采用哪一种方法，都必须在合伙协议中明确相关内容。

9.4 合伙企业解散与清算的会计处理

9.4.1 合伙企业清算及其程序

合伙企业经过一段时间的经营后，或因原定的合伙经营期已满，或因未能达到合伙经营的目的等原因，都可能不再继续经营。经全体合伙人同意后，合伙企业宣布解散，同时停止营业并开始办理清算。

合伙企业的解散与清算是两个既有联系又有区别的概念。合伙解散仅指合伙人之间合伙关系的改变，作为法律主体的合伙企业终止，但原有的合伙关系结束后，还可在新的合伙关系基础上成立新的合伙企业继续经营，不一定要进行清算。但是，如果原合伙关系解除后合伙人都无意继续经营，则结束合伙事务转入清算。

由于合伙企业包括两个及两个以上的合伙人，合伙企业的清算必然涉及每个合伙人的切身利益，因此应当根据合伙协议制定一个具体的清算方案，按照合理的清算程序进行。根据我国《合伙企业法》第86条的规定，合伙企业解散，清算人由全体合伙人担任；经全体合伙人过半数同意，可以自合伙企业解散事由出现后15日内指定一个或者数个合伙人，或者委托第三人，担任清算人。自合伙企业解散事由出现之日起15日内未确定清算人的，合伙人或者其他利害关系人可以申请人民法院指定清算人。合伙企业的清算程序通常包括以下几个重要步骤：（1）变卖合伙企业非现金资产；（2）收回债权，清偿债务；（3）支付清算费用；（4）计算并分配清算损益；（5）按照合伙协议规定的分配方式分配剩余现金。

在合伙企业清算的实际处理中，还应当注意以下几点：

第一，合伙企业在财产清算后，应先清偿合伙企业的债务。如果某项债务未到清偿期或在诉讼中，应将其清偿的数额从合伙企业财产中划出并予以保留。

第二，合伙企业在清算时如有部分财产未能变卖为现金，则在进行财产分配时，应将该项资产作为可能发生的损失，按照合伙企业规定的损益分配方法在各合伙人资本账户上保留。

第三，如果某合伙人的资本账户出现借方余额，则应由其个人财产补足；若其个人财产无法补足，则由其他合伙人按损益分配比例分摊。

9.4.2 合伙企业清算的账务处理

合伙企业的资产性质不同，偿债能力有强有弱，导致合伙企业清算所需要的时间也长短不一。如果合伙企业的所有资产都可以迅速变现，并在清偿债务之后将剩余资产一次分配给各合伙人，这种清算方式被称为"一次分配清算"。如果合伙企业的部分资产不能很快变现，只能分批出售，而合伙人又要求在合伙企业清算过程中逐批分配一部分现金，这种清算方式被称为"分期分配清算"。

1. 一次分配清算

一次分配清算，是指在分配前，合伙企业的所有资产都已变现，并偿还了所有债务。因此，这种清算方式能避免由于企业资产过早被分配，导致合伙企业的剩余资产不足以偿还债务。

例9.20

祥和合伙企业2×15年12月31日的合伙资产负债表如表9-5所示。2×16年1月1日，全体合伙人决定对合伙企业进行清算。该企业如数收回应收账款22000元，存货变卖获得现金28000元，固定资产变卖获得现金90000元。合伙协议规定，合伙人王亮、冯元、王睿按照1∶1∶1的比例分配损益。

表9-5 某合伙企业资产负债表

2×15年12月31日   单位：元

资产	金额	负债及所有者权益	金额
库存现金	15000	应付账款	13000
应收账款（净额）	22000	合伙人资本——王亮	50000
存货	36000	合伙人资本——冯元	50000
固定资产	90000	合伙人资本——王睿	50000
合计	163000	合计	163000

可供分配给债权人和合伙人的现金＝15000+22000+28000+92000＝157000（元）

其中，清偿债务13000元，分配给合伙人144000元。

编制如下会计分录（单位：元）：

（1）变卖非现金资产

借：银行存款　　　　　　　　　　　　　　　　　　　　　　142000

　　清算损益　　　　　　　　　　　　　　　　　　　　　　　6000

　　贷：应收账款　　　　　　　　　　　　　　　　　　　　22000

　　　　存货　　　　　　　　　　　　　　　　　　　　　　36000

　　　　固定资产　　　　　　　　　　　　　　　　　　　　90000

（2）偿还合伙企业债务

借：应付账款　　　　　　　　　　　　　　　　　　　　　　13000

　　贷：银行存款　　　　　　　　　　　　　　　　　　　　13000

（3）分配清算损益账户

借：合伙人资本——王亮　　　　　　　　　　　　　　　　　 2000

　　合伙人资本——冯元　　　　　　　　　　　　　　　　　 2000

　　合伙人资本——王睿　　　　　　　　　　　　　　　　　 2000

　　贷：清算损益　　　　　　　　　　　　　　　　　　　　 6000

（4）分配合伙企业资产

借：合伙人资本——王亮　　　　　　　　　　　　　　　　　48000

　　合伙人资本——冯元　　　　　　　　　　　　　　　　　48000

　　合伙人资本——王睿　　　　　　　　　　　　　　　　　48000

　　贷：银行存款　　　　　　　　　　　　　　　　　　　 144000

该例中，合伙企业具有足够的现金偿还债务和分配给各合伙人。但是，在清算过程中产生的清算损失可能使一些合伙人的资本账户成为借方余额。此时，资本账户余额为借方的合伙人对资本账户余额为贷方的合伙人欠下一笔债务，需要拿出个人财产偿还。当资本账户余额为借方的合伙人的个人财产还不能清偿时，其余的合伙人必须按损益分配比例承担这一部分损失。

例9.21

万佳合伙企业正处在清算之中。在所有资产均已变现、所有债务均已清偿后，2×15年8月31日的有关账户余额如表9-6所示。

表9-6 账户余额表

单位：元

	借方	贷方
银行存款	10000	
合伙人资本——王惠	90000	
合伙人资本——何佳		35000
合伙人资本——王虹		65000
合计	100000	100000

合伙协议规定，王惠、何佳、王虹的损益分配比例为3∶1∶2。

针对以上情况，关于合伙企业的财产如何分配，一般可采取以下两种不同的处理方式：

（1）合伙人王惠有清偿能力，支付现金90000元，以弥补其资本账户上的借方余额。

编制如下会计分录（单位：元）：

借：银行存款　　　　　　　　　　　　　　　　　　　　90000
　　贷：合伙人资本——王惠　　　　　　　　　　　　　　90000
借：合伙人资本——何佳　　　　　　　　　　　　　　　35000
　　合伙人资本——王虹　　　　　　　　　　　　　　　65000
　　贷：银行存款　　　　　　　　　　　　　　　　　　100000

（2）如果合伙人王惠无力弥补其资本账户的借方余额，则先从何佳和王虹的资本账户中减去各自应承担的损失部分，然后再分配现金。

编制如下会计分录（单位：元）：

①何佳、王虹应分摊的资本借方余额

何佳应分摊的金额＝90000×1/3＝30000（元）

王虹应分摊的金额＝90000×2/3＝60000（元）

```
借：合伙人资本——何佳              30000
    合伙人资本——王虹              60000
  贷：合伙人资本——王惠              90000
②将现金分配给何佳和王虹
借：合伙人资本——何佳               3333
    合伙人资本——王虹               6667
  贷：银行存款                     10000
```

2. 分期分配清算

分期分配清算，是指在清算期较长的情况下，合伙人随着合伙企业非现金资产的陆续变现而分期分配现金的方法。由于资产分期变现，现金分次分配，因此分配现金时无法确定个别合伙人资本亏空的问题。如何预计合伙人对损失的负担能力，进而进行现金的分配，是分期分配清算的关键。一般来说，通过现金分配计划的编制，可以确定合伙企业分期清偿过程中每一次的现金分配情况。编制现金分配计划的步骤如下：

（1）从清算前的合伙人资本余额开始，确定将抵销某一合伙人资本余额的最小资产变现损失。

（2）按照损益分配比例，将可抵销的资产变现损失分配于各合伙人的资本账户。

（3）对仍拥有资本余额的合伙人，再确定其可抵销的最小资产变现损失，并按损益分配比例分配于这些合伙人的资本账户。

（4）重复第（3）步，一直到抵消所有合伙人的资本余额。

（5）根据以上计算和分配的结果，列出现金分配计划。

例9.22

中华合伙企业正处在清算之中，王露、王红、刘震三个合伙人的损益分配比例为4∶4∶2。2×15年6月30日有关账户余额如表9-7所示。

表9-7　账户余额表

单位：元

借方		贷方	
银行存款	40000	应付账款	10000
存货	20000	合伙人资本——王露	60000
固定资产	80000	合伙人资本——王红	50000
		合伙人资本——刘震	20000
合计	140000	合计	140000

根据以上资料，编制现金分配计划如下：

（1）按照各合伙人的资本余额、损益分配比例，计算各合伙人可负担资产变现损失的潜力，如表9-8所示。

表9-8　各合伙人负担资产变现损失的潜力

单位：元

合伙人	合伙人资本余额	合伙损益分配比例	可抵销的资产变现损失
王露	60000	40%	150000
王红	50000	40%	125000
刘震	20000	20%	100000
合计	130000	100%	375000

合伙人刘震可抵销的资产变现损失的潜力最低，当发生损失100000元时，其资本账户余额为零；而当损失超过100000元时，则会给其他合伙人带来亏损。

（2）计算抵消最小资产变现损失后各合伙人的资本账户余额，如表9-9所示。

表9-9　抵消资产变现损失后合伙人资本余额

单位：元

合伙人	合伙人资本余额	合伙损益分配比例	可抵销的资产变现损失
王露	20000	50%	40000
王红	10000	50%	20000

（3）按同样的原理，计算合伙人王露、王红负担资产变现损失的潜力，如表9-10所示。

表9-10　合伙人负担资产变现损失的潜力

单位：元

合伙人	合伙人资本余额	合伙损益分配比例	可抵销的资产变现损失
王露	20000	50%	40000
王红	10000	50%	20000

表9-10中数据表明，合伙人王红可抵销资产变现损失的潜力低于合伙人王露。

（4）计算抵销最小资产变现损失20000元后的资本账户余额，如表9-11所示。

表9-11　抵销资产变现损失后合伙人资本余额

单位：元

合伙人	王露	王红
资本余额	20000	10000
抵销资产变现损失	10000	10000
抵销后资本余额	10000	0

从抵销计划可以看出，各合伙人承担资产变现损失的能力由强至弱为：王露、王红、刘震。当王红、刘震的资本余额抵销完后，王露的资本余额还有10000元。因此，王露与王红的量差为10000元。当刘震的资本余额抵销完后，王露、王红分别抵销了40000元的损失。因此，王露、王红与刘震的量差为40000元。

（5）编制现金分配计划。根据各合伙人承担资产变现损失的能力强弱，确定现金的分配顺序：首先依据清理前的资产负债表分配给各合伙企业的债权人，其次分配给合伙人王露，其金额依据是王露与王红的量差；再次分配给合伙人王红、刘震，其金额依据是王露、王红与刘震的量差；最后将获得的现金在全体合伙人之间进行分配，如表9-12所示。

表9-12　现金分配计划表

单位：元

项目	现金数额	现金受让人	分配比例
第一次	10000	债权人	
第二次	10000	合伙人王露	
第三次	40000	合伙人王露、王红	1∶1
第四次	40000（或更多）	合伙人王露、王红、刘震	4∶4∶2
……	……	……	……

（6）根据现金分配计划进行清理。依上例，假定在清理的第一个月内，账面价值为80000元的固定资产的变现款为60000元。根据现金分配计划，清理前的现金与此次变现款共计100000元。分配情况如表9-13所示。

表9-13 现金分配表

单位：元

分配现金	债权人	王露	王红	刘震
10000	10000			
10000		10000		
40000		20000	20000	
40000		16000	16000	8000
合计（100000）	10000	46000	36000	8000

编制如下会计分录（单位：元）：

① 变卖非现金资产

借：银行存款　　　　　　　　　　　　　　　　　　　　　　60000

　　清算损益　　　　　　　　　　　　　　　　　　　　　　20000

　　贷：固定资产　　　　　　　　　　　　　　　　　　　　80000

② 分配清算损益账户

借：合伙人资本——王露　　　　　　　　　　　　　　　　　8000

　　合伙人资本——王红　　　　　　　　　　　　　　　　　8000

　　合伙人资本——刘震　　　　　　　　　　　　　　　　　4000

　　贷：清算损益　　　　　　　　　　　　　　　　　　　　20000

③ 偿还合伙企业债务

借：应付账款　　　　　　　　　　　　　　　　　　　　　　10000

　　合伙人资本——王露　　　　　　　　　　　　　　　　　46000

　　合伙人资本——王红　　　　　　　　　　　　　　　　　36000

　　合伙人资本——刘震　　　　　　　　　　　　　　　　　8000

　　贷：银行存款　　　　　　　　　　　　　　　　　　　　100000

第一次清理后，如果以后还有变现款，则应按损益分配比例在全体合伙人之间进行分配。

从以上分配过程可以看出，分期分配清算预先充分考虑了可能发生的净资产变现损失，通过按现金分配计划逐次分配现金，将合伙人资本余额逐步调整为损益分配比例。这是一种比较谨慎的方法，既保护了债权人的利益，又避免了合伙人先分得现金后出现资本亏损的现象。

本章小结

本章主要介绍了合伙企业会计核算的特点、合伙企业所有者权益的构成、合伙企业的损益分配以及合伙企业的解散与清算等会计处理。

复习思考题

1. 简述合伙企业的基本特征。
2. 合伙企业会计核算有哪些特点？
3. 合伙企业的账户设置与公司制企业有何区别？
4. 合伙人减少资本与合伙人提款有什么区别？
5. 简述合伙企业资本变动的几种不同情况及其会计处理。
6. 简述合伙人损益分配的几种方法。
7. 简述合伙企业清算程序。
8. 一次分配清算和分期分配清算法分别适用怎样的情况？

实务练习题

1. 孙成、王为、王华三人投资成立金威合伙企业，损益分配的比例为4∶2∶4。一年后，合伙人王华决定退伙，合伙人孙成、王为决定出资92000元购买王华的伙权。在王华退伙日，三个合伙人的资本账户余额分别为70000元、50000元、80000元。假设合伙人孙成的伙权的账面价值与公允价值的差额可确认为商誉。

要求：分别按商誉法（部分确认和全部确认）、红利法对合伙人退伙进行会计账务处理。

2. 天华商行2×15年12月31日的合伙资产负债表如表9-14所示。2×16年1月1日，全体合伙人决定对合伙企业进行清算：应收账款收现22000元，存货变卖获得现金25000元，固定资产变卖获得现金30000元。合伙协议规定，合伙人胡波、刘海按照7∶3的比例分配损益。

表9-14　天华商行资产负债表

2×15年12月31日　单位：元

资产	金额	负债及所有者权益	金额
现金	10000	应付账款	40000
应收账款（净额）	30000	应付合伙人借款——胡波	10000
存货	30000	合伙人资本——胡波	25000
固定资产	40000	合伙人资本——刘海	35000
合计	110000	合计	110000

要求：采用一次分配清算法作相关会计处理。

第 10 章

分支机构会计

本章将介绍分支机构的含义、管理特征,商品流通企业分支机构按成本计价与按高于成本计价这两种会计核算形式及其方法与程序,分支机构其他事项的会计处理,联合会计报表的编制原理等。

10.1 分支机构会计概述

10.1.1 分支机构的含义

分支机构,是指企业(总公司或总部,以下均称"总公司")设立的,不具有法人资格,经营管理受企业控制的业务经营单位。企业设立分支机构,应由企业法人向工商行政管理部门申请登记,经登记主管机关核准,领取营业执照,并在核准登记的经营范围内从事经营活动。分支机构往往开设在总公司以外的地区或城市,也可以开设在总公司所在城市的其他城区。总公司及分支机构的经营形式常见于商品流通企业,也适用于其他行业。分支机构在不同的行业有不同的名称。通常,零售企业的分支机构称为"分店",制造业的分支机构称为"分厂",金融业的分支机构称为"分行"或"分公司",公司制企业的分支机构称为"分公司"。我国《公司法》第14条第1款规定:"公司可以设立分公司。……分公司不具有法人资格,其民事责任由公司承担。"因此,分支机构应是一个独立的会计主体,而不是一个法律主体,不具有法人资格。

10.1.2 分支机构的类型

根据总公司在资金和商品购销上对分支机构的控制程度不同,分支机构可分为分散制分支机构和集中制分支机构两类。

分散制分支机构奉行总公司统一的经营方针和管理方针,它们在总公司的管辖下,拥有相对独立的业务经营自主权,所需资金完全依赖总公司。具体表现如下:分支机构可以自己的名义开立银行往来账户,取得的营业收入作为本机构的存款,自行支付各项营业费用；分支机构可拥有完备的商品库存，其货源大部分由总公司供给，也可从别处购进；分支机构可全权管理营运资金，自行决定可实行赊销的客户和赊销的额度，并由分支机构直接向客户交货取款；分支机构单独核算其经营盈亏。

集中制分支机构通常不设置正式账簿，只有简单的辅助或备查记录，所有会计事项及其凭证都随时报送总公司，由总公司并入自己的账簿。即使分支机构设置正式账簿，也仍将一部分账项（如应收账款、应付账款和固定资产等）划归总公司直接处理和登记，而在自己的账簿上则不予记录。集中制可以节省会计处理成本，并能保持总公司及各分支机构会计处理的一致性。但是，各项凭证寄送时容易遗失或延误，会影响会计报表编制的时效性和正确性。

以下主要介绍分散制分支机构的会计核算。

10.1.3 分支机构的基本特征

1. 分支机构不具备法人资格

分支机构是公司的一个组成部分。从法律的角度看，它只是企业法人的延伸，而不是独立的法律主体。因此，分支机构不具有对外筹集资金和对外投资的功能，它与总公司之间的业务往来属于一个法律主体内部的业务。

2. 分支机构受总公司控制

企业设立分支机构，可以采用多种不同的经营管理方式。但是，总的来说，分支机构经营所需资金一般依靠总公司拨给，并遵循总公司统一的经营方针和管理方针，在一定程度上受总公司控制。同时，分支机构拥有相对独立的业务经营自主权。

3. 分支机构是相对独立的会计主体

尽管分支机构不是独立的法律主体，但是它在一定意义上是相对独立的会计主体。尤其是在分散制下，分支机构可以独立开设账户、核算经营业务、编制会计报表等。

10.1.4 分支机构会计的特点

1. 账簿设置的对应性

在分散制下，分支机构作为一个相对独立的会计主体存在，往往要设置一套完整的账簿，用来记录从总公司收到的营运资金和商品存货，以及对外发生的购货、销货、应付账款、应收账款、费用等，并定期编制会计报表，向总公司报告。会计科目的名称和编号、会计报表的内容和格式以及内部控制制度和会计方针一般由总公司事先规定。分支机构应予入账的会计事项需是分支机构经理能够控制，因而可以负责的各种资产、负债、收入和费用，如应收账款和销售费用等。至于分支机构经理不能控制的各种资产、负债、收入和费用，如固定资产和折旧费用等，往往集中由总公司进行核算和管理。

设立分支机构，在总公司和分支机构账上都应加以记录。在分支机构账上，应专门设置一个"总公司往来"账户。凡收到总公司拨来的现金、商品存货或其他资产时，均贷记该账户；凡向总公司拨回现金、商品存货或其他资产时，则借记该账户。期末结账时，分支机构所获得的净收益或净损失都转入该账户的贷方或借方。在总公司账上，则要设置一个对应的"分支机构往来"账户，该账户的借方记载所有拨付给分支机构的现金、商品存货或其他资产，贷方记载由分支机构拨回的现金、商品存货或其他资产。期末结账时，总公司根据分支机构报来的财务报表，将其净收益或净损失记入该账户的借方或贷方。如果一个企业有许多分支机构，总公司可以设置一个控制账户，再在该账户下按分支机构设置明细账户。这两个账户的核算内容如表10-1所示。

表10-1 账户的核算内容

总公司账		分支机构账	
借方　　分支机构往来　　贷方		借方　　总公司往来　　贷方	
转移给分支机构的资产	从分支机构收到的资产	转移给总公司的资产	从总公司收到的资产
分支机构的净收益	分支机构的净损失	分支机构的净损失	分支机构的净收益

上述两个账户记录的内容是相同的，只是方向相反。分支机构账设置的"总公司往来"既可看作所有者权益账户，也可看作负债账户；总公司账设置的"分支机构往来"既可看作长期投资账户，也可看作应收项目账户。如果两个账户都及时记账，其余额应是一致的。由于分支机构是企业的一个组成部分，因此总公司在编制财务报表时，必须将自身的会计报表与分支机构的会计报表进行合并汇总，编制总公司与分支机构联合会计报表。联合会计报表的编制程序类似于母子公司合并报表的编制，相应的"总公司往来"与"分支机构往来"账户应相互抵销。

2. 发交商品计价的可选择性

在大多数情况下，分支机构的商品存货由总公司集中购买，再发交分支机构。在有些情况下，总公司也授权分支机构向外购买部分商品存货。此时，分支机构的账务处理程序与一般的商品购销业务的会计处理一样。总公司发交分支机构出售的商品存货可以按成本计价，也可以按高于成本即成本加成或零售价计价。由于总公司和分支机构都是相互独立的会计主体，因此在各自的账册上都要分别反映资金或存货的收发。对于存货而言，其发出的计价方法不同，不仅会影响发交分支机构的商品存货记账的金额，而且会影响总公司和分支机构的会计核算，还会影响总公司和分支机构的经营收益。总公司和分支机构对商品存货的核算既可采用定期盘存制，也可采用永续盘存制。如果采用定期盘存制，在总公司账上应设置"发交分支机构存货"账户，该账户是"存货"账户的备抵账户；在分支机构账上应设置"总公司发来存货"账户，该账户实质上是分支机构的"总公司购货"账户的附加账户。由于这两个账户具有相对性，因此在编制联合会计报表时应加以抵销。如果采用永续盘存制，对于总公司与分支机构间转移商品存货的交易，可直接记录于有关存货账户，不需要再设置上述对应账户。下文将重点介绍在采用永续盘存制的情况下各种成本计价模式下的会计处理。

3. 会计信息披露的双重性

按照现行会计制度的规定，总公司与分支机构作为相对独立的会计主体，应分别编制个别财务报表。但是，总公司还有必要将其所属的所有分支机构进行汇总，抵销和调整总公司与分支机构的内部会计事项，对外提供联合会计报表，以反映整个企业的财务状况和经营成果。这就是分支机构会计信息披露的双重性。

10.2 分支机构存货的会计处理

10.2.1 按成本计价的会计处理

1. 按成本计价的会计核算特点

（1）总公司和分支机构都以成本为计价标准，不仅保持了计价标准的一致性，而且简化了联合会计报表编制中对存货等项目的汇总工作，可以真实地反映分支机构的存货信息，避免在分支机构的期末存货中出现内部未实现利润。

（2）总公司发交存货收益的确认不是以存货发交分支机构为准，而是在存货由分支机构实际售出并将收入转回总公司时确认。因此，总公司收益的确认较好地遵循了收入实现原则。

（3）总公司发交存货的行为仅被看作存货在总公司与分支机构之间存放场所的转移，将存货出售收益全部体现为分支机构的经营业绩，夸大了分支机构的获利能力，使得存货出售收益在总公司与分支机构之间的分割上缺乏客观性。

2. 按成本计价的会计账务处理

例10.1

2×15年年初，为了满足某大型社区的购物需要，万佳公司设立了一家分公司。该分公司的营运资金由总公司负责拨给，所经营商品的货源主要由总公司提供，少量商品从厂家直接进货。2×15年度分公司发生的部分经济业务如下：

（1）总公司拨付分公司营运资金100000元；

（2）总公司发交分公司商品的成本价为520000元；

（3）分公司从厂家购进商品160000元，货款暂欠；

（4）分公司对外销售商品480000元，收到转账支票一张，销售商品成本共336000元；

（5）分公司偿付前欠某厂家货款110000元；

（6）分公司收回应收客户账款98000元；

（7）分公司支付工资等费用7800元；

（8）分公司对外销售商品400000元，货款尚未收到，销售商品成本共280000元；

（9）分公司支付租金费用120000元；

（10）分公司汇交总公司现金80000元。

根据上述经济业务，应分别在分支机构和总公司的账册上编制如下会计分录（单位：元）：

分支机构账册		总公司账册	
（1）借：银行存款	100000	借：分支机构往来	100000
贷：总公司往来	100000	贷：银行存款	100000
（2）借：存货	520000	借：分支机构往来	520000
贷：总公司往来	520000	贷：存货	520000
（3）借：存货	160000		
贷：应付账款	160000		
（4）借：银行存款	48000		
贷：营业收入	48000		
借：营业成本	336000		
贷：存货	336000		
（5）借：应付账款	110000		
贷：银行存款	110000		
（6）借：银行存款	98000		
贷：应收账款	98000		
（7）借：销售费用	7800		
贷：银行存款	7800		
（8）借：应收账款	400000		
贷：营业收入	400000		
借：营业成本	280000		
贷：存货	280000		
（9）借：销售费用	120000		

　　　　　　贷：银行存款　　　　　　　　　　　　　　　120000
（10）借：总公司往来　　80000　　　借：银行存款　　　　80000
　　　　　贷：银行存款　　80000　　　　贷：分支机构往来 80000

　　从上述会计处理可以看出，有关分支机构发生的经济业务，在总公司账册上反映的只是与分支机构发生的往来事项，其他业务则无须记录。根据总公司与分支机构之间往来事项的会计分录，可分别登记分支机构账上的"总公司往来"账户和总公司账上的"分支机构往来"账户，并结出期末余额。

　　分支机构设置的"总公司往来"账户的登记结果如表10-2所示，总公司设置的"分支机构往来"账户的登记结果如表10-3所示。

表10-2　总公司往来明细账

单位：元

日期	摘要	借方	贷方	余额
2×15年	收到总公司拨付营运资金		100000	100000（贷）
	收到总公司拨付商品		520000	620000（贷）
	汇交总公司现金	80000		540000（贷）

表10-3　分支机构往来明细账

单位：元

日期	摘要	借方	贷方	余额
2×15年	拨付分公司营运资金	100000		100000（借）
	拨付分公司商品	520000		620000（借）
	收到分公司汇交现金		80000	540000（借）

　　期末，分支机构与总公司通过对账，证实本期经济业务的会计记录账证相符、账账相符、账实相符。在此基础上进行期末损益类账户结转（单位：元）：

　　　分支机构账册　　　　　　　　　　总公司账册
（1）借：营业收入　　　880000
　　　贷：本年利润　　　880000
　　　借：本年利润　　　743800
　　　贷：营业成本　　　616000
　　　　　销售费用　　　127800
（2）借：本年利润　　　136200　　　借：分支机构往来　　　　　136200
　　　贷：总公司往来136200　　　　　贷：本年利润——分支机构 136200

年度终了,总公司和分支机构应根据各自的会计记录,分别编制会计报表,以反映各自的财务状况和经营成果。但是,总公司和分支机构单独编制的会计报表只能提供内部管理使用,而不能对外提供。总公司和分支机构对外需要编制联合会计报表,以便为投资者、债权人以及其他报表阅读者提供企业整体的会计信息。在编制联合会计报表时,需要把总公司与分支机构各自的资产、负债、收入和费用等项目汇总列示,而对于总公司与分支机构之间的内部往来事项则应予以抵销,使联合会计报表所列示的是企业整体对外发生的经济业务事项及其结果。在具体抵销时,可以将总公司账册上"分支机构往来"账户的借方余额与分支机构账册上"总公司往来"账户的贷方余额对冲。除此以外,总公司与分支机构之间的资产转移、内部债权债务事项也应全部予以抵销。编制联合会计报表应以总公司与分支机构各自的会计报表作为基础。为保证联合会计报表编制的正确性,可以先编制联合会计报表的工作底稿。以上述总公司与分支机构之间的内部往来事项为例,在编制联合会计报表工作底稿时,应编制抵销分录(单位:元):

借:总公司往来　　　　　　　　　　　　　　　　　　540000
　　贷:分支机构往来　　　　　　　　　　　　　　　　540000

值得注意的是,上述抵销分录只是为编制联合会计报表而编制的,并不需要正式记入总公司或分支机构的账册。除此以外,其他项目均以总公司与分支机构各自的会计报表数据相加的合计数填列在联合会计报表的各个相应项目内。

2×15年度总公司与分支机构联合会计报表工作底稿的编制如表10-4所示。

表10-4　总公司与分支机构联合会计报表工作底稿

2×15年12月31日　单位:元

报表项目	总公司	分支机构	抵销分录 借方	抵销分录 贷方	汇总额
利润表:					
营业收入	2600000	880000			3480000
营业成本	1820000	616000			2436000
销售费用	340000	127800			467800
利润总额	440000	136200			576200
所得税费用	172860				172860
净利润	267140	136200			403340
利润分配表:					
净利润	267140	136200			403340
加:年初未分配利润					

续表

报表项目	总公司	分支机构	抵销分录 借方	抵销分录 贷方	汇总额
可供分配利润	267140	136200			403340
减：应付利润	150000				150000
年末未分配利润	117140	136200			253340
资产负债表：					
货币资金	650000	360200			1010200
应收账款	160140	302000			462140
存货	580000	64000			644000
分支机构往来	540000				
固定资产	1070000				1070000
资产总计	3000140				3186340
应付账款	475000	726200			525000
应交税费	208000	50000		540000	130000
总公司往来		540000			
实收资本	2200000				2200000
年末未分配利润	117140	136200	540000		331340
负债及所有者权益合计	3000140	726200			3186340

根据上述工作底稿的各项数据编制的利润表、所有者权益变动表（部分）和资产负债表，分别如表10-5、表10-6和表10-7所示。

表10-5　利润表

2×15年度　单位：元

项目	金额
营业收入	3480000
减：营业成本	2436000
销售毛利	1044000
减：销售费用	467800
利润总额	576200
减：所得税费用	172860
净利润	403340

表10-6 所有者权益变动表（部分）

2×15年度　单位：元

项目	金额
净利润	403340
加：年初未分配利润	
可供分配利润	403340
减：应付利润	150000
年末未分配利润	253340

表10-7　资产负债表

2×15年12月31日　单位：元

资产	金额	负债及所有者权益	金额
货币资金	1010200	应付账款	525000
应收账款	462140	应付职工薪酬	130000
存货	644000	实收资本	2200000
固定资产	1070000	未分配利润	331340
资产总计	3186340	负债及所有者权益合计	3186340

10.2.2　按高于成本计价的会计处理

1. 按高于成本计价的会计核算特点

（1）分支机构对于总公司发交的存货按购货成本或自制成本加一定百分比的利润计价，考虑了存货调拨对经营的适度贡献，使存货销售收益一部分体现为总公司的经营成果，另一部分体现为分支机构的经营成果，有利于客观评价分支机构的经营业绩，从而克服了按成本计价的缺陷。

（2）分支机构账面上对存货的计价反映出成本和转移价格两部分，不仅影响了分支机构自身计价标准的一致性，而且影响了分支机构与总公司之间计价标准的一致性，使得联合会计报表的编制程序比按成本计价模式更复杂。

（3）按高于成本计价，成本加成百分比的确定具有一定的主观性，有时不一定符合实际情况。另外，分支机构按成本加成计价的期末存货还包含内部未实现利润，需在编制总公司与分支机构联合会计报表时予以调整。

2. 按高于成本计价的会计处理

（1）一般会计处理

在存货高于成本计价的情况下，如果总公司发交分支机构的商品是由分支机构在当期全部售完而无存货的，其全部价款就成为分支机构的营业成本，会计处理比较简便。假使总公司发往分支机构的商品未在当期全部售完而有存货，则这部分存货由于包含超过成本的加价，就不能将其并入按成本计价的总公司并列示于财务报表之上。为了正确计算企业的净收益和反映企业的财务状况，会计上对于超过成本的价格计价的发往分支机构的商品，一般采用如下方法处理：

① 在总公司方面，对于按成本以上的价格（按成本加上一定百分比或按售价）计价的发往分支机构的商品，分设"存货"和"备抵存货超成本数"两个账户，前者核算发往分支机构的商品的成本价额，后者核算发往分支机构的商品的超成本数。"备抵存货超成本数"的期末余额被列作资产负债表中"分支机构往来"项目的对销数。

② 期末结账时，总公司除了根据分支机构的财务报表，将其净损益按常规方法予以转账外，还应按分支机构已销售的发交商品计算其已实现的利润，从"备抵存货超成本数"账户转入"本年利润"账户。

③ 在分支机构方面，对于总公司发来商品的记账方法，按总公司开来的价款记入"存货"账户。

（2）无期初存货情况下的会计处理

商品调拨按高于成本作价包括按成本加成与按售价作价。在分支机构无期初存货的情况下，总公司与分支机构往来事项的会计处理除商品调拨需按高于成本价记入账册外，其余的经济业务都与上述按成本计价作相同处理。

例10.2

甲公司下设一家分公司，该分公司2×15年度的商品存货全部由总公司提供，总公司发运给分公司的商品按成本加成10%计价。2×15年度发生的部分经济业务如下：

（1）总公司拨付分公司营运资金100000元；
（2）总公司发交分公司商品的成本价为490000元；
（3）分公司对外销售商品全部存货的80%，售价总额为560000元，已收货款300000元，余款尚未收回；
（4）分公司支付工资等费用58000元；
（5）分公司汇交总公司现金80000元。

根据以上资料，应分别在分支机构和总公司的账册上编制如下会计分录（单位：元）：

分支机构账册　　　　　　　　　　　总公司账册
（1）借：银行存款　　100000　　借：分支机构往来　　100000
　　　贷：总公司往来　100000　　　贷：银行存款　　　100000

（2）借：存货　　　　　　　539000　　　　借：分支机构往来　　539000
　　　　贷：总公司往来　　539000　　　　　　贷：存货　　　　　　490000
　　　　　　备抵存货超成本数
　　　　　　　　　　　　　49000

（3）借：银行存款　　　　　　　　　　　　　　　　　　　　　　300000
　　　　　应收账款　　　　　　　　　　　　　　　　　　　　　　260000
　　　　　　贷：营业收入　　　　　　　　　　　　　　　　　　　560000
　　　　借：营业成本　　　　　　　　　　　　　　　　　　　　　431200
　　　　　　贷：存货　　　　　　　　　　　　　　　　　　　　　431200

（4）借：销售费用　　　　　　　　　　　　　　　　　　　　　　58000
　　　　　　贷：银行存款　　　　　　　　　　　　　　　　　　　58000

（5）借：总公司往来　　　　　　　　　　　　　　　　　　　　　80000
　　　　　　贷：银行存款　　　　　　　　　　　　　　　　　　　80000
　　　　借：银行存款　　　　　　　　　　　　　　　　　　　　　80000
　　　　　　贷：分支机构往来　　　　　　　　　　　　　　　　　80000

以上总公司账册记录的"备抵存货超过成本数"49000元，实质上是总公司与分支机构之间商品调拨按高于成本作价产生的内部未实现利润。由于总公司与分支机构之间商品调拨改按高于成本作价，因此分支机构账册上的"总公司往来"账户和总公司账册上的"分支机构往来"账户的余额比按成本计价处理增加了49000元。分支机构设置的"总公司往来"账户的登记结果如表10-8所示，总公司设置的"分支机构往来"账户的登记结果如表10-9所示。

表10-8　总公司往来明细账

单位：元

年份	摘要	借方	贷方	余额
2×15年	收到总公司拨付营运资金		100000	100000（贷）
	收到总公司拨付商品		539000	639000（贷）
	汇交总公司现金	80000		559000（贷）

表10-9　分支机构往来明细账

单位：元

年份	摘要	借方	贷方	余额
2×15年	拨付分公司营运资金	100000		100000（借）
	拨付分公司商品	539000		639000（借）
	收到分公司汇交的现金		80000	559000（借）

分支机构与总公司在对账后进行期末结转（单位：元）：

分支机构账册

借：营业收入　　　　560000
　　贷：营业成本　　　　431200
　　　　销售费用　　　　58000
　　　　本年利润　　　　70800
借：本年利润　　　　70800
　　贷：总公司往来　　　70800

总公司账册

借：分支机构往来　　　　70800
　　备抵存货超成本数　　39200
　　贷：本年利润　　　　110000

在编制联合会计报表工作底稿前，还应作以下抵销会计分录（单位：元）：

借：备抵存货超成本数　　　　　　　　　　　　　　49000
　　贷：营业成本　　　　　　　　　　　　　　　　39200
　　　　存货　　　　　　　　　　　　　　　　　　9800
借：总公司往来　　　　　　　　　　　　　　　　559000
　　贷：分支机构往来　　　　　　　　　　　　　559000

年度终了，根据总公司与分支机构各自的会计报表，编制联合会计报表工作底稿如表10-10所示。

表10-10　总公司与分支机构联合会计报表工作底稿

2×15年12月31日　单位：元

报表项目	总公司	分支机构	抵销分录 借方	抵销分录 贷方	汇总额
利润表：					
营业收入	2600000	560000			3160000
营业成本	1820000	431200			2212000
销售费用	340000	58000			398000
利润总额	440000	70800		39200	550000
所得税费用	153240				153240
净利润	286760	70800			396760
利润分配表：					
净利润	286760	70800			396760
加：年初未分配利润					
可供分配利润	286760	70800			396760
减：应付利润	150000				150000

续表

报表项目	总公司	分支机构	抵销分录 借方	抵销分录 贷方	汇总额
年末未分配利润	136760	70800			246760
资产负债表:					
货币资金	650000	262000			912000
应收账款	160140	260000			420140
存货	580000	107800		9800	678000
分支机构往来	559000			559000	
固定资产	1070000				1070000
资产总计	3019140	629800			3080140
应付账款	475000				475000
应付职工薪酬	158380				158380
备抵存货超成本数	49000		49000		
总公司往来		559000	559000		
实收资本	2200000				2200000
年末未分配利润	136760	70800			246760
负债及所有者权益合计	3019140	629800			3080140

根据上述工作底稿的各项数据编制的利润表、所有者权益变动表（部分）和资产负债表分别如表10-11、表10-12和表10-13所示。

表10-11 利润表

2×15年度　单位：元

项目	金额
营业收入	3160000
减：营业成本	2212000
销售毛利	948000
减：销售费用	398000
利润总额	550000
减：所得税费用	153240
净利润	396760

表10-12 所有者权益变动表（部分）

2×15年度　单位：元

项目	金额
净利润	396760
加：年初未分配利润	
可供分配利润	396760
减：应付利润	150000
年末未分配利润	246760

表10-13 资产负债表

2×15年12月31日　单位：元

资产	金额	负债及所有者权益	金额
货币资金	912000	应付账款	475000
应收账款	420140	应付职工薪酬	158380
存货	678000	实收资本	2200000
固定资产	1070000	未分配利润	246760
资产总计	3080140	负债及所有者权益合计	3080140

（3）有期初存货情况下的会计处理

在持续经营的情况下，总公司与分支机构一般会有期初存货。对于存货由总公司拨付并按高于成本计价的分支机构来说，在编制联合会计报表时，应区分不同销售情况编制抵销分录：

① 本期接收，本期全部销售

借：备抵存货超成本数

　　贷：营业成本

② 本期接收，本期全部未销售

借：备抵存货超成本数

　　贷：存货

③ 本期接收，本期部分销售，部分形成期末存货

借：备抵存货超成本数

　　贷：存货

　　　　营业成本

除此之外，总公司与分支机构之间其他往来事项的会计处理，以及总公司与分支机

构编制联合会计报表工作底稿的方法,与商品调拨按高于成本计价——无期初存货的做法基本相同,在此不再赘述。

10.3 其他事项的会计处理

10.3.1 相对账户的调节

从前文的讲述中可以看出,总公司的"分支机构往来"账户和分支机构的"总公司往来"账户的期末余额原则上应当相等。但是,在实际工作中,这两个账户的期末余额往往不一致。原因有二:第一,总公司或分支机构一方或双方账务记录错误。第二,总公司与分支机构之间存在未达账项,即总公司与分支机构资金和存货的拨付和接收时间不同,导致一方已入账而另一方尚未入账的账项。例如,总公司拨付给分支机构的营运资金或商品,在资金付出或商品发出时,总公司即可登记入账;而分支机构则要待收到相关的原始单据后才予以入账。又如,分支机构汇交总公司的现金,在现金汇出时,分支机构即可根据结算凭证登记入账;而对总公司来说,在现金未汇入银行账户之前不会入账。这种情况类似于企业银行存款未达账项。对于记录总公司与分支机构之间往来事项的相对账户,要求在会计期末编制联合会计报表工作底稿之前予以调节,使之彼此相等。然后,根据调节后的余额,在联合会计报表的工作底稿中进行抵销。对于总公司与分支机构之间往来事项的调节,可以在期末通过先编制调节分录,然后编制总公司与分支机构相对账户调节表进行处理。

■■ 例10.3

万顺公司下设一家分支机构。2×15年年末,总公司"分支机构往来"账户期末借方余额为96000元,分支机构"总公司往来"账户期末贷方余额为67000元。经核对,有如下未达账项:

(1) 12月29日,分支机构汇交总公司现金35000元,总公司因未接到收款通知而尚未入账。

(2) 12月30日,分支机构代总公司收取应收款项18000元,总公司因未接到分支机构通知而未登记入账。

(3) 12月28日,总公司代分支机构收妥应收账款60000元,因分支机构未接到总公司的记账通知而尚未登记入账。

(4) 12月29日,总公司代分支机构支付应付账款72000元,因分支机构未接到总公司通知而尚未登记入账。

在编制联合会计报表工作底稿之前,总公司应编制调节分录如下(单位:元):

借：其他货币资金 35000
　　贷：分支机构往来 35000
借：分支机构往来 18000
　　贷：应收账款 18000

在编制联合会计报表工作底稿之前，分支机构应编制调节分录如下（单位：元）：

借：总公司往来 60000
　　贷：应收账款 60000
借：应付账款 72000
　　贷：总公司往来 72000

由于受未达账项的影响，总公司与分支机构往来账户的记录不一致。在实际工作中，可编制相对账户调节表，以消除未达账项的影响。相对账户调节表如表10-14所示。

表10-14　总公司与分支机构相对账户调节表

2×15年12月31日　　单位：元

总公司"分支机构往来"账户	金额	分支机构"总公司往来"账户	金额
调节前余额	96000	调节前余额	67000
加：分支机构代收应收账款	18000	加：总公司代付应付账款	72000
减：分支机构汇交现金	35000	减：总公司代收应收账款	60000
调解后余额	79000	调节后余额	79000

经过相对账户的调节处理，其余的步骤与前文所述的处理方法基本相同。

10.3.2　分支机构固定资产的会计处理

对于分支机构固定资产的会计处理，应视管理模式而定。在集中核算制下，分支机构固定资产一般由总公司统一核算和管理，总公司负责折旧费用的计提和核算，而不需要在分支机构账上反映。但是，在分散核算制下，分支机构固定资产可以由分支机构自行核算与管理，分支机构负责折旧费用的计提和核算。有关分支机构固定资产的会计处理如下：

1. 集中核算制下的会计处理

总公司账册　　　　　　　　　　　　　分支机构账册

（1）总公司为分支机构购置固定资产

借：固定资产

  贷：银行存款

（2）分支机构自行购置固定资产

借：固定资产	借：总公司往来
贷：分支机构往来	贷：银行存款

（3）计提折旧并将折旧费分摊到分支机构

借：销售费用
  贷：累计折旧

借：分支机构往来	借：销售费用
贷：销售费用	贷：总公司往来

2. 分散核算制下的会计处理

总公司账册	分支机构账册

（1）总公司购置固定资产拨付分支机构使用

借：固定资产	借：固定资产
贷：银行存款	贷：总公司往来
借：分支机构往来	
贷：固定资产	
借：销售费用	
贷：累计折旧	
借：分支机构往来	借：销售费用
贷：销售费用	贷：总公司往来

（2）分支机构自行购置固定资产

借：固定资产
  贷：银行存款

借：销售费用
  贷：累计折旧

10.3.3　总公司账上的分支机构费用的会计处理

  分支机构发生的销售费用，如固定资产折旧费用、应收账款的坏账费用、保险费、房产税等，可能会统一记在总公司账上，而不记在分支机构账上。在这种情况下，总公司在收到分支机构利润表，并将分支机构利润登记入账后，应作会计分录，借记"本年利润——分支机构"账户，贷记"销售费用"账户，使分支机构账上因少记费用而虚增的利润经调整后成为真正的利润。

  对于某笔销售费用，如广告费等，总公司也可能在统一支付后，再分摊给各分支机构负担。这时，总公司可以采用开具借项通知单的方式告知各分支机构，并在总公司账上借记"分支机构往来"账户，贷记"销售费用"账户。当各分支机构接到总公司的通知单时，应借记"销售费用"账户，贷记"总公司往来"账户。在这种情况下，分支机构编制的利润表反映的是其真正的利润。

10.3.4 分支机构之间的往来事项的会计处理

在总公司下设有多家分支机构的情况下，通常在总公司账上应分别按各分支机构设置"分支机构往来"明细账户，以处理总分支机构之间的往来事项。各分支机构之间也会发生一些往来事项。对此可采用总公司集中核算制和分支机构分散核算制作会计处理。

1. 集中核算制下的会计处理

在采用总公司集中核算制的情况下，各分支机构之间的往来业务一律通过总公司核算，即将原属各分支机构之间的往来事项置换处理为各该分支机构与总公司的往来事项。采用这种方法，能在总公司账上完整地反映整个企业的往来业务，便于总公司的统一调度和管理控制。

例10.4

天顺公司设有沈阳、大连两家分公司。沈阳分公司调拨一批商品给大连分公司，成本价为90000元，作如下会计处理（单位：元）：

（1）沈阳分公司会计分录

借：总公司往来　　　　　　　　　　　　　　　　　　90000
　　贷：存货　　　　　　　　　　　　　　　　　　　　　　90000

（2）大连分公司会计分录

借：存货　　　　　　　　　　　　　　　　　　　　　　90000
　　贷：总公司往来　　　　　　　　　　　　　　　　　　90000

（3）总公司会计分录

借：分支机构往来——大连分公司　　　　　　　　　　90000
　　贷：分支机构往来——沈阳分公司　　　　　　　　　　90000

一般情况下，商品运杂费被列入购货费用。分支机构之间调拨商品同样会发生运杂费。为准确地计算分支机构之间调拨商品的成本，有的总公司会要求商品成本中只包括该商品直接从总公司运到分支机构的费用，超过部分由总公司负责，计入总公司当期损益。

例10.5

中华公司下设湖南、河南两家分公司。总公司将成本为165000元的商品发运到湖南分公司,支付运费1800元。现根据经营状况,总公司指示湖南分公司将该批商品调拨给河南分公司,支付运费2100元。假定该批商品直接由总公司运到河南分公司的运费为1900元。会计处理如下(单位:元):

(1)总公司的会计分录

① 将商品拨付给湖南分公司时

借:分支机构往来——湖南分公司　　　　　166800
　　贷:存货　　　　　　　　　　　　　　　165000
　　　　银行存款　　　　　　　　　　　　　　1800

② 将商品拨付给河南分公司时

借:分支机构往来——河南分公司　　　　　166900
　　运费损失　　　　　　　　　　　　　　　2000
　　贷:分支机构往来——湖南分公司　　　　168900

(2)湖南分公司的会计分录

① 收到总公司拨付的商品时

借:存货　　　　　　　　　　　　　　　　165000
　　进货运费　　　　　　　　　　　　　　　1800
　　贷:总公司往来　　　　　　　　　　　　166800

② 将商品调拨给河南分公司时

借:总公司往来　　　　　　　　　　　　　168900
　　贷:进货运费　　　　　　　　　　　　　1800
　　　　存货　　　　　　　　　　　　　　165000
　　　　银行存款　　　　　　　　　　　　　2100

(3)河南分公司的会计分录

借:存货　　　　　　　　　　　　　　　　165000
　　进货运费　　　　　　　　　　　　　　　1900
　　贷:总公司往来　　　　　　　　　　　　166900

2. 分散核算制下的会计处理

在采用分散核算制的情况下,应将各分支机构之间的往来事项直接计入相互的分支机构往来明细账中,不需要通过总公司往来账户。

例10.6

沿用例10.4，分散核算制下的会计处理如下（单位：元）：

（1）沈阳分公司的会计分录

借：分支机构往来——大连分公司　　　　　　　　　　　　　　90000
　　贷：存货　　　　　　　　　　　　　　　　　　　　　　　　90000

（2）大连分公司的会计分录

借：存货　　　　　　　　　　　　　　　　　　　　　　　　　　90000
　　贷：分支机构往来——沈阳分公司　　　　　　　　　　　　　90000

总公司不作会计处理。

上述方法能够直接反映各分支机构之间往来事项的实际状况，但是编制联合会计报表工作底稿的抵销分录的工作量较大，因此在实际工作中很少被采用。

10.3.5　总公司下属销售代理机构的会计处理

1. 销售代理机构与分支机构的区别

总公司出于拓展业务的需要，可能在其他城市或地区设立销售代理机构。销售代理机构与分支机构不同，两者的主要区别在于其经营自主权的大小。销售代理机构通常不具有独立经营的自主权，一切听从总公司的安排；而分支机构则可以独立从事商品购销业务。两者的具体区别如表10-15所示。

表10-15　销售代理机构与分支机构的区别

销售代理机构	分支机构
销售代理机构通常只陈列样品以供客户挑选，其本身没有商品存货，也不经营商品购销业务	分支机构通常拥有完备的商品存货，除了向总公司进货之外，也可以自行向其他厂商购进商品
客户来销售代理机构看样订货后，销售代理机构即将购货订单转交总公司，由总公司决定客户能否享受赊销及其赊销额度，并由总公司直接向客户交货，应收账款也由总公司登记入账并负责催收	客户订货后，由分支机构自行决定客户能否享受赊销及其赊销额度，并由分支机构直接向客户交货，应收账款也由分支机构登记入账并负责催收
销售代理机构内需设置定额备用金，由总公司拨款以应付日常开支，将近用完时向总公司报销补足；销售代理机构不经办其他现金收支业务	分支机构可以自己的名义在银行开户，收到的销货款存入银行，对发生的营业费用开具支票直接支付

2. 销售代理机构会计的特点

销售代理机构会计较分支机构会计简单，一般只需设置一本现金登记簿，用以记载由总公司拨付或报销补足的备用金收入，以及应付日常开支的备用金支出。至于总公司账上有关销售代理机构业务的记录，需视销售代理机构的净收益是否要单独反映而定。如果不需要销售代理机构的详细资料，则总公司不单独确认销售代理机构的净收益；如果销售代理机构的净收益需要单独反映，则销售代理机构的营业收入和费用就应在记账时与总公司及其他代理机构的营业收入和费用划分清楚。

例10.7

锐志公司总部在北京，在上海设立了销售总代理机构A（简称"A代理"），2×15年发生了如下业务：

（1）核定定额备用金6000元，签发现金支票拨付；
（2）交付A代理样品一批，成本为9000元；
（3）A代理推销商品一批，报由总公司发货，售价为60000元，成本为32000元；
（4）A代理报销费用5400元，总公司补足其备用金；
（5）总公司为A代理机构支付费用7800元；
（6）总公司购置一辆小车，价值1070000元，交付A代理使用；
（7）期末A代理的利润转入总公司。

在代理机构不单独确认净收益的情况下，总公司应编制会计分录如下（单位：元）：

（1）借：备用金——A代理　　　　　　　　　　　　　　6000
　　　　贷：银行存款　　　　　　　　　　　　　　　　6000
（2）借：样品存货——A代理　　　　　　　　　　　　　9000
　　　　贷：存货　　　　　　　　　　　　　　　　　　9000
（3）借：应收账款　　　　　　　　　　　　　　　　　60000
　　　　贷：营业收入　　　　　　　　　　　　　　　60000
　　　借：营业成本　　　　　　　　　　　　　　　　32000
　　　　贷：存货　　　　　　　　　　　　　　　　　32000
（4）借：销售费用　　　　　　　　　　　　　　　　　5400
　　　　贷：银行存款　　　　　　　　　　　　　　　5400
（5）借：销售费用　　　　　　　　　　　　　　　　　7800
　　　　贷：银行存款　　　　　　　　　　　　　　　7800

（6）借：固定资产——A代理		1070000
贷：银行存款		1070000
（7）借：营业收入——A代理		60000
贷：营业成本——A代理		32000
销售费用——A代理		13200
本年利润——A代理		14800
（8）借：本年利润——A代理		14800
贷：本年利润		14800

本章小结

本章针对分支机构的会计核算，重点以分散核算制下的分支机构为例，阐述了分支机构存货按成本计价与按高于成本计价两种模式的会计核算步骤，介绍了分支机构其他事项的会计处理方法以及联合会计报表的编制原理。

复习思考题

1. 简述分支机构的基本特征。
2. 分支机构会计核算有哪些特点？
3. 总公司与分支机构之间的商品调拨可采用哪几种计价方法？各有什么优缺点？
4. 为什么总公司与分支机构经营必须编制联合会计报表？具体如何编制？
5. 对总公司与分支机构之间的往来事项应当如何进行调节？
6. 怎样编制相对账户余额调节表？
7. 销售代理机构会计有哪些特点？

实务练习题

1. 飞达公司主营家用电器，于2×15年年初在相邻城市设立了一家分支机构。该分支机构的全部营运资金由总公司供给，实行独立核算。2×15年，该公司与总分支机构发生如下经济业务：

（1）拨付分支机构营运资金400000元；

（2）发交分支机构商品300000元；

（3）分支机构向外界赊购商品490000元，成本价为300000元；

（4）分支机构销货420000元，已收到货款260000元，余款尚未收回；

（5）分支机构收回应收账款100000元；

（6）分支机构偿付应付账款60000元；

（7）分支机构支付费用56000元；

（8）分支机构拨交总公司现金170000元。

要求：

（1）编制总公司与分支机构会计分录，计算并结转分支机构利润。

（2）开设并登记"总公司往来"账户和"分支机构往来"账户。

（3）假设分支机构从总公司调拨商品按成本加成20%的利润进行计价，2×15年从总公司调拨的商品存货全部售出，编制有关会计分录，计算并结转分支机构利润。

（4）分别采用上述两种方法，编制总公司与分支机构联合会计报表工作底稿的抵销分录。

2.必胜公司总公司与分支机构2×15年发生如下经济业务：

（1）总公司向分支机构拨付营运资金60000元；

（2）总公司向分支机构发交商品的调拨价为120000元（高于成本价20%）；

（3）总公司销售商品400000元，已收到货款，成本为180000元；

（4）总公司代分支机构支付费用13000元；

（5）分支机构汇交总公司现金20000元；

（6）分支机构收到总公司发来的商品中有70%已出售，另外30%未出售的商品作为期末存货，售价总额120800元，已收货款100000元，余款尚未收回；

（7）分支机构偿还前欠部分货款20000元；

（8）总公司计提折旧费用186000元。

必胜公司总公司与分支机构2×15年度的资产负债表、利润表以及所有者权益变动表如下：

表10-16 资产负债表

2×15年12月31日   单位：元

资产	总公司	分支机构	负债及所有者权益	总公司	分支机构
货币资金	650000	262000	应付账款	475000	
应收账款	160140	260000	应付职工薪酬	158380	
存货	531000	107800			
分支机构往来	559000		总公司往来		559000
固定资产	1070000		实收资本	2200000	
			未分配利润	136760	70800
资产总计	2970140	629800	负债及所有者权益合计	2970140	629800

第 10 章 分支机构会计

表10-17 利润表

2×15年度 单位：元

项目	总公司	分支机构
营业收入	2600000	560000
营业成本	1820000	431200
营业费用	34000	58000
利润总额	440000	70800
所得税费用	153210	
净利润	286760	70800

表10-18 所有者权益变动表

2×15年度 单位：元

项目	总公司	分支机构
净利润	286760	70800
加：年初未分配利润		
可供分配利润	286760	70800
减：应付利润	150000	
年末未分配利润	136760	70800

要求：

（1）编制总公司与分支机构会计分录，计算并结转分支机构利润。

（2）编制年终抵销分录。

（3）编制公司2×15年度汇总会计报表工作底稿。

3.宏盛公司2×15年12月末结转前，总公司账上的"分支机构往来"账户余额为123000元，分支机构账上的"总公司往来"账户余额为102000元，有关记录如下：

总公司账上的"分支机构往来"账户12月20日至31日的发生额如下：

（1）12月21日，代分支机构支付应付账款10000元（借）；

（2）12月25日，发交分支机构商品300000元（借）；

（3）12月28日，代分支机构收取应收账款35000元（贷）；

（4）12月30日，拨付分支机构营运资金68000元（借）。

分支机构账上的"总公司往来"账户12月20日至31日的发生额如下：

（1）12月23日，代总公司收取应收账款34000元（贷）；

（2）12月27日，收到总公司发交商品300000元（贷）；

（3）12月29日，代总公司支付应付账款12000元（借）。

要求：核对总公司与分支机构的相对账户，分别对未达账项作调节会计分录并编制"总公司与分支机构相对账户调节表"。

第 11 章

中期财务报告与分部报告

本章将介绍中期财务报告的概念、构成以及中期财务报告编制应遵循的原则，经营分部和报告分部的定义、确定方法以及分部信息的披露。

11.1 中期财务报告

11.1.1 中期财务报告的概念与种类

1. 中期财务报告的概念

中期财务报告，是指以中期为基础编制的财务报告。中期，是指短于一个完整的会计年度（自1月1日至12月31日）的报告期间。它可以是一个月、一个季度或半年；也可以是短于一个会计年度的其他期间，如1月1日至9月30日等。根据编制的期间不同，中期财务报告可分为月度财务报告、季度财务报告、半年度财务报告以及期初至本中期末的财务报告。

在市场经济条件下，投资者、债权人等对公开披露的财务报告信息的及时性和相关性提出了更高的要求。中期财务报告可以使投资者对企业业绩评价和监督管理更加及时，更有助于及时发现企业存在的问题，寻求相应的应对措施，从而规范企业经营者行为，满足投资者决策的需求。因此，中期财务报告目前已经成为年报之外非常重要的财务报告。我国《企业会计准则第32号——中期财务报告》要求上市公司必须公开披露半年报。很多上市公司已经开始自愿披露季报。在我国，中期财务报告不需要经过审计。

2. 中期财务报告的种类

作为母公司的上市公司提供的年度财务报表中应当包括母公司财务报表和合并财务报表两类。与年报类似，中期财务报表也分为母公司财务报表和企业集团合并财务报表。根据《企业会计准则第32号——中期财务报告》的要求，对于上年度编制合并财务报表的公司，中期末也应当编制合并财务报表；对于上年度同时提供母公司财务报表和合并财务报表的公司，中期末也应当同时编制母公司财务报表和合并财务报表。关于母公司单独的中期财务报表的确认与计量的原则以及报表编制要求，本章将在后两节重点阐述。关于中期合并财务报表，报表的格式、合并范围和编制方法应当与上年度合并财务报表相一致，本章不再阐述。对于上年度包括在合并财务报表中、本中期处置的子公司，应当并入本中期合并范围；对于本中期新增的子公司，在本中期末应当纳入合并范围。

11.1.2 中期财务报告的构成

中期财务报告的构成与年度财务报告大同小异。《企业会计准则第32号——中期财务报告》对中期财务报告进行了详尽的规范。根据该会计准则的规定，中期财务报告至少应当包括资产负债表、利润表、现金流量表和附注。这四部分是中期财务报告最基本的构成。与年度财务报告相比，中期财务报告不要求编制所有者权益变动表。

企业在编制中期财务报告时，应当注意以下几点：

（1）在中期财务报告中，企业至少要提供资产负债表、利润表、现金流量表和附注四部分内容。对其他财务报表或相关信息，如所有者权益（或股东权益）变动表等，企业可以根据需要自行决定提供与否。但是，如果企业自愿提供其他财务报表或相关信息，则必须遵循《企业会计准则第32号——中期财务报告》的相关规定。比如，企业若提供中期所有者权益（或者股东权益）变动表，则其内容和格式也应当与上年度财务报表保持一致。

（2）中期财务报告的格式和内容应当与上年度财务报告相一致。如果当年新施行的会计准则对财务报表格式和内容作了修改，则中期财务报告应当按照修改后的报表格式和内容编制。与此同时，在中期财务报告中提供的上年度比较财务报表的格式和内容也应当作相应的调整。假设新施行的会计准则规定，基本每股收益和稀释每股收益在中期利润表中应当单独列示，而在上年度利润表中并没有单独列示，则企业在提供比较中期财务报告时，要对上年度利润表作相应的调整，将基本每股收益和稀释每股收益单独列示。

（3）中期财务报告中的附注可适当简化。附注必须充分披露《企业会计准则第32号——中期财务报告》要求披露的信息，而对于其他信息的披露，可遵循重要性原则，适当简化。

在我国，上市公司的半年报比较规范，企业除了按照规定提供半年期资产负债表、半年期利润表和半年期现金流量表之外，普遍还提供半年期所有者权益变动表。从我国上市公司半年报的结构和披露的内容来看，半年报与年报不存在本质区别。我国上市公司一般都主动提供季报，但是通常不提供所有者权益变动表，所披露的内容比较简单。

11.1.3 中期财务报告的编制要求

1. 编制中期财务报告应当遵循的基本原则

与编制年度财务报告一样,企业在编制中期财务报告时,应当遵循基本准则中的相关原则,尤其要遵循一致性、重要性和及时性原则。

(1) 一致性原则

企业在编制中期财务报告时,应当将中期视同一个独立的会计期间,所采用的会计政策应当与年度财务报告相一致,而且不得随意变更会计政策。

(2) 重要性原则

重要性原则,是指企业对于某项重要的会计信息,必须在中期财务报告中予以报告,否则就会影响或误导投资者等会计信息使用者对这一期间内企业财务状况、经营成果和现金流量情况的正确判断。企业在遵循重要性原则时,应当注意以下几点:

① 重要性程度的判断应当以中期财务数据为基础,而不得以预计的年度财务数据为基础。这里所指的"中期财务数据",既包括本中期的财务数据,也包括年初至本中期末的财务数据。

② 重要性原则要求企业在中期财务报告中提供与企业本中期末财务状况、中期经营成果和中期现金流量相关的所有信息。企业在运用重要性原则时,应当避免在中期财务报告中因不确认、不披露或者忽略某些信息而对信息使用者的决策产生误导。

③ 重要性程度的确定需要具体情况具体分析,并作出一定的职业判断。通常,在判断某一项目的重要性程度时,应当将该项目的金额和性质结合在一起予以考虑;同时,在判断项目金额的重要性时,应当以资产、负债、净资产、营业收入、净利润等直接相关项目的数字作为比较基础,并综合考虑其他相关因素。在一些特殊情况下,单独依据项目的金额或者性质就可以判断其重要性。例如,企业发生会计政策变更,该变更事项对当期期末财务状况或者当期损益的影响可能比较小,但是对以后期间财务状况或者损益的影响比较大。因此,会计政策变更从性质上看属于重要事项,应当在中期财务报告中予以披露。

(3) 及时性原则

企业编制中期财务报告是为了向会计信息使用者提供比年度财务报告更加及时的会计信息,以提高会计信息的决策有用性。中期财务报告所涵盖的会计期间短于一个会计年度,所以提供的会计信息更加具有及时性。为了在中期及时提供相关财务信息,企业在会计计量上应该使用更多的会计估计手段。例如,企业通常会在会计年度末对存货进行全面、详细的实地盘点,从而对年末存货可以进行较为精确的计价。但是,在中期末,由于时间上的限制和成本方面的考虑,企业不太可能对存货进行全面、详细的实地盘点。在这种情况下,对中期末存货的计价就可以在更大程度上依赖会计估计。

就会计原则而言,一致性、重要性和及时性是编制中期财务报告时必须遵循的重要原则,而其他一些会计原则,如可比性、谨慎性、实质重于形式等原则,在编制中期财务报告时也应当予以遵循。

2. 中期财务报告的会计确认和计量的原则

会计确认和计量主要涉及确认什么、怎样确认和确认多少等会计问题,涉及的原则应该包括会计准则对会计确认和计量的全部要求,包括会计确认的一般标准(符合要素定义等)、会计确认的基础(权责发生制)、会计计量属性的要求(历史成本、公允价值等)以及会计信息的质量特征等。在编制年度财务报告时,企业应当根据基本准则和具体准则的要求,对财务报表要素进行正确的确认和计量。与年度财务报告一样,企业在编制中期财务报告时,也涉及会计要素的会计确认和计量问题。中期财务报告的会计确认和计量主要涉及以下几个方面:

(1)中期财务报告的会计确认和计量的基本原则

企业在编制中期财务报告时,对于中期财务报告的会计确认和计量,应当坚持以下基本原则:

① 与年度财务报告相一致的会计确认和计量原则

中期财务报告中会计要素的确认和计量原则应当与年度财务报告所采用的原则相一致,即企业在中期根据所发生交易或者事项对资产、负债、所有者权益(或股东权益)、收入、费用和利润等会计要素进行确认和计量时,应当符合会计要素的定义以及相关会计确认和计量的标准,不能因中期财务报告期间的缩短而改变会计确认和计量原则。企业在编制中期财务报告时,不能根据会计年度内以后中期将要发生的交易或者事项判断当前中期的有关项目是否符合会计要素的定义,也不能人为地均衡会计年度内各中期的收益和费用。

例11.1

甲公司是一家图书代理商,其日常经销中收到订单和购书款与发送图书往往分属不同的中期。如果甲公司编制中期财务报告,则中期收入确认的原则如下:

如果甲公司编制中期财务报告,则在其收到订单和购书款的中期不能确认图书销售收入,因为在这个中期,与图书所有权有关的风险和报酬尚未转移,不符合收入确认的条件。甲公司只能在发送图书的那个中期才能确认收入,因为在这个中期,与图书所有权有关的风险和报酬已经转移。可见,甲公司中期收入的确认标准与年度收入的确认标准应该保持一致。

例11.2

乙公司是一家上市公司，根据现行企业会计准则的规定，需要编制半年报。在2×14年6月30日，乙公司对存货进行了盘点，发现一批账面价值为1万元的存货已经损毁。对于这批存货，乙公司的处理方法如下：

乙公司发现损毁的1万元存货在2×14年6月30日已无任何价值，未来不会再给公司带来任何经济利益，不再符合资产的定义。因此，乙公司在当年编制半年度财务报告时，不能再将这批存货作为资产列报，而应当确认为一项损失。在对这一问题的处理上，乙公司应该选择与年度会计处理相一致的原则。

例11.3

丙公司是一家软件开发商，根据相关财务制度，按季度编制财务报告。2×13年4月1日，丙公司将其2×13年新版MNX管理信息系统软件投放市场。4月10日，丙公司收到戊公司（财务软件开发商）来函。戊公司在来函中声明MNX管理信息系统软件中的财务管理软件包与本公司开发并已于2×12年申请专利的财务管理系统相同，要求丙公司停止侵权行为，并赔偿损失1000万元。丙公司不服，继续销售其新产品。戊公司遂于4月15日将丙公司告上法庭，要求其停止侵权行为，并赔偿本公司损失1000万元。法院受理了此案，在作了数次调查取证后，初步认定丙公司的确侵犯了戊公司的专利权。根据有关规定，丙公司大约要赔偿800万—1000万元的损失。为此，丙公司在6月30日提出希望能够庭外和解，戊公司表示同意。8月2日，双方经过数次调解，没有达成和解协议，只能再次进入法律诉讼程序。9月20日，法院判决，丙公司立即停止对戊公司的侵权行为，赔偿戊公司损失980万元。丙公司不服，继续上诉。12月1日，二审判决，维持原判。2×14年1月20日，根据最终判决，丙公司被强制执行，向戊公司支付侵权赔偿款980万元。对于这一事项，丙公司应当如何在中期财务报告中作相关披露？

在本例中，对于丙公司而言，在2×13年年末，该赔偿事项已经成为确定事项。因此，丙公司应在2×13年度资产负债表中确认980万元的负债。但是，因为丙公司编制季度财务报告，所以在2×13年第2季度和第3季度中期财务报告中，丙公司都需要及时披露此事项。根据年报会计确认和计量的基本原则，在2×13年第2季度末，丙公司应该确认一项金额为900万元的预计负债。由于法院一审已经判决，要求丙公司赔偿980万元，因此丙公司在第3季度财务报告中应当再确认80万元负债，以反映本公司在第3季度末的现时义务。

② 以年初至本中期末为基础的计量原则

《企业会计准则第32号——中期财务报告》规定，中期会计计量应当以年初至本中期末为基础，财务报告的频率不应当影响年度结果的计量。也就是说，无论企业中期财务报告的频率是月度、季度还是半年度，企业中期会计计量的结果最终都应当与年度财务报告中的会计计量结果相一致。为此，企业中期财务报告的计量应当以年初至本中期末为基础，即企业在中期应当以年初至本中期末作为中期会计计量的期间基础，而不应当仅以本中期作为会计计量的期间基础。如果企业编制第2季度财务报表，则应当以1月1日至6月30日为计量期间考虑会计计量问题，而不应该仅以第2季度的状况为基础考虑会计计量问题。

例11.4

丁公司于2×13年11月利用专门借款开工兴建一项固定资产。2×14年3月1日，该项固定资产建造工程因资金周转困难而停工。丁公司预计在一个半月内可获得补充专门借款。事实上，丁公司直到6月15日才解决资金周转问题，工程才得以重新开工。对于此项业务，丁公司应当如何在中期财务报告中计量与专门借款相关的利息费用？

根据《企业会计准则第17号——借款费用》的规定，固定资产的购建活动发生非正常中断且中断时间连续超过3个月的，应当暂停借款费用的资本化，将在中断期间发生的借款费用计入当期费用，而不能计入固定资产的成本。据此，如果丁公司编制季报，则在第1季度报表中，由于得知所购建固定资产的非正常中断时间将短于3个月，因此3月份的借款费用可以计入固定资产的建造成本。但是，在2×14年第2季度，丁公司的固定资产建造工程又中断了两个半月。这样，在2×14年第2季度中期财务报告中，如果企业仅仅以第2季度发生的交易或者事项作为会计计量的基础，那么丁公司在第2季度发生工程非正常中断的时间不足3个月。所以，借款费用依然可以被计入固定资产的建造成本。但是，根据中期财务报告应当以年初至本中期末为基础的计量原则，丁公司2×14年第2季度发生的借款费用中有两个半月的费用（4月1日至6月15日之间的借款费用）应该计入当期损益。如果以2×14年1月1日至6月30日为第2季度报表的计量基础，那么固定资产购建活动发生非正常中断且中断时间已经连续超过3个月。不仅如此，第1季度已经资本化的3月份的借款费用也应当费用化，调减在建工程成本，调增财务费用。只有这样，才能保证中期会计计量结果与年度会计计量结果相一致。

总之，根据关于中期财务报告的现行规定，单纯以某个中期为基础对中期财务报告进行计量是不正确的。为了避免企业中期会计计量结果与年度会计计量结果不一致，防止企业因财务报告的频率而影响其年度财务结果的计量，企业必须以年初至本中期末为基础进行中期财务报告的会计计量。

③ 会计政策应当与年度财务报告相一致原则

为了保持企业前后各期会计政策的一贯性，提高会计信息的可比性和有用性，企业在中期应当采用与年度财务报告相一致的会计政策，而且不得随意变更会计政策。如果上年度资产负债表日之后，企业按规定变更会计政策，而且变更后的会计政策将在本年度财务报告中予以采用，则中期财务报告也应当采用变更后的会计政策。

对于中期财务报告会计政策的变更，企业应当注意以下两点：

第一，中期财务报告准则不允许企业在各中期随意变更会计政策。企业中期会计政策的变更应当符合《企业会计准则第28号——会计政策、会计估计变更和差错更正》规定的条件，即只有在满足下列条件之一时，才能在中期进行会计政策变更：

其一，法律、行政法规或者国家统一的会计制度等要求变更；

其二，会计政策变更能够提供更可靠、更相关的会计信息。

第二，企业在中期进行会计政策变更时，应当确保这项会计政策将在年度财务报告中被采用。

④ 关于中期财务报告会计估计的变更

中期财务报表项目在中期发生了会计估计变更的，根据《企业会计准则第32号——中期财务报告》和《企业会计准则第28号——会计政策、会计估计变更和差错更正》的规定，企业只需在以后中期以及年度财务报告中反映会计估计变更后的金额，并在附注中作相应披露，无须对年内前一个或前几个中期财务报告（如季报）作追溯调整，也无须重编年内前一个或前几个中期财务报告（如季报）。

（2）季节性、周期性或者偶然性收入确认和计量的原则

在通常情况下，企业的收入都是在一个会计年度内均匀发生的，各中期的营业收入的差异不会很大。但是，也有一些企业的收入具有季节性、周期性或者偶然性特征。季节性收入，是指企业取得的具有季节性特征、不在一个会计年度内均匀发生的营业收入。这些营业收入的取得或者营业成本的发生主要集中在全年的某一季节或者某段期间内。例如，供暖企业的营业收入主要来自冬季，冷饮企业的营业收入主要来自夏季。周期性收入，是指企业取得的具有周期性特征、不在一个会计年度内均匀发生的营业收入。赚取周期性收入的企业往往每隔一个周期就会获得一笔稳定的营业收入或者支付一定的成本。例如，房地产开发企业的开发项目通常需要2—3年才能完成，因此其营业收入通常也是2—3年才能完成一个循环周期。偶然性收入，是指企业从某些偶发事项中取得的非经常性收入。例如，企业因意外获得的保险赔偿金等。

对于季节性收入、周期性收入和偶然性收入,《企业会计准则第32号——中期财务报告》规定,企业应当在发生时予以确认和计量,不应当为了平衡各中期的收益而将这些收入在会计年度的各个中期之间进行分摊。同时,如果季节性、周期性或者偶然性收入在会计年度末允许预计或者递延,在中期财务报告中也应当允许预计或者递延。则这些收入的确认标准和计量基础都应当遵循《企业会计准则第14号——收入》的规定。

例11.5

> A公司为一家房地产开发公司,采取滚动方式开发房地产,即开发完成一个房地产项目之后,再开发下一个房地产项目。A公司从2×13年1月1日开始开发一住宅小区,小区建设完工需2年。A公司采取边开发边销售楼盘的策略。假定A公司在2×13年各季度分别收到楼盘销售款1000万元、3000万元、2500万元和2000万元,分别支付开发成本2000万元、1500万元、2200万元和1800万元;在2×14年各季度分别收到楼盘销售款2500万元、3000万元、3000万元和1000万元,分别支付开发成本1000万元、1700万元、1500万元和300万元。小区所有商品房于2×14年11月完工,12月全部交付购房者并办理完有关产权手续。
>
> 在本例中,A公司的经营业务具有明显的周期性特征。根据企业会计准则的相关规定,A公司只有在每个周期性房地产开发项目完成并实现对外销售后才能确认收入。因此,A公司只有在2×14年12月所建商品房完工后,当商品房有关的风险和报酬已经转移给了购房者时,才能确认收入。在2×14年12月之前的各中期,A公司既不能预计收入,也不能将已经收到的楼盘销售款直接确认为收入,而只能将其作为预收款处理。对于开发项目所发生的成本,也应当先将其归集在"开发成本"中,待到确认收入时,再结转相应的成本。

(3)不均匀发生的费用确认和计量的原则

在通常情况下,与企业经营和管理活动有关的费用往往是在一个会计年度的各个中期内均匀发生的,各个中期之间发生的费用不会有太大的差异。但是,某些费用,如员工培训费等,往往集中在会计年度的个别中期内,属于会计年度内不均匀发生的费用。《企业会计准则第32号——中期财务报告》规定,企业在会计年度中不均匀发生的费用,应当在发生时予以确认和计量,不应为了平衡收益而将这些费用在会计年度的各个中期之间进行分摊,但是会计年度末允许预提或者待摊的除外。

例11.6

B公司根据年度培训计划,在2×14年6月对员工进行了专业技能和管理知识方面的集中培训,共发生培训费用30万元。

在本例中,对于员工培训费,B公司应当直接将其计入6月的损益,不能在6月之前预提,也不能在6月之后分摊。

（4）中期财务报告会计政策变更的处理原则

《企业会计准则第32号——中期财务报告》规定,企业在中期发生了会计政策变更的,应当按照《企业会计准则第28号——会计政策、会计估计变更和差错更正》处理,并在附注中作相应披露。会计政策变更的累积影响数能够合理确定且涉及本会计年度以前中期财务报表相关项目数字的,应当予以追溯调整,视同该会计政策在整个会计年度一贯采用;同时,上年度可比中期财务报表也应当作相应调整。

《企业会计准则第32号——中期财务报告》对中期会计政策变更的会计处理的规定是:当中期会计政策变更时,企业应当根据相关会计准则的要求,对以前年度比较中期财务报表之最早期间的期初留存收益和其他相关项目的数字进行追溯调整;同时,涉及本会计年度内会计政策变更以前各中期财务报表相关项目数字的,也应当予以追溯调整,视同该会计政策在整个会计年度和可比中期财务报表期间一贯采用。会计政策变更的累积影响数不能合理确定且不涉及本会计年度以前中期财务报表相关项目数字的,应当采用未来适用法。同时,在附注中应当说明会计政策变更的性质、内容、原因及影响数;累积影响数不能合理确定的,也应当说明理由。

《企业会计准则第32号——中期财务报告》对中期会计政策变更在附注中披露的规定是:当中期会计政策变更时,企业应当披露会计政策变更对以前年度的累积影响数,包括对比较中期财务报表最早期间期初留存收益的影响数、以前年度可比中期损益的影响数;披露会计政策变更对变更中期、年初至变更中期末损益的影响数;披露会计政策变更对当年度会计政策变更以前各中期损益的影响数。

3. 比较中期财务报告的编制与披露

（1）比较中期财务报告的编制

为了提高财务报告信息的可比性、相关性和有用性,《企业会计准则第32号——中期财务报告》规定,企业在中期财务报告中提供的中期财务报表（包括母公司报表和合并财务报表）必须是比较中期财务报表,同时提供可比上期及本中期的相关财务信息。比较中期财务报表主要包括以下报表:

① 本中期末的资产负债表和上年度末的资产负债表。

② 本中期的利润表、年初至本中期末的利润表以及上年度可比期间的利润表。其中，上年度可比期间的利润表包括上年度可比中期的利润表和上年度年初至上年可比中期末的利润表。

③ 年初至本中期末的现金流量表和上年度年初至上年可比中期末的现金流量表。

如果企业同时提供中期所有者权益变动表，也必须是比较所有者权益变动表。会计准则对于可比中期所有者权益变动表没有作出规范，从上市公司实际披露的情况来看，做法不完全一致。比如，2×13年6月30日，A银行半年度财务报告中提供的可比所有者权益变动表有两张，一张是2×12年度A银行的所有者权益变动表，另一张是2×12年上半年A银行的所有者权益变动表。又如，2×13年B公司提供的只有2×12年上半年的所有者权益变动表。从理论上分析，比较所有者权益变动表所提供的比较财务报表应是指上年度可比期间的报表。

例11.7

C公司按集团财务制度规定编制季度财务报告，它在截至2×14年3月31日、6月30日和9月30日编制的第1季度、第2季度和第3季度中期财务报表分别见表11-1、表11-2和表11-3。

表11-1　C公司2×14年第1季度财务报表

报表类别	本年度中期财务报表时间（或期间）	上年度比较财务报表时间（或期间）
资产负债表	2×14年3月31日	2×13年12月31日
利润表	2×14年1月1日至3月31日	2×13年1月1日至3月31日
现金流量表	2×14年1月1日至3月31日	2×13年1月1日至3月31日

表11-2　C公司2×14年第2季度财务报表

报表类别	本年度中期财务报表时间（或期间）	上年度比较财务报表时间（或期间）
资产负债表	2×14年6月30日	2×13年12月31日
利润表（本中期）	2×14年4月1日至6月30日	2×13年4月1日至6月30日
利润表（年初至本中期末）	2×14年1月1日至6月30日	2×13年1月1日至6月30日
现金流量表	2×14年1月1日至6月30日	2×13年1月1日至6月30日

表11-3　C公司2×14年第3季度财务报表

报表类别	本年度中期财务报表时间（或期间）	上年度比较财务报表时间（或期间）
资产负债表	2×14年9月30日	2×13年12月31日

续表

报表类别	本年度中期财务报表时间（或期间）	上年度比较财务报表时间（或期间）
利润表（本中期）	2×14年7月1日至9月30日	2×13年7月1日至9月30日
利润表（年初至本中期末）	2×14年1月1日至9月30日	2×13年1月1日至9月30日
现金流量表	2×14年1月1日至9月30日	2×13年1月1日至9月30日

由表11-1、表11-2和表11-3可以看出，在第1季度，由于"本中期"与"年初至本中期末"的期间是相同的，因此在C公司2×14年第1季度财务报表中只需要提供一张利润表；相应地，在C公司上年度比较财务报表中也只需提供一张利润表。但是，在C公司2×14年第2季度和第3季度财务报表中，由于"本中期"与"年初至本中期末"的期间不同，因此在各个期间都应该分别提供本中期和年初至本中期末利润表。

例11.8

W公司是一家上市公司母公司，按企业会计准则的要求，每年末编制母公司财务报表和合并财务报表，并于每年6月30日提供中期财务报告，而且自愿提供中期所有者权益变动表。W公司2×13年6月30日应该编制的比较中期财务报表如表11-4所示。

表11-4 W公司2×13年6月30日比较中期财务报表

报表类别	本年度中期财务报表时间（或期间）	上年度比较财务报表时间（或期间）
合并资产负债表	2×13年6月30日	2×12年12月31日
母公司资产负债表	2×13年6月30日	2×12年12月31日
合并利润表	2×13年1月1日至6月30日	2×12年1月1日至6月30日
母公司利润表	2×13年1月1日至6月30日	2×12年1月1日至6月30日
合并现金流量表	2×13年1月1日至6月30日	2×12年1月1日至6月30日
母公司现金流量表	2×13年1月1日至6月30日	2×12年1月1日至6月30日
合并所有者权益变动表	2×13年1月1日至6月30日	2×12年1月1日至6月30日
母公司所有者权益变动表	2×13年1月1日至6月30日	2×12年1月1日至6月30日

企业在编制比较中期财务报表时，还应注意以下三点：

第一，如果企业在中期因企业会计准则的变化而对财务报表项目作了重新分类或其他调整，则上年度比较财务报表中的相关项目及金额也应作相应调整，以确保其与本年度中期财务报表的可比性。同时,企业还应在附注中说明财务报表项目重新分类的原因及内容。如果企业由于原始数据收集、整理或者记录等方面的原因,无法对比较财务报表中的相关项目及金额进行调整,则应当在附注中说明原因。

第二,如果企业会计政策在本中期发生了变更,而且该变更对本会计年度以前中期财务报表净损益和其他相关项目数字的累积影响数能够合理确定,则应当进行追溯调整。如果对比较财务报表可比期间以前的会计政策变更的累积影响数也能够合理确定,则也应按规定调整比较财务报表最早期间的期初留存收益和其他相关项目。同时,还应在财务报表附注中说明会计政策变更的性质、内容、原因及影响数;无法追溯调整的,应当说明原因。

第三,对于在本年度中期内发生的以前年度损益调整事项,企业应当同时调整本年度财务报表相关项目的年初数;同时,比较财务报表中的相关项目及金额也应作相应调整。

(2) 中期财务报告附注的披露

① 中期财务报告附注的披露要求

中期财务报告附注是对中期资产负债表、利润表、现金流量表等报表中项目的文字描述或明细阐述,以及对未能在这些报表中列示项目的说明等。中期财务报告附注的披露应当遵循以下原则:

第一,以年初至本中期末会计信息为基础的披露原则。

编制中期财务报告是为了向报告使用者提供自上年度资产负债表日之后发生的重要交易或者事项。因此,中期财务报告附注应当以年初至本中期末为基础进行披露,而不应仅仅披露本中期所发生的重要交易或者事项。

例11.9

D公司通常按季提供财务报告。2×14年3月5日,D公司对外投资,设立了一家子公司。这对D公司来说是一个重要事项。因此,根据中期财务报告附注以年初至本中期末为基础披露的原则,D公司对此事项不仅应当在2×14年第1季度财务报告附注中予以披露,而且应当在2×14年第2季度财务报告和第3季度财务报告附注中进行披露。

例11.10

E公司为一家水果生产和销售企业,一般提供季度财务报告,它收获和销售水果主要集中在每年的第3季度。E公司在2×14年1月1日至9月30日累计实现净利润400万元,其中第1季度发生亏损1400万元,第2季度发生亏损1200万元,第3季度实现净利润3000万元。第3季度末的存货(库存水果)为50万元,由于过了销售旺季,可变现净值已经远低于账面价值,确认了存货跌价损失40万元。

在本例中,尽管这批存货跌价损失仅占E公司第3季度净利润总额的1.3%(40÷3000×100%),可能并不重要,但是这项损失占公司1-9月累计净利润的10%(40÷400×100%),对E公司2×14第1-9月的经营成果来讲属于重要事项。因此,根据中期财务报告附注披露应当以年初至本中期末为基础披露的原则,E公司应当在第3季度财务报告附注中披露此事项。

第二,披露重要交易或者事项的原则。

为了全面反映企业财务状况、经营成果和现金流量,中期财务报告附注应当对自上年度资产负债表日之后发生的、有助于理解企业财务状况、经营成果和现金流量变化情况的重要交易或者事项以年初至本中期末为基础进行披露。同时,对于与理解本中期企业财务状况、经营成果和现金流量有关的重要交易或者事项,也应当在附注中予以披露。

例11.11

M公司在2×14年1月1日至6月30日累计实现净利润2500万元,其中第2季度实现净利润80万元。M公司在第2季度转回前期计提的坏账准备100万元,第2季度末应收账款余额为800万元。

在本例中,尽管第2季度转回的坏账准备仅占M公司1-6月净利润总额的4%(100÷2500×100%),可能并不重要,但是这项转回金额占第2季度净利润的125%(100÷80×100%),占第2季度末应收账款余额的12.5%,对于理解第2季度经营成果和财务状况而言属于重要事项。所以,M公司应当在第2季度财务报告附注中披露此事项。

② 中期财务报告附注披露的内容

《企业会计准则第32号——中期财务报告》规定,中期财务报告附注至少应当包括以下信息:

A. 中期财务报表所采用的会计政策与上年度财务报表相一致的声明。会计政策发生变更的,应当说明会计政策变更的性质、内容、原因及其影响数;无法进行追溯调整的,应当说明原因。

B. 会计估计变更的内容、原因及其影响数；影响数不能确定的，应当说明原因。

C. 前期差错的性质及其更正金额；无法进行追溯重述的，应当说明原因。

D. 企业经营的季节性或者周期性特征。

E. 存在控制关系的关联方发生变化的情况；关联方之间发生交易的，应当披露关联方关系的性质、交易类型和交易要素。

F. 合并财务报表的合并范围发生变化的情况。

G. 对性质特别或者金额异常的财务报表项目的说明。

H. 证券发行、回购和偿还情况。

I. 向所有者分配利润的情况，包括在中期内实施的利润分配和已提出或者已批准但尚未实施的利润分配情况。

J. 根据《企业会计准则第35号——分部报告》规定披露分部报告信息的，应当披露主要报告形式的分部收入与分部利润（亏损）。

K. 中期资产负债表日至中期财务报告批准报出日之间发生的非调整事项。

L. 上年度资产负债表日以后所发生的或有负债和或有资产的变化情况。

M. 企业结构变化情况，包括企业合并，对被投资单位具有重大影响、共同控制或者控制关系的长期股权投资的购买或者处置，终止经营等。

N. 其他重大交易或者事项，包括重大的长期资产转让及其出售情况、重大的固定资产和无形资产取得情况、重大的研究和开发支出、重大的资产减值损失情况等。

企业在披露中期财务报告附注信息时，应当注意以下两点：

第一，凡涉及有关数据的，企业应当同时提供本中期（或者本中期末）和本年度年初至本中期末的数据，以及上年度可比本中期（或者可比期末）和可比年初至本中期末的比较数据，如有关关联方交易、分部收入与分部利润（亏损）信息等。

第二，在同一会计年度内，以前中期财务报告中报告的某项估计金额在最后一个中期发生了重大变更，企业又不单独编制该中期财务报告的，应当在年度财务报告的附注中披露该项估计变更的内容、原因及其影响金额。

11.2 分部报告

11.2.1 分部报告概述

分部报告是企业以经营分部为财务报告对象，分别报告企业各个经营部门（经营分部）的资产、负债、收入、费用、利润等财务信息的财务报告。随着市场经济的发展和经济全球化的深入，现代企业的生产经营规模日益扩大，经营范围也逐步突破单一业务界限，成为从事多种产品生产经营或多种业务经营活动的综合经营体。同时，现代企业经营的地域范围也在日益扩大，有的企业分别在国内不同地区甚至在国外设立分公司或子公司。随着企业跨行业和跨地区经营，许多企业生产和销售各种各样的产品，并提供不同形式的劳务，这些产品和劳务广泛分布于各个行业或不同地区。由于企业生产的各种产品或提供的劳务在其整体的经营活动中所占的比重各不相同，因此其营业收入、成本费用以及产生的利润（亏损）也不尽相同。同样，每种产品或提供的劳务在不同地区的经营业绩也存在差异。只有分析每种产品或提供的劳务在不同地区的经营业绩，才能更好地把握企业整体的经营业绩。在这种情况下，反映不同产品或劳务以及不同地区经营风险和报酬的信息越来越受到会计信息使用者的重视。

企业的整体风险是由企业经营的各个业务部门（或品种）或各个地区的风险和报酬构成的。一般来说，企业在不同业务部门和不同地区的经营有不同的利润率、发展机会、未来前景和风险。评估企业整体的风险和报酬，需要借助企业在不同业务部门和不同地区经营的信息，即分部报告信息。我国《企业会计准则第35号——分部报告》和《企业会计准则解释第3号》（以下合称"分部报告准则"）专门规范了企业分部报告的编制方法和应该披露的信息。根据分部报告准则的规定，对于存在多种经营或跨地区经营的企业，应当正确确定需要单独披露的报告分部，并充分披露每个报告分部的信息，以满足会计信息使用者的决策需求。

11.2.2 报告分部及其确定方法

要确定企业的报告分部，首先应当确定企业的经营分部。

1. 经营分部的概念及确定

（1）经营分部的概念

经营分部是企业确认分部报告中的报告分部的基础，是指企业内部同时满足下列条件的各组成部分：① 该组成部分能够在日常经营活动中单独产生收入并发生费用；② 企业管理层能够定期或分期评价该组成部分的经营成果，以决定向其配置资源和评价其业绩；③ 企业能够取得该组成部分的财务状况、经营成果和现金流量等会计信息。

在理解经营分部的概念时，应当注意把握以下几点：

第一，不是企业的每个组成部分都是经营分部或经营分部的一个组成部分。例如，企业的管理总部或某些职能部门一般不单独产生收入，或仅仅取得偶发性收入。在这种情况下，这些部门就不是经营分部或经营分部的一个组成部分。

第二，经营分部概念中的"企业管理层"强调的是一种职能，而不是具有特定头衔的某一具体管理人员。企业管理层可能是企业的董事长、总经理，也可能是由其他人员组成的管理团队。该职能主要是向企业的经营分部配置资源并评价其业绩。

第三，对许多企业来说，根据经营分部的概念，通常就可以清楚地确定经营分部。

但是,企业可能将其经营活动以各种不同的方式在财务报告中予以披露。如果企业管理层使用多种分部信息,则其他因素可能更有助于企业管理层确定经营分部,如每一组成部分经营活动的性质、对各组成部分负责的管理人员和向董事会呈报的信息等。

(2)经营分部的确定方法

企业应当以内部组织结构、内部报告制度、管理要求为依据确定经营分部。每一个经营分部一般具有独特的经济特征,如生产的产品或提供的劳务的性质、生产过程的性质、销售产品或提供劳务的方式、客户群等。不管哪一方面,只要具有独特的经济特征,都适合被设定为一个经营分部。对经济特征不相似的经营分部,必须分别确定为不同的经营分部,不可以合并。

但是,在实务中,并非所有的经营分部都适合作为独立的经营分部。在某些情况下,如果两个或两个以上的经营分部具有相似的经济特征,这些经营分部通常就会表现出相近的长期财务业绩,如长期平均毛利率、资金回报率、未来现金流量等。因此,企业应该将它们合并为一个经营分部。适合合并的经营分部包括如下几个:

① 单项产品或劳务的性质相同或相似的经营分部

各单项产品或劳务的性质主要指产品或劳务的规格、型号、最终用途等。在通常情况下,如果产品或劳务的性质相同或相似,其风险、报酬率、成长率可能较为接近,因此一般可以将其划分到同一经营分部中。对于性质完全不同的产品或劳务,则不应当将其划分到同一经营分部中。

例11.12

> 甲公司主要从事产品的生产和销售,其业务范围包括饮料、奶制品及冰激凌、碗碟、炊具用品、巧克力、糖果及饼干、药品等,其经营分部的确定如下:食品(饮料、奶制品及冰激凌、巧克力、糖果及饼干)、炊具(碗碟、炊具用品)和药品。这几类商品的性质不完全相同,因此应当分别作为独立的经营分部处理。

② 生产过程的性质相同或相似的经营分部

生产过程的性质主要包括采用劳动密集或资本密集方式组织生产、使用相同或相似设备和原材料、采用委托生产或加工方式生产等。例如,可以分别按资本密集型和劳动密集型划分经营分部。对于资本密集型的部门而言,其占用的设备较为先进,固定资产较多,相应地,负担的折旧费用也较多,其经营成本受资产折旧费用的影响较大,受技术进步因素的影响也较大。对于劳动密集型部门而言,其使用的劳动力较多,相对而言,受劳动力的成本即人工费用的影响较大。

③ 产品或劳动的客户类型相同或相似的经营分部

产品或劳动的客户类型主要包括大宗客户、零散客户等。同一类型的客户，如果其销售条件基本相同，如相同或相似的销售价格、销售折扣或售后服务，往往具有相同或相似的风险和报酬，适合设置为一个经营分部。其他不同类型的客户，由于其销售条件不尽相同，往往具有不同的风险和报酬，就不适合设置为一个经营分部。例如，某计算机生产企业，其生产的计算机可以分为商用计算机和个人用计算机，其中商用计算机主要的客户是企业，一般是大宗购买，对计算机的专业性要求比较高，售后服务相对较为集中；而个人用计算机的客户对计算机的通用性要求比较高，其售后服务相对比较分散。因此，商用计算机和个人用计算机就不适合被合并为一个经营分部。

④ 销售产品或提供劳务的方式相同或相似的经营分部

销售产品或提供劳务的方式主要包括批发、零售、自产自销、委托销售、承包等。如果经营分部销售产品或提供劳务的方式相同或相似，往往具有相同或相似的风险和报酬，适合设置为一个经营分部。但是，如果各经营分部销售产品或提供劳务的方式不同，其承受的风险和获得的报酬也不同，就不适合被合并为一个经营分部。比如，在赊销方式下，可以扩大销售规模，但是发生的收账费用较大，并且发生应收账款坏账的风险也很大；而在现销方式下，则不存在应收账款的坏账问题，不会发生收账费用，但是销售规模的扩大有限。因此，分别采用赊销和现销方式销售产品或提供劳务的分部不适合被合并为一个经营分部。

⑤ 生产产品或提供劳务受法律、行政法规的影响相同或相似的经营分部

企业生产的产品或提供的劳务总是处在一定的法律环境之下，受法律、行政法规的影响，包括法律法规规定的经营范围或交易定价机制等，在不同法律环境下生产的产品或提供的劳务可能面临不同的风险和报酬。所以，对不同法律环境下生产的产品或提供的劳务应当分别设置经营分部，而具有相同或相似法律环境的产品生产或劳务提供则适合合并设置经营分部。只有这样，才能向会计信息使用者提供不同法律环境下产品生产或劳务提供的信息，才有利于会计信息使用者对企业未来的发展走向作出判断和预测。比如，商业银行、保险公司等金融企业易受特别的、严格的监管政策影响，这类企业在考虑以产品或劳务确定经营分部时，应当特别考虑各项产品或劳务受监管政策影响的程度。

■■ 例11.13

乙公司是一家全球性公司，总部设在美国，主要生产A、B、C、D四个品牌的皮箱、手提包以及公文包、皮带等，同时负责相关产品的运输、销售，每种产品均由独立的业务部门完成。乙公司生产的产品主要销往中国、日本、欧洲、美

国等国家和地区。乙公司各项业务截至2×14年12月31日的有关资料见表11-5，不考虑其他因素。假定乙公司管理层定期评价各业务部门的经营成果，以配置资源、评价业务。各品牌皮箱的生产过程、客户类型、销售方式等类似。经预测，生产皮箱的四个部门今后五年内的平均销售毛利率与2×14年相差不大。

表11-5 乙公司的有关业务资料

单位：万元

项目	A品牌皮箱	B品牌皮箱	C品牌皮箱	D品牌皮箱	手提包	公文包	皮带	销售公司	运输公司	合计
营业收入	106000	130000	100000	95000	260000	230000	69000	270000	50000	1310000
其中：对外交易收入	100000	120000	80000	90000	180000	150000	50000	270000	50000	1090000
分部间交易收入	6000	10000	20000	5000	80000	80000	19000			220000
业务及管理费	74200	92300	69000	66500	156000	142600	55200	220000	30000	905800
其中：对外交易费用	60000	78300	57000	62000	149000	132000	47200	205000	30000	820500
分部间交易费用	14200	14000	12000	4500	7000	10600	8000	15000		85300
利润总额	31800	37700	31000	28500	104000	87400	13800	50000	20000	404200
销售毛利率（%）	30	29	31	30	40	38	20	18.5	40	30.9
资产总额	350000	400000	300000	250000	650000	590000	250000	700000	300000	3790000
负债总额	150000	170000	130000	100000	300000	200000	150000	300000	180000	1680000

在本例中，乙公司的各组成部分能够分别在日常经营活动中产生收入、发生

> 费用；乙公司管理层定期评价各组成部分的经营成果以配置资源、评价业绩；乙公司能够取得各组成部分的财务状况、经营成果和现金流量等会计信息。因此，各组成部分满足经营分部的定义，可以将其单独确定为经营分部。同时，乙公司生产A、B、C、D品牌皮箱的四个部门，销售毛利率分别是30%、29%、31%、30%，具有相近的长期财务业绩；四个品牌皮箱的生产过程、客户类型、销售方式等类似，具有相似的经济特征。因此，乙公司在确定经营分部时，可以将生产A、B、C、D品牌皮箱的四个部门予以合并，作为一个经营分部（皮箱分部）。

2. 报告分部的概念及确定

（1）报告分部的概念

报告分部，是指在分部报告中单独披露其财务信息的经营分部。根据分部报告准则的规定，并非所有的经营分部都有必要在分部报告中单独披露相关的财务信息。如前所阐述，经营分部的划分通常以不同的风险和报酬为基础，而不论其是否重要。存在多种产品经营或者跨多个地区经营的企业可能会拥有大量规模较小、不是很重要的经营分部，如果单独披露这些经营分部的财务信息，不仅会给财务报告使用者带来困惑，也会给财务报告编制者带来不必要的披露成本。因此，在确定报告分部时，应当考虑重要性原则。在通常情况下，符合重要性标准的经营分部才能被确定为报告分部。

（2）报告分部的确定标准

根据分部报告准则的规定，判断经营分部是否重要的标准主要有以下三个，满足其中任意一个标准，都被认为是重要分部，应当将其确定为报告分部：

① 分部收入占所有分部收入合计的10%或者以上的经营分部

分部收入，是指可归属于分部的对外交易收入和对其他分部交易收入。可归属于经营分部的收入来源于两个渠道：一是可以直接归属于经营分部的收入，直接由经营分部的业务交易而产生；二是可以间接归属于经营分部的收入，即将企业交易产生的收入在相关经营分部之间进行分配，按属于某经营分部的收入金额确认为分部收入。

分部收入通常不包括下列项目：A. 利息收入（包括因预付或借给其他分部款项而确认的利息收入）和股利收入（采用成本法核算的长期股权投资取得的股利收入），但分部的日常活动是金融性质的除外。B. 营业外收入，如固定资产盘盈、处置固定资产净收益、出售无形资产净收益、罚没收益等。C. 处置投资产生的净收益，但分部的日常活动是金融性质的除外。D. 采用权益法核算的长期股权投资确认的投资收益，但分部的日常活动是金融性质的除外。

例11.14

沿用例11.13的资料，采用分部收入占所有分部收入合计的10%或者以上的重要性标准，确认乙公司的报告分部。

乙公司各经营分部收入占总收入的百分比见表11-6。

表11-6 分部收入占总收入的百分比

项目	A品牌皮箱	B品牌皮箱	C品牌皮箱	D品牌皮箱	手提包	公文包	皮带	销售公司	运输公司	合计
营业收入（万元）	106000	130000	100000	95000	260000	230000	69000	270000	50000	1310000
分部收入占总收入的百分比（%）	8.1	9.9	7.6	7.3	19.8	17.6	5.3	20.6	3.8	100

由表11-6可知，手提包分部、公文包分部和销售公司分部都满足分部收入占所有分部收入合计的10%或者以上的重要性标准，因此应当单独作为报告分部；其余经营分部不完全满足重要性标准，不能单独作为报告分部。乙公司A、B、C、D四个品牌的皮箱单独取得的收入都不超过总收入的10%，但是合并后收入合计431000万元，占所有分部收入合计1310000万元的百分比为32.9%（431000÷1310000×100%），满足了报告分部的重要性标准。因此，合并后的皮箱分部应当确定为单独的报告分部。

② 分部利润（亏损）的绝对额占所有盈利分部利润合计额或者所有亏损分部亏损合计额的绝对额两者中较大者的10%或者以上的经营分部

分部利润（亏损），是指分部收入减去分部费用后的余额。在计算分部利润（亏损）时，应当注意将不属于分部收入和分部费用的项目剔除。

分部费用，是指可归属于分部的对外交易费用和对其他分部交易费用。分部费用通常包括营业成本、营业税金及附加、销售费用等。与分部收入的确认相同，归属于经营分部的费用也来源于两个渠道：一是可以直接归属于经营分部的费用，直接由经营分部的业务交易而发生；二是可以间接归属于经营分部的费用，即将企业交易发生的费用在相关分部之间进行分配，按属于某经营分部的费用金额确认为分部费用。

分部费用通常不包括下列项目：A. 利息费用（包括因预收或向其他分部借款而确认的利息费用），如发行债券产生的利息费，但分部的日常活动是金融性质的除外。B. 营业外支出，如处置固定资产、无形资产等发生的净损失。C. 处置投资发生的损失，但分部的日常活动是金融性质的除外。D. 采用权益法核算的长期股权投资确认的投资损失，但分部的日常活动是金融性质的除外。E. 与企业整体相关的管理费用和其他费用。

例11.15

沿用例11.13的资料，运用分部利润（亏损）的绝对额占各分部绝对额总额百分比的重要性标准，确认乙公司的报告分部。

乙公司各经营分部利润占利润总额的百分比见表11-7。

表11-7 分部利润占利润总额的百分比

项目	皮箱	手提包	公文包	皮带	销售公司	运输公司	合计
分部利润（万元）	129000	104000	87400	13800	50000	20000	404200
分部利润占利润总额的百分比（%）	31.9	25.7	21.6	3.4	12.4	4.9	100

表11-7的相关数据显示，皮箱分部、手提包分部、公文包分部和销售公司分部的利润占所有盈利分部利润的百分比都超过了10%，都应该确定为报告分部；而皮带分部和运输公司分部的利润占所有盈利分部利润的百分比都不足10%，都不能被单独确定为报告分部。

③ 分部资产占所有分部资产合计额的10%或者以上的经营分部

分部资产，是指分部经营活动使用的可归属于该分部的资产，不包括递延所得税资产。企业在计量分部资产时，应当按照分部资产的账面净值进行计量，即按照原值扣除相关累计折旧或摊销额以及累计减值准备后的金额计量。

企业在确认分部资产时，应当注意分部资产与分部利润（亏损）、分部费用等之间存在的对应关系，主要包括：A. 如果分部利润（亏损）包括利息或股利收入，分部资产中就应当包括相应的应收账款、贷款、投资或其他金融资产。B. 如果分部费用包括某项固定资产的折旧费用，分部资产中就应当包括该项固定资产。C. 如果分部费用包括某项无形资产或商誉的摊销额或减值额，分部资产中就应当包括该项无形资产或商誉。

由两个或两个以上经营分部共同享有的资产，其归属权取决于与该资产相关的收入和费用的分配，即与共享资产相关的收入和费用属于哪个经营分部，共享资产就应该分配给哪个经营分部。共享资产的折旧费或摊销费应该在其所属的分部经营成果中扣减。

例11.16

沿用例11.13的资料,运用分部资产占所有分部资产百分比的标准,判断公文包分部和运输公司分部是否应当成为报告分部。

乙公司各经营分部资产占资产总额的百分比见表11-8。

表11-8 分部资产占资产总额的百分比

项目	皮箱	手提包	公文包	皮带	销售公司	运输公司	合计
分部资产（万元）	1300000	650000	590000	250000	700000	300000	3790000
分部资产占资产总额的百分比(%)	34.3	17.2	15.6	6.6	18.5	7.9	100

表11-8的相关数据显示,皮箱分部、手提包分部、公文包分部和销售公司的分部资产占所有分部资产总额的百分比都超过了10%,都应该确定为报告分部;而皮带分部和运输公司分部的资产占所有分部资产总额的百分比都不足10%,都不能被单独确定为报告分部。

从例11.13、例11.14、例11.15和例11.16可以看出,不论采用哪一个重要性标准,乙公司的皮带分部和运输公司分部都不能被单独确定为报告分部。

（3）报告分部确定的其他相关规定

企业在确认报告分部时,还必须遵守分部报告准则关于分部报告确定的以下规定：

① 对不满足报告分部确定标准的经营分部的处理

如果经营分部不满足上述10%的重要性标准,可以按照下列规定确定报告分部：

第一,如果企业管理层认为披露该经营分部信息对会计信息使用者有用,那么无论该经营分部是否满足10%的重要性标准,都可以将其直接指定为报告分部。

第二,将不满足报告分部确认标准的经营分部与一个或一个以上具有相似经济特征且满足经营分部合并条件的其他经营分部合并,作为一个报告分部。对经营分部10%的重要性测试可能会导致企业拥有大量未达到10%这一百分比临界线的经营分部。在这种情况下,如果企业没有直接将这些经营分部指定为报告分部,就可以将它们适当合并成一个报告分部。

第三,不将该经营分部直接指定为报告分部,也不将该经营分部与其他未作为报告分部的经营分部合并为一个报告分部的,企业在披露分部信息时,应当将该经营分部的信息与其他组成部分的信息合并,作为"其他项目"单独在分部报告中披露。

② 分部报告中各个报告分部对外交易收入合计应占企业总收入的75%以上

根据分部报告准则的规定，企业在确定报告分部时，除了要满足前述10%的重要性标准外，还要注意75%的对外交易收入约束条件。被确定为报告分部的经营分部，不管数量有多少，其对外交易收入合计额占合并总收入或企业总收入的比重必须达到75%。如果报告分部对外交易收入的总额未达到企业总收入的75%，则企业必须增加报告分部数量，将原未作为报告分部的经营分部确认为报告分部，直到该比重达到75%。此时，其他未作为报告分部的经营分部很可能不满足前述10%的重要性标准，但是为了使报告分部的对外交易收入合计额占合并总收入或企业总收入的比重达到75%的要求，也应当将其确定为报告分部。

例11.17

沿用例11.13的资料，根据报告分部的确定条件，乙公司的皮箱分部、手提包分部、公文包分部、销售公司分部应当单独作为报告分部。如果乙公司只设置这四个报告分部，则它们的对外交易收入合计额占乙公司总收入的比重必须达到75%。

乙公司的四大报告分部的对外交易收入占企业总收入的百分比如表11-9所示。

表11-9 分部的对外交易收入占企业总收入的百分比

项目	皮箱	手提包	公文包	销售公司	小计	合计
营业收入（万元）	431000	260000	230000	270000	1191000	1310000
其中：对外交易收入（万元）	390000	180000	150000	270000	990000	1090000
分部间交易收入	41000	80000	80000		201000	220000
对外交易收入占企业总收入的百分比(%)	35.78	16.51	13.76	24.77	90.82	100

表11-9显示，皮箱分部、手提包分部、公文包分部、销售公司分部的对外交易收入占企业总收入的百分比分别为35.78%、16.51%、13.76%、24.77%，小计90.82%，远远超过了对外交易收入大于75%的限制性标准，因此，乙公司只需设置四个报告分部，不用再增加报告分部的数量。

③ 分部报告中报告分部不应超过10个

根据前述报告分部的确定标准以及对外交易收入占企业总收入75%的约束条件，企业最终确定的报告分部可能会超过10个。这样，企业提供的分部信息可能变得非常烦琐，不利于会计信息使用者理解和使用。因此，分部报告准则规定，在分部报告中，报告分部不应超过10个。如果按照规定标准确定的报告分部超过10个，则企业应当考虑将具有相似经济特征、满足经营分部合并条件的报告分部进行合并，以确保报告分部不超过10个。

④ 分部报告中报告分部的确定应当遵循可比性原则

企业在确定报告分部时，除应当遵循相应的确定标准和约束条件外，还应当考虑不同会计期间分部信息的可比性和一致性。某一经营分部在上期可能满足报告分部的确定条件，从而被确定为报告分部，但是在本期可能并不满足报告分部的确定条件。基于可比性原则，如果企业认为该经营分部仍然重要，单独披露该经营分部的信息更有助于会计信息使用者了解企业的整体情况，则无须考虑将该经营分部确定为报告分部的条件，仍应当将该经营分部确定为本期的报告分部。

反之，某一经营分部在本期可能满足报告分部的确定条件，从而被确定为报告分部，但是在上期可能并不满足报告分部的确定条件，从而未被确定为报告分部。基于可比性原则，企业也可以对以前会计期间的分部信息进行重述并追溯披露。如果重述所需的信息无法获得，或者不符合成本效益原则，则无须重述以前会计期间的分部信息。不论是否对以前会计期间的分部信息进行重述，企业均应当在财务报表附注中披露这一事实。

11.2.3 分部信息的披露

企业应当在财务报表附注中披露分部报告，充分揭示各个报告分部的相关信息。分部信息的披露有助于会计信息使用者评价企业各分部所从事经营活动的性质、财务影响以及经营所处的经济环境。企业应当以对外提供的财务报表为基础披露分部信息。对外提供合并财务报表的企业应当以合并财务报表为基础披露分部信息。在财务报表附注中应当披露的分部信息主要包括以下几类：

1. 描述性信息

（1）确定报告分部考虑的因素

确定报告分部考虑的因素通常包括企业管理层是怎样对报告分部进行管理的，如按照产品和服务管理、地理区域管理或综合各种因素进行组织管理等。

例11.18

沿用例11.13的资料,乙公司在财务报表附注中披露其确定报告分部考虑的因素,描述如下:

本公司的报告分部都是提供不同产品或服务的业务单元。由于各种业务需要不同的技术和市场战略,因此本公司分别独立管理各个报告分部的生产经营活动,分别评价其经营成果,以决定向其配置资源、评价其业绩。

(2)报告分部的产品和劳务类型

例11.19

沿用例11.13的资料,乙公司在财务报表附注中披露的报告分部的产品和劳务类型如下:

本公司有四个报告分部,分别为皮箱分部、手提包分部、公文包分部和销售公司分部。皮箱分部负责生产皮箱,手提包分部负责生产手提包,公文包分部负责生产公文包,销售公司分部负责销售本公司各组成部分生产的各种产品。

2. 每一报告分部的利润(亏损)、资产总额、负债总额信息

(1)每一报告分部的利润(亏损)信息

企业应当在财务报表附注中披露每一报告分部的利润(亏损)信息,包括利润(亏损)总额及其组成项目。同时,企业还应当披露与利润(亏损)相关的每一报告分部的下列信息:

① 对外交易收入和分部间交易收入;
② 利息收入和利息费用,但报告分部的日常活动是金融性质的除外;
③ 折旧费用和摊销费用,以及其他重大的非现金项目;
④ 采用权益法核算的长期股权投资确认的投资收益;
⑤ 所得税费用或所得税收益;
⑥ 其他重大的收益或费用项目。

(2)每一报告分部的资产总额、负债总额信息

企业应当在财务报表附注中披露每一报告分部的资产总额、负债(不包括递延所得税负债)总额信息,包括资产总额组成项目的信息。同时,企业还应当在附注中披露与资产相关的每一报告分部的下列信息:

① 采用权益法核算的长期股权投资金额;
② 非流动资产(不包括金融资产、独立账户资产、递延所得税资产)金额。

第11章 中期财务报告与分部报告

对于两个或多个经营分部共同承担的负债,其分配取决于与共同负债相关费用的分配,即与共同负债相关费用分配给哪个经营分部,该共同负债就分配给哪个经营分部。

例11.20

沿用例11.13的资料,假定乙公司总部的资产总额为20000万元,负债总额为12000万元,其他资料见表11-10。

表11-10 乙公司其他资料

单位:万元

项目	A品牌皮箱	B品牌皮箱	C品牌皮箱	D品牌皮箱	手提包	公文包	皮带	销售公司	运输公司	合计
折旧费用	8250	8850	5900	5320	20620	13150	8100	23620	14500	108310
摊销费用	750	900	1040	490	860	1350	230	210		5830
利润总额	31000	28000	32050	37950	104000	87400	17000	50000	16800	404200
所得税费用	7750	7000	8012.5	9487.5	26000	21850	4250	12500	4200	101050
净利润	23250	21000	24037.5	28462.5	78000	65550	12750	37500	12600	303150
资本性支出	20000	15000	50000	8500	35000	7600		850	400	137350

乙公司各报告分部的利润(亏损)、资产总额、负债总额信息见表11-11。

表11-11 乙公司各报告分部的利润(亏损)、资产总额、负债总额

单位:万元

项目	皮带分部	手提包分部	公文包分部	销售公司分部	其他	分部间抵销	合计
对外交易收入	390000	180000	150000	270000	100000		1090000
分部间交易收入	41000	80000	80000		19000	220000	440000
对联营和合营企业的投资收益							
资产减值损失							
折旧费和摊销费	31500	21480	14500	23830	22830		114140
利润总额(亏损总额)	129000	104000	87400	50000	33800		404200
所得税费用	32250	26000	21850	12500	8450		101050
净利润	96750	78000	65550	37500	25350		303150
资产总额	1300000	650000	590000	700000	550000		3790000
负债总额	550000	300000	200000	300000	330000		1680000
其他重要的非现金项目							

续表

项目	皮带分部	手提包分部	公文包分部	销售公司分部	其他	分部间抵销	合计
折旧费用和摊销费用以外的其他非现金费用	93500	35000	7600	850	400		137350
对联营企业和合营企业的长期股权投资							
长期股权投资以外的其他非流动资产增加额							

分部报告信息在不同行业的披露内容不完全相同。研究上市公司披露的分部信息可以发现，在分部报告中披露的信息与年报信息基本相似。可以说，分部报告中的信息是年报信息根据一定的标准分解后的信息。

3. 分部会计政策及其变更的信息

（1）分部会计政策及其变更

分部会计政策，是指编制合并财务报表或企业财务报表时采用的会计政策，以及与分部报告特别相关的会计政策。与分部报告特别相关的会计政策包括分部的确定、分部间转移价格的确定方法，以及将收入和费用分配给分部的基础等。

企业应当在财务报表附注中披露与报告分部利润（亏损）计量相关的下列分部会计政策：① 分部间转移价格的确定基础；② 将相关收入和费用分配给报告分部的基础；③ 确定报告分部利润（亏损）使用的计量方法的变更以及变更的性质和影响等。

企业还应当在附注中披露与分部资产、负债计量相关的下列分部会计政策：① 分部间转移价格的确定基础；② 相关资产或负债分配给报告分部的基础。

如果企业因管理战略或内部组织结构改变而对经营业务范围作出变更或者对经营地区作出调整，使企业原已确定的报告分部所面临的风险和报酬产生较大变化，则必须改变原报告分部的分类。在这种情况下，企业应当对分部会计政策变更予以披露。对此，应当提供前期比较数据。对于某一经营分部，如果本期满足报告分部的确定条件而确定为报告分部，即使前期没有满足报告分部的确定条件而未确定为报告分部，也应当提供前期比较数据。但是，重述信息不切实可行的除外。分部会计政策变更时，不论是否提供前期比较数据，企业均应在财务报表附注中披露这一事实。

（2）分部间转移价格的确定及其变更

企业在计量分部间交易收入时，需要确定分部间转移价格。在一般情况下，分部间的交易价格不同于市场公允交易价格。为准确计量分部间转移价格，企业在确定分部间交易收入时，应当以实际交易价格为基础计量。企业在不同期间生产的产品的成本不同，可能会导致不同期间分部间转移价格的确定产生差异，造成转移价格的变更。企业除了应当在财务报表附注中披露分部间转移价格的确定基础外，对于转移价格的变更情况也应当进行披露。

4. 报告分部与企业信息总额衔接的信息

企业披露的分部信息应当与合并财务报表或企业财务报表中的总额信息相衔接。

（1）报告分部收入总额应当与企业收入总额相衔接

报告分部收入包括可归属于报告分部的对外交易收入和对其他分部交易收入。报告分部收入总额在与企业收入总额进行衔接时，需要将报告分部之间的内部交易产生的收入进行抵销。各个报告分部的收入总额加上未包含在任何报告分部中的对外交易收入金额之和，扣除报告分部之间交易形成的收入总额，应当与企业收入总额一致。

（2）报告分部利润（亏损）总额应当与企业利润（亏损）总额相衔接

报告分部利润（亏损）是报告分部收入总额扣除报告分部费用总额之后的差额。报告分部利润（亏损）总额与企业利润（亏损）总额进行衔接时，需要将报告分部之间的内部交易产生的利润（亏损）进行抵销。各个报告分部的利润（亏损）总额加上未包含在任何报告分部中的利润（亏损）金额之和，扣除报告分部之间交易形成的利润（亏损）金额之和，应当与企业利润（亏损）总额一致。

（3）报告分部资产和负债总额应当与企业资产和负债总额相衔接

企业资产总额由归属于报告分部的资产总额和未分配给各个报告分部的资产总额组成。企业负债总额由归属于报告分部的负债总额和未分配给各个报告分部的负债总额组成。

例11.21

表11-12和表11-13是Z人寿保险公司在2×13年年报中披露的资产信息以及分部报告中披露的分部资产信息。通过这两张表可以看出，分部报告与年报中披露的资产信息在项目分类上基本相同，并且报告分部资产的合计数与年报资产的总额是相等的。

表11-12 Z人寿保险公司资产负债表（资产部分）

2×13年12月31日　单位：万元

项目	金额
货币资金	4783900
交易性金融资产	969300
应收利息	1819300
应收保费	727400

续表

项目	金额
应收分保账款	2200
应收分保未到期责任准备金	5700
应收分保未决赔款准备金	3200
应收分保寿险责任准备金	1300
应收分保长期健康险责任准备金	70600
保户质押贷款	2397700
债权计划投资	1256600
其他应收款	315400
定期存款	44158500
可供出售金融资产	54812100
持有至到期投资	24622700
长期股权投资	2089200
存出资本保证金	615300
在建工程	208000
固定资产	1649800
无形资产	372600
其他资产	168700
独立账户资产	8400
资产总计	141057900

表11-13 Z人寿保险公司分部报告（资产部分）

2×13年12月31日　单位：万元

项目	个人业务	团体业务	短期保险业务	其他业务	合计
货币资金	4446500	262800	43700	30900	4783900
交易性金融资产	898900	53100	8800	8500	969300
应收利息	1693000	100100	16700	9500	1819300
应收分保未到期责任准备金			57		57
应收分保未决赔款准备金			3200		3200
应收分保寿险责任准备金	1300				1300
应收分保长期健康险责任准备金	70600				70600

第 11 章 中期财务报告与分部报告

续表

项目	个人业务	团体业务	短期保险业务	其他业务	合计
保户质押贷款	2397700				23977
债权计划投资	1157800	68400	11400	19000	1256600
定期存款	41182300	2434400	405000	136800	44158500
可供出售金融资产	50960800	3012400	501200	337700	54812100
持有至到期投资	23033900	1361600	226500	700	24622700
长期股权投资				2089200	2089200
存出资本保证金	528800	31300	5200	50000	615300
独立账户资产	8400				8400
可分配资产合计	126380000	7324100	1227400	2682300	137613800
其他资产					3444100
合计					141057900

本章小结

本章介绍了中期财务报告的概念、构成以及中期财务报告编制应当遵循的原则，经营分部和报告分部的定义、确定方法以及分部信息的披露。

复习思考题

1. 什么是中期财务报告？中期财务报告的基本构成是怎样的？
2. 企业编制中期财务报告应当遵循的基本原则有哪些？
3. 中期财务报告的会计确认和计量的基本原则有哪些？
4. 比较中期财务报告主要包括哪些内容？
5. 什么是分期报告？分期报告的编制有什么意义？
6. 经营分部的确定有哪些方法？
7. 报告分部的确定有哪些方法？

主要参考文献

1. 杜丽、吴霞云主编：《高级财务会计》，北京理工大学出版社2020年版。
2. 傅荣编著：《高级财务会计》（第5版），中国人民大学出版社2019年版。
3. 李华、阳正发主编：《高级财务会计实务》（第二版），东北财经大学出版社2019年版。
4. 李莉主编：《高级财务会计》（第二版），东北财经大学出版社2019年版。
5. 刘永泽、傅荣主编：《高级财务会计》（第6版），东北财经大学出版社2020年版。
6. 田翠香、李宜编著：《高级财务会计》，清华大学出版社2019年版。
7. 游春晖、王菁编著：《高级财务会计》，清华大学出版社2019年版。
8. 中国注册会计师协会组织编写：《会计》，中国财政经济出版社2020年版。